TREM-FANTASMA

FRANCISCO FOOT HARDMAN

Trem-fantasma
*A ferrovia Madeira—Mamoré
e a modernidade na selva*

2ª edição revista e ampliada

COMPANHIA DAS LETRAS

Copyright © 1988, 2005 by Francisco Foot Hardman

Capa
Rita M. da Costa Aguiar

Imagem de capa
Entretecendo tempos, 2004
serigrafia de Ana Kesselring sobre foto de Dana Merrill
(ver foto nº 24 do caderno de imagens)

Revisão
Isabel Jorge Cury
Ana Maria Barbosa

Digitação
Mikonos Comunicación Gráfica

Dados de Catalogação na Publicação (CIP) Internacional
(Cámara Brasileira do Livro, SP, Brasil)

Hardman, Francisco Foot, 1952 -
    Trem fantasma : a ferrovia Madeira—Mamoré e a moder-
nidade na selva / Francisco Foot Hardman. — 2. ed. rev. e
ampl. — São Paulo : Companhia das Letras, 2005.

    Bibliografia.
    ISBN 85-359-0599-5

    1. Amazônia — Colonização 2. Estrada de Ferro Madei-
ra—Mamoré — História 3. Tecnologia — Aspectos sociais —
Brasil i. Título. ii. Título: A Ferrovia Madeira—Mamoré e a
modernidade na selva.

04-8766   CDD-385.09811

Índice para catálogo sistemático:
1. Estrada de Ferro Madeira-Mamoré : História 385.09811

[2005]
Todos os direitos desta edição reservados à
EDITORA SCHWARCZ LTDA.
Rua Bandeira Paulista, 702, cj. 32
04532-002 — São Paulo — SP
Telefone: (11) 3707-3500
Fax: (11) 3707-3501
www.companhiadasletras.com.br

Para Halina
      que
            entre tantas palavras
                    nasceu

À memória de Santina Simões Foot,
que guardava livros e amava trens

Homenagem aos escritores
Neville B. Craig e Manoel R. Ferreira,
primeiros arqueólogos da Madeira—Mamoré,
quando na poeira da história ainda cintilavam narrativas

Como num espelho mágico, vê o espectador, admirado, passarem representantes de todas as épocas, de todas as partes do mundo, toda a história da evolução humana, com os seus mais elevados ideais, e suas lutas, culminâncias e decadências; e esse espetáculo, único, que nem a própria Londres nem Paris poderiam oferecer, aumenta ainda de interesse, quando se cogita na seguinte interrogação:

— Que é que poderá trazer o quarto século para um país, que em apenas três pôde assimilar todas as orientações e graus de civilização, pelas quais o gênio da humanidade conduziu o Velho Mundo durante milênios?

Spix & Martius, *Viagem pelo Brasil: 1817-1820*

Um espírito malicioso definiu a América como uma terra que passou da barbárie à decadência sem conhecer a civilização. Poderíamos, com maior justeza, aplicar a fórmula às cidades do Novo Mundo: vão do frescor à decrepitude, sem se deter na antigüidade. [...] Lembrariam antes uma feira, uma exposição internacional, edificada para alguns meses. Depois desse prazo, a festa termina e esses grandes enfeites definham: as fachadas descascam, a chuva e a fuligem aí traçam seus riscos, o estilo cai de moda, o ordenamento primitivo desaparece sob as demolições impostas, paralelamente, por uma nova impaciência.

[...]

Quem vive ao longo da linha Rondon facilmente se julgaria na Lua. Imagine-se um território do tamanho da França, três quartos inexplorado; percorrido somente por pequenos bandos de indígenas nômades que estão entre os mais primitivos que se possam encontrar no mundo; e atravessado de ponta a ponta por uma linha telegráfica.

[...]

Nesse mato indefinidamente recomeçado, a trincheira da picada, as silhuetas contorcidas dos postes, os arcos invertidos do fio que os une, parecem outros tantos objetos incongruentes flutuando na solidão, como se vê nos quadros de Yves Tanguy. Atestando a passagem do homem e o seu esforço vão, marcam, mais claramente do que se não estivessem lá, o extremo limite que ele tentou transpor. A veleidade do empreendimento, o fracasso que o sancionou, dão um valor de prova aos desertos circundantes.

C. Lévi-Strauss, *Tristes trópicos*

Sumário

O álbum de Dana 11

Agradecimentos 17

Prólogo 23

1. Chuva, vapor, velocidade: Projeções à sombra do mecanismo 33

2. Exposições universais: Breve itinerário do exibicionismo burguês 62

3. O Brasil na era do espetáculo: Figuras de fábrica nos sertões 82

4. Vertigem do vazio: Poder & técnica na recriação do paraíso 116

5. Ferrovia-fantasma: Nos bastidores da cena 138

6. Quimeras de ferro: História repetida como tragédia 181

7. Os negativos da história: A ferrovia-fantasma e o fotógrafo-cronista 216

Epílogo: "Catch me who can" 236

Notas 255
Bibliografia 307
Créditos das ilustrações 345

O álbum de Dana

So long, Mary —
How we hate to see you go —
So long, Mary —
As laundry girl, we loved you so,
And we'll all be longing for you Mary,
While you roam —
*Don't forget to go straight home.**
R. S. S., *Miscellaneous rhymes*, Porto Velho, 1909

O hindu nos olha com ar sóbrio e decidido. Não parece perdido ou deslocado. Como se tivesse por certo sua história a contar. Entre seu turbante, brincos e colete de linho escuro riscado, pode-se perguntar por que e como teria chegado ao *inferno verde*. O artesão de imagens Dana Merrill numerou todos os negativos que fez em 1909-10, como fotógrafo oficial contratado pela Brazil Railway Com-

---

* Até mais, Mary —/ Como odiamos ver você partir —/ Até mais, Mary —/ Moça da lavanderia, te amamos tanto,/ E todos nós ficaremos ligados em você, Mary, / Enquanto você vaguear —/ Até mais, Mary —/ Não se esqueça de ir direto para a casa.

pany, empresa que construía a ferrovia Madeira—Mamoré. Esse close-up do hindu anônimo, número 1350 talhado na borda do colete, foi o que me cativou para iniciar as pesquisas que resultaram em *Trem-fantasma*, minha madalena nunca antes provada, estranhamento radical que é o que talvez separe o reconhecimento dos sinais da memória pessoal dos da história coletiva. Atraiu-me nessa foto, como em outras de Dana, o registro da dignidade em meio ao inóspito das condições reinantes, a face humana bem definida no turbilhão da diáspora moderna.

Por isso mesmo, para esta nova edição, além das revisões de praxe ao texto original, parte delas feita quando da reimpressão de 1991, considerei de justiça e valia acrescê-la de um capítulo, aqui selado como 7, em que examino mais de perto a magia da crônica visual produzida por Dana Merrill em plena Amazônia brasileira, no contexto da história da fotografia e outras técnicas de registro e impressão de imagens. "Os negativos da história" foi inicialmente apresentado em seminário da Fundação Casa de Rui Barbosa, em 1988, sobre o tema da crônica em suas mais diversas formas e manifestações, alguns meses depois da primeira edição de *Trem-fantasma*. Esse estudo saiu em obra coletiva que resultou daquele encontro, em 1992. A versão aqui incorporada baseia-se, com poucas mudanças, no referido texto.[1] Além disso, o caderno de imagens foi inteiramente refeito nesta edição, tanto em sua seqüência quanto na disposição e conteúdo, com preservação de algumas e inclusão de novas, buscando-se um foco maior sobre o trabalho de Dana Merrill.

Mas Dana não está aqui. Foi preciso uma década para que finalmente eu o reencontrasse em 1998, num fabuloso outono passado em Manhattan. Na mitológica Photo Collection da New York Public Library, deparo numa tarde com o álbum *Views of the Estrada de Ferro Madeira e Mamoré — Amazonas & Mato Grosso, Brazil. S. A.* O *S. A.* não é de Sociedade Anônima, mas South America. Não é documento impresso nem empresarial, mas um portfólio singular feito por Dana, seu tesouro particular, esse *à la recherche* que cada um de nós, replicantes dos tempos globais, inventa como refúgio do sentido, memoriais diversos e imprevistos como a agenda de Larissa, a caixa de mágicas de meu afilhado Bispo, o caderno *L'ami des arts* de Hercule Florence, ou o álbum de recordações da dra. Francisca Praguer Fróes, onde Euclides da Cunha, regressando do cenário de Canudos, cravou um de seus mais belos sonetos. O álbum de Dana,[2] como esses outros, é uma colagem, um jogo pessoal de recortes do tempo que só seu possuidor foi capaz de montar, à maneira do fantástico *La vuelta al día en ochenta mundos*, de Julio Cortázar.

O álbum se abre com a inserção de um jornalzinho com onze folhas (original datilografado ou cópia em papel-carbono), apresentado como *The Madeira—Mamoré in rhyme and blue-print* (*Supplement to The Porto Velho Weekly Times*) e datado de 6 de junho de 1909. São pequenas crônicas, fragmentos e poemas, escritos em inglês, entremeados por sete fotos de Dana Merrill impressas na técnica então em voga do *blue-print*, suporte que reforçava, em sua materialidade, o sentido ao mesmo tempo mercurial e saturnino, alvissareiro e melancólico dessa arte. Os textos foram escritos por empregados de escritório ou de outras funções e serviços intermédios que exigiam alguma cultura letrada.[3] Os versos que servem de epígrafe a este prefácio e ao capítulo 7 fazem parte desse valiosíssimo acervo.

Depois desse preâmbulo, o álbum estampa 258 fotografias distribuídas segundo certa lógica narrativa, cronológica e/ou temática, com legendas sugestivas, certamente de autoria do fotógrafo, ao longo de 64 páginas. Muitas dessas imagens são diferentes das pouco mais de duzentas depositadas em instituições brasileiras (Museu Paulista da USP, MIS de São Paulo e Biblioteca Nacional), o que amplia o conjunto preservado de fotos de Dana Merrill para cifra bem superior àquela até agora considerada, constituindo não obstante amostra ainda minoritária em relação às possíveis 2 mil chapas que ele produziu em sua estada na Amazônia.

Dana combina de modo admirável gosto pessoal e visão histórica. Abre a seqüência de fotos com imagens das ruínas do empreendimento anterior malogrado de construção da ferrovia. Vistas de Santo Antônio do Madeira, de velha ponte e de locomotivas abandonadas aparecem ligadas pela legenda "Relics of the Collins Expedition in 1878". O senso estético na montagem de panoramas ou na impressão de cópias fotográficas em cartões de forma oval, que se compõem de modo sensível e harmônico em cada página, permanece sempre focado nas fases da produção e do trabalho na selva. Exemplares da fauna e flora e membros de populações indígenas são registrados já em pleno contato com os atores da obra dominante, ou seja, a abertura da estrada de ferro.

Por exemplo, a certa altura, em determinada página, despontam em fotos de primeiríssimos planos um tatu, um enorme formigueiro e uma aranha denominada "Bird-killing Spider". A quarta imagem é a de quatro homens jogando baralho num local precário, bancos e mesa improvisados, cobertor como toalha, dinheiro e cartas esparramados pela mesa e a sugestiva legenda "Equalização de salários", que surge assim como uma segunda voz narrativa, fazendo comentário irônico sobre os azares da selva, sobre a própria história que reuniu aqueles destinos desgarrados numa cartada incerta em algum recanto do leito ferroviário — e, por extensão, se se quiser, sobre o trabalho em geral na modernidade.

Em outra foto-plano magistral, Dana registra também em close um corte do tronco da seringueira, a seiva escorrendo para o vasilhame coletor, a cena toda irradiando atmosfera expressionista, dada a proximidade quase deformante do olhar da câmera. Já a página final, como narrativa-em-processo daquela cadeia produtiva, mostra-nos mais aspectos da preparação das pélas de látex para seu embarque. É como se assim, aqui, de fato, pudesse ter início uma história da Madeira—Mamoré — e todos os esforços concentrados, todos os rastros sucessivos de destruição, todas as almas dispersas pudessem ganhar repentinamente sentido, todos os vãos do espaço e todas as cunhas do tempo pudessem recobrar vida. Na última foto, jazem em primeiro plano as sacas de pélas juntadas e carregadas e, acima à esquerda, a locomotiva e seu comboio à espera do embarque — de uma carga, de uma gente, de uma esperança —, à espera, pois, de uma história que não foi. História que afinal nunca foi.

* * *

Gostaria de acrescentar minha lembrança e gratidão a pessoas que se revelaram especialmente solidárias nos itinerários, alguns inesperados, da recepção deste livro, desde sua apar ição. Meus colegas Warren Dean (*in memoriam*), Paulo Sérgio Pinheiro, José Edilson Amorim e Roberto Vecchi produziram resenhas das mais generosas.

O cineasta Eduardo Coutinho pesquisou detidamente o assunto nuclear destas páginas, como fonte para futuro roteiro de filme-documentário, algo que me gratificou, pois sempre concebi meu texto como narrativa fortemente calcada em imagens, a começar das fotos de Dana Merrill. O texto que fez para a orelha desta edição marca de modo feliz a afinidade entre nossos respectivos meios de expressão.

Victor Leonardi convocou-me para seminário do Núcleo de Estudos Amazônicos na Universidade de Brasília, ainda em 1988, onde pude conhecer Chico Mendes, meses antes de seu assassinato. Em 1995, integrei expedição fluvial multidisciplinar pelo baixo rio Negro, coordenada por Leonardi, em colaboração com o IPHAN, para exploração das ruínas do povoado do velho Airão (século XVII), com vista a seu futuro tombamento.

Já Edinea Mascarenhas Dias, Milton Hatoum e o então reitor Marcus Barros convidaram-me e acolheram-me em Manaus, por várias estadas em 1990-3, como consultor do projeto de implantação do Museu Amazônico da Universidade Federal do Amazonas.

O Setor de Filologia da Fundação Casa de Rui Barbosa possibilitou-me voltar ao tema do livro e, em especial, à figura de Dana Merrill como cronista visual. Sou grato, por essa e outras, a seus pesquisadores Helena Cavalcanti de Lyra, Rachel Valença, Flora Süsse-kind e Júlio Castañon Guimarães, capitaneados pelo bom amigo, o professor erudito *soft* Adriano da Gama Kury.

Ana Luiza Pinheiro e Sílvia Maria do Espírito Santo, então no Museu da Imagem e do Som de São Paulo, entrevistaram-me em gravação de vídeo, em 1993, como parte do trabalho que levou à exposição fotográfica do acervo de Merrill lá depositado, para cujo catálogo escrevi pequeno prefácio. Os pesquisadores Stella O. C. Penido e Eduardo Thielen, em 2000, colheram-me outro depoimento para o arquivo documental da Casa de Oswaldo Cruz, Fiocruz, dentro do projeto de produção do videodocumentário *Oswaldo Cruz na Amazônia* (2002). E Martin Cooper, da Madeira—Mamoré Railway Society, ao abrir-se o século xxi, 130 anos depois dos primeiros ensaios malogrados de construção da ferrovia, honrou-me ao convidar-me para ingresso nessa rediviva associação.

A artista plástica Ana Cecília Kesselring reencontrou-me, em 2003, nesses sempre surpreendentes fios que ligam memórias familiares, histórias emudecidas e a arte contemporânea. E seu trabalho foi decisivo para a capa desta nova edição. Já neste ano, o grupo Teatro da Vertigem, por meio da colega Sílvia Fernandes, chamou-me para um seminário em torno de seu novo projeto coletivo de encenação, "br3 — Brasilândia, Brasília, Brasiléia". Senti, nesse contato vivo com a trupe, bem ali nos bastidores, que entre a "vertigem do vazio" de *Trem-fantasma* e as visões do Vertigem muitas pontes podem ser trilhadas.

Para a recolha de imagens, não posso deixar de mencionar, na fase atual, o respaldo competente das arquivistas do Setor de Documentação do Museu Paulista da usp e do Arquivo Histórico do Museu Imperial em Petrópolis. O mestre e amigo Manoel Rodrigues Ferreira compareceu novamente com sua eterna e irrestrita solidariedade. Já a fatura material do livro teve, em suas diferentes edições, o apoio da equipe de valorosos camaradas da produção editorial da Companhia das Letras. Papo vai, papo vem, mas, sem eles, não se traz de fato nenhum livro à baila: Carlos Tomio Kurata (*in memoriam*), Elisa Braga, Gisela Creni, Cristina Yamazaki, Thyago Nogueira e Marta Garcia.

São Paulo, novembro de 2004

Agradecimentos

Este trabalho é fruto de leituras e pesquisas realizadas no período 1980-6, como parte de minhas atividades de pós-graduação em nível de doutorado junto ao Departamento de Filosofia da USP. Nessa trajetória, tive a felicidade de contar com a orientação sempre atenta e rigorosa de Maria Sylvia de Carvalho Franco, a quem sou grato pela paciente e enriquecedora leitura de meus textos, pela densidade e amplitude de suas observações teóricas e, enfim, pelo espírito sempre aberto com que recebeu meus devaneios temáticos.

Além da orientadora, participaram da banca que examinou o texto ainda sob forma de tese os professores Michel Debrun, João Luiz Lafetá, Ricardo Terra e Olgária Matos. Agradeço-lhes o modo gentil de suas intervenções, a generosidade dos comentários, sem prejuízo da crítica mais elevada e fina. Lamento não ter incorporado todas as sugestões feitas, algumas delas por estarem além dos meus recursos, outras por implicarem desvios de rota que redundariam fatalmente em trabalho diverso. Adianto, como de praxe, que todas as imperfeições deste ensaio são de minha inteira lavra; eles não têm culpa de nada.

Ao Departamento de Ciências Sociais da Universidade da Paraíba, campus de João Pessoa, devo a liberação dos encargos docentes de 1982 a 1986, o que tornou factível a produção deste ensaio. A bolsa recebida da CAPES muito auxiliou na minha permanência em São Paulo. Para a coleta de materiais indispensáveis à pesquisa, contei com o apoio financeiro e científico do CNPq, numa primeira fase nas regiões Norte e Nordeste e, na etapa final, em arquivos do Rio de Janeiro e São Paulo.

Junto ao anexo bibliográfico que encerra este volume, acha-se uma relação das bibliotecas e arquivos investigados. Fica aqui registrada, também, a gratidão a todos os seus funcionários e bibliotecárias responsáveis, essa imensa rede de trabalhadores anônimos da cultura que sustentam teses nos bastidores da palavra e da imagem. Quanto à produção material do texto, sem o que tudo se perderia, recorri aos serviços inestimáveis de Carlos Alberto Guimarães (São Paulo) e Antonio de Pádua Guerra Ramalho (João Pessoa), este último também encarregado da datilografia de boa parte dos capítulos e dos trabalhos de reprografia e encadernação.

Deixo por fim assinalado meu agradecimento todo especial ao apoio logístico e afetivo de tantos amigos, colegas e familiares, no sentido de pistas, climas e indicações sempre bem-vindas e, muitas vezes, decisivas. Entre as pessoas que me auxiliaram nessa viagem, faço questão de lembrar: Roberto Romano, Haquira Osakabe, L. F. Franklin de Matos, Paulo Sérgio Pinheiro, Jorge Schwartz, Manoel Rodrigues Ferreira, Ruth Terra (*in memoriam*), Fabio Landa, José Miguel Wisnik, Osvaldo Peralva, Michel Lahud, Newton Foot, Armando Boito Jr., Maria Luiza França (São Paulo); Antonio Arnoni Prado, Eloy Hardman (Campinas); Elenaldo Celso Teixeira (Salvador); Marino Baima (Manaus); Marco Antônio Guimarães (Brasília); Luiz Leite, Joventino Ferreira, Julius Julien (Porto Velho); José Murilo de Carvalho, Flora Süssekind, Rachel Valença, Elizabeth von der Weid, Geraldo Prado, Jaime Benchimol, Almir Pita, Pedro Tortima (Rio de Janeiro); Jean-Robert Weisshaupt (Aracaju e Bruxelas); Alberto Cignoli (Paris e Buenos Aires); Paulo Tarso (Embu e João Pessoa); Diva Foot (Madri e Paris); Wojciech Kulesza (Varsóvia e Cabedelo); Célia e Robert Seybold (Tübingen e Stuttgart); Verena Stolcke e Joan Martinez i Alier (Cerdanyola); Nena e Victor Leonardi (Benalmadena Pueblo); Malu Gitahy (Boulder); Brian Codling (Beaconsfield); Al R. Clarck (Londres); Helena França (em todos os lugares).

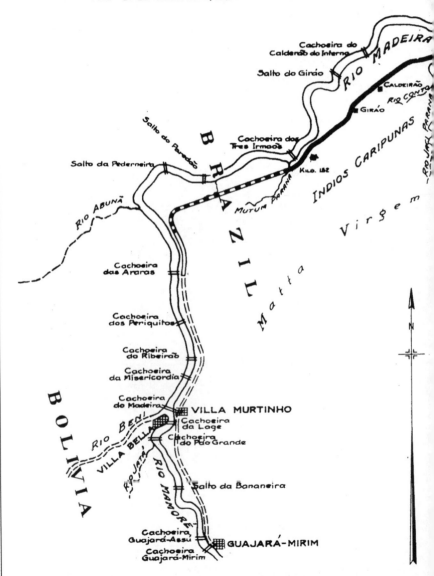

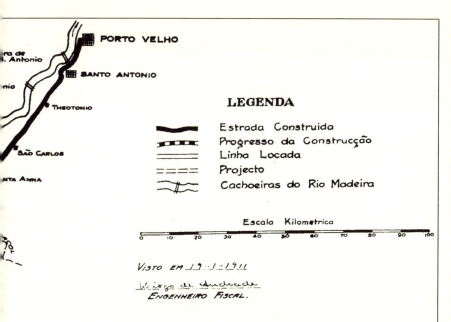

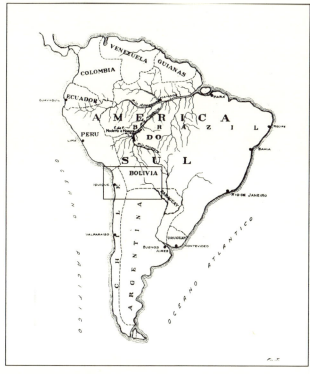

Mapa da Brazil Railway Company indicando traçado e trecho construído da ferrovia em dezembro de 1910.

Prólogo

O que se diz no princípio? Talvez algumas pistas sobre a trajetória que levou a este livro, não para reproduzir um diário de bordo, mas tão-somente familiarizar o leitor com climas propícios ao momento de embarque.

Há cerca de oito anos tiveram início as pesquisas e discussões que acabaram resultando neste ensaio. Sua redação propriamente dita deu-se em várias etapas, descontínuas no tempo e no espaço, entre março de 1985 e novembro de 1987. Na sua maior parte foi escrito no Embu, pequeno município a sudoeste da Grande São Paulo, com todas as influências dessa ambigüidade de suburbe necessária ao entendimento dos desencontros que empurram o campo na direção da cidade e vice-versa. Houve, no percurso, interregno fundamental: muitas notas e revisões foram produzidas durante passagem de quase um ano na praia do Bessa, quilômetro 11 da Transamazônica, Cabedelo, próximo ao ponto extremo oriental da América do Sul. Este registro vale, quando não, por uma afinidade temática das mais íntimas e caras ao corpo da escrita: pois, nos capítulos seguintes, cada escala é feito um ponto extremo, seja no sentido geográfico, seja sobretudo no histórico, situações-limite da experiência humana, desterros involuntários que podem também ser lidos, a meu ver, como metáforas da história moderna e contemporânea, ali onde as fronteiras entre vida nacional e vida mundial já foram de há muito postas em xeque. Menos do que ensaio de tradições culturais, esta é uma pequena resenha em torno do dilaceramento de convicções, identidades e referências. Menos do que a "estrutura das mentalidades", é sua crise e estilhaçamento que se busca rastrear.

De saída, uma advertência: não imagine o leitor que o caráter aparentemente vaporoso e precário das imagens na modernidade pode trazer alguma leveza grácil aos destinos das fantasmagorias da técnica. Ao contrário, todos sabemos a barra de viver sem chão, o peso de cada minuto nesses tristes trópicos, a desolação que é ver a cidade virada pelo avesso; todos sentimos, num dia qualquer, a vertigem do vazio, num cenário em que já não cabem mais maravilhas mecânicas.

Este trabalho tece também, à sua maneira, o elogio dos viajantes e do nomadismo moderno. Nesse plano, viagens que realizei pelo Norte-Nordeste, em 1980-2, motivaram instantâneos pessoais e intelectuais extremamente fecundos para o andamento deste roteiro, em particular no tocante à arqueologia industrial e ferroviária. Destaco, aqui, visitas a antigas fábricas do século XIX nos interiores da Bahia, Sergipe, Alagoas, Pernambuco, Paraíba e Maranhão. Quanto à Estrada de Ferro Madeira—Mamoré, a estada em Porto Velho, em julho de 1982, permitiu a assimilação de um clima histórico-psicológico de extrema relevância para o dimensionamento adequado do objeto de estudo. Três anos mais tarde, uma excursão meteórica à Espanha e à Alemanha colocou ante os olhos novas conexões entre o que de mais moderno exibíamos aqui e o que de mais arcaico persistia em paisagens do Velho Continente. Experiências marcantes igualmente pelo lado afetivo de toda cartografia. Assim, também, foi significativo em múltiplos sentidos reencontrar Buenos Aires inteira (quase), após a Idade do Horror, em 1984 e 1985.

No processo de descobertas sucessivas, é preciso mencionar,

além das fontes institucionais, o papel insubstituível de sebos e livreiros antiquários, cujas prateleiras percorri não poucas vezes só pelo prazer do achado, surpreendendo raridades empoeiradas — algumas preciosíssimas aos rumos deste volume — em ruas do Recife, Salvador, João Pessoa, Rio de Janeiro e São Paulo.

Na origem do projeto, o primeiro desejo era recuperar a história da construção da ferrovia Madeira—Mamoré. As narrativas belas e tristes de Neville B. Craig (1947) e Manoel R. Ferreira (1960) me causaram tanta impressão que a aventura já teria valido a pena se, ao menos, conseguisse contar de novo a mesma história com aquele idêntico equilíbrio entre engenho e arte, melancolia e ingenuidade. Mas esse narrador ansiosamente aguardado morreu antes de o livro começar. A narrativa buscada permaneceu, pois, numa ordem invisível do discurso, ao mesmo tempo intacta e inalcançável.

Inquietaram-me desde logo a intensidade e rapidez com que a Madeira—Mamoré virou lenda, com que seus vagões e locomotivas passaram ao imaginário como fantasmas. A incursão que ensaiei tem muito a ver com essas aparições. A partir daí, o trânsito do reino das fantasmagorias para o mundo dos espetáculos foi decorrência inevitável, e quase imediata. A Madeira—Mamoré era o espetáculo privilegiado da civilização capitalista na selva. Retrocedi, então, à urbe do século XIX e aos primórdios desse maravilhamento. A intimidade entre mecanismo e teatro, entre ferrovia e cinema poderia conduzir-nos longe demais. Fixei apenas algumas imagens dessa temática, isso no capítulo 1. Sobre essa ponte entre caminhos de ferro e olhar de cinematógrafo, basta lembrar, aqui, que aquele invento fantástico dos irmãos Lumière exibia, entre suas primeiras películas, *L'arrivée d'un train* (1895), onde se via, num plano geral, a estação vazia, um ferroviário uniformizado passando, para na seqüência aparecer, desde o horizonte, um ponto negro aumentando rapidamente, até a locomotiva preencher a tela inteira, como que se precipitando sobre os espectadores. Em seguida o comboio pára junto ao cais; abrem-se as portas; passageiros sobem ou descem.[1]

Com a ferrovia e a navegação a vapor, o mercado mundial ganhava ao mesmo tempo concretude, o que vale dizer, nesse caso, que a forma fetiche das mercadorias estava definitivamente liberada para encantar toda a humanidade. Daí, também, muito da intransparência e mistério romântico que envolvem o espaço das estações ferroviárias, essas catedrais do século XIX, até mesmo em suas estruturas despojadas, à base de ferro, vidro e tijolo aparente. É que, sob o peso e a envergadura das relações internacionais que nelas tinham vazão, suportando a liberdade de cada vão em seus espaços amplíssimos, "já não conseguiam tornar palpável para os passageiros a rede de tráfego a que davam acesso; nada que se comparasse à clareza com que outrora os portões da cidade sugeriam as ligações concretas com as vilas adjacentes e a cidade mais próxima".[2]

Para acompanhar a representação da sociedade das trocas desiguais e do maquinismo como espetáculo, nada melhor do que percorrer o cenário das exposições universais, em especial na segunda metade do século XIX. Foi esse o panorama que se esboçou no capítulo 2. Sempre estive convencido — e ainda mais após este trabalho — a respeito do movimento simultâneo e internacional de constituição das sociedades produtoras de mercadorias. Assim, as formas e cadências da modernidade industrial, suas relações técnicas com a paisagem e o trabalho, bem como seus impactos psicossociais, visíveis nas marcas de violência e nos destroços emergidos de culturas preexistentes, constituem padrões detectáveis tanto na Europa quanto no Brasil Colônia e Império, até mesmo nas intermitências e descompassos que lhes são próprios. O capítulo 3 apresenta alguns elementos em torno dessa entrada do Brasil na era do espetáculo. Sem falar do pioneirismo das artes fotográficas em nosso país, cujas descobertas e ensaios não podem ser vistos como meio acaso nas calmarias do Império, vale realçar, aqui, que desde a primeira Exposição Nacional (1861) é o Brasil inteiro exibido como parceiro passável no rol das nações civilizadas.

Alguns exemplos confirmam significativamente essa tendência.

Na Exposição de 1866, já havia uma seção específica consagrada à etnografia. Estávamos, portanto, diante do índio-vitrine. Já na quarta Exposição, de 1875, foi exibida, numa seção dedicada a "Objetos ilustrativos dos esforços empregados no melhoramento da condição física, intelectual e moral do homem" — que incluía, numa classe específica, a possibilidade de expor "Habitações com as condições e regulamentos sanitários para operários, trabalhadores rurais, com os requisitos de barateza, salubridade etc." —, a planta de um projetado "*cortiço* monstro", de autoria do engenheiro Lucarelli, do Rio de Janeiro.[3] Já aqui, nessa figura, o proletariado-vitrine. No mesmo evento, as obras públicas se organizavam em mostra à parte, estradas de ferro nacionais ali incluídas, mesmo as que ainda não haviam saído do papel, como a Madeira—Mamoré. Em 1881, afinal, com uma exposição de história do Brasil, era essa própria disciplina convertida em espetáculo.

De todo modo, o ambiente típico dessas manifestações era o da capital do Império e de alguns centros urbanos provinciais. No capítulo 4, então, esboça-se a passagem dos espaços da metrópole para a selva. O pressuposto é que a vertigem fantasmagórica do homem moderno possui um mesmo fundo, tanto nos "centros" quanto nas "periferias" do sistema. Variam as figuras, a intensidade, as especificações. Mas a sensação de deslocamento perene, o corte de raízes, as peripécias da retina, a navegação à deriva são fenômenos experimentados, desde o início da Idade Moderna, cada vez mais em escala planetária.

O drama ferroviário da Madeira—Mamoré será por fim focalizado, agora em primeiro plano, nos capítulos 5 e 6. Conforme já sugeri, não se trata de reconstrução histórica exaustiva, mas apenas fachos esporádicos de luz sobre aquela era extinta, fogos-fátuos de uma memória coletiva irreversivelmente soterrada. Muitos personagens parecerão, assim, ausentes nessa história. Os índios, por exemplo. No caso da Madeira—Mamoré, seus ataques pertencem quase ao domínio da lenda. Na verdade, desde o século XVII e sobretudo no xviii, já havia sido completada, com bandeirantes, jesuítas e homens a serviço da centralização pombalina,[4] grande parte da obra destruidora das culturas indígenas naquela região. Por isso, talvez, na construção da ferrovia, em especial no início do século xx, apareçam tão raros relatos sobre conflitos com indígenas. A visão de um caripuna mutilado entre funcionários do Hospital da Candelária é, provavelmente, a imagem mais fiel, agônica, do índio naquela ferrovia. Muitos deles, sem dúvida, terão se engajado nos acampamentos de obras, no corte da madeira de lei, sem falar das populações já incorporadas na indústria da borracha — fantasmas entre fantasmas.

A viagem de Claude Lévi-Strauss nos anos 1930 pelo Noroeste do Brasil, de onde nasceu uma das obras mais fascinantes da antropologia do século xx — *Tristes trópicos*, homenagem irônica do autor ao gênero das narrativas de viajantes —, representa uma espécie de contato tardio com restos já quase arqueológicos (hoje inteiramente) de culturas indígenas e com sinais sinistros e ruínas prematuras da passagem, por ali, dos mensageiros da civilização ocidental.[5]

Nesses *Tristes trópicos*, sintomaticamente, Lévi-Strauss imagina as metrópoles americanas que conheceu naquela mesma época — incluídas aí Nova York, Chicago e São Paulo — como imensas vitrines de exposições internacionais, tal a discrepância de tempos e culturas nelas condensadas, cidades que envelheciam sem lastro de antiguidade. É nesse livro, também, que Goiânia aparece como uma cidade-fantasma, espécie de Brasília *avant la lettre*, muitas décadas antes que o brilho do pó de césio-137 iluminasse tragicamente os destinos da nação, paisagem lunar de um cenário de faroeste fantástico, em que atuam e se chocam de modo fatal o modernismo dos tecnocratas e a curiosidade dos catadores de ferro-velho ante os segredos de mecanismo estranho e abandonado.

Na mesma obra, além disso, há uma visão das linhas telegráficas em ruínas, estruturas civilizatórias que Rondon implantou mas a selva teima em devorar, na desolação do cerrado de nambiquaras errantes e miseráveis. Ou, então, um ramal perdido que não leva a lugar nenhum, na vasta depressão do Pantanal, registro patético dessas ferrovias-fantasmas que palmilham a história econômica do país,[6] antecipando projetos como o dos marimbondos de ferro que hoje o presidente quer fazer passar na sua república repleta de trilhos e vazia de sentido, delírio progressista arquetípico rumo à estação Açailândia.

Lá, enfim, o baile melancólico dos seringueiros, tristes em suas toadas solitárias na fronteira da civilização, dançarinos de uma história que literalmente os jogou no fim da linha. Se Craig e Ferreira ensinaram-me algo da letra, Lévi-Strauss introduziu a melodia mais apropriada. É tendo ao fundo seu lamento em tom menor, elogio nada retórico aos homens primitivos da selva, que se poderia ler o Epílogo ao final deste volume. Quanto à técnica de montagem ali experimentada, recurso cinematográfico um tanto tardio, é bem possível que, se fosse reescrevê-lo, hoje, o livro inteiro saísse um pouco assim. Contingência de época e espírito. Fragmentos de história *com* sentido. Fatalidades do simultaneísmo e da intermitência dos processos pesquisados.

Esse movimento novo e fragmentário não passou despercebido aos seus primeiros contemporâneos. Rozendo Moniz Barreto, em suas anotações sobre a Exposição Nacional de 1875, por exemplo, fala dessa experiência vertiginosa de uma viagem no tempo e no espaço que domina o visitante naquele recinto. Num capítulo intitulado "Efeito mágico das exposições para os nacionais", o cronista relata o fascínio da "maior sedução para o espírito" que representava "ver como se resume entre quatro paredes o mais rico e abundante Império!". E continua por várias páginas, sugerindo essa articulação entre progresso material e fantasia lúdica dentro de um espaço interiormente organizado pelo espetáculo da sociedade industrial, não em função de suas paisagens "típicas", mas justamente pelos confrontos sucessivos estabelecidos na psique do espectador:

Entre feiticeiros espécimens, que determinam a mais prolongada associação de idéias, subitamente restitui-se o homem, como se possuísse o talismã da dupla visão, aos sítios mais prediletos da infância, aos primores naturais que lhe iniciaram o proveitoso estudo em recreativas digressões, aos usos cotidianos e indispensáveis da família, enfim a um sem-número de particularidades que é inútil procurar em outra parte e que, por mais vistas que sejam, não deixam de parecer sempre novas e belas.[7]

O autor poderia melhor dizer: novas e sublimes. De todo modo, eloqüência burocrática à parte, estão se introduzindo nas "culturas brasileiras", pelo menos a partir dos anos 70 do século XIX, temas e percepções pertinentes ao universo do modernismo. Quando não, esse culto do espaço interior, do devaneio pelo mundo dos objetos, já é próprio de uma prospecção burguesa do país, mesmo que o esquadrinhamento do território não se faça ainda sob o signo do prosaico, mas contenha esse acento forte numa reminiscência comunitária. Que não equivale exatamente à mera reprodução do mito da terra natal, porque é revivida agora sob efeito de um "talismã da dupla visão", que só o espetáculo moderno é capaz de proporcionar.

Aqui, pois, a viagem se dá no interior das galerias de uma exibição, apesar das instalações não sob encomenda do edifício da Secretaria da Agricultura no Rio. Esse transe lúdico-infantil constitui uma matriz importante no universo dos espetáculos do maquinismo. É da mesma modalidade, por exemplo, que as sensações experimentadas por Elias Canetti, ainda menino, numa espécie de trem-fantasma de um parque de diversões em Viena, lá por volta de 1913, quando visões e acontecimentos se simulam sucessivamente à janela do vagão, até o clímax representado pela cena do terremoto de Messina, momento em que o artifício ocupa completamente a alma, e somos com efeito transportados para o encanto de outras espaço-temporalidades.[8]

Mas pode ser, igualmente, que o trem-fantasma trafegue na

contramão da história. Trótski, em 1907, após a revolução operária abortada de 1905, após prisão e fuga forçada, clandestino, viajando por tundras e taigas, com um trenó, até a região de minas dos Urais, tenta um retorno a São Petersburgo como passageiro anônimo num trem. Nessa passagem, a locomotiva surge não como metáfora do progresso da história, mas, ao contrário, como signo de seus desvios ocultos, quando a perspectiva revolucionária se recolhe e regressa às origens em bitola estreita. Trótski gravou assim aquelas impressões:

> Enquanto viajava no trem de bitola estreita dos Urais ainda não me encontrava fora de perigo; num ramal regional os "estranhos" são logo notados e, se tivessem recebido instruções telegráficas de Tobolsk, eu poderia ter sido detido em qualquer estação. Mas depois de fazer a troca de trens e encontrar-me num vagão confortável da estrada de ferro de Perm, soube que havia ganho. O trem passou pelas mesmas estações nas quais tão pouco tempo atrás nos haviam recebido tantos gendarmes, policiais e tropas. Mas agora eu ia na direção oposta e também meus sentimentos eram totalmente diferentes. No início o vagão espaçoso e quase vazio me pareceu fechado e sufocante. Levantei-me e me aproximei da plataforma que se encontra entre os carros; estava escuro, soprava um forte vento e de meu peito brotou espontaneamente um forte grito: um grito de felicidade e liberdade.
>
> Entretanto, o trem da estrada de ferro Perm—Kotlass me levava para a frente, para a frente, sempre para a frente.[9]

Relido esse texto, hoje, em retrospectiva, sabe-se que o "para a frente" pode se desdobrar tanto nas utopias revolucionárias de uma geração quanto nos horrores reacionários produzidos pelos donos do poder e da guerra, das imagens e das palavras. Tendo-se cruzado, mais "para a frente", no século XX, tanto com os sonhos de mundos interconectados, inteligíveis e habitáveis, quanto com campos de concentração e de desengano. Trótski embarcou naquela viagem ferroviária de trás "para a frente", que lhe inverteu até os sentimentos, em 25 de fevereiro de 1907. Em 2 de março já passeava pela Perspectiva Nevski, em Petersburgo. De volta ao espaço da metrópole, estava, por enquanto, livre.

Poucos meses mais tarde, naquele mesmo ano, a construção da ferrovia Madeira—Mamoré era reiniciada após quase trinta anos do fracasso de sua última tentativa. Trótski nada devia saber dos destinos dos milhares de miseráveis que morreriam sob os trilhos da obra fantasmagórica. Os construtores da Madeira—Mamoré tampouco teriam ouvido falar do revolucionário russo, mesmo alguns dentre eles provenientes daquele país, cerca de sete, segundo as estatísticas da empresa.

No entanto, por trás das fotografias e textos, trens continuavam a correr soltos pelas estepes, selvas, desertos, cidades. Fantasmas, idem. A história e a psicanálise também cruzavam seus ramais. A *exhibitio* da era burguesa multiplicava ainda mais suas formas de aparição. Décadas antes, quando as ferrovias surgiram, houve também quem nelas cresse como condutos da paz, espécie de versão primeva da teoria atual acerca do poder de dissuasão dos arsenais nucleares.

Melhor entrar logo no assunto.

Embu, 1985-7

1. Chuva, vapor, velocidade
Projeções à sombra do mecanismo

Voa a estrada inteira, não se sabe para onde, para a lonjura ignota, e há algo de assustador que se oculta nessas aparições fugidias, em que não tem tempo de se delinear o objeto que passa voando.

[...] Rússia, para onde voas? Responde! Ela não responde.

Gogol, *Almas mortas*

Mas as coisas não eram assim.

Eles começaram a perceber o que estava acontecendo quando sentiram os carros bamboleando, o trem vergando como se alguém o estivesse sacudindo. Depois a locomotiva veio para trás, fora da via, arrastada pelos carros pesados e cheios de gente. Dava uns apitos roucos e tristes e muito longos. Mas ninguém ajudava. Continuava sendo arrastada para trás, por aquele trem que não tinha fim, até que lhe faltou a terra e, emborcando de lado, caiu no fundo do barranco. Então os carros a seguiram, um atrás do outro, a toda a pressa, precipitando-se cada um no seu lugar lá embaixo. Depois tudo ficou em silêncio, como se todos, até nós, tivéssemos morrido.

Foi assim que aquilo aconteceu.

Juan Rulfo, *O planalto em chamas*

O trem vai partir.

Em 15 de setembro de 1830, um observador atento e bem localizado destacava-se na massa de 400 mil pessoas que assistiam ao espetáculo da viagem inaugural da linha ferroviária Liverpool—Manchester, uma das primeiras do mundo. O reverendo Edward Stanley estava igualmente perplexo. Mas o assombro não o impediu de registrar a experiência em "descrição acurada", conforme o título que deu ao relato. As impressões que teve, de resto comuns à sensibilidade da época, sugerem a força do impacto cultural desencadeado por aqueles novos artefatos de ferro. O século xix reagia, entre indignação, espanto e encantamento, às criaturas saídas do moderno sistema de fábrica. No vasto e intrincado painel que se desenhava em torno das novas relações entre técnica e sociedade, os efeitos de uma ilusão de ótica generalizada percorriam povos e países, dominavam o olhar das multidões, faziam-se sentir nos veios mais recônditos do planeta. Palavras como as do reverendo Stanley deveriam encontrar, naquele instante, ressonância imediata no imaginário coletivo. Difícil mesmo era traduzir para a escrita esse turbilhão de imagens inéditas e desfocadas:

> Não há palavras que possam dar uma idéia adequada da grandiosidade (não posso usar palavra menor) de nosso progresso. A princípio era relativamente lento; mas logo sentimos que verdadeiramente estávamos *em marcha*, e então todos aqueles para quem o veículo era novo devem haver-se dado conta de que a aplicação da força locomotora estava estabelecendo uma nova era no estado da sociedade, cujos resultados definitivos é impossível colocar-se.

De início, nosso observador fala de dentro do trem; aí já ressalta o poder transfigurador da locomotiva, os efeitos da velocidade sobre a percepção espaço-temporal, o deslocamento rápido propiciado pela força do mecanismo, alterando a visão da paisagem e dos passantes:

> As amplas linhas ininterruptas de espectadores pareciam deslizar-se na distância, como figuras pintadas arrastadas velozmente através dos tubos de uma lanterna mágica.

Essa visão do interior completa-se em seguida com a que experimenta do exterior, postado à margem dos trilhos; a transfiguração efetua-se dentro e fora do trem, como fenômeno inerente à sua força mecânica:

> No rápido movimento destas máquinas, há uma ilusão de ótica que vale a pena mencionar. Um espectador que observa como se aproximam, quando vão à máxima velocidade, mal consegue despojar-se da idéia de que, mais do que movendo-se, estão crescendo e aumentando de tamanho. Não sei como explicar melhor o que quero dizer, senão referindo-me ao agigantamento dos objetos em uma *fantasmagoria*. A princípio apenas se pode discernir a imagem, porém, à medida que avança desde o ponto focal, parece crescer mais além de todo limite. Desta maneira uma locomotiva, à medida que se acerca, parece aumentar de tamanho rapidamente, como se quisesse preencher por completo todo o espaço compreendido entre as valetas e absorvê-lo todo em seu torvelinho.[1]

Nesse texto, o termo fantasmagoria aparece em seu sentido ótico original, ligado ao surgimento da lanterna mágica, havendo registro de seu emprego nessa acepção em 1802, por Philipsthal, com o intuito de designar uma exibição em que se podia fazer aumentar ou diminuir o tamanho das imagens projetadas manipulando a lente. Atribuise a invenção desse processo ao físico belga Robertson (1763-1837), que já no final do século XVIII empolgava a Paris pós-revolucionária com as sessões de *fantascópio*, em que a ilusão de movimento das figuras era obtida graças a rodas que deslocavam o aparelho projetor.[2]

Como se vê, o espetáculo das mercadorias sob a ótica ilusionista do maquinismo estava sendo montado. Vivia-se, então, a pré-história do cinematógrafo e da diversão de massas. Mas já havia indícios claros de como o século XIX forjaria novos cenários, atores e público para uma arte de representar mais ampla e profana; de como mecanismos antigos da ilusão teatral reentrariam em cena à luz do dia, criando eles próprios um teatro de máquinas aparentemente capaz de autogovernar-se em exibições ilimitadas de artifícios, de renovar com maestria as facetas de um renitente e duradouro engano. É que a animação ilusória dos fetiches na sociedade produtora de mercadorias, embora já entranhada na maneira de os homens fazerem a sua vida e inerente à forma moderna das relações materiais de existência, acabou por mobilizar mitos e rituais de linhagens as mais diversas.

Ora, o uso de máquinas nas artes cênicas tem longa tradição na história dos espetáculos. No teatro ateniense, já se utilizavam artifícios mecânicos de vários tipos: prismas triangulares que giravam em volta de um eixo, cada face revelando um cenário; uma máquina para simular vôos, dela vindo a expressão *deus ex machina*, porque o deus chegava pelos ares, envolto em nuvens; sirenas para produzir trovões; degraus, escadas, praticáveis; sistema de alçapão para entidades subidas dos abismos; "e posteriormente até uma espécie de lanterna mágica que fazia os espectadores verem o outro extremo da cidade, náufragos no meio das ondas, apoteose de heróis acompanhados por fogos de artifício".[3]

Sabe-se, por outro lado, como a representação dos *mistérios* medievais deslocou o teatro do interior das igrejas para o céu aberto, tendo como característica marcante a simultaneidade de cenários feitos e manipulados seguindo técnicas estritas das corporações de ofício; quanto aos *triunfos* do início da Idade Moderna, montados nos festejos em honra aos príncipes, eram alegorias baseadas em maquinismos complexos, cuja finalidade residia sobretudo em maravilhar por sua beleza, fausto e engenhos. A descrição de um desses cenários criado por Leonardo da Vinci em 1480 — *Festa do Paraíso* — aponta para aqueles elementos, acrescentando-se aí o efeito fantasmagórico pela iluminação de centenas de tochas. A máquina, ali, valia menos como meio de domínio da matéria e padronização da natureza do que como artefato em si mesmo maravilhoso, projetada não sob a égide de um eventual espírito do progresso, mas para preencher escopos de matiz fugidia: festa, entretenimento de notáveis, mera surpresa mecânica.[4]

Mas voltemos ao século XIX. O que parece prestes a ocorrer é a perda dos referenciais óticos na sociedade moderna. Já não se sabe ao certo de que lado do espelho se está. Homens e mulheres nas ruas da metrópole traçam roteiros labirínticos; a cidade exibe-se como esfinge, ela própria um enigma a ser decifrado sob pena de se verem arruinadas todas as convicções. "*Tudo que é sólido e estável se volatiliza*", antecipam Marx e Engels no *Manifesto*, de 1848, que pode ser lido nesse sentido como um primeiro manifesto modernista.[5] A frase insere-se plenamente no contexto histórico das revoluções européias que constituem seu pano de fundo. Vincula-se a um universo construído pela burguesia "à sua imagem e semelhança". Nesse plano, a expressão parece metaforizar o impacto das mudanças políticas em curso, os efeitos devastadores do choque entre forças sociais inconciliáveis, a desordem no âmbito da produção de valores materiais/espirituais, as inversões e rompimentos, enfim, nos atributos e alicerces da cultura.

Há, contudo, um outro sentido nesse texto que nos remete de forma quase descritiva e imediata ao plano das percepções fenomênicas, dando conta de certa maneira como as coisas vêm sendo apreendidas e representadas, de um clima mental em que a instabilidade passa a ser marca permanente e identificadora da vida dos homens — essa espécie de nomadismo civilizado correndo atrás de oásis fugazes — , desde que o espaço próximo converteu-se no lugar maior do estranhamento e o tempo pulverizou-se em instantes inacessíveis. Tal sensação, de resto inerente ao modo de representar no século XIX, acaba conferindo pertinência e interesse aos passeios benjaminianos pelas *passagens* parisienses. Pois é desta forma fluida, volátil, vaporosa que se estava constituindo a paisagem típica da era urbano-industrial.[6] Com efeito, o mundo das mercadorias está se convertendo, a partir de meados do século XIX, num gigantesco fantascópio. Alguns de seus contemporâneos, em meio a multidões assombradas em face dos espetáculos mecânicos da modernidade, tentam representar as imagens desse novo poder de encantamento. Lothar Bucher foi um deles.

Político exilado em Londres após a derrota da revolução na Alemanha, futuro colaborador de Bismarck, publicista, partidário de reformas conservadoras, Bucher faz uma das descrições mais primorosas dos efeitos alucinógenos da arquitetura revolucionária de Joseph Paxton para o Palácio de Cristal, espaço em que o vidro e o ferro uniram-se magicamente a fim de abrigar a Exposição Universal de 1851, batizada como The Great Exhibition of the Works of Industry of all Nations:

> a todos os que o contemplaram [o Palácio de Cristal] lhes produziu uma impressão de tal romântica beleza que não tardaram em ver-se reproduções do mesmo decorando as paredes das moradias rurais nas aldeias longínquas da Alemanha. Ao contemplar o primeiro grande edifício não construído à base de sólida alvenaria, os observadores logo compreenderam que era uma obra que não podia ser julgada através do mesmo padrão pelo qual havia sido avaliada até então a arquitetura.[7]

Se a visão externa de conjunto já suscitava espanto, fixando imagens que podiam reproduzir-se em postais guardados como rara recordação nas regiões mais remotas, um passeio pelo interior do Palácio de Cristal é decisivo para configurar a experiência de arrebatamento ante a materialidade translúcida do vidro, as estruturas de ferro aparente, a leveza de um desenho funcional em que "tudo que é sólido e estável se volatiliza":

> Vemos uma delicada malha de linhas sem referência alguma que nos ajude a poder julgar qual é sua dimensão real ou a que distância está de nossos olhos. As paredes laterais acham-se demasiado distanciadas para que se possa abarcá-las com um só olhar. Em vez de passar a vista de um muro terminal ao outro, nossos olhos seguem aquela perspectiva sem fim que parece desvanecer-se no horizonte. Não estamos em condições de afirmar a que altura eleva-se este edifício, se é de trinta ou trezentos metros, ou se o teto é uma superfície lisa ou formada por uma sucessão de armaduras, porque não há jogo de sombras algum que nos permita suspeitar suas verdadeiras medidas.

A sensação de irrealidade e infinitude torna-se praticável com o uso inovador do vidro, permitindo efeitos de luz inusitados e acentuando as linhas ambíguas de passagem entre interior e exterior. Soluções ousadas completam essa perspectiva. Paxton, antes de tudo um especialista em estufas e jardins-de-inverno, preserva uma fileira de olmos seculares em pleno transepto central, ao lado de plantas exóticas e esculturas neoclássicas. Owen Jones, decorador da Great Exhibition, mistura com audácia azul-turquesa, vermelho e amarelo; uma fonte vítrea impõe-se no centro do Palácio, oferecendo uma atmosfera orientalizante.[8]

Mas, além de todos esses ingredientes, o atordoamento parece nascer principalmente da repetição em escala gigantesca de motivos arquitetônicos simples, numa estrutura despojada que tende a ampliar *ad infinitum* as possibilidades técnicas abertas com a produção de vigas pré-moldadas de ferro fundido, a obra podendo ser vista nesse passo como uma espécie de ensaio metafórico sobre a justaposição de mecanismos rudimentares no maquinário da grande indústria. Continua Bucher:

Se baixarmos a vista, encontramo-nos com as vigas de ferro pintadas de azul. A princípio, estas se sucedem com amplas separações, logo se juntam cada vez mais, até serem interrompidas por um deslumbrante raio luminoso — o transepto — que se difunde em um fundo longínquo onde todo elemento natural se esfuma na atmosfera. [...] Seria pobre de expressão dizer que é um espetáculo incomparável e encantado, digno do país das fadas. É um sonho de uma noite de verão, visto à clara luz do meio-dia.

O delírio aqui não guarda contigüidade com regiões sombrias, mas, ao contrário, desponta em plena luz solar; está mais próximo de miragens saarianas que de noites árticas; a ilusão vem mais do brilho que ofusca do que da treva que esconde. Estamos por inteiro no território da objetividade espectral analisada por Marx no capítulo de *O capital* sobre o fetiche das mercadorias. No interior do Crystal Palace, o encantamento é produzido antes pela grandeza de escala, pelo ritmo veloz das harmonias e pela redundância de motivos elementares, suscetíveis de superposição. As tortuosidades barrocas, os ornamentalismos amaneirados ao gosto vitoriano ficarão por conta da estética presente nos objetos expostos, conforme se verá em capítulo posterior. Mas o que impressiona na arquitetura é sobretudo seu despojamento. Ao ressaltar esse aspecto, a citação de Bucher pode ser lida como um elogio audacioso — em meio a tantas críticas e rejeições dos contemporâneos — à engenharia do vidro e ferro do século xix, precursora do movimento moderno nas artes plásticas e arquitetônicas.[9] Os projetistas e construtores das estações ferroviárias, mercados, fábricas e galerias para exibições internacionais souberam também, a seu modo, dar forma, nome e lugar aos novos contornos da experiência na modernidade.

Nessa perspectiva, o espaço urbano da grande metrópole assume ele próprio a figura de uma aparição; pintores e literatos, a partir pelo menos de 1830, passaram a esboçar os traços dessa cidade-fantasma. Como os primitivos espetáculos de fantasmagoria, trata-se de manifestações fugazes, que desaparecem na velocidade dos novos meios de transporte, na mudança célere da paisagem industrial, no arruinamento prematuro das forças produtivas. O Palácio de Cristal, por exemplo, foi removido do Hyde Park logo depois da Great Exhibition. Moinhos abandonados, despojos fabris e humanos, cemitérios de trens, bairros novos já envelhecidos: são imagens como essas que preenchem o cenário da cidade-fantasma, resultantes da dialética entre o aparecer e o desaparecer. Por um instante, cessa todo movimento: a cidade está vazia. É assim que fotógrafos ulteriormente poderiam fixá-la, como espaço de objetos inanimados, como ruína arqueológica precoce. A civilização liberal é mais um fantasma nessa cadeia de ilusões. A cidade vazia reintroduz o tema hegeliano da reflexão melancólica do espírito ao contemplar ruínas de civilizações extintas; só que o fotógrafo é o arqueólogo do contemporâneo: ante a insistência dos espectros civilização e progresso na ronda das mercadorias, a fotografia é como uma derradeira lágrima, prismática, chorando por *phantom city*.[10]

Antes, porém, que os primeiros daguerreótipos enfocassem ângulos da cidade-fantasma, escritores começavam a fazê-lo. São Petersburgo, nascida como artifício do despotismo esclarecido na Rússia, era um dos cenários próprios a tais incursões, pois articulava exemplarmente traços "modernos" e "arcaicos" da Europa do Antigo Regime. Nicolai Gogol, num conto de 1835, "Perspectiva Nevski", transforma essa avenida ruidosa de Petersburgo em personagem central da narrativa. No prelúdio em que tece o elogio da mesma, o narrador exclama:

> Onisciente Perspectiva Nevski! Único incitamento para o pobre de Petersburgo dar uma volta! Com que delicadeza estão varridos seus passeios e, céus, quantos pés deixaram neles seus rastros! [...] Quanta rápida fantasmagoria ali se desenrola no transcurso de um só dia! Quantas metamorfoses suportam em vinte e quatro horas![11]

Mostra-se na seqüência a Nevski vazia, no primeiro amanhecer, para depois lentamente ir sendo preenchida com o rumor da urbe. A trama amorosa e existencial que se segue é secundária, serve apenas de ilustração do poder de encantamento da avenida. Homens e mulheres se encontram e se perdem por conta de estarem prisioneiros do fascínio da rua. Ao final, é novamente a Perspectiva Nevski que reaparece no crepúsculo; as histórias a que deu ensejo são, agora, na melhor das hipóteses, marcas gravadas no seu passeio, figuras de fantasmagoria, que tão velozes quanto sua projeção mergulham nas sombras das calçadas. Como na famosa metáfora da *camera obscura* utilizada por Marx e Engels para sugerir o mecanismo de inversão das relações sociais na ideologia,[12] a perspectiva de Gogol também inverte objetos e acontecimentos, também ilude e induz ao erro:

> Tudo ocorre ao contrário.
>
> [...] mais estranho de tudo são as aventuras que se sucedem na Perspectiva Nevski. Oh, não acredite na Perspectiva Nevski! Eu, quando passeio por ela, me envolvo em meu capote mais firmemente e tento não fixar a vista nos objetos que vêm ao meu encontro. Tudo é engano! Tudo é sonho! Tudo é outra coisa do que parece! [...] A todo momento mente a Perspectiva Nevski, mas mente sobretudo quando a massa espessa da noite pousa sobre ela, fazendo sobressair as pálidas e amareladas paredes das casas, quando a cidade inteira torna-se estrondosa e ofuscante, miríades de carruagens deslizam pelas ruas e pontes, postilhões gritam e saltam sobre os cavalos e o próprio demônio acende os lampiões com o único fito de mostrar tudo sob uma luz irreal.

A cidade noturna, iluminada artificialmente, num átimo vazia de seus habitantes a caminho dos refúgios de verão, Petersburgo tão conhecida e estranha, por onde vagueia o narrador como sombra sem rumo, buscando lugares felizes do passado a fim de imprimir no presente sua forma; noites de verão: fantásticas, prodigiosas, brancas; recantos esquisitos da cidade em que um outro sol, novo, joga com sua luz "um fulgor diferente do resto do mundo". Esses são elementos que compõem a atmosfera a um só tempo fugidia e clara das *Noites brancas*, de Dostoiévski.[13] Surgida treze anos após a narrativa de Gogol, essa novela guarda com a antecessora certa imagem comum da metrópole russa; em ambas, a cidade-fantasma é a protagonista maior.

A mesma visão é desenhada em outro conto dessa fase de Dostoiévski, "Um coração fraco", aparecido também no decisivo ano de 1848. O pequeno escriturário Arkádii, na cena final, após ter visto o melhor amigo enlouquecer nas malhas da burocracia, caminha a pé por Petersburgo e, cruzando o rio Neva, lança um olhar penetrante que fixa um panorama amplo da cidade ao anoitecer, "a lonjura fumarenta e brumosa tingida de vermelho pelos últimos raios do purpúreo e sangrento sol da tarde". Aos efeitos de transfiguração do crepúsculo, somam-se os do vapor e das "miríades de cintilações diamantinas" provocadas pela incidência da luz solar sobre a cobertura de neve ao longo do rio. Reaparece a imagem da solidez que se esfuma, da estabilidade fictícia do sítio urbano:

> Não vibrava no ar o menor ruído, e, como gigantes, elevavam-se em ambas as margens do rio, para o céu frio, as colunas de fumaça das casas; torciam-se e empilhavam-se umas sobre as outras, enquanto continuavam a elevar-se, como se novos edifícios e palácios, amontoando-se sobre os antigos, estivessem formando uma nova cidade nas nuvens [...]. Como se todo este mundo, com todos os seus habitantes, os fortes e os fracos, com os tugúrios dos pobres e os palácios dos ricos e dos poderosos da Terra, se diluísse, naquela hora vespertina, em um sonho fantástico que do pó se elevava ao céu azul-escuro para ali dissolver-se e extinguir-se no nada...[14]

Dostoiévski focaliza Petersburgo desse modo em diversas passagens. Em 1863, nas *Notas de inverno sobre impressões de verão*, redigidas a propósito de sua primeira viagem à Europa ocidental, depois de se referir à indumentária e costumes das elites russas como "toda aquela fantasmagoria, toda aquela mascarada", define Petersburgo como "a cidade mais fantástica, com a mais fantástica história de todas as cidades do globo terrestre". Se Paris chega a irritar pela "calmaria de ordem" que apresenta (na aparência, é verdade, pois sabe esconder as pegadas dos miseráveis e prevenir o tráfico urbano de sua presença incômoda somente até que a Comuna faça explodir as peripécias higienizadoras do bonapartismo), Londres fascina exatamente por seu aspecto *satânico*, ao exibir de tudo um pouco e lado a lado; ali reina, autoconfiante e desdenhoso, Baal, que permite a todos os elementos "suspeitos e lúgubres viver a seu lado, à luz do dia". Em Londres, os panoramas são "amplos e esmagadores". Sua desordem aparente é "a ordem burguesa no mais alto grau, este envenenado Tâmisa, este ar impregnado de carvão de pedra; estas magníficas praças e parques, estes terríveis recantos da cidade como White Chapell, com a sua população seminua, selvagem e faminta". É justo quando fala da Exposição Universal de 1862, de seu caráter "impressionante, terrível, titânico", que acaba introduzindo a imagem de Baal, entre referências à Babilônia e ao Apocalipse — o espetáculo da *exhibitio* como que materializando ante os olhos alguma cena bíblica. E arremata:

> Sente-se a necessidade de muita resistência espiritual e muita negação para não ceder, não se submeter à impressão, não se inclinar ante o fato e não deificar Baal, isto é, não aceitar o existente como sendo o ideal [...].[15]

Londres aparece como cidade satânica aos olhos de Dostoiévski; é o próprio demônio quem acende lâmpadas irreais na Petersburgo de Gogol. Espíritos malignos querem enganar os homens por meio de ilusões óticas, de calidoscópios urbanos, de malabarismos sem fim no terreno dos fenômenos, das aparências. A paisagem moderna surge, nessas visões, repleta de fundos falsos, jogos de espelhos e luzes diabólicas. Esse tema é retomado, ainda na literatura russa, por Tchékhov. Num conto de 1898, "Um caso clínico", narra-se a história da doença de uma mulher, filha da proprietária de uma fábrica têxtil, num povoado suburbano da região de Moscou. A paisagem, semi-rural, é típica dos núcleos manufatureiros mais antigos e relativamente autocentrados: grandes portões, a vila operária, a vivenda da patroa, o escritório, os cinco pavilhões da fábrica, as obrigatórias chaminés. O narrador, um médico, apresenta-nos um diagnóstico da paciente em quase tudo próximo da histeria. A chave do mal vai se tornando evidente ao longo da narrativa: são as relações humanas naquele espaço fechado e comprometido que vitimam as pessoas, tanto operários quanto patrões. Durante a noite, a revelação: diante do médico a fábrica se lhe afigura o diabo. Duas janelas carmesins, iluminadas pelo fogo de um dos fornos, eram os olhos do demônio em pessoa. Ruídos de metal em pleno silêncio noturno aumentavam ainda mais a impressão fantasmagórica; a fumaça da chaminé contra o fundo cinzento do alvorecer completava o quadro infernal. O médico conclui que de nada valiam os espetáculos teatrais para os operários, lanternas mágicas, assistência médica e outros melhoramentos introduzidos pela direção da fábrica; sua condição básica permanecia imutável, ou por outra: agravava-se, com esse aparato, o próprio círculo vicioso da ilusão. A cura da mulher não se deu com mezinhas, mas num diálogo de raiz psicanalítica em que o clínico repôs os sintomas no próprio ambiente familiar-social que os gerou. A imagem da fábrica demoníaca de olhos carmesins fixa-se contra os primeiros sinais da aurora:

> Os cinco pavilhões e as chaminés, aparecendo sobre o fundo cinzento do alvorecer, quando não havia pessoa alguma ao redor, como se tudo estivesse morto, tinham um aspecto peculiar, diferente do diurno. Sumira-se da memória a idéia de que ali dentro havia máquinas a vapor, eletricidade, telefones, mas, apesar de tudo, pensava-se nos

edifícios com pilastras, na Idade da Pedra, sentia-se a presença de uma força rude, inconsciente [...].[16]

Da mesma forma que a cidade-fantasma, a fábrica-demônio está vazia. Para penetrar no sentido maior das relações que ali se estabeleceram e teimam em se reproduzir por elas mesmas, é preciso esquecer, por instantes, os signos do progresso técnico em sua ordem aparente no universo da produção, mergulhando-se, então, em idades primordiais, as colunas de pedra podendo ser pensadas como um sítio arqueológico ainda não datado, uma paisagem pré-histórica tão verossímil quanto nossa imaginação alcançar. Ali poderiam trafegar dinossauros e mamutes, árvores carboníferas e samambaias gigantes, como nessas gravuras de álbuns antigos que só faziam embaralhar, na cabeça de crianças crédulas, todas as eras geológicas do planeta.[17] Iluminada pelo fogo, suas janelas e pilastras em contraste, é como se escapasse da cena uma radiografia da fábrica, seu esqueleto sendo assim revelado, sua fachada e chaminé como ossaturas expostas contra todo segredo que guardam; Tchékhov aproxima-se, portanto, ao focalizar a fábrica estática, adormecida, da essência dos mecanismos e personagens que abriga durante o dia; sua face diabólica é essa figura mais recolhida das trocas assimétricas do cotidiano fabril.

Num contexto e clima bem diversos, Flaubert conduz os personagens de *Madame Bovary* a uma visita insólita: num campo desolado, ergue-se um estabelecimento fabril; mas as obras estão inconclusas, há ferrugem e mato entre os objetos: rodas dentadas, montes de areia, um enorme edifício quadrangular com janelinhas deixando entrever o céu no madeiramento do teto, um feixe de palha com fitas tricolores ao vento. O absurdo da cena é enfatizado por um discurso de Homais sobre as futuras virtudes da fiação de linho que ali estava sendo construída. Mas ninguém lhe presta atenção, os personagens, a começar por Ema, aparecem desfocados do cenário, e este deles.[18] Fica sugerido, naquele domingo frio e modorrento, todo o despropósito dessa manufatura de província. Estamos também diante do esqueleto de uma obra fantasmática; entre a perspectiva do progresso e sua efetivação, há só sinais sem vida num terreno baldio. Como se qualquer tentativa de romper a circularidade dos valores provincianos esbarrasse em estruturas invisíveis mas persistentes.

Vê-se assim que no longo trajeto do campo à cidade, com todos os seus estados híbridos e transitórios, a presença dos novos artefatos da Revolução Industrial desencadeia respostas diversas, paixões contraditórias, pinturas matizadas. Se em Flaubert a visita à fábrica-ainda-por-fazer é uma espécie de prolongamento do tédio que domina os habitantes da cidadezinha de interior, em Victor Hugo, por exemplo, a representação de Fulton, pioneiro do navio a vapor, como variante de Lúcifer era produto, de um lado, de preconceitos científicos e religiosos e, de outro, do ponto de vista simples de camponeses e pescadores do canal da Mancha: "Isto mete-me medo".[19] Histeria, loucura, tédio, medo, assombro, repulsa, encantamento: configura-se, aqui, uma escala múltipla de representações literárias, as quais sustentam, como elos mediadores, correspondências histórico-culturais entre técnica e sociedade, entre progresso material e estados de espírito, entre o estado de coisas e as maneiras de apreendê-las.

Idêntico movimento de elaboração artística poderá ser vislumbrado no plano da pintura oitocentista. Por um momento, podem-se tomar como exemplos, simultaneamente, três obras de pintores à primeira vista sem maiores afinidades estéticas: *Rain, Steam and Speed,* de William Turner (1844); *Die Berlin—Potsdamer Bahn* [A ferrovia Berlim—Potsdam], de Adolph Menzel (1847); e a série *Gare Saint-Lazare,* de Claude Monet (1877). Em todas elas, a mesma obsessão ferroviária. Mais do que isso, pois não se trata só de mera coincidência temática resultante da "febre dos trilhos" que tomava conta da Europa em busca, quem sabe, de seus novos paisagistas. O que sobressai, para além desse parentesco, é o modo similar de entrada em cena dos caminhos de ferro nas três composições:

como trens-fantasmas, cujo aparecimento fugaz já significa também a próxima desaparição, cuja luz estranha já carrega a inevitabilidade melancólica da sombra; ferrovia ao mesmo tempo exposta e fugidia, oculta sob a película fina de "chuva, vapor e velocidade", no caso de Turner; fumaça, cores brumosas de subúrbio e a própria sinuosidade do percurso, na visão de Menzel; vitrais da estação de trem e mágica luz da manhã, no pontilhado tão marcadamente impressionista de Monet (ver anexo iconográfico).[20]

É uma atmosfera, a de meados do Oitocentos, em tudo já diferente do figurativismo bucólico anterior, quando manufaturas apareciam bem enquadradas em paisagens campestres, ou comboios em escala diminuta desfilavam tranqüilos, dando a impressão de ali quedarem, manchas indistintas no vazio das lhanuras, à espera de ser apascentados. A imagem do trem-fantasma desponta, em troca, tendo por trás de si a desordem da urbe. Não é necessário que o movimento da cidade apareça; ao contrário, ele também precisa ser sublimado. Bastam sinais vaporosos de sua presença-distância: a cidade envolta em neblinas, ao fundo, no quadro de Menzel; a ponte em arcos, meio perdida ao canto, na fantasmagoria de Turner; o espaço sublime da estação ferroviária, no ensaio de Monet. Este último, ao fazer da Gare Saint-Lazare motivo principal de uma pintura *em série*, transpondo para a tela pequenas variações angulares e luminosas em torno do mesmo objeto, procedimento mais tarde corriqueiro na arte fotográfica, vem ressaltar o sentido onírico e mitológico das estações — essas formidáveis "fábricas de sonhos" ou "catedrais do século xix" —, que se representam, assim, como novo cenário privilegiado do tráfico urbano.[21] Decomposta a luz em partículas, podem as tonalidades deslocar-se no espaço, fixando silhuetas etéreas de transeuntes anônimos, das plataformas de despedida ou desembarque, dos modernos meios de transporte. A gare, ela mesma, converte-se na figura animada de uma "princesa rumorosa, com cara de um relógio, bufando ferro e fumo".[22]

É nesse trânsito sutil de cores e sombras que a estação ferroviária pode vir a ser um dos palcos diletos nas artes modernas de simular. Locomotivas emitem fagulhas; os objetos produzem vultos de si próprios, tudo se embaralhando na névoa matinal. Na dança dos simulacros, os coloridos se interpenetram: os toldos do teatro, embalados pelo vento, pintam do mesmo tom público, atores e cena;[23] os vidros da gare refratam o sol, traindo sua direção, no permanente e ilusório jogo das transparências. Pensamos que o mundo exterior ainda nos acompanha; mas, de há muito, já somos curiosidades de aquário. Admitimos estar viajando pelos trilhos de bitola larga da linha-tronco; mas faz algum tempo que, imperceptivelmente, eles se estreitaram, enveredando sabe lá Deus por que ramais, por que desvios ignorados até mesmo do infalível Guia Levi.

Duas representações no século xx ilustram de modo magistral — uma indireta, outra diretamente — esse caráter ao mesmo tempo exposto e indevassável dos interiores da modernidade. Na fantasmática embarcação do filme *E la nave va*, de Fellini, a cena do restaurante a bordo recria uma atmosfera submarina: espécimes do Antigo Regime em extinção nadam entre iguarias e frivolidades, enquanto do lado de fora, pelos vidros das janelas, o bando de excluídos — ciganos, sérvios — assiste, fascinado e faminto, ao espetáculo desse aquário luminoso, prestes a transbordar. As tensões interior/exterior ficam aqui aguçadas pelo caráter diáfano do vidro. Curiosa ironia dos materiais: ao contrário dos muros de pedra, dos gonzos de ferro, dos postigos maciços, a vitrine é a maneira mais cínica através da qual o luxo se deixa entrever, assinalando, ao mesmo tempo, seu preço e seu dono. Exibicionismo que significa também modo radical de separação. Outro exemplo contíguo encontra-se em Proust, nessa descrição de uma cena noturna no restaurante do hotel de Balbec,

> onde os focos elétricos, jorrando luz no grande refeitório, transformavam-no em um imenso e maravilhoso aquário, diante de cuja parede de vidro a população operária de Balbec, os pescadores e tam-

bém as famílias de pequeno-burgueses, invisíveis na sombra, se comprimiam contra o vidro para olhar, lentamente embalada em remoinhos de ouro, a vida luxuosa daquela gente, tão extraordinária para os pobres como a de peixes e moluscos estranhos (uma grande questão social, saber se a parede de vidro protegerá sempre o festim dos animais maravilhosos e se a gente obscura que olha avidamente de dentro da noite não virá colhê-los em seu aquário e devorá-los).[24]

O vidro e a iluminação feérica encarregam-se de construir esse limite transparente mas compacto entre a comédia de costumes e a tragédia. Pois é esta última que ronda, "invisível na sombra, de dentro da noite", como ameaça próxima capaz de quebrar todo o encantamento daquele enredo. O vidro iguala diferenças sociais na aparência, realçando-as, porém, efetivamente. Da mesma forma, o espaço das estações ferroviárias abriga, sob uma luminosidade artificial e singular, o suspense que antecipa algo de um possível desfecho trágico. Esse clima foi exaustivamente trabalhado na história da literatura e do cinema. Os imponderáveis mistérios de uma estação: lá se acham eles, sugeridos de modo sublime, em *Ana Karenina*, de Tolstoi. Mas vale retornar ainda uma vez a Proust, cuja prosa poética transporta literariamente a *Gare Saint-Lazare*, de Monet, a um ponto elevado de contato entre a palavra e a pintura:

Infelizmente esses maravilhosos lugares que são as estações, de onde se parte para um destino afastado, são também lugares trágicos, pois, se ali se cumpre o milagre de que as terras que ainda não tinham existência senão em nosso pensamento vão ser aquelas em que viveremos, por essa mesma razão, ao sair da sala de espera, cumpre deixar toda esperança de voltar a dormir em casa, uma vez que resolvemos penetrar no antro empestado por onde se tem acesso ao mistério, numa dessas grandes oficinas envidraçadas como a estação de Saint-Lazare, onde fui procurar o trem para Balbec, e que estendia acima da cidade desventrada um desses imensos céus crus e prenhes de amontoadas ameaças de drama, semelhantes a certos céus de Mantegna ou Veronese, de uma modernidade quase parisiense, e sob o qual só se podia cumprir algum ato terrível e solene, como uma partida em trem de ferro ou o levantamento da Cruz.[25]

O trem já partiu.

Sua história passada contém elos perdidos das culturas não oficiais da modernidade. Sua presença desvela um universo singular de representações. Com as ferrovias, muito claramente, a técnica se desgarra das formas que a produziram e assume feição sobrenatural. A paisagem dos caminhos de ferro torna-se, assim, *remota*, cujo duplo sentido dá conta das rupturas operadas simultaneamente nas relações com o tempo e com o espaço, podendo-se aí configurar tanto como localidade perdida quanto época irresgatável. A ordem cronológica quebra-se: o tempo da locomotiva — aquela que já fora celebrada como deusa do progresso — permaneceu parado. As coordenadas geográficas esboroam-se: o trem extraviou-se em algum ramal solitário, em alguma estação sem nome. Por isso, velhos ferroviários guardam esse idêntico ar de mistério. Seus relatos possuem um toque épico indisfarçável. Sua memória não tem começo nem fim.

Chegamos ao território do trem-fantasma. Sua permanência é tão viva no imaginário popular que já virou atrativo obrigatório nos parques de diversões. O aspecto lúdico dessa representação está profundamente inscrito no inconsciente coletivo da sociedade industrial. O trenzinho — de madeira ou elétrico — é um dos brinquedos mais persistentes, um dos meios de transporte mais acessíveis ao mundo encantado da infância. E não têm sido poucas as imagens literárias, pictóricas ou fotocinematográficas que identificam a locomotiva como animal antediluviano. Essa máquina incrível que já significou o fio condutor das mudanças revolucionárias é passada, agora, para trás. É expulsa do terreno da história. Dinossauro resfolegante e inclassificável, a locomotiva está condenada a vagar incontinente pelos campos e redutos aflitos da solidão. Iluminada de modo surreal, suas aparições serão repentinas, no meio de noites escuras e imprevistas, inteiramente alheia à tabela de horários. Núcleos de habitantes mais isolados terão boas chances de surpreender o espetáculo de sua rápida passagem. Trilhos nos sertões. Comboios vazios. Cidades mortas, estaçõezinhas abandonadas. Cemitérios de trens. Máquinas nas selvas, trabalhadores desterrados de todo o planeta em novas babéis. Fantasmagorias, dispersão.

O delírio do trem-fantasma faz recordar uma das matrizes culturais reveladoras, no início da Idade Moderna, dos conflitos desencadeados, na consciência dos homens, pelos engenhos e artefatos nascidos do progresso técnico. Refiro-me ao popularíssimo episódio da luta de dom Quixote contra os moinhos de vento, tomados por gigantes. Nessa alucinação do Cavaleiro da Triste Figura, as velas em movimento giratório são confundidas com braços numerosos e colossais de seres mal-intencionados: contra eles Quixote arremete sua lança e loucura. Em outro capítulo, surge novo delírio a partir do funcionamento de um mecanismo: é a passagem em que o ruído noturno de seis maços de pisão infunde pavor a Sancho Pança e ansiedade de mais façanhas a dom Quixote. É exatamente a batida ininterrupta daquele aparelho — o som ritmado e constante atravessando a noite imune aos elementos — que domina o ambiente, fazendo ficar sobrenaturais o local de acampamento, a obscuridade, o cair da água, o sussurro das folhas, a solidão enfim.[26]

Entre todos os delírios de Quixote, poderíamos chamar a esses dois de alucinações persecutórias do mecanismo. Marx e Engels, dois séculos e meio mais tarde, quando a Revolução Industrial já havia, por assim dizer, generalizado as ilusões do espírito moderno, não ignoraram quanto de ironia visionária continham os atropelos dos personagens de Cervantes. De um lado, parecia haver, segundo os biógrafos, grande simpatia literária dos filósofos alemães pelo fidalgo de La Mancha e seu fiel escudeiro. Mas, para além disso, está por ser feita uma leitura atenta que recorte sentidos e nexos em torno do seguinte tema: as aventuras de dom Quixote na *Ideologia alemã*. Pois as dezenas de referências, paródias, parábolas e inversões trazidas da obra de Cervantes para o texto de Marx e Engels acabam por cumprir papel não desprezível na construção da crítica aos prestidigitadores e acrobatas do discurso político-filosófico de esquerda mais em voga na Alemanha.

Por ora, vale anotar que — sintomaticamente, ao menos do ponto de vista de nossos desígnios — , num dos sem dúvida raríssimos lapsos de citação dos fundadores do socialismo científico, Marx e Engels, ironizando a aventura "única, inaudita e jamais vista" dos torneios mentais de Stirner que lograriam ultrapassar em fantasias a aventura dos moinhos de vento em Cervantes, remetem o leitor ao capítulo 20 de *Dom Quixote*, [27] quando, na verdade, o famoso episódio desenrola-se no capítulo 8. Essa confusão torna-se para nós ainda mais curiosa por dois motivos: em primeiro lugar, porque o capítulo 20 da narrativa do engenhoso fidalgo trata justamente do segundo "delírio mecânico" de Quixote e Sancho, apanhados de surpresa pelo barulho dos maços de pisão (coincidência? mas no século da psicanálise é legítimo correr atrás delas); em segundo lugar, porque no texto da *Ideologia*, essa troca de capítulos sucede de imediato uma troca mais essencial de identidades entre dom Quixote e Sancho Pança, que passam a encarnar, com suas funções invertidas, respectivamente, as figuras de Szeliga e Max Stirner.[28]

Marx e Engels circunscrevem, nesse passo, o processo de fabrico de uma história fantasmática pelas "ordens detentoras do privilégio da ilusão". Uma história de relações materiais sublimadas e invertidas, em que os termos aparecem trocados, os papéis entre criador e criatura se subvertem, os espectros adquirem *anima* e os homens quedam-se mortos; em que os conceitos são meras palavras infláveis. É nessa história desencarnada da vida que personagens se projetam como truques de sombra, como figuras de fantasmagoria. No castelo de areia que o ilusionista são Sancho-Stirner constrói, até mesmo a cronologia da origem e evolução dos meios de transporte é falsificada:

> O pequeno-burguês amorfo, para quem as ferrovias são como se tivessem caído do céu, o que, por sua vez, o faz crer que foi ele próprio que as inventou, começa imediatamente a sonhar com viagens pelos ares, mal põe o pé num comboio. Na realidade, o balão *precedeu* a ferrovia. Mas são Sancho tinha, forçosamente, de inverter a questão, do contrário todos teriam visto que o invento do balão não era de modo algum condição prévia ao surgimento das ferrovias, enquanto que se pode facilmente imaginar o inverso. Ele põe todo o processo real de cabeça para baixo.

E, depois de considerar o peso de diferentes fatores materiais para a invenção da locomotiva e das estradas de ferro, seja na América do Norte, seja na Alemanha, Marx e Engels concluem:

> Ora, em nenhuma parte se constroem vias férreas por amor à categoria "*da* liberdade de qualquer coisa", o que são Max teria podido constatar perfeitamente, verificando que ninguém constrói ferrovias apenas para se *ver livre* de seu porta-moedas. O fundamento positivo do desprezo do burguês pelos caminhos de ferro, desprezo que se traduz em nostalgia das viagens pelos espaços, é sua predileção pela carroça, pela diligência e pela estrada real. Sancho, por sua vez, tem nostalgia do "seu mundo", que é, como vimos, o céu. Desse modo pretende substituir as locomotivas pela carruagem de fogo do profeta Elias, que o conduzirá rumo aos céus.[29]

Essa passagem da *Ideologia alemã* — e haveria tantas outras, os exemplos são múltiplos — se desenha metaforicamente como uma projeção de fantasmagorias na abóbada celeste do idealismo germânico. Nuvens passageiras são tomadas ora por carruagens de fogo, ora por diligências, ora por comboios ferroviários, ora enfim por balões aerostáticos. Essas figuras transitam ao sabor dos ventos, sob a luz solar do espírito absoluto, imunes às determinações temporais. Velhas estradas do rei, de terra batida, ganham foros de eternidade. Ao contrário do que reza a lenda, a burguesia era descrita aqui como essencialmente nostálgica e avessa a mudanças, pelo menos as que não elevassem de imediato seu saldo bancário. Depois da locomotiva, os balões; depois da conquista espacial, quem sabe a roda-d'água, o moinho de vento e a roca de fiar — cujas silhuetas imemoriais, como *estátuas-da-liberdade-de-qualquer-coisa,* sombrearão o céu, contrastando o azul melancólico do infinito com a graça de seus mecanismos esquecidos.[30]

Através da *Ideologia* e outros textos de Marx — entre eles, *O dezoito brumário* —, pode-se constatar que o registro do termo *fantasmagoria* já havia migrado de sentidos, entre o final do século XVIII e meados do XIX, passando de uma acepção estritamente ótica para outra mais ampla de caráter histórico-social, referida aos horizontes da crítica filosófico-política. Assim, parece que, por volta de 1850, aquele vocábulo já despontava com certo grau de familiaridade no contexto das análises da política e diplomacia européias. O exemplo de dom José de Castro y Serrano é, sob vários ângulos, dos mais ilustrativos. Em 1862, esse cidadão espanhol é designado oficialmente pela rainha, por intermédio do Ministério de Governo, na qualidade de *cronista* da Exposição Universal de Londres. Seus relatos de correspondente deveriam aparecer na *Gaceta de Madrid*, sendo depois publicados em livro.[31] O texto aproxima-se da perspectiva do despotismo esclarecido, para gosto da monarquia constitucional que o patrocina; os ecos kantianos são visíveis, tudo convergindo para uma prosa moderna, fluente e irônica, mais analítica que descritiva. O autor defende o projeto arquitetônico de Joseph Paxton para o Palácio de Cristal e, no preâmbulo, propugna a palavra pública e verossímil como critério da arte de bem governar.

Dedica muitas páginas ao exame das armas de guerra expostas em Londres. Veremos, no próximo capítulo, que a *exhibitio* burguesa, embora cantasse a paz, reservou desde cedo pavilhões especiais para mostrar artefatos guerreiros. Por ora a ênfase recairá, sobretudo, num dos intertítulos com que Castro y Serrano batiza o exibicionismo bélico na Exposição de Londres: "Fantasmagorias diplomáticas".[32] Na abertura do capítulo em que desenvolve essa tese bastante peculiar — sem dispor das ferramentas teóricas da *Ideologia alemã*, chega todavia a resultados muito interessantes no plano do desvelamento ideológico da política internacional européia —, fala de um clima de expectativa e impaciência para "saber até que ponto havia se adiantado a sociedade pacífica do século xix nas armas e apetrechos de guerra". Para em seguida anunciar:

> O palácio de Kensington era o palanque esperado pelos homens da moral e da filosofia para contemplar a inventiva destruidora dos homens da álgebra e da eletricidade.

Em outras passagens nomeará de modo diverso os alvos de sua crítica: engenheiros, militares, funcionários dos governos das potências. Segundo ele, a ânsia do público vinha sendo alimentada pelos Estados europeus desde o Congresso de Viena:

> Ninguém terá esquecido, por escassa que seja sua memória, os mil anúncios de destruidoras máquinas, formidáveis projéteis e tremendos mecanismos com que se vinha assustando o mundo desde a paz de 1815. [...] Soou, pois, a hora das misteriosas exibições.

Ao adentrar o espaço da *exhibitio*, Castro y Serrano passa a trabalhar engenhosamente com a noção de espetáculo e os novos requisitos da arte de iludir num campo tão embaraçoso e arriscado. Recupera, com desenvoltura, a contradição ser/parecer:

> — Onde estavam, pois, aquelas armas estranhas, aqueles procedimentos mágicos, aquelas misteriosas aquisições que haviam de as-

sombrar o mundo? — Nós o diremos diante da Exposição de Londres, e com os olhos na filosofia. Para ser poderoso na Terra não se necessita mais do que uma de duas coisas; ou sê-lo ou parecê-lo: ou dispor verdadeiramente de recursos superiores aos dos demais, ou conseguir que todo o mundo creia que se dispõe deles.

Feita a apresentação dos que iludem, resta colocar em cena os que são iludidos. Estamos entrando na era do espetáculo de massa: as multidões acorrem e não poderiam passar despercebidas a Castro y Serrano. Por que aderem ao fascínio dos engenhos de guerra expostos pelos estados-maiores? Duas vertentes explicativas são sugeridas, uma geral e própria da "natureza humana", outra particular e circunstanciada à ideologia do nacionalismo:

> O homem, por outra parte, e isto é o principal na ocasião presente, possui uma irresistível tendência ao maravilhoso, que permite jogar com seu entendimento, ainda quando este seja claro e agudo, em termos de que basta uma tintura de sobrenatural vislumbre para desvanecer a vista mais acostumada a lógicas percepções. E se isso é fácil quando se trata do homem isolado, muito mais simples é todavia quando se trata de fanatizar a multidão, ávida sempre de idéias que transpassem os limites do ordinário, tanto mais se as idéias afagam seus instintos patrióticos ou contribuem para promover um elevado conceito nacional.

Postos em evidência os personagens que tornam possível esse ramo nascente e promissor do espetáculo, o autor passa a focalizar em primeiro plano os objetos marciais em exibição, valendo-se de seu estado paisano para manter a imparcialidade do exame, sendo desprovida de entusiasmo a maneira como lhe atingem "os assuntos em que se terça a fantasmagoria". Apresenta em detalhe o canhão Armstrong, uma das principais atrações da mostra. Constrói, entretanto, uma figura monstruosa e grotesca da arma, insistindo sobre sua inviabilidade do ponto de vista econômico, técnico e militar. Trata-se de um invento fantasmagórico, uma "arma moral" de que se serve o governo inglês para fazer face a outras máquinas e artefatos de guerra exibidos pelas demais potências. Conclui taxativo: "O canhão Armstrong não existe". Enumera outras tantas peças desse gênero, construídas para simplesmente figurar no arsenal de fantasmagorias diplomáticas da França, EUA, Áustria, Prússia, Itália e Espanha. Reafirma:

> O canhão Armstrong é um canhão moral que lord Palmerston ensina todas as manhãs aos ingleses para que tenham confiança em si mesmos, para que desprezem as bravatas das nações rivais, para que em um dado dia se arrojem às armas, como se arrojariam todos indubitavelmente, em defesa dessa ilha tão cobiçada, tão temida e tão pouco apreciada pela Europa.
>
> — O agitador Kussuth fazia os seus húngaros de 1848 ler, à noite, a história da independência da Espanha para que ao amanhecer se atirassem sobre os austríacos: o diplomático lord Palmerston faz os voluntários de Londres, pela manhã, ouvir os disparos do canhão monstro, para que à tarde se recostem tranqüilos; e aquela leitura e esse troar são a mesma coisa.

Castro y Serrano ainda não dispunha de uma expressão cunhada somente no pós-1945, mas que com certeza lhe teria sido útil para designar o espetáculo em andamento: guerra fria. Pois era sem dúvida algo como uma avant-première desse familiaríssimo show contemporâneo o que se desenrolava a seus olhos. Numa sociedade que se nomeia pacífica, a ostentação de força bruta ou fantasmagórica pela diplomacia em 1862 põe a nu essa outra dinâmica mais sutil, obra não só da engenharia militar, mas igualmente da arquitetura política e das artes ideológicas: a das "guerras morais" — permanentes e não declaradas. Urdidas, ao mesmo tempo, nos aparatos de poder do Estado e nos "laboratórios secretos da mais-valia", essas batalhas colocam frente a frente os ódios nacionais, os brasões e bandeiras dos países, os orgulhos da pátria feridos.

Mas não são apenas as instâncias político-diplomáticas sua fonte e conduto; de outra parte, as grandes obras públicas e privadas — inclusive, com destaque, o processo de expansão planetária das ferrovias — produzem, sob a égide da concorrência de capitais e mercados que se internacionalizam, esses novos exércitos de trabalhadores nômades, recrutados em sua maioria compulsoriamente, cuja atividade subterrânea e anônima vai deixando um enorme rastro de morte: essa é a outra face da guerra não declarada. Não é por acaso que Marx se vale também de uma terminologia militar para referir-se a esses contingentes largos de construtores da paisagem moderna: "exército industrial de reserva"; "infantaria ligeira do capital"; "coluna móvel da pestilência".[33]

Como se vinculariam o cenário higienizado das "fantasmagorias diplomáticas" e o palco obscuro das novas epopéias esquecidas do trabalho? Através de uma só e idêntica promessa: a de morte. Morte aos inimigos da terra pátria, morte aos sem-terra e sem-pátria: é essa presença recorrente, trágica e ameaçadora que configura da mesma forma um mundo à imagem e semelhança de uma gigantesca cidade-fantasma. "O canhão Armstrong não existe" porque, em resumo, seu valor social de uso equivale a nada, ou melhor, se traduz na fórmula cínica proposta pela indústria bélica: destruir até que seja destruído. Cidades como São Petersburgo, canais como o de Suez e Panamá, ferrovias como a Madeira—Mamoré — esses Colossos de Rodes da história contemporânea — existem e não existem, já que seus edifícios e instalações guardam sombras invisíveis, traços quase apagados, sinais crepusculares dos que morreram para abrir seus caminhos.[34]

Projetam-se fantasmagorias nas calçadas das ruas, nos trilhos de ferro, nas janelas dos vagões. Todos os sentidos que se produziram historicamente em torno dos espectros — o popular-religioso, o psicanalítico, o da crítica ideológica, o da filosofia política, o literário e cinematográfico, o das artes plásticas e cênicas, o da arquitetura — podem reaparecer, agora juntos, repostos e atualizados em diferentes configurações, nos espaços singulares construídos com a sociabilidade moderna. Um único e decisivo fio perpassa imutável por essa cadeia fantasmática: o da barbárie sempre reproduzida, o das ruínas prematuras.

Essas obras nascidas do progresso técnico apresentam-se de modo fantasmagórico quando percebidas, simultaneamente, à luz de dois feixes conexos de relações: *a*) em suas rupturas espaço-temporais com o mundo circundante,[35] no sentido dos impactos tecnológicos que novos mecanismos e procedimentos são capazes de desencadear no plano das chamadas "mentalidades"; *b*) em suas articulações internas, à medida que características como tamanho, movimento, justaposição de ferramentas simples numa estrutura mecânica complexa, ritmo, ruídos, automatismo acabam compondo em si mesmas, no seu conjunto, figuras em que o exercício da *mimesis* redundou em construções monstruosas.

No primeiro plano, estamos diante das metamorfoses ideológicas próprias do momento de origem e dispersão do sistema moderno de fábrica. Podem ser aqui consideradas de uma mesma perspectiva produções materiais e espirituais. Assim como também as criaturas exibidas em espetáculos maquinais no "centro" ou na "periferia" dessa temporalidade: pois que, se é possível constatar descompassos cronológicos e quantitativos, suas formas de aparição não representam diferenças qualitativas apreciáveis. Uma manufatura, na Europa, pode parecer, em determinado tempo e lugar, tão extravagante quanto no Brasil. As estruturas do Antigo Regime talvez tenham sido muito mais contumazes no continente europeu do que certa tradição historiográfica acabou fazendo crer.[36] Supor de outra maneira implicaria idealizar, em parte, o conteúdo das políticas burguesas na Europa,[37] já que nem burguesia "progressista" nem democracias estáveis e promissoras puderam ser vislumbradas no solo da sociedade européia oitocentista.

No segundo plano, presencia-se o prolongado processo de imagens disformes do espírito humano apartado da ordem natural e das relações sociais de sua própria existência. Aqui, vislumbra-se o extenso percurso iniciado pela trajetória errante de Prometeu — revisto, modernamente, na figura de Frankenstein — ; pelo lugar ao mesmo tempo marginal e recôndito oferecido à oficina de Hefestos/Vulcano na mitologia grega; pelos segredos e mistérios de ferreiros e alquimistas; pela antiga separação e hierarquia entre artes liberais e mecânicas; pelo espetáculo das primeiras manufaturas; pelas quimeras de ferro da modernidade; pelo encanto, enfim, de criaturas nunca antes vistas como as da cibernética e informática.[38] Vale acrescentar que, embora as oposições entre os fazeres da técnica e a "alta" cultura remontem, pelo menos, à Antigüidade clássica, as mudanças introduzidas na maneira de produzir, desde o Renascimento, acarretaram efeitos quantitativos/qualitativos não presenciados até então; os maquinismos dali saídos constituíram, pois, efetivamente, monstros e colossos de um novo gênero.

Chuva, vapor, velocidade. Que mais? O trem passa veloz. Carrega um letreiro com seu nome e um desafio: *Catch me who can*.[39] Mais do que a locomotiva e seus vagões, são precisamente os sentidos histórico-culturais de seu trajeto — de sua aparição/desaparição — que se oferecem nessa viagem para ser apanhados por quem puder. Quem poderá? Num trem sempre haverá lugar para jogos surpreendentes de luz e sombra, para seqüências de imagens e cortes imprevistos. Proust brincou um pouco assim, após embarcar naquele comboio da Gare Saint-Lazare com destino a Balbec. Panoramas inacessíveis: como teria pintado Turner aquela mesma paisagem, se também estivesse dentro do vagão? Por que as marias-fumaças, tão rapidamente como vieram, sumiram da face da Terra? Não; retrocedamos um pouco ainda. Comecemos de novo, pelo início da linha. Será que alguém acredita deveras em trem-fantasma?

2. Exposições universais
Breve itinerário do exibicionismo burguês

> *Exposição: motivo de delírio no século XIX.*
> G. Flaubert, *Bouvard e Pécuchet, Dicionário das idéias feitas*

> *Há fantasmas no espelho... Luzes! Luzes!*
> J. Joyce, *Giacomo Joyce*

> *Um homem que possa ao mesmo tempo admirar uma cachoeira e montar sobre ela uma turbina não acreditará que todas as coisas estão escritas.*
> Paul Nizan, *Aden, Arábia*

Do deslumbrante Palácio de Cristal em Londres (1851) à sublime torre Eiffel em Paris (1889): entre a transparência do vidro e a maleabilidade do ferro, desvela-se, muito mais do que um ensaio de combinação dos materiais, a própria *exhibitio* universal da civilização burguesa — didática em sua nova taxionomia dos produtos do trabalho humano, magnífica em seu mosaico ilusionista de curiosidades nacionais, insuperável na construção de santuários destinados ao fetiche-mercadoria.

As exposições universais da segunda metade do século xix e princípios do xx constituem certamente um dos veios mais férteis para o estudo da ideologia articulada à imagem da "riqueza das nações". Os catálogos e relatórios desses eventos iluminam de forma ímpar vários aspectos do otimismo progressista que impregnava a atmosfera da sociedade burguesa em formação. Encontram-se ali expostos o ideal obsessivo do saber enciclopédico e o não menos conhecido europocentrismo, garbosamente fantasiado de cosmopolitismo liberal e altruísta. Tais exibições significaram também uma das primeiras amostras bem-sucedidas de cultura de massa com a montagem de espetáculos populares em que se alternam fascinantemente o mistério de territórios exóticos, a magia das artes mecânicas — de suas criaturas que se põem em movimento —, os símbolos do orgulho nacional e da adoração à pátria, o simples desejo de entretenimento e, sobretudo, o transe lúdico do fetiche-mercadoria.

No período compreendido entre a Great Exhibition de 1851 e a Primeira Guerra Mundial, as exposições assumiram vulto crescente. Além das grandes mostras, consideradas "universais" (ver Tabela 1), inúmeros outros eventos similares realizaram-se em nível local, nacional e internacional. Paris, Cidade-Luz, não poderia deixar de compor a linha de frente das metrópoles que abrigaram esses espetáculos. Afora nações européias, somente os eua figuram como país-sede. O que mais impressiona, contudo, é o número elevado de exibidores e, em especial, de visitantes, presentes aos milhões, indicando o forte atrativo que representavam essas festas da modernidade, sua relevância econômica e sociocultural.

TABELA 1

EXPOSIÇÕES UNIVERSAIS (1851-1915)

DATA	LOCAL	NÚMERO DE EXPOSITORES	NÚMERO DE VISITANTES (EM MILHÕES)
1851	Londres	13 937	6,0
1855	Paris	20 839	5,2
1862	Londres	28 653	6,2
1867	Paris	43 217	6,8
1873	Viena	25 760	7,3
1876	Filadélfia	60 000	9,9
1878	Paris	52 835	16,0
1889	Paris	61 722	32,3
1893	Chicago		27,5
1900	Paris	83 000	48,1
1904	Saint-Louis		19,7
1915	San Francisco	30 000	18,9

Fontes: *Enciclopaedia Britannica*, 1956; J. Allwood, 1977; W. Plum, 1979; P. Ory, 1982.

Muitos escreveram sobre esse fascínio. Até mesmo um adversário tantas vezes acerbo da ideologia do progresso como Charles Baudelaire chegou a afirmar, por exemplo, numa série de artigos sobre crítica de arte na Exposição Internacional de Paris, em 1855: "Há poucas ocupações tão interessantes, tão atraentes, tão repletas de surpresas e revelações para um crítico, para um sonhador — cujo espírito esteja voltado à generalização bem como ao estudo dos detalhes ou, melhor ainda, à idéia de ordem e de hierarquia universal —, quanto a comparação das nações e de seus respectivos produtos".[1] Não se podia passar incólume ante o espetáculo de forças produtivas concentradas nesses espaços. A figura típica com que se faz aparecer a sociedade capitalista — como uma ininterrupta *coleção* de mercadorias —, segundo a forma descrita por Marx nas primeiras linhas de *O capital*, adquiria, nas exposições, mesmo muito antes dos hipermercados, concretude exemplar. Não por acaso, no famoso capítulo "Maquinaria e grande indústria", ainda em *O capital*, Marx vale-se de um modelo extraído da Exposição de Londres de 1862 — uma máquina norte-americana de fazer cartuchos de papel — para ilustrar o processo de combinação de várias ferramentas num só mecanismo e seus efeitos na passagem da manufatura à fábrica moderna.[2] De certo modo, a idéia de um mundo construído à imagem e semelhança da burguesia, frase de cunho bíblico e emblemático do *Manifesto comunista*, ganhava, no espaço das exposições, foros de notável materialidade.

Mas é preciso ter cuidado para não tomar esse clima de entusiasmo contagiante como expressão unívoca do progresso material. O setor da indústria moderna era ainda flagrantemente minoritário não só no cenário das exibições, mas na sociedade européia oitocentista em seu conjunto. No campo da inovação técnica e da transferência tecnológica, do sistema de trabalho fabril, bem como no da publicidade e consumo de massa, a exposição internacional do século XIX possuía muitos traços de experimento de vanguarda. Somente para ficar na leveza dos metais, basta notar que a primeira demonstração de versatilidade do alumínio como nova matéria-prima industrial deu-se na Exposição de Paris, em 1855. Jules Verne, dez anos depois, em *Da Terra à Lua*, preconizou o uso do alumínio em foguetes espaciais. Tudo pura fantasia, já que o boom da industrialização do alumínio ocorreria somente um século mais tarde.[3] Esse caráter de antecipação, de exibir maravilhas mecânicas e novos processos técnicos com os olhos postos no futuro, constitui aspecto marcante conforme se adentra no universo das exposições.

Os exemplos de certo senso premonitório e oportunista são numerosíssimos. As trajetórias de Thomas Cook e Paul Julius Reuter, a esse propósito, foram edificantes. Cook, que começara como agente de viagens nas ferrovias inglesas, tornou-se célebre na Exposição de 1851, ao promover excursões para Londres a preços módicos, visando especialmente à classe operária do Centro e do Norte da Inglaterra: calcula-se que cerca de 3% dos visitantes do Crystal Palace fizeram a viagem por intermédio de sua agência, o que sugere uma massa de quase 200 mil pessoas. Já na Exposição de 1855, em Paris, Cook organizou roteiros de viagem mais ambiciosos, culminando com a primeira grande volta pela Europa: estava fundada a indústria turística. Quanto a Reuter, sua famosa agência de notícias nasceu também na Great Exhibition de 1851, mesmo ano em que se inaugurava o primeiro cabo submarino entre a Inglaterra e a França.[4]

Emoções do maquinismo, cruzamento entre fios da razão iluminista e da sensibilidade romântica: a historiografia da época é pródiga em assinalar a persistente mobilização do sensível por parte dos engenhos saídos da indústria moderna. As massas maravilhavam-se ante os novos espetáculos mecânicos. Não era para menos. Alguns souberam tirar dali proveito próprio e, quando isso aconteceu, negócios prosperaram e impérios cresceram: é o caso do empresário Werner von Siemens, o qual em suas memórias confessou a importância pioneira das exposições universais na divulgação de suas experiências no campo da eletromecânica.[5]

Outros poucos, entre estupefatos e irônicos, anteviram ali sinais de uma convulsão histórica mais profunda, em que as criaturas forjadas nos subterrâneos do poder burguês, quando elevadas à luz das vitrines, mostravam-se frágeis e ilusórias. Em novembro de 1850, meses antes da abertura da Great Exhibition em Londres, Marx e Engels, num artigo que muito lembrava a forma e o conteúdo do *Manifesto*, vaticinavam:

> Com essa exposição, a burguesia do mundo erige na moderna Roma seu Panteão, no qual exibe, com orgulhosa auto-satisfação, seus deuses, os quais ela mesma se construiu [...]. A burguesia celebra essa sua festa máxima num momento em que é iminente o desmoronamento de todo o seu esplendor, um desmoronamento que lhe demonstrará, mais concludentemente que nunca, como se lhe têm escapado por entre os dedos as forças criadas por ela mesma.[6]

Quase três décadas depois, derrotadas as revoluções de 1848 e 1871, vitoriosas as exposições de 1851, 1855, 1862, 1867, 1873 e 1876, Engels, ao prefaciar *Anti-Dühring* em 1878, traçava com mordacidade um paralelo entre a *exhibitio* material e espiritual da burguesia alemã:

> Ruído de latão em poesia, em filosofia, em política, em economia, em história; latão na cátedra e na tribuna; latão por todo lado, com a pretensão de superioridade e de profundidade de pensamento, que não deve ser confundido com o ruído de latão comum, liso e vulgar das outras nações. Latão, o produto mais característico e abundante da indústria intelectual alemã, "barato, mas de má qualidade", como qualquer outro produto de fabricação alemã, a cujo lado, infelizmente, não estava representado em Filadélfia [Exposição do Centenário, 1876].[7]

Em contraste com o ferro e o vidro que realizavam proezas na paisagem urbana, mediante engenharia arrojada, a imagem do latão surge aqui como metáfora degradante não só da ideologia produzida a leste do Reno, mas simultaneamente de toda a sociedade engendrada no moderno sistema de fábrica. O tema do "atraso" alemão reaparecia com veemência, menos para demarcar limite entre revolução e contra-revolução burguesas do que para realçar a natureza obsolescente e vulnerável da própria modernidade.[8]

Entre as vozes dissonantes ao coro do progresso técnico, no século XIX, Dostoiévski desponta com inconfundível dramaticidade. Em *Memórias do subsolo* (1864), narrativa pioneira em termos de uma consciência urbana dilacerada — expressa em linguagem feita da justaposição de pensamentos díspares, da incoerência metódica e do desespero crônico como traços inerentes ao espírito do homem contemporâneo —, ressurge a imagem do palácio de cristal;[9] em torno dela, o narrador-personagem tece considerações sobre a dialética do construir/destruir. Por trás do homem construtor, condenado a ocupar-se das artes da engenharia, esconde-se uma paixão incontida pela destruição e pelo caos. E para evitar que a ociosidade descambe em agressão, o homem civilizado abre para si mesmo um caminho, sabendo que este chegará a *qualquer parte*, não interessando tanto o alvo, "para onde se dirige, mas simplesmente em que se dirija". Não haveria nesse dom da incompletude algo de um temor instintivo em "atingir o objetivo e concluir o edifício em construção?" — indaga o narrador.[10] Essa imagem do palácio de cristal é tão sublime quanto fugaz, pois nasce de uma voz subterrânea, atormentada e incrédula, experiente nas amarguras do bas-fond. Não é à toa que desconfia desde logo do brilho e da firmeza daquele edifício. Sua exatidão geométrica não contempla o sofrimento; há que descrer da comédia humana que lá se desenrola, justamente por não admitir a tragédia: "o sofrimento é dúvida, é negação, e o que vale um palácio de cristal do qual se possa duvidar?".[11] Tal qual o cenário dos vaudevilles, o palácio de cristal será o espaço da diversão, do esquecimento, das quimeras evanescentes; no seu interior, é afinal a consciência que se torna inconcebível, pois ela, tendo por único motor a aflição, "está infinitamente mais elevada que dois vezes dois".[12]

No momento seguinte, o narrador acaba por dessacralizar de vez a figura do palácio de cristal. Se em Engels é a imagem do latão que sugere o desnudamento da parafernália exibicionista e enganosa dos produtos materiais-espirituais da sociedade burguesa, em Dostoiévski é a rudeza prosaica de um galinheiro que se defronta com a indestrutibilidade aparente do edifício de cristal. Ora, em que pesem os contextos literário-políticos diversos de cada uma dessas perspectivas críticas, lembremos que tanto latão quanto galinheiro podem remeter, na geografia doméstica ou industrial, a espaços degradados. O prosaísmo irreverente com que esses autores se batem, cada um a seu modo, contra a ideologia do progresso, chama a atenção para o ordenamento da retórica dominante e dos espaços na modernidade. Por isso o choque de palavras pertinentes a outro conjunto semântico, a outro ideário social. Em Dostoiévski, a voz do subsolo zomba desse cristal indestrutível. Num grito de protesto solitário e irremediavelmente grotesco, recusa-se a carregar tijolos para obras desse tipo. Descrê de sua estrutura, teme sua eternidade aparente. Nega o palácio de cristal simplesmente por ser "um edifício tal que não se lhe poderá mostrar a língua, às escondidas, nem fazer figa dentro do bolso". Essa voz tormentosa e subterrânea, que contrapõe o desejo ao inexorável, que desvela as angulosidades do inconsciente contra as lisuras fraudulentas do real, chega a ironizar sua própria impertinência. Destampado o esgoto, as vozes desencontradas do bas-fond mostram verdadeiramente a língua, adverte o narrador:

> Estou certo de que a nossa gente de subsolo deve ser mantida à rédea curta. Uma pessoa assim é capaz de ficar sentada no subsolo durante quarenta anos, mas, quando abre uma passagem e sai para a luz, fica falando, falando, falando...[13]

Essa reiteração da fala, se por um lado explicita destroços de uma consciência fragmentária, reintroduz, por outro, o caráter redundante e automático do mecanismo, o excesso implicado em toda produção em série. Retornamos ao espaço das exibições internacionais, "lugares de peregrinação ao fetiche-mercadoria", nas palavras de Walter Benjamin. O palácio de cristal e congêneres "edificam o universo das mercadorias", elevando um mundo à parte, que expõe fragmentos de todos os lugares conhecidos para converter-se num estranho lugar-nenhum; que rememora efemérides da história universal para misturá-las num todo informe, datado mas desprovido de densidade histórica. Valores e sentidos se dissolvem numa igualização abstrata. Como a ferrovia-fantasma, o palácio de cristal convida a uma viagem sem destino. Os visitantes de há muito se mascararam em multidão: apenas os pavilhões, as classes e os grupos de objetos expostos possuem uma ordem hierárquica, uma placa com nome. Os espectadores compõem a cena, de aspecto magnífico e prismático. As galerias transbordantes são naus sem rumo; o espírito da metrópole navega à deriva. Tempo espacializado: indivíduos, objetos, tudo acorre ao fluxo vertiginoso do vale das mercadorias. A *exhibitio* burguesa induz aos pináculos da falsa euforia; abaixo, correm silenciosos os meandros da depressão, lembrando a intimidade esquecida entre moda e morte. O palácio de cristal é o desenho mais translúcido da sociedade surgida nos bastidores da indústria moderna. É também seu delírio mais bem arquitetado. O processo material de produção do fetiche-mercadoria condenou os homens ao erro e à burrice. Trabalhadores expropriados, sem memória nem fronteiras, erram por países remotos e épocas perdidas. As exposições universais transfiguram o valor de troca, passam o valor de uso para segundo plano e "inauguram uma fantasmagoria em que o homem entra para deixar-se distrair".[14]

Esse processo de sedução, conforme se viu no capítulo anterior, tem como ponto de partida a própria arquitetura. Nova monumentalidade, ao mesmo tempo prosaica e reencantada, ergue-se em torno das exposições internacionais, como melhor evidência do triunfalismo burguês que as permeia: o Crystal Palace, em 1851; a Rotunda, em Viena, em 1873; o Palais de l'Industrie, em 1855, o Trocadéro, em 1878, a Tour Eiffel e a Galerie des Machines, em 1889, o Palais des Beaux-Arts e a Grande Roue, em 1900 — todos em Paris; essas são algumas das criações arquitetônicas originais, construídas especialmente por ocasião desses eventos, testemunhando, no espaço aberto de ruas e avenidas metropolitanas, o otimismo ilustrado e ciclópico de seus idealizadores. Restaria acrescentar a esse mosaico de obras colossais a Estátua da Liberdade, exposta inicialmente, ainda inacabada, pelo escultor francês Bartholdi na exibição de 1878, em Paris; para depois ser erguida na entrada do porto de Nova York, como oferenda da França à democracia americana, envergando um dístico iluminista: "La Liberté éclairant le monde". Turistas puderam então transitar pelo interior da cabeça da estátua, lugar panorâmico, entre êxtase e medo: o culto à liberdade petrificava-se em monumento e este, por sua vez, ao celebrar os poderes da técnica mecânica, ia assumindo gigantesca forma humana.[15]

Todas essas construções logo vieram a ser celebradas como maravilhas da época. Eram, por assim dizer, as protagonistas da exibição, atrações especiais do espetáculo. A emoção mecânica encontrava ali seu melhor cenário. Sonho e cotidiano harmonizavam-se segundo os artifícios da técnica. Esses novos templos dispunham de altares transparentes para a consagração das artes de Vulcano. Tornava-se visível e táctil o conceito de mercado mundial.[16] Nutria-se, assim, a fé iluminista na unidade humana. Desenhavam-se os contornos materiais, as fantasias retóricas e os passes de mágica do ideário em torno do espetáculo moderno de massas. A indústria cultural ainda engatinhava e já prometia demais: no mínimo, auxiliaria no fomento de uma perspectiva universalista da história, com centro gravitacional na Europa. Daí a vocação abrangente daqueles certames, reunindo tradição e novidade, técnicas rudimentares e experimentais, dentro do espírito enciclopédico de classificar todas as coisas do mundo, espécie de utopia ansiosa em não perder nada de vista.

Engana-se, pois, quem supuser que o espaço das primeiras exposições universais foi ocupado exclusivamente pelo desfile racional, meticuloso e calculista de produtos da indústria moderna. A disposição de objetos foi, na verdade, muito mais extravagante. A febre classificatória de largo espectro herdada do enciclopedismo converteu-se, aqui, no desejo ilimitado de exibir o máximo: daí deriva uma heterogeneidade de formas, técnicas e ramos. A agricultura, a mineração e sobretudo o artesanato também estão fortemente representados. Pode-se afirmar, baseando-se nos relatórios oficiais, que esses setores antigos da produção preenchiam ampla maioria nos catálogos e mostruários. Não se deve perder de vista que, como constatou Arno Mayer, o setor da grande indústria capitalista distribuía-se ainda em área relativamente restrita no mapa do continente europeu, até mesmo às vésperas da Primeira Guerra Mundial.[17] Assim sendo, as máquinas industriais estavam expostas em dependências específicas, como um atrativo à parte, de todo modo raro, misterioso e fascinante, sugerindo, por certo, algo diferente da idéia contemporânea do fabrico em larga escala.

Ecos bem audíveis do despotismo esclarecido percorriam as galerias da moderna *exhibitio* burguesa. O Estado era, sem dúvida, um dos maiores agentes patrocinadores desses eventos. As casas reais financiam, visitam, esplendem em gestos rituais e discursos progressistas: a nobreza vira algo a ser exibido igualmente. O *Ancien Régime* persiste e comparece com brilho às exposições; revolve suas indumentárias um tanto mofadas e rejuvenesce seus mitos. A esse propósito, nada mais ilustrativo do que as reminiscências do visconde de Benalcanfor em torno da Exposição de Viena, em 1873. Um nobre português entediado com a decadência de sua classe e seu país, vagabundeia por cidades da Europa, entregando-se por fim ao capricho de passear pela exibição vienense: o humor é fino como convém a um homem de seu status; suas imagens flutuam entre minúcias, com aquela acuidade própria do *flâneur*, ao mesmo tempo pertinente e inopinada.[18] Em contraste com essa desenvoltura de porte aristocrático, no outro extremo do ideário das exposições temos atitudes como a do matemático e inventor Charles Babbage — pioneiro no campo dos computadores, citado em várias passagens por Marx em *O capital*, em particular no que diz respeito à conceituação da máquina-ferramenta —, que numa obra dedicada à Great Exhibition critica exatamente os aspectos suntuários, os dispêndios excessivos e a falta de objetividade da mostra no sentido de não propiciar impulso efetivo ao âmbito das trocas mercantis e invenções mecânicas.[19]

Penetrando-se em depoimentos da época como esses, percebe-se afinal que a atmosfera de "enobrecimento" não constituiu mero resíduo histórico recobrindo como poeira a face moderna das exibições, mas, ao contrário, acabou por converter-se em elo mediador decisivo no processo de entronização das mercadorias. O príncipe Alberto é o grande herói protetor da Great Exhibition de 1851. Dom Pedro II será a cabeça coroada da Exposição do Centenário na cidade de Filadélfia, EUA, no ano de 1876. A Exposição de Viena, em 1873, entre outras, carregará muito dessa aura de realeza. E não se pode esquecer que as primeiras exposições na "capital do século xix" realizar-se-iam sob a égide do Segundo Império com Napoleão iii; na de 1867, em especial, convergem o ápice do regime bonapartista, o luxo requintado da moda, a "irônica utopia" da opereta — tudo isso contribuindo para compor o quadro mais radiante de fantasmagoria da civilização capitalista.[20]

Admirando-se, por exemplo, o catálogo ilustrado da Exposição de 1851, destacam-se as mobílias rebuscadas, os objetos esdrúxulos para decoração de interiores, um design em que o apego ao detalhe tem preferência sobre qualquer critério de funcionalidade. Certo maneirismo de mau gosto predomina em detrimento do utilitário. Uma estética ornamentalista por excelência toma conta dos artefatos expostos. Apesar de técnicas às vezes modernas, o padrão é antiquado, preso a um virtuosismo excessivo, muito distante da praticidade despojada do próprio espaço concebido no projeto do Crystal Palace. Esse viés pelo ornamento foi criticado em regra num ensaio premiado pelos editores do *The Art-Journal*, durante a Exposição de 1851, "The Exhibition as a lesson in taste". Ralph Wornum, seu autor, demonstra uma perspectiva bem moderna a propósito do despojamento formal e da noção de utilidade que devem presidir ao design. Seu trabalho aproxima-se mais da linha de combate estético presente na obra de figuras como William Morris e Ruskin, pioneiros do movimento moderno nas artes do século xix.[21] Ao lado de engenheiros anônimos, artesãos e inventores mecânicos, essas vozes formavam uma linha de vanguarda — embora dispersa e não perfilada numa tendência exclusiva — contra o academicismo retrógrado, incluindo-se aí boa parte do ecletismo pedante e vazio da arquitetura, que insistia em dar as cartas na estética da era vitoriana.

Podem-se perscrutar, ademais, outros sentidos naquele ornamentalismo todo. Além de corresponder certamente a uma regressão do gosto, a um embaralhamento de estilos na Europa oitocentista, o formalismo rebuscado de ressonâncias barrocas e a obsessão pelo detalhe — sempre em prejuízo do equilíbrio das estruturas — parecem participar, sem nenhum embaraço, da cadeia de elementos sensíveis capazes de reproduzir uma vertigem labiríntica nos que penetram no universo da exposição. Pois esses objetos amaneirados, se perdem em sensatez e utilidade, ganham em poder de encantamento. É aí também que os homens se extraviam: não só nos meandros do espaço da diversão, mas simultaneamente nos volteios alucinantes das formas objetuais, cujas aparições estranhas e sedutoras bailam ante o olhar crédulo qual silhuetas de fetiches. O labirinto, assim, completa sua volta tortuosa. Objetividade espectral: se há excessos e desequilíbrios nas figuras desenhadas, o visitante talvez se embriague mais rápido, talvez precipite o seu próprio esquecimento. Viajará, então, na ronda dos arabescos. Como um personagem de Joyce, perdido nas brumas de Dublin, poderá pensar: "No silêncio em que minha alma vagava luxuriosamente, as sílabas da palavra *Arábia* atiravam-me num encanto oriental". Ou, quem sabe, numa evocação romântica das ruínas intactas da Alhambra, como o fez no século XIX o escritor Washington Irving, os espelhos, fontes e labirintos de um poder mourisco ancestral poderiam irisar os ainda incertos devaneios da modernidade. No santuário do fetiche-mercadoria, tudo que reluz é ouro, o brilho é intenso e, ao contrário do que prescreve a fé iluminista, pode ofuscar qualquer razão. No espaço singular do Crystal Palace, parece ser pouco provável as luzes vacilarem por um instante, e nosso personagem, encarando a escuridão, ver-se afinal "como uma criatura tangida e ludibriada por quimeras".[22]

Vale ressaltar ainda uma marca característica e derradeira das exposições: é seu caráter de celebração das efemérides nacionais ou internacionais. Reaparece aqui o nacionalismo revigorado pela expansão planetária dos impérios europeus, mesmo que o processo adquira contornos, no cenário das exibições, de entrelaçamento fraterno dos povos. A divisão social do trabalho mostra-se precisamente como divisão entre nações. Os estandes classificam não só produtos, mas, ao mesmo tempo, países. Sediar uma exposição já representa, por si só, motivo de júbilo nacional. E as datas não são inocentes; estão ali para serem celebradas. Assim é que a pioneira The Great Exhibition of the Works of Industry of All Nations, realizada em Londres, inaugurou-se significativamente no Primeiro de Maio de 1851, data que antes de ser apropriada pelo movimento operário internacional fazia parte do antigo calendário festivo religioso, marcando o início do ano de trabalho.[23] Por outro lado, a Exposição da Filadélfia, em 1876, comemorou oficialmente a passagem do centenário da Independência norte-americana. Já a de 1889, em Paris, os cem anos da Revolução Francesa. Em 1893, na cidade de Chicago, a World's Columbian Exposition assinalava o quarto século da viagem de Cristóvão Colombo à América. Na Paris de 1900, era o próprio *fin de siècle* objeto de celebração. Em 1904, o centenário de compra da Louisiana à França napoleônica pelos EUA. Em 1915, finalmente, a abertura definitiva do canal do Panamá, sonho secular da burguesia mundial, servia de *leitmotiv* para a Exposição de San Francisco.

O espetáculo das exposições acaba por ser uma forma de sublimação dos conflitos entre os Estados modernos do século XIX. O aspecto de disputa por tecnologias e mercados está implícito no sofisticado sistema de premiação aos melhores exibidores nas diversas categorias. Desde a Great Exhibition são lançados votos, dos patrocinadores aos participantes, para que a paz entre os povos de boa vontade se eternize. Trata-se de adaptar a "insociável sociabilidade" dos Estados-indivíduos num intercâmbio duradouro, próspero e pacífico, baseado em competições amistosas, espécie de olimpíadas das proezas industriais. Não sem propósito, as palavras da rainha Vitória na abertura da Exposição de 1851 iriam reverberar por todo o espaço do Crystal Palace e dos futuros eventos similares: "É meu desejo ansioso promover entre nações o cultivo de todas aquelas artes que são animadas pela paz, e que por seu turno contribuem para manter a paz mundial". Igualmente os editores do *The Art-Journal* ressaltavam o caráter amigável da contenda, em que países rivais poderiam comparar-se em fraquezas ou supremacias.[24] Uma nova Santa Aliança é propugnada, agora em torno de arenas modernas, onde os triunfos da indústria planetária devem ser ruidosamente confrontados.

Nesses rituais esplendorosos de confraternização do mercado mundial, o otimismo esclarecido e triunfante da sociedade burguesa joga ainda com a crença em projetos de paz factíveis entre as nações. Anuncia-se essa promessa na esteira do debate filosófico e jurídico clássico em torno da perspectiva de uma paz perpétua e universal — logicamente abstrata. Entrevê-se, nas galerias multicolores e flamejantes da produção dos povos, que a deusa da Indústria é generosa e pode propiciar o fim dos apetites belicosos. Essa fé corre paralela ao sonho kantiano de uma história universal do ponto de vista cosmopolita, que se descortina precisamente no fomento do comércio civilizado entre os países-cidadãos.[25] No plano imediato e aparente, a voracidade imperial e beligerante dá ares de ter fugido do espaço das exibições. Mas é claro que, se forem percebidos significados encobertos sob o igualitarismo da fachada dos edifícios, a divisão social e internacional do trabalho mostrar-se-á em toda a sua assimetria. Por trás de iguarias exóticas, o neocolonialismo; para além dos letreiros uniformes catalogando técnicas e designando marcas, as mercadorias colecionadas não raras vezes constituem peças das novas ciências arqueológicas e antropológicas — são presas de conquista. Em dezembro de 1871, na cidade do Cairo, estreava a ópera *Aída*, de Giuseppe Verdi, composta especialmente para o espetáculo de inauguração do canal de Suez. Na "marcha triunfal", o libreto conclama:

Elevai os olhos àqueles
que outorgam coroas e derrotas,
e agradecei aos deuses
no vosso dia de vitória.[26]

Concretizava-se, assim, nesse passo, uma das grandes metas sansi-monistas, tantas vezes idealizada nas páginas do periódico *Le Globe*; sem que com isso, em contrapartida, avançasse a causa da paz ou se aliviassem as tensões diplomáticas e político-militares na cena inter-nacional, como imaginavam os ardorosos adeptos daquela corrente.

Na verdade, a guerra rondava igualmente os recintos das exibi-ções; sua presença era mais próxima do que à primeira vista se faria supor. Em 1855, enquanto Napoleão III proclamava, na cerimônia de abertura da Exposição — "Abro com verdadeiro prazer este Templo da Paz que convida à concórdia todos os povos do mundo" — , seu primo, príncipe Napoleão, presidente da Comissão Imperial organi-zadora do evento, contrapunha as artes da paz ali representadas ao estado de guerra com a Rússia.[27] Com efeito, naquele mesmo ins-tante em que o regime bonapartista exibia-se em Paris, as tropas fran-cesas e inglesas derrotavam militarmente os russos em Sebastopol. Já durante a Exposição de 1867, o aparecimento da Liga Internacio-nal da Paz tendia a obter menor êxito popular do que a exibição com-parada dos novos modelos de fuzis franceses e prussianos, antecipando as potencialidades que cada lado teria, no campo de batalha, três anos mais tarde. Em 1889, tudo parecia calmo no continente eu-ropeu; é que as potências estavam ocupadas com a consolidação dos impérios coloniais, guerreando em outras plagas, aniquilando ou-tras culturas. Na Exposição que celebra os cem anos de "liberdade, igualdade, fraternidade", a ocorrência simultânea de um Congresso Internacional da Paz, assim como as salas e pavilhões dedicados ao tema do pacifismo, alcançam ressonância limitada junto à impren-sa e ao público. Mas, de outra parte, referindo-se à mesma Exposi-ção, em que tinha lugar uma amostra especial de produtos bélicos, um jornal comenta: "No Palácio da Guerra, a afluência foi enorme. Não se avançava mais de um metro a cada cinco minutos".[28]

Isso significa que as massas estariam inapelavelmente perdidas, envergando galões e fardas nacionais, na espera da próxima voz de comando para estacionar-se submissas detrás das trincheiras? Esse clichê soa falso quando cotejado com os fatos históricos, da mesma forma que pareceria inverossímil imaginar-se um proletariado composto integralmente de *communards* na conjuntura revolucionária de 1871. Na verdade, situamo-nos ante o seguinte paradoxo: poucos desejam fazer a guerra, mas muitos, talvez, queiram vê-la.[29] Adentra-se novamente o terreno das formas ideológicas espetaculares engendradas com a modernidade. No caso da guerra, é possível acompanhar *pari passu* sua conversão em espetáculo de massas no contexto cultural do século XIX; foram referidas, aqui, algumas pistas concretas, inclusive no âmbito das exposições universais. De lá para cá, passados mais de cem anos, sofisticaram-se os veículos dessa diversão mórbida, tudo ficando mais veloz e acessível: a guerra chega até nós via satélite e internet.

Com as guerras mundiais, a civilização moderna alcançou realizar mais uma forma de *exhibitio*; só que agora degradada em sadismo orquestrado desde aparelhos industrial-militares com plenos poderes. É claro que as regras do espetáculo tiveram de ser adaptadas. O fascínio e a magia das antigas exposições perderam-se nos estertores da belle époque. A partir daí, o século XX iria especializar-se, com o avanço das mídias eletrônicas e dos conflitos político-militares entre potências — a que correspondeu paralelamente um declínio de influência dos discursos e rituais da diplomacia clássica — , em novos engenhos para exibir: máquinas voadoras de guerrear, mísseis intercontinentais, cogumelo atômico. Uma década e meia antes do terceiro milênio, Chernobyl relembrava o campo minado por onde caminha a espécie. Nos porões do poder nuclear, como no laboratório secreto de mais-valia, é possível ainda ler à porta: "É proibida a entrada de pessoas estranhas ao serviço". Chernobyl também faz notar o quanto está difícil restabelecer o sublime. Na verdade, o Crystal Palace não desapareceu; estilhaçou-se em tantas outras aparições, algumas delas por demais sólidas e sinistras.

Bem antes, quando os monumentais edifícios erguidos para abrigar as exposições ainda brilhavam em seus múltiplos sentidos, o internacionalismo conheceu simultaneamente as perspectivas que dele construíram os teóricos e militantes do movimento operário. Historiadores são unânimes em assinalar a importância direta que teve no nascimento da Associação Internacional dos Trabalhadores (AIT) uma série de reuniões mantidas entre operários ingleses e franceses, durante a Exposição de 1862, em Londres. O governo de Napoleão III enviara uma comitiva de trabalhadores para aquele evento, na Inglaterra, como maneira de buscar legitimação. Parte do grupo, entretanto, rebelou-se contra o caráter oficial da viagem; estava aberta uma fissura em torno da qual se desenhava um projeto de independência de classe.[30] As exposições universais passariam a servir, assim, de pano de fundo para outras tantas confabulações coletivas.

Enquanto setores reformistas burgueses e do Estado utilizavam o espaço da exposição para experimentos no campo do que se convencionou chamar "economia social" — é forçoso lembrar, em 1867, os modelos de habitação operária sob o patrocínio de Napoleão III, os relatórios encomendados pelo regime bonapartista a artesãos e operários sobre os novos processos técnicos nos diversos ramos industriais, o próprio tema "história do trabalho" sendo objeto de uma exibição retrospectiva[31] —, o movimento operário articulado em nível internacional tomava de empréstimo aquele espaço para, a seu modo, reunir-se, associar-se e expor-se, tornando o internacionalismo elo vivo na crítica aos fundamentos da sociedade moderna. Mas também para dissolver-se: o Conselho Geral da AIT, instalado em Nova York após a derrota da Comuna e as divisões entre socialistas e anarquistas, elege exatamente o mesmo momento em que se realiza a Exposição do Centenário, em Filadélfia (julho de 1876), para decidir, num melancólico congresso, pelo fim da Primeira Internacional.[32]

A história operária é resultante de experiências não acumuladas, mas interrompidas. Fluxos descontínuos no espaço e no tempo; discursos fragmentários. Cem anos após a tomada da Bastilha, em

1889, a Exposição de Paris rememorava a entrada do mundo na chamada "idade contemporânea". Já o movimento operário, então reconstruído sob a égide dos primeiros partidos social-democratas, organizava sua exibição paralela mas desigual de forças. Aqui, explicitavam-se o antagonismo de planos, os diferentes conceitos de internacionalismo. O manifesto de convocação para o Primeiro Congresso do que viria a ser a Segunda Internacional Operária dizia:

> A classe capitalista convida os ricos e poderosos a vir contemplar e admirar a Exposição Universal, obra dos trabalhadores condenados à miséria em meio às mais colossais riquezas que nenhuma sociedade humana jamais possuiu. Nós, socialistas, perseguimos a libertação do trabalho, a abolição do regime de salários, a criação de uma ordem de coisas na qual, sem distinção de sexo nem de nacionalidade, todos e todas tenham direito às riquezas frutificadas no trabalho comum. São os produtores a quem nós convocamos a Paris para o 14 de Julho.[33]

Sabe-se que muitos não atenderam a esse chamamento, por diversas e complicadas razões. Dispomos igualmente de uma noção aproximativa das dificuldades e crises sucessivas por que passou a Segunda Internacional, petrificando-se nas estruturas do Estado burguês e assumindo posturas antagônicas a seus objetivos iniciais. Este trabalho, entretanto, não visa discutir a trajetória de fracassos da revolução proletária. Os exemplos assinalados tentam sugerir, quando muito, que a idéia de uma massa de homens homogeneamente extraviada nos desvãos e calidoscópios da *exhibitio* burguesa poderia correr o risco de generalizar em excesso, perdendo-se, com isso, diferenças e nuances importantes. Do mesmo modo, a adesão ao nacionalismo e à ideologia da guerra nunca parece ter sido total, mesmo nos momentos de mobilização bélica das massas. No outro pólo, o exagero seria pensar num movimento operário onisciente e num internacionalismo imperturbável. No caso deste último, interessa mais perseguir como certas efemérides podem dar ensejo a celebrações de sentido contrário, dependendo de onde e em companhia de quem se esteja. Assim também os espaços, mesmo aqueles especialmente voltados a produzir enganos, podem ser percorridos e apropriados de maneiras bem distintas; pois, além do riso, é próprio dos homens viajar.

3. O Brasil na era do espetáculo
Figuras de fábrica nos sertões[1]

> *Mas então que é o tempo? É a brisa fresca e preguiçosa de outros anos, ou este tufão impetuoso que parece apostar com a eletricidade? Não há dúvida que os relógios, depois da morte de López, andam muito mais depressa.*
>
> Machado de Assis, "A Semana", 1894

> (*Comissários em Filadélfia expondo a* CARIOCA *de* PEDRO AMÉRICO; QUAKERS *admirados:*)
> — *Antedilúvio "plesiosaurus",*
> *Indústria nossa na Exposição…*
> = *Oh Ponza! que coxas!*
> *Que trouxas!*
> *De azul vidro é o sol patagão!*
>
> Sousândrade, *O Guesa*, Canto x [1887]

O Império do Brasil fez-se representar nas exposições universais desde os primeiros eventos. Os relatórios oficiais feitos pelos comitês organizadores instituídos por dom Pedro II fornecem indicadores relevantes dos significados econômicos, políticos e culturais subjacentes à presença do país naqueles certames. Até o fim da monarquia, o Brasil participou das exposições de 1862 (Londres), 1867 (Paris), 1873 (Viena), 1876 (Filadélfia) e 1889 (Paris).[2] Cumpre ainda acrescentar o comparecimento a algumas de caráter internacional mais restrito, como a de Buenos Aires (1882) e de São Petersburgo, na Rússia (1884).[3] Já no início do século xx, há fontes referentes à participação brasileira nas exibições de Saint-Louis, EUA (1904), Bruxelas (1910) e Turim (1911). Não se descartam, além dessas, outras sugestivas presenças, inclusive em mostras mais especializadas, como por exemplo na Exposição Internacional dos Caminhos de Ferro, em Paris (1887), ou na Exposição de Higiene e Educação, em Londres (1885).

O exame dos documentos e outros materiais historiográficos sobre a entrada do Brasil nesse universo do espetáculo desvenda dimensões ainda pouco conhecidas, sugerindo de todo modo que essa representação não era em absoluto algo esotérico, mas se inscrevia plenamente na ótica da moderna *exhibitio* burguesa. Apenas uma década após a Great Exhibition do Crystal Palace, realizava-se no Rio de Janeiro a Primeira Exposição Nacional, sob patrocínio do Estado monárquico (1861). Desde logo, a afluência de exibidores, po-

TABELA 2

PÚBLICO NAS PRIMEIRAS EXPOSIÇÕES NACIONAIS

RIO DE JANEIRO [*]

ANO	DURAÇÃO (DIAS)	NÚMERO TOTAL DE VISITANTES	MÉDIA DE VISITANTES POR DIA	RECEITA COM INGRESSOS	LOCAL DE REALIZAÇÃO
1861	45	50 739	1127	15:000$000	Escola Central (Politécnica)
1866	57	52 824	926	30:134$500	Casa da Moeda
1873	33	41 996	1272	——	Escola Central (Politécnica)
1875	45	67 568	1501	20:590$000	Secretaria da Agricultura

[*] População do Município Neutro em 1872: 274 972 (*Recenseamento geral*).
Fonte: Exposições Nacionais: relatórios dos secretários.

líticos, empresários e populares garantiu o êxito desses eventos (ver Tabela 2). Nos anos seguintes, foram organizadas exposições nacionais em 1866, 1873, 1875 e 1889, todas ocorridas sob a égide do poder público e tendo como característica comum o fato de servirem de ensaio preparatório à participação do Brasil em exibições universais subseqüentes. Eram estas últimas, afinal, que determinavam a ocorrência dos certames nativos, precedidos, por sua vez, de exposições nas províncias que objetivavam um primeiro levantamento sistemático das forças produtivas e dos bens produzidos em nível local e regional. Além dos catálogos das Exposições Nacionais, portanto, vale ressaltar a elaboração de catálogos específicos publicados por vários governos das províncias, em que certos aspectos da história regional das técnicas podem ser mais bem avaliados.[4] Assim, do interior mais remoto das regiões agrárias às metrópoles mais representativas do cosmopolitismo articula-se um amplo mosaico enfeixado pela onipresença da mercadoria, ou pelo menos de sua promessa. Na vastidão de nomes e coisas dispostos em ordens taxionômicas cujo zelo é não deixar nada de fora, estabelecem-se critérios, dividem-se prêmios, inaugura-se, enfim, a fase moderna propriamente dita das trocas desiguais.

Outras exposições tiveram patrocínio e impulso diversos. É o caso, por exemplo, da Exposição Industrial do Rio de Janeiro, em 1881, voltada especificamente para promover produtos e equipamentos manufatureiros e dirigida por uma entidade de classe: a Associação Industrial. Já no século xx, o Rio de Janeiro iria sediar duas outras exposições de mais largo espectro, promovidas pelo Estado republicano e que tinham como pretexto não eventos similares externos, mas sim a comemoração de efemérides que enalteciam a nacionalidade, brindando-a com a entrada plena do país no teatro dos povos civilizados: em 1908, ao celebrar-se o primeiro centenário da abertura dos portos "às nações amigas"; em 1922, a exposição internacional pela passagem de um século da independência política. Quando esta última aconteceu, aliás, a moda das exposições universais já tinha passado, como também a época de expansão planetária do capitalismo e os últimos ecos da euforia livre-cambista. O sistema, como um todo, dava sinais de crise aguda, indicando que a guerra generalizada constituía uma de suas vocações profundas. A deusa da indústria podia desejar o fomento da paz, mas outros demônios menos explícitos e mais decisivos, enfim, apontavam para a conflagração mundial das diferenças entre os Estados.

Na idade de ouro das exposições, contudo, a confiança cega numa paz acordada e duradoura era sempre reposta. Os espíritos estavam tomados pela magia das invenções e pelo desvario dos inventores. As maravilhas mecânicas exibidas atraíam dúvidas muitas vezes sobre sua verdadeira utilidade. Mas nunca, talvez, o engenho humano tenha sido tão consagrado. No Brasil, igualmente, as exposições nacionais foram momentos destacados da aparição de novos inventos mecânicos.[5] O modelo baseado na fábrica estava pronto para ser reproduzido em escala internacional.

No Brasil, tendo como pano de fundo as exposições de 1861 e 1866, acentuou-se o debate entre protecionistas e livre-cambistas no tocante ao papel do Estado em relação às manufaturas nacionais. Trata-se de conflito que remonta pelo menos ao período das reformas joaninas e que se estenderia por mais de um século, chegando a permear toda a Primeira República: de um lado, empresários debilitados ante a concorrência estrangeira buscam um porto seguro na proteção estatal; de outro, representantes da grande agricultura, ciosos da liberdade de comércio, esconjuram como "artificial" a produção das manufaturas.[6] Mas, no espírito que norteou as primeiras exposições, essa oposição não se dava ainda de forma tão polarizada; ao contrário, o conceito de indústria era suficientemente abrangente e plástico para abrigar as atividades agrícolas, desde que receptivas aos aperfeiçoamentos técnicos. Claro que a tendência latente das exibições apontava para uma espécie de aptidão manufatureira. Digamos que o salão de máquinas, como na Great Exhibition de Londres, era a menina-dos-olhos desse grande show de variedades. Mas o artesanato ocupava geograficamente espaço muito maior na relação de exibidores. E países como o Brasil tinham forçosamente de se evidenciar no setor da produção agropastoril.

Não há dúvida, porém, de que o apelo maior desse tipo de espetáculo se dirigia para o lado mais moderno da produção humana, cuja matriz suprema residia na fábrica. Sincronizar-se, desde as regiões mais atrasadas tecnologicamente, com esse movimento universal já sob compasso do maquinismo significa, de toda sorte, congregar-se no concerto das nações mediante os cânones da ideologia do progresso. Em 1866, por exemplo, inaugurava-se no Ceará uma exposição provincial. O presidente da província não poupava, no discurso de abertura, palavras de culto às divindades olímpicas da indústria e do trabalho:

As festas da indústria, como as da inteligência, são sempre um grande e nobre espetáculo no seio das nações cultas.

Elas anunciam o reinado fecundo das artes da paz e as conquistas potentes da atividade humana.

Assistimos hoje a uma dessas festas solenes.

Aqui no meio destas planícies arenosas, em cuja face a natureza parece haver impresso o selo da esterilidade, a mão audaciosa do homem civilizado assentou os fundamentos de um florescente empório, rasgou a terra, e fecundou-a com o germe do trabalho.

[...] Os recursos maravilhosos do solo do Ceará são explorados com perseverança. As serras convertem-se em ricos celeiros; os vales povoam-se, as planícies cobrem-se de casas de trabalho, onde circula a animação e a vida.

Em meio dessa região amplíssima, onde a vista se alonga por horizontes sem fim, a ambição insaciável do homem não provocou debalde as forças da natureza.

[...] É a festa do trabalho, singela e sem galas; e o trabalho é uma lei suprema que Deus estampou na face do universo: nas ondas, que se agitam, na vegetação que cresce todos os dias, no homem que caminha sempre!

(Palácio do Governo do Ceará, 30/8/1866, Francisco Ignacio Marcondes Homem de Mello)[7]

Do amplo mosaico de guias dessa exposições locais, vale a pena deter-se no exame da introdução e discurso inaugural do secretário da comissão organizadora da Exposição Baiana de 1875, Dionysio Gonçalves Martins; publicados juntamente com o catálogo dos produtos expostos, constituem documento exemplar tanto por sua raridade historiográfica inquestionável quanto pela riqueza de imagens sugeridas e de matrizes culturais a que remetem suas representações.[8] Não é casual que essa exuberância da linguagem civilizatória proceda exatamente da Bahia. No século XIX, apesar da crise do açúcar e da decadência político-administrativa, é do Recôncavo que se difunde um dos principais focos das Luzes no Império. Claro está que o centro de tudo residia na Corte. Mas a ilustração brasileira alimentava-se muito ainda da retórica baiana. Ali, se faltava uma burguesia moderna, certa tradição metropolitana assentara raízes; ao passado de capital da colônia juntava-se uma atividade intensa de comércio e artesanato. Ao lado de Recife, São Luís e Belém, a Bahia ganhava mais realce com esse iluminismo de escravocratas, cujo antigo brilho resplandecia tensamente ante corpos cativos.

Da mesma forma que o despotismo esclarecido foi o modelo preferido de entrada dos países europeus economicamente mais atrasados na era do capital e das luzes, o Brasil também se atualizava combinando rigidez burocrática do sistema político e violência extrema das formas de trabalho com plasticidade tradicional das práticas culturais. A Bahia, pois, estava na linha de frente dessa atmosfera modernizadora. O futuro civilismo de Rui encontrava ali ecos e suportes. A permanência de estruturas seculares não se bastava a si mesma: é como se devesse, a todo instante, renovar seus rituais, fazendo dos espetáculos laicos uma fonte especial de legitimidade.

Do que nos toca mais diretamente, assinale-se que, a partir dos anos 40 do século xix, o Recôncavo Baiano constituiu o primeiro núcleo razoável de manufaturas têxteis de tipo moderno no Brasil, isso para não falar da atividade bancária pioneira que se ensaiou em Salvador.[9]

Dionysio Martins abre seu ensaio citando François Neufchâteau, ministro do Diretório francês que organizou uma primeira exposição nacional no Campo de Marte, em Paris, em agosto de 1798, "convidando os atletas que devassaram a Europa, com as suas conquistas sanguinolentas, a acender no archote da liberdade o facho da emulação para as conquistas incruentas da indústria, legítima grandeza dos povos que visam à vanguarda da civilização".[10] Tratava-se, em suma, "de resgatar o trabalho mecânico dos negros preconceitos que lhe infligira a herança dos tempos feudais". Assim, em seu nascedouro, a concepção das modernas exposições está possuída pelo signo da paz regulada em concorrência sadia. É nessa sublimação progressiva do espírito de beligerância que o padrão de *exhibitio* inaugurado com a Revolução Francesa distingue-se essencialmente das feiras mercantis antigas ou dos espetáculos de Alexandria, como por exemplo "as explosões do vaidoso despotismo" da dinastia dos Ptolomeus, que reuniam "todos os prodígios do tempo para fascinar as populações embrutecidas no servilismo".[11] Era preciso enobrecer as artes mecânicas e conferir estatuto de dignidade ao trabalho industrial, mesmo com escravos. O autor lembra as contribuições de Francis Bacon e Diderot nessa trajetória; apesar de sua autoridade e heroísmo, entretanto, não lograram "alterar as convicções e modificar os prejuízos". Somente a Revolução Francesa alcançaria o pré-requisito de "emancipar e fortalecer o trabalhador" (*sic*). Os resultados frutificaram:

> Da aproximação de todos os produtos nasceu a confraternidade das artes; da intervenção da ciência, descendo do fastígio das teorias ao estudo das aplicações, surgiu a tecnologia que desbaratou o empirismo pretensioso, e, ampliando a esfera da ação da inteligência, dirigiu

os esforços coletivos para as grandes conquistas que se sucedem com rapidez assombrosa no século em que vivemos.[12]

Em três dias de exibição, cerca de 7 mil visitantes acorreram à Exposição Baiana de 1875, número expressivo se considerarmos que Salvador e arredores contavam, conforme o recenseamento de 1872, com aproximadamente 129 mil almas. Após enaltecer o significado do evento, Dionysio Martins passa a desenvolver comentários críticos pormenorizados sobre cada um dos grupos e classes de produtos. Em várias passagens destaca a ausência de ramos importantes da produção baiana, em geral por desavenças entre empresários e o poder público. O velho problema em torno da pertinência ou não do protecionismo é levantado; entre as indústrias faltantes está, por exemplo, o setor têxtil (com duas importantes fábricas em Valença), num gesto aparente de reação a um propalado descaso governamental.

Em outros trechos, destaca o alto preço do trabalho como causa maior do desalento da produção manufatureira. Entremeia a descrição dos produtos expostos com minuciosas colocações em torno da evolução das técnicas de fabrico. Nessa perspectiva, ecos do enciclopedismo movem-se desembaraçadamente ao longo de todo o texto. Entre "os tijolos do sr. Umbelino" e "as telhas do sr. Lacerda", fica patente a necessidade de industrializar esse ramo, como requisito para tornar mais ágil e maior a escala da construção civil. As aplicações mecânicas mostram-se ainda desajeitadas. Certa máquina de fazer telhas, acompanhada de longa e complexa dissertação sobre seu uso, revela-se de eficácia industrial duvidosa, já que não conseguiu suprimir "a indispensabilidade do operário a cada movimento que lhe é próprio".[13]

Mas em matéria de mecanismos, parece que a atração maior ficou reservada à máquina a vapor de alta pressão com caldeira vertical, para uso em embarcações e produzida nos estaleiros do Arsenal da Marinha, cujos trabalhos são sempre lembrados em se tratando de pioneirismo no ensino técnico de ofícios mecânicos no Brasil. O autor define o modelo apresentado como um *"specimen* curioso que muito abona a direção das respectivas oficinas".[14] O termo *specimen*, utilizado nessa notação de forma generosa pelo autor, mais do que uma recorrência de estilo, sugere a presença de critérios taxionômicos emprestados da história natural. São as extensas tabelas classificatórias desde Bacon que encontram aqui terreno fértil para reproduzir-se e atualizar-se à exaustão.[15] Quanto ao adjetivo "curioso", remete, entre outros sentidos, ao próprio caráter de espetáculo do maquinismo em que se inscreve o discurso de Martins, apesar de suas reservas a que se resumisse a mostra tão-somente a tal aspecto.

O nono e último grupo da Exposição Baiana denomina-se "Materiais para estudo e produções da inteligência", contendo uma única classe: coleções e trabalhos científicos. Aqui encontramos:

602   Observações meteorológicas, feitas em São Bento das Lages, acompanhadas de considerações sobre o assunto: expositor, dr. F. M. Draenert.

603   Uma ossada completa de índio Camacã da aldeia do Catulé (colônia Cachoeira): expositor, fr. Luiz de Grava.

604   Coleção de pequenos animais conservados em álcool (Itaparica): expositor, José Antônio dos Santos Vital.

605   Doze teses sustentadas perante a Faculdade de Medicina por vários doutorandos, oferecimento do dr. Antônio Januário de Faria.[16]

Novamente a vocação civilizadora da exposição quer afastá-la do mero espetáculo de curiosidade, do simples atrativo circense; a diferença fundamental reside em que todas as coisas exibidas ali devem ser encaradas como objetos de conhecimento técnico-científico, cabendo, portanto, muito mais no plano da regularidade em oposição à deformidade. Martins, a esse respeito, tece críticas de princípio à exposição de animais conservados em álcool:

Os animais remetidos pelo sr. Santos Vital são próprios para museu, e são antes objeto de curiosidade do que material próprio para estudo [...].

Há ainda muito quem acredite ser uma exposição industrial campo aberto a todas as extravagâncias e aberrações da natureza, e não admira portanto que viesse figurar nas respectivas galerias o frasco remetido de Itaparica. Parece irrisório que não houvesse ali outro objeto digno de figurar nas coleções industriais, sendo a localidade afamada pela produção *da cal* e *das frutas,* e a sua distância da capital apenas uma viagem de duas horas.[17]

A referência a "extravagâncias e aberrações" faz-nos lembrar diretamente desses museus bizarros e ambulantes, conduzidos em velhos comboios pelas cidades perdidas do interior, anunciando animais de várias cabeças, serpentes gigantescas e mulheres-gorilas. Trata-se de uma tradição que remonta certamente ao circo. Esse tipo de exibição do insólito tem recorrido com freqüência a embalagens pseudocientíficas. Lembremo-nos, por exemplo, das alquimias dos ciganos na Macondo de *Cem anos de solidão*. Como também é verdade que a exposição industrial apela amplamente ao clima de encantamento circense para fazer-se valer junto ao público. Percebe-se pois que, embora com objetivos distintos, a oposição entre museu de assombros e exposições da indústria não é tão radical como os organizadores destas últimas — representados pela fala de Dionysio Martins — supunham ou apenas desejavam. As diferenças dão-se mais em nível do que poderia ser denominado *modo de exibir* do que propriamente nos elementos que constituem a arte da representação, todos eles herdeiros dos espetáculos antigos.

Ao comentar os estudos meteorológicos apresentados, o autor dirige a sua importância diretamente para atividades econômicas. A explicação daqueles fenômenos traria imensa luz para os interessados no jogo das estações, a apreciação das médias determinaria um código aproximado, quer para as aplicações do trabalho agrícola, quer para os movimentos da indústria e transações comerciais.

Mas esse utilitarismo não é tudo. Fazendo contraponto à ciência da utilidade, Martins traça o elogio do desvendamento arqueológico e paleontológico do passado humano. Uma simples ossada indígena desata o seguinte comentário:

> Vestígios de uma raça que a civilização afugenta e destrói, elo extremo da cadeia que representa as peripécias da civilização local nos três séculos de lutas que a disputaram, o precioso documento histórico encerra lições de subido valor que devem ser cuidadosamente recolhidas pelos que estudam os segredos da história humana nas ossadas das raças primitivas.[18]

Essa visão constitui uma pista esclarecedora dos elementos que compõem a montagem dessa apologia açambarcadora da História. No discurso inaugural da Exposição Baiana, Martins desenvolve mais amplamente esse tema. Vejamos, na passagem a seguir, de que maneira é concebida a evolução da humanidade; seguindo o mesmo ritmo e movimento da história natural, ela afinal conduz ao triunfo da causa do progresso entre as nações:

> Aqui comemoramos a festa do trabalho; desse poderoso agente que cria, renova, e derrama sobre as sociedades e as famílias o bem-estar e a riqueza sem os sobressaltos da consciência, nem as agonias das lutas cruentas.
>
> Símbolo de paz e concórdia, é dele que as nações de hoje esperam a reparação das antigas injustiças e o bálsamo para as velhas odiosidades.
>
> Se nos torneios da Idade Média, na qual o direito da força expri-

mia as convicções da época, a armadura pesada do feudalismo esmagava na liça o concorrente desventurado, nas justas modernas, em que a regeneração social dirige o pensamento dos combatentes, não há vencidos, nem vencedores, porque todos trabalham para a felicidade comum, explorando a grande idéia da perfectibilidade humana, que tem por limites os vôos da inteligência e os recursos da natureza.

[...] O círculo, como essas ondulações concêntricas que o sopro da brisa levanta na superfície das águas dormentes, se amplia de dia em dia até desaparecer no infinito, nivelando as classes e as condições, sem confundir-lhes todavia a importância relativa.

[...] *Natura non facit saltum*, dizia Lineu, e as lições do mundo físico nos aconselham paciência e perseverança nas evoluções do mundo moral.

Se as idades geológicas consumiram centenas de séculos através de horrendos cataclismos, não é muito que a incubação das idéias, que assinalam épocas na marcha progressiva da humanidade, solicite o sacrifício de algumas gerações e a ruína de alguns impérios. Alvo sublime que desafia e avassala a solidariedade geral, malgrado as diferenças dos costumes e a animosidade das raças.[19]

A exposição é a imagem concentrada desse movimento progressivo, a sublimação maior da atividade bélica entre povos e classes através da concorrência pacífica e produtiva. Não é pouco o entusiasmo devotado àquele evento:

nenhum acontecimento, neste século em que vivemos, é mais digno de fixar e prender a atenção e os cuidados dos povos e dos governos do que essas festas periódicas em que de todos os ângulos da terra correm a grupar-se em torno da idéia cosmopolita os atletas do gênio e os Titãs do trabalho.

A alma se extasia, o coração se dilata às comoções da filantropia, e a entidade humana sente que há nas *revelações estupendas desse imenso caleidoscópio um não sei quê misterioso e sublime,* que a filia à essência do seu Criador.

Revolução maravilhosa nos destinos dos povos, santa elevação nas aspirações da sociedade.

[...] Grandes e pequenos, provectos na indústria ou noviços no trabalho, todos têm igual direito à benemerência pública, uma vez que tragam sua partícula de areia para a estrada comum, sua pedra talhada para o edifício da prosperidade universal.

É por isso que não devemos recear feridas para o amor-próprio nacional, se do paralelo estabelecido nos resultar menor soma de vantagens na distribuição final dos prolfaças e galardões.[20]

Pois ao lado do papel estimulante da concorrência, sobressai, numa ótica eminentemente iluminista, o caráter pedagógico das exposições internacionais, onde a indústria moderna recebe a "instrução mais rápida e mais eficaz" que poderia colher. "Mais do que nenhum povo", o Brasil carece *das generosas lições facultadas nesses vastos anfiteatros,* porque temos a riqueza dos meios, faltando-nos a experiência das coisas, e o estudo das dificuldades relativas".[21] O ideal das competições pacíficas busca sua fonte inspiradora no espírito olímpico dos gregos, mitificado e pairando acima das classes:

A Grécia, senhores, que teve todos os pressentimentos sublimes e todas as glórias da inteligência, previu a influência dos concursos na marcha do espírito humano.

[...] Não havia concorrentes da indústria, porque a indústria era apanágio da servidão; mas a força, a destreza, a coragem, as letras e a arte, símbolos da perfeição naqueles tempos, mediam-se na arena do combate, sem distinção de classes, nem favores de privilégio.

Martins opõe essa idealização à decadência dos espetáculos romanos:

A conquista dos bárbaros afogou essa instituição civilizadora, e Roma, que copiou da Grécia, sem ter o mesmo amor pelo belo, nem o mesmo culto pelo ideal, todas as artes e todas as grandezas, esqueceu-se das festas olímpicas para perpetuar no Coliseu a memória dessas degradações que horrorizam a consciência humana.[22]

Na parte final de seu discurso, Dionysio Martins enaltece a ascensão dos EUA comparativamente ao Velho Mundo. Vale notar que as exposições provinciais de 1875, seguidas da nacional, tinham caráter preparatório para a Exposição do Centenário em Filadélfia, no ano seguinte, primeira grande mostra realizada fora da Europa. O fato de a América sediar um desses eventos, segundo Martins, aumentava o significado que poderia ter a participação brasileira. É com amargura, pois, que reconhece a falta de empenho dos empresários baianos. O resultado da exposição lhe pareceu fraco em relação às forças produtivas reais da Bahia; seu ideário posta-se à frente do atraso local, buscando uma imagem que restabeleça elos mais fortes com a contemporaneidade. Por isso mesmo, a exortação ao fim de sua peça oratória professa fé inabalável no americanismo como novo signo da sociedade industrial.[23]

Conectar-se com a nova paisagem do cosmopolitismo: eis o desafio lançado aos técnicos, engenheiros e outros empreendedores ativos das classes dominantes brasileiras na segunda metade do século XIX. O discurso de Dionysio Martins não representa tendência isolada; apóstolos do progresso e reformadores das relações *técnicas* de produção (sem que isso implique necessariamente laivos reformistas no plano das relações sociais de produção) iriam aparecer com freqüência crescente, em especial após 1850. André Rebouças (1838-98), considerado um dos principais expoentes da construção ferroviária no Brasil do século passado (vale lembrar que a engenharia civil entre nós nasceu junto com as primeiras estradas de ferro), é desses exemplos de fôlego. A leitura de seu *Diário* surpreende algumas imagens notáveis. Se o texto está marcado pelo tom confessional, não perde, todavia, seus vínculos profundos com a magia de uma profissão cativante; disso nos convence Rebouças pelo arrebatamento que os encantos e proezas das técnicas mecânicas são capazes de proporcionar. São imagens únicas, porquanto situadas numa região fronteiriça ambígua, posta já além da intimidade, mas circunscrita ainda aquém do relatório burocrático.

Em sua viagem inicial à Europa, onde aprimora conhecimentos em torno das ferrovias francesas, Rebouças realiza estudos, durante três meses, da Exposição de Londres de 1862. É seu primeiro contato com essa nova forma de encenação do maquinismo. Será numa segunda viagem à Europa e aos EUA, em 1872-3, que esse horizonte do espetáculo mecânico se alargará. A sensibilidade para apreciar essa maneira contemporânea de representar o mundo, claro está que ele já a trazia consigo. Seus olhos podiam captar a engenhosidade de cada uma dessas figuras de fábrica. A paisagem da indústria não lhe era monótona nem infernal, mas sobretudo sublime. Confiava na máquina como instrumento de libertação humana. Negro, baiano, enfrentando na pele os efeitos do racismo, foi abolicionista desde o início do movimento, não obstante ter-se mantido fiel à monarquia a ponto de exilar-se, em solidariedade com a família imperial, após a proclamação da República. Anos amargos, em que reviu tantos projetos empresariais perdidos: seu progressismo capitalista jamais aceitou os entraves da burocracia do Estado. Suicidou-se em Portugal, onde vivia a solidão do desterro.

Mas a excursão de 1872-3 é cheia de atrativos. Visita uma série enorme de fábricas, oficinas, ferrovias, obras públicas, sempre tendo o que anotar. Em 6 de outubro de 1872, em Madri, por exemplo, ao mesmo tempo que reclama contra os espetáculos locais de circo e touradas, constrói a seguinte imagem a propósito do passeio ao reservatório de águas, visto aqui como uma espécie de palácio encantado:

> Visitamos as obras do grande reservatório em construção, que tem uma semelhança notável com o projeto, feito em 1870 por Antônio

Rebouças [irmão de André e também engenheiro] para o morro de Santo Antônio, quando membro da famosa comissão das águas, que tanto aguçou as iras dos nossos inimigos! Visitamos depois o velho reservatório, fazendo o engenheiro Morer funcionar todas as válvulas, inclusive a adufa e a cascata de descarga — e os ensaios de irrigação. Entramos na Galeria Subterrânea e por ela viemos até a Porta do Sol, onde ainda funcionaram em nosso obséquio os grandes esguichos. A galeria subterrânea estava no melhor estado de conservação e asseio; tão bem marejada e alta que se passava por ela sem o menor incômodo.[24]

Os sentidos de Rebouças permanecem aguçados para os sinais mais diversos da modernidade. Em Arles, por exemplo, aproxima e contrasta o aspecto das oficinas ferroviárias com as ruínas históricas da cidade. Noutra passagem, assinala observações de Saldanha da Gama sobre a resistência de madeiras amazônicas em obras de cais, feitas após a Exposição Universal de Paris (1867). Detalha, em várias páginas, seus encontros com o amigo Carlos Gomes. Entusiasta de sua obra, empenha-se junto ao conde d'Eu para que acione o duque de Saxe (presidente da comissão do Império brasileiro na Exposição de Viena em 1873), a fim de que sejam representadas, durante a Exposição, as óperas *Guarani* e *Fosca*. E em 2 de março de 1873 escreve:

Recebi, pela manhã, uma carta do ministro de Viena [embaixador no Brasil], dando já como impossível a representação do *Guarani* e da *Fosca*, durante a Exposição! Ah! diplomacia brasileira! Sovina, egoísta, parasita e inútil![25]

Até as conferências científicas assumem aspecto de quadros teatrais. Mas nem sempre satisfazem ao gosto exigente do engenheiro:

Assistimos depois a uma conferência astronômica de Flamarion [...]. A conferência teve por objeto a explicação do sistema do mundo; não me pareceu tão feliz como as últimas páginas de Delaunay. O fim da lição foi preenchido pela projeção sobre um quadro branco de várias épuras representando o sistema do mundo e diversos planetas; umas duas ou três tinham movimento; mas quase todas eram muito grosseiramente executadas.[26]

Se não chega a se impressionar com esse rudimento de planetário, o desencanto com a poética Veneza é ainda maior: 25 mil pobres em 106 mil habitantes, segundo registra. Única boa surpresa na cidade italiana: reencontrar, na Academia de Belas-Artes, o quadro original da Assunção, de Ticiano, cuja réplica em tapete de Gobelins tanto efeito lhe causara, na Exposição de Londres (1862). Rumo a Viena, em Trieste, mais uma vez chama-lhe a atenção essa convivência estranha, em certas cidades européias, entre o passado arquitetônico feudal e a nova paisagem fabril; como se houvesse interpenetração não só de culturas historicamente distintas, mas também de suas respectivas fantasmagorias.

Nos dias seguintes, em Viena, visita vários compartimentos da Exposição (ainda em montagem) e estuda detalhadamente processos de fabrico de papel, locomotivas, tubos para abastecimento de água, silvicultura etc. Os preparativos do setor brasileiro envolvem a presença de arquiteto, cenógrafo e floristas. A inauguração, seguindo costume que vem desde 1851, ocorreu no Primeiro de Maio. As observações de Rebouças sobre a festa de abertura não escondem certa decepção:

Cumpriu-se religiosamente o programa da inauguração; festa realmente monótona e triste; quatro discursos; nenhuma cerimônia religiosa; falta de música: alguns trechos de música clássica, entre os discursos, muito parcamente ditos por uma orquestra e um coro ocultos atrás do trono imperial. Em Londres [1862] a cerimônia religiosa ocupou o primeiro lugar; nas abóbadas, nos frontões, e em todas as partes mais visíveis do edifício belas máximas do Evangelho e dos melhores poetas convidavam os povos ao amor de Deus e à Fraternidade.

A exposição de Viena não tinha caráter algum civilizador; era simplesmente um imenso bazar de todos os povos do mundo.[27]

Ao longo de notas autobiográficas como as citadas, vai ficando claro que o mundo querido de Rebouças não é o da circulação das mercadorias, mas sim o laboratório secreto de sua produção, os mistérios do mecanismo e os segredos da fábrica. Tanto é assim que prefere fazer seus estudos na Exposição de Viena antes da abertura oficial ao público, antes de sua conversão em um "imenso bazar". Em vez de apreciar um relógio na vitrine, é dos que amam antes desmontá-lo no ambiente recolhido de uma oficina; tem mais afinidade com as galerias subterrâneas do que com as fachadas exteriores. Prefere ainda a fuligem e as labaredas de Vulcano às alturas translúcidas do Olimpo: o Inferno em atividade parece seu ideal. É nessa linha de percepção que fala das "admiráveis oficinas de Creusot":

Deixam imorredoura impressão os altos-fornos de folha de ferro; suas chaminés metálicas de 75 e 85 metros de altura, que parecem torres de faróis; suas máquinas a vapor dos altos-fornos e dos poços verdadeiramente colossais; as oficinas Bessemer; as fundições, as forjas, a ordem e magnificência do estabelecimento, e até o novo escritório central, construído como uma estufa, hermeticamente fechado e arejado por uma chaminé.[28]

A parte final da viagem se passa nos EUA.[29] A visita que faz a diversas cidades manufatureiras norte-americanas deixa-o impressionado. Dessa parte da excursão vale a pena destacar o contraponto que estabelece entre as maravilhas das cataratas do Niagara e o espetáculo do Oil Creek, em Titusville, centro pioneiro na exploração do petróleo, ali descoberto em 1859, por um ex-maquinista de trem. Apesar de sua imponência comum, essas duas paisagens não se confundem; o real maravilhoso dos artifícios mecânicos da grande obra extrativa ao ar livre suplanta, na percepção de Rebouças, a regularidade das formidáveis cachoeiras. Sua visão da natureza como matéria a ser transformada, como objeto de trabalho, será sempre a do engenheiro:

> Às 9:45 estávamos no elevador ultimamente construído junto aos rápidos do Niagara...
>
> [...] Vegetação circunvizinha mais graciosa que majestosa, muito abaixo da magnitude do Niagara. A rocha calcária não se presta também à formação de penedos cônicos e esféricos, que tanto embelezam as cascatas e os rápidos brasileiros de granito. As cascatas brasileiras falam certamente mais alto: talvez seja isso devido à natureza vítrea do granito.
>
> Há visitantes por toda a parte: a indústria da exploração do estrangeiro está em "Niagara Falls" mais avançada que nas ruínas e curiosidades naturais da Itália: essa torre-museu de entrada gratuita, com mil laços, armados à inexperiência do visitante, é desta opinião prova irrecusável!
>
> [...] Os fundadores de "Niagara Falls" chamaram-na "New Manchester" — criam fundar uma cidade manufatureira. Construiu-se depois o Niagara Canal para o serviço das fábricas. Nenhuma utilizou-o. Niagara Falls é hoje essencialmente uma cidade do prazer: a custo suporta as fábricas de Bath Island.[30]

No dia seguinte, 16 de junho de 1873, a chegada ao centro petroleiro: a natureza transformada pelo mecanismo provoca no viajante um efeito maravilha muito mais atordoante. Enquanto as cataratas já podem fazer parte de um cartão-postal, disseminadas pela rotina da indústria do turismo, a paisagem revolvida pela técnica será ainda marcada mais fortemente pelo sentido de novidade; sublime criação dos homens e das máquinas, chega até mais perto de Deus:

> Encontramos excelentes operários e contramestres, que nos fizeram assistir a todas as operações — perfuração de poços, extração de óleo,

depósito nos tanques. Um sem-número de nascentes de gás hidrogê-
nio carburetado, queimando livremente em tubos de três polegadas
e iluminando a floresta e o Oil Creek; então o "Burning Spring" do
Niagara desceu na nossa imaginação às proporções de um brinco de
criança!

Às dez da noite, o espetáculo atingia ao maravilhoso. No fundo do
vale o Oil Creek, o regato de petróleo, refletindo, de espaço a espaço,
as longas chamas dos tubos de gás; uma linha negra, uma ousada
ponte suspensa provisória para os operários; a floresta elevando-se
nas colinas até o céu; árvores, projetando sombras fantásticas ao clarão de uma iluminação ciclópica; o sibilar das máquinas a vapor
queimando gás natural, o ranger das armações de madeira dos "der-
ricks"; a pancada das barras de mina dos poços em perfuração; o ar-
far da locomotiva do caminho de ferro paralelo ao rio...

Nos tempos de Moisés, Deus, para libertar o povo d'Israel, fez surgir água das pedras; para libertar os escravos da América Deus fez
ainda mais: fez surgir óleo da terra da Pensilvânia!

Quando Deus trabalha pela liberdade, produz estas maravilhas![31]

Essas imagens fixadas por Rebouças não eram em absoluto resultantes de um olhar solitário. Todo um setor expressivo das elites
brasileiras, a começar do imperador, estava propenso a ver o mundo dessa nova maneira, a converter cada elemento da paisagem em
matéria-prima, a se deixar seduzir pela atmosfera de "chuva, vapor,
velocidade", enxergando, afinal, assim também, seu próprio país. Ao
adentrar o universo do espetáculo da máquina, o Império sul-ame-
ricano não apenas reclamava assento no "concerto econômico dos
grandes Estados" (leia-se: divisão internacional do trabalho). Fazia
parte, ao mesmo tempo, do movimento genérico da modernidade;
sua entrada aí não era contingente. Tinha muito que mostrar; tinha
tudo para se exibir e ser admirada como nação contemporânea.
Manchas, é claro, havia: mas qual povo, em sã consciência, não as tinha, escondidas, em seu passado ou presente?

* * *

Sempre houve críticas às Exposições Nacionais. Livre-cambistas como Tavares Bastos, por exemplo, consideravam-nas um luxo desnecessário, tanto mais que protegidas sob o manto do Estado. Era, nessa versão, uma iniciativa que tentava "precipitar" artificialmente o industrialismo entre nós. Eventuais manufaturas não passavam de acidentes fortuitos. As exposições não demonstravam nenhuma vocação para a indústria, antes pelo contrário; sobre os organizadores dessas primeiras exibições nacionais recaía a pecha de "materialistas".[32] Entretanto, segundo outros observadores, a começar de Dionysio Martins, as mostras que se faziam nas províncias e no país estavam longe de constituir inventário seguro e razoavelmente completo dos ramos diversos da produção nacional. Havia ainda muita resistência, entre empresários, em participar desses eventos. Além de problemas sérios de organização e propaganda (Rebouças ridicularizava, por exemplo, o fato de que às vésperas da Exposição de 1875 não se tinha sequer escolhido o local), os fabricantes não viam estímulos mercadológicos imediatos em expor seus produtos, já que os eventos em cada província eram meros ensaios para a exposição nacional, que por sua vez era preparatória da participação brasileira nos certames mundiais. Não tendo chance alguma de disputar o acesso ao mercado internacional com os países europeus e os EUA, muitos produtores recolhiam-se à dispersão dos negócios no interior e à fragmentação dos mercados entre as regiões.

Com todos esses fatores adversos, as exposições nacionais possibilitaram, da mesma forma que em outros países, o esboço de um panorama extenso da produção de mercadorias, das relações técnicas e de trabalho no Brasil do século XIX. E mesmo em relação ao ramo da indústria fabril (portanto em sentido estrito e não lato como a palavra "indústria" era então empregada), conforme se pode visualizar na Tabela 3, a amostra certamente incompleta indica que a manufatura era bem mais presente na economia do país do que análises esquemáticas posteriores fariam supor.[33]

Isso não impediu, porém, que contemporâneos mais exigentes fizessem críticas acerbas sobre o perfil das primeiras exposições. No relatório da Exposição Nacional de 1873, por exemplo, o escritor Joaquim Manoel de Macedo, secretário-geral do júri, esboçava uma análise retrospectiva, em que a primeira dessas grandes mostras, em 1861, "teve por si o condão da prioridade, as cruezas do ensaio, o encanto da novidade no país", sem deixar, contudo, de ser dominada por "produtos de trabalho não industrial e [...] obras de fantasia, que foram, mais ou menos, hóspedes um pouco impertinentes"; já a segunda exibição nacional, inaugurada em 1866, embora mais rica e variada do que a anterior, ainda teve a presença marcante de "objetos que engrinaldaram as salas, enfeitaram mostradores, mas ficaram estranhos à natureza do espetáculo". Finalmente, Macedo traça o elogio da Exposição de 1873, já que,

> menos jactanciosa, foi de todas a mais verdadeira, e quase que exclusivamente industrial: em alguns dos mais importantes grupos, em que se achou regularmente dividida, ostentou riqueza digna do país, deu testemunho vivo da existência e exploração de indústrias que não se mostraram nas duas primeiras, e do melhoramento dos produtos de outras já apreciadas. Das três Exposições foi ela a menos pretensiosa e a mais genuína.[34]

Embora o julgamento de Macedo se manifeste um tanto parcial e exagerado (ver Tabela 3), inclusive porque o exame dos setores industriais e fabricantes que tomaram parte naquelas três exposições não revela diferenças de escala ou de tecnologia mais significativas, o que importa reter, nesse discurso, é a tendência bem configurada em atribuir ao "teatro das artes mecânicas" maior dose de *autenticidade* em oposição ao "teatro das artes ornamentais ou decorativas". Assim, no espetáculo que se montava em escala internacional, pare-

TABELA 3

REPRESENTAÇÃO DA INDÚSTRIA FABRIL DE TODO O BRASIL NAS DIVERSAS
EXPOSIÇÕES NACIONAIS
(SÉCULO XIX)

PROVÍNCIAS	1861	1866	1873	1875	1881	1889	TOTAL
Amazonas	—	7	—	7	1	—	15
Pará	1	10	2	17	—	8	38
Maranhão	—	10	3	7	3	2	25
Piauí	—	1	—	—	—	—	1
Ceará	34	16	2	39	—	14	105
Rio Grande do Norte	—	4	—	8	—	—	12
Paraíba	—	—	4	—	—	—	4
Pernambuco	3	17	9	40	27	79	175
Alagoas	—	—	—	21	16	—	37
Sergipe	—	2	—	2	4	2	10
Bahia	7	12	6	40	6	15	86
Espírito Santo	2	1	—	—	4	7	14
Rio de Janeiro (província)	19	16	12	46	41	14	148
Rio de Janeiro (município neutro)	63	73	53	67	178	51	485
São Paulo	7	8	8	60	18	9	110
Paraná	2	9	4	94	11	6	126
Santa Catarina	4	11	1	28	2	13	59
Rio Grande do Sul	6	34	14	80	97	19	250
Minas Gerais	13	9	10	28	41	35	136
Goiás	—	—	2	17	—	—	19
Mato Grosso	2	—	—	4	—	—	6
Total	163	240	130	605	449	274	1861

Fonte: Prefeitura do Distrito Federal, Exposição Nacional de 1908.

ce que, pouco a pouco, tanto na Europa como aqui — apesar de as galerias das exposições estarem ainda coalhadas de ornamentalismo, rebuscamento eclético, culto dos malabarismos formais destituídos de funcionalidade —, uma nova concepção ganhava terreno, propugnando o cálculo racional, o despojamento do design e o pragmatismo do melhoramento técnico como processos mais adequados à produção e à circulação das mercadorias. Essa postura "mais verdadeira" perante os objetos da sociedade industrial era, por enquanto, mais visível sobretudo nos textos, sob a forma do debate retórico e menos nos pavilhões das fábricas ou mostras internacionais. Quando ela se imprimisse com força na paisagem e nos próprios contornos da vida social, estaria, então, sendo selada a sorte dessa ideologia-mundo sólida e sem fronteiras.

Santa-Anna Nery, alto representante do Império do Brasil na Exposição Universal de Paris, em 1889 (última das ocorridas na Monarquia), insiste nessa visão a um só tempo redutora e cosmopolita, ao escrever o intróito de um volume de ensaios destinado a apresentar um panorama do país ao público, empresários e autoridades estrangeiras. Para ele, a necessidade das exibições internacionais advém de uma interdependência de tipo organicista entre os povos.[35] Na concepção por ele esposada, progresso é sinônimo de ser *conhecido*, de ser aceito no rol dos países civilizados. Por isso maldiz a época — um quarto de século antes — em que "nos confundiam desdenhosamente com *as colônias*", em que se salientava do Brasil apenas "o brasileiro de opereta". A literatura dos viajantes, primeira visão luminosa da nação, permanecia escondida nas bibliotecas. "Foi o Brasil que revelou o Brasil ao mundo."[36] O paralelo entre a presença brasileira na Exposição de Paris em 1867 e na de 1889 marca o confronto entre o ser e o parecer:

> É já bastante que a primeira nação latina do Novo Mundo tenha podido tomar seu lugar nas grandes fileiras abertas neste momento. Se ela renunciou a um grande luxo na exposição de mercadorias (*étalages*) e a uma grande profusão de *décors* na sua instalação do Campo de Marte, é porque prefere o *ser* ao *parecer*, é porque se contenta em mostrar modestamente e sem ilusão de ótica (*trompe-l'oeil*) o caminho que percorreu desde a Exposição Universal de 1867.[37]

O projeto é claro nos seus desígnios: atrair imigrantes para o trabalho e capitais que frutifiquem. Quanto ao espetáculo maior que o Império brasileiro reserva a seus pares no concerto da civilização ocidental, encontra-se enunciado da seguinte maneira:

Mas por uma galanteria de nação liberal e latina o Brasil não quis se apresentar em Paris, no momento do centenário da Revolução Francesa, sem lhe aportar uma prova evidente de seu respeito verdadeiro pelos Direitos do Homem e de seus progressos no domínio da liberdade, como havia já feito em 1867.

Com efeito, em 1867, o Brasil entrava em Paris anunciando que ele abria o grande rio do Amazonas aos pavilhões de todas as nações amigas [decreto da livre-navegação de Tavares Bastos]. Em 1889, ele aqui vem mostrando sua bandeira verde e ouro de onde desapareceu a mancha negra da escravidão. Ele traz aqui uma Bastilha destruída, e a libertação de mais de 1 milhão de homens. Ele traz aqui uma Revolução feita ontem, e que, ela, não fez verter senão lágrimas de reconhecimento.[38]

Depois de afirmar que as províncias brasileiras conheceram uma dupla evolução ao passar do estado comercial simultaneamente para o estado agrícola e industrial, retoma o tema do fim do escravismo:

A palavra mesma escravidão desapareceu de nosso país, foi riscada de nossas leis. Não há mais senão cidadãos livres submetidos aos mesmos deveres e gozando dos mesmos direitos. [...] Não recuamos diante de nenhum sacrifício para nos libertarmos desta herança dolorosa da Europa, e arrancamos de nossos ombros esta túnica de Nessus, sem que o sangue corresse, como nos Estados Unidos. Dela nos despojamos em meio às aclamações de um povo que fez sua entrada definitiva na civilização, e aos aplausos do mundo inteiro, que parecia nos ser reconhecido por tanta audácia.[39]

O Brasil que se exibe em 1889 é o da ética burguesa clássica, que valoriza "a liberdade na ordem, o trabalho na paz". O progresso que se constata por todos os cantos do país é "incessante, sério, profundo". É como se o discurso de Santa-Anna Nery preparasse, na cena de fundo, o início de outra peça, baseada na retórica da probidade e do trabalho perseverante: o regime da *res publica*. É essa nova representação que ensaia sua entrada em cena:

> O Brasil está em trabalho, e a obra se persegue sem ruído, sem *réclame*. Ele foge dos exageros interessados e se guarda de anúncios mentirosos. Ele conta com o tempo e com a sabedoria dos homens para ser apreciado como ele merece.

Entre 1867 e 1889, o trabalho foi lento mas produtivo, "sem agitações violentas e também sem êxtases orgulhosos de triunfo". Rumo ao Capitólio renovado pelos deuses do progresso, o apresentador dessa nova *facies* anuncia:

> Desembaraçado da praga secular que o corroía, o Brasil avança com passo firme e decidido à conquista de todas as novidades.

Entre as possíveis *novidades*, Nery arrola os meios de transporte e comunicação (portos, correios, vias férreas, telégrafos terrestres e por cabos submarinos, telefones, bondes), para concluir que o Brasil "pode corresponder-se com o Universo". Não se trata só da circulação de bens de consumo ou de produção; agora a mercadoria força de trabalho desembarca em massa nos portos brasileiros. E, então, verifica-se a boa surpresa para a nação que se *republica*, que agora pode substituir a gala faustosa dos rituais do Império pelo ardil prosaico da cidadania, lançado no ar com leve toque de cinismo:

> Nós recrutamos *cidadãos devotados* onde esperávamos encontrar somente *colonos laboriosos*. É um *duplo ganho* para a pátria brasileira.[40]

O vasto painel do Brasil que se expõe desse modo, introduzido por Nery, desdobra-se em cerca de setecentas páginas e 25 capítulos, escritos por autores diversos, abrangendo informações e análises nos campos da geografia, história, organização político-administrativa e, especialmente, economia. Essas verdadeiras súmulas do país eram trabalhos elaborados comumente quando da presença brasileira nas Exposições Universais. O de 1889 destaca-se, talvez, por seu tamanho e conteúdo mais especializado, inclusive muitas vezes analítico. De todos os capítulos, além do ensaio feito pelo próprio Nery sobre a transição do trabalho escravo ao trabalho livre, o que mais chama a atenção é um estudo assinado pelo barão de Itajubá, sob o título: "Proteção da infância". O autor, membro do Conselho de Estado e ministro plenipotenciário do Império junto à Monarquia italiana, faz um inventário das diversas companhias de aprendizes da Marinha, dos arsenais de guerra, dos artesãos aprendizes, colônias de órfãos e outros organismos similares nas várias províncias.[41]

Ao lado dos asilos de mendigos, essas instituições constituíram um dos ensaios mais importantes, no século XIX, para produzir um contingente de proletários modernos, adestrados nos ofícios mecânicos e nas artes marciais, prontos para entrar no inferno da fábrica ou da guerra, como soldados da pátria ou, conforme as carências, do exército industrial de reserva. Nos raros ensaios que tratam das manufaturas do século XIX, como a obra clássica de Stanley Stein sobre as origens da indústria têxtil, menciona-se a importância desses pobres "livres e nacionais" no fornecimento de braços para o aparelho militar do Estado ou para os núcleos fabris modernos do aparelho produtivo da nação.[42]

A imigração em massa representou o outro lado, mais conhecido, desse processo. Principalmente a partir dos anos 1880, os imigrantes dariam a cor essencial do proletariado em formação. Mas essa evidência não elimina a presença dos órfãos, desvalidos, párias e negros na constituição do trabalho livre nacional. Mesmo que depois em minoria, antecederam inclusive os imigrantes. Estiveram na abertura das primeiras ferrovias, no alargamento dos portos, nos primeiros ofícios manufatureiros. Conviveram com os escravos. As classes dominantes eram praticamente incapazes de distingui-los. O

Estado, entretanto, que formalmente os protegia, sabia de sua importância. Foram eles que morreram e mataram pela pátria na Guerra do Paraguai. Dessas camadas projetou-se a constituição de um aparelho militar de tipo moderno (Exército e Marinha).

Por isso, de forma coerente, o Império brasileiro expunha as companhias de aprendizes e outros institutos congêneres no rol das criações nacionais. Não era iniciativa inédita, a de 1889. Já em 1876, por exemplo, no livro que apresentava oficialmente o Brasil na Exposição Universal de Filadélfia, lá estavam os estabelecimentos de caridade (que incluíam asilos de desvalidos, além de santas casas, leprosários e hospícios) e lá estava, com destaque, o item relativo às casas de correção, oferecendo dados sobre a produção das oficinas desses presídios, bem como receita e despesa, concluindo, afinal, que o sistema penitenciário preferível "e mais em harmonia com os preceitos da ciência" é aquele que melhor equaciona o "generoso empenho de fazer da pena, também, meio de educação".[43]

Exposições Universais: um nome para cada coisa, um lugar para cada nome e para cada coisa, um tempo-espaço para exibir os resultados. O Brasil, desde 1861, candidatou-se a tomar parte ativa nessa representação. Catalogou tudo que podia; decorou seus compartimentos; entrou na cena do desfile mundial das mercadorias; completava-se, assim, o ritual de passagem que o fazia atuar por inteiro no concerto das nações. A imagem do país moderno dessa forma se construía. Já era possível se mostrar *in totum* e nos detalhes. Até as fraturas estavam expostas.

Muitos são os materiais da época a revelar as tensões do processo constitutivo desse ideário da modernidade em nosso país. A República acentuou a ânsia do progresso. Era preciso representá-lo. A retórica dominante necessitava antes de tudo auto-iludir-se para tornar seus ouvintes ainda mais receptivos ao ensaio geral de ilusões. Um conto de Machado de Assis aparecido em 1884 — "Evolução"

— é, a esse propósito, dos mais expressivos. A partir de uma frase banal, proferiria meio fortuitamente por um dos personagens numa viagem de trem, estabelece-se toda a trama, feita dos enganos de palavras pueris, discursos enviesados e vazios, mas capazes, entretanto, de embasar uma carreira política bem-sucedida, mesmo se medíocre de idéias e rasteiramente oportunista. A frase era: "O Brasil é uma criança que engatinha; só começará a andar quando estiver cortado de estradas de ferro".[44] Machado, com sua ironia peculiar, sugere a seus leitores de fins do Império a separação radical entre eficiência técnica e espírito criativo, persuasão e verdade. O que está em jogo no terreno da linguagem política não é o caráter verídico ou falso de fatos e proposições, mas especialmente os ingredientes e receitas da arte de iludir.

Em suas crônicas da mesma época, encontram-se numerosos exemplos dessa produção contemporânea do engodo: uma máquina estrambótica exibida no Club de Engenharia, por exemplo, tem por único fito mecanizar o jogo de loteria.[45] Já em 1895, porém, quando a ordem republicana trata de consolidar-se, Machado posiciona-se também como ideólogo. Ao referir-se a uma exposição da indústria no Rio de Janeiro, comenta:

> mas não há mister nomes para fazer festas brilhantes; a questão é fazê-las nacionais e populares. [...] São obras de paz. Obra de paz é a exposição industrial que se inaugurou sexta-feira e vai ficar aberta por muitos dias, mostrando ao povo desta cidade o resultado do esforço e do trabalho nacional, desde o alfinete até à locomotiva. Depressa esquecemos os males, ainda bem. Isto que pode ser um perigo em certos casos, é um grande benefício quando se trata de restaurar a nação.[46]

Seria de todo injusto, no entanto, não reconhecer no cronista Machado um dos olhares mais atentos às vicissitudes dos tempos modernos no Brasil. Tanto que sua linguagem permanece sempre ambígua, traçando-se em torno dessa malha fina e instável que separa/aproxima os espíritos melancólicos e ingênuos:

> A melancolia corrige a ingenuidade, dando-lhe a intuição do mal mundano; a ingenuidade tempera a melancolia, tirando-lhe o que possa haver nela triste ou pesado.[47]

Assim também sua ótica se adapta não aos grandes feitos, mas às coisas miúdas, aos fragmentos da cena urbana: "Eu gosto de catar o mínimo e o escondido".[48] A paisagem parece escapar mesmo às representações mais inquietas, parece ter ficado suspensa nalgum entreato indefinível da modernidade. Até mesmo o romântico e convencional visconde de Taunay desenharia, num conto publicado em 1901 — "Pobre menino!" — , a imagem trêmula da cidade do Rio de Janeiro, cuja silhueta urbana é vislumbrada desde o interior de um trem atravessando as franjas do crepúsculo e dos subúrbios:

> E os bicos de gás iluminavam de fora, intermitentemente, o vagão, como que em fantasmagórica visita, dando repentina luz a todos os recantos ou deixando-o de súbito em completa escuridão...[49]

Esse desfocamento, essa projeção de figuras fantasmais possuía já, como vimos, ao iniciar-se o século XX, um enorme lastro histórico-cultural na sociedade brasileira. Não se podem ignorar iniciativas como a da Sociedade Auxiliadora da Indústria Nacional, perpassando décadas e regimes políticos na esteira das inovações técnicas; da Sociedade Reunião dos Expositores da Indústria Brasileira, de menor fôlego, mas com propósitos mais dirigidos; ensaios como o da Exposição de História do Brasil e de uma Exposição Escolar, no Rio, nos anos 1880, vinculada esta última ao projeto de um Museu Escolar Nacional; e a própria conversão das obras públicas do Estado em objeto a exibir, organizando-se um primeiro compartimento desse gênero na Exposição Nacional de 1875, incluindo entre seus atrativos relatórios sobre as ferrovias do Império, sejam as existentes, sejam as projetadas, como a Madeira—Mamoré.[50]

O fato é que a cabeça dos engenheiros brasileiros da segunda metade do século XIX, chegando até Euclides da Cunha, combinava exemplarmente elementos do positivismo e do liberalismo, disciplina do trabalho e visão transformadora da paisagem, parcimônia de gastos e modernidade urbano-industrial. Nisso, aliás, se ajustavam ao espírito sóbrio e austero do setor mais dinâmico das classes dominantes, a burguesia cafeeira paulista.[51] O engenheiro Francisco Picanço, da geração de Rebouças, é um desses exemplos notáveis. Em um de seus livros reunindo artigos técnicos, insurge-se contra o luxo nas estradas e estações ferroviárias:

> Não se deduza do exposto, que o belo seja banido das obras-d'arte das vias férreas; ao contrário, entendemos que o hábil engenheiro de estradas de ferro deve projetar com elegância, com *sentido moral*; mas de harmonia com os preceitos econômicos. Justamente o que acontece na América do Norte.
>
> A beleza não requer grandes somas pecuniárias, para se pôr em evidência; requer, antes, propriedade de emprego e bom senso artístico.[52]

Sem dúvida, o que se esboça aqui é uma nova perspectiva estética, na linha de frente — conforme assinalaram Pevsner, Benevolo e Gidieon — da gestação do movimento moderno nas artes plásticas e arquitetônicas. O foco das críticas de Picanço são algumas ferrovias européias, bem como certa subordinação, no Brasil, do traçado e das obras-de-arte ferroviárias a influências político-econômicas locais. Seu paradigma, em troca, são as vias férreas norte-americanas, modelo de pragmatismo, cálculo e produtividade. Esse discurso é, em essência, pertinente aos cânones do espírito empresarial capitalista e do poder legal-burocrático: o planejamento e a administração racionais surgem como critério básico das obras públicas. Em outra passagem, depois de atacar os excessos no emprego de "cantaria de primeira classe" nas ferrovias brasileiras, adverte:

> O que mais curioso se torna, é o luxo nas estradas de ferro que têm capitais garantidos.
>
> O Estado ou, para melhor dizer, o povo que pague as fantasias artísticas das diretorias dessas vias férreas.[53]

Logo adiante, denuncia o dispêndio em função de interesses particulares, após rejeitar o aspecto suntuário de certas estações européias:

> O maior número das vezes são as *influências políticas* da terra que fazem as diretorias das estradas construir *paradas* e mesmo estações sem razão de ser.
>
> Convém não onerar o tráfego com despesas inúteis e fechar as estações que não dão nem prometem dar receitas vantajosas; as *influências* que paguem o capricho de verem o trem parar junto de suas propriedades.[54]

Entre ornamentalismo e despojamento, entre fantasia e cálculo, caprichos e lucros, estava se debatendo o ideário moderno no Brasil. Em 1908, quando da deslumbrante Exposição Nacional em que a República novíssima suplantava os eventos similares do velho Império em fausto, neoclassicismo e luzes feéricas, era possível detectar representações distintas por parte de escritores da época: artífices da palavra como Olavo Bilac, que pôs seu parnasianismo para funcionar como cronista oficial do evento, louvando os ritos da nacionalidade nas páginas do *Jornal da Exposição*; anarquistas como Avelino Fóscolo, que criticava — um pouco na linha de Francisco Picanço — o sentido ético daqueles gastos extravagantes, ao mesmo tempo que, à diferença do engenheiro, contrapunha a cena luxuosa da Urca à miséria dos trabalhadores que a tinham construído; e escritores desgarrados, "radicais de ocasião" como João do Rio, que, sem perder de vista a força inegável do espetáculo, ali penetra, dele resgatando fragmentos da própria sensação do encanto, não se sabendo ao certo de que lado fala sua voz meio desencontrada, se do interior das miragens ou de fora delas.[55]

Essa hesitação ante os artefatos da modernidade acaba por configurar-se, em que pesem as diferenças entre construções literárias próprias, como marca dos tempos novos em que se vivia. O movimento operário, pela voz de suas lideranças, também fazia muitas vezes o elogio do progresso, até mesmo de maneira firmemente otimista. Num exemplo sugestivo, os militantes social-democratas reunidos no Club Democrático Internacional Filhos do Trabalho, na distante São José do Rio Pardo, interior paulista — a mesma que viu erguer-se a mitológica ponte metálica do engenheiro Euclides da Cunha —, deliberaram enviar ao patrício Santos Dumont, em 1901, felicitações calorosas "pela descoberta da direção do balão, como de conseqüências incalculáveis para o advento do socialismo".[56]

Como evitar de perceber, aí, certa linha de continuidade com o ideário progressista que fincava raízes tanto na Segunda Internacional quanto nas representações em torno do "rei filósofo" — dom Pedro II —, aquele que conversara telefonicamente com o próprio Graham Bell na Exposição do Centenário em Filadélfia, inaugurando-a oficialmente ao acionar a força motriz da sala de máquinas, tendo ao lado o presidente Grant;[57] ou que autorizara a instalação de uma comunidade anarquista nos descampados do Paraná?

"Cubram-se de estradas de ferro os nossos sertões", propugnava o conferencista Affonso Celso,[58] numa palestra sobre exposições industriais feita nos anos 1870; "O Brasil [...] só começará a andar quando estiver cortado de estradas de ferro", declama o político ascendente em Machado. Vamos, pois, obedecer-lhes. Continuemos nessa senda de equívocos, em que a ilusão já aparece entranhada nas coisas e nos ideários. Do espaço da *exhibitio* urbana e cosmopolita para o espetáculo na selva: sucederão, a seguir, algumas imagens sobre "o mínimo e o escondido" num desses cenários. Exibições do supérfluo e ferrovias da ruína: operários sonham com o ultraleve de Santos Dumont, viajam em navios negreiros a vapor, constroem trilhos e trens no fim da linha, são também consumidos em meio ao desmoronamento precoce da paisagem e, nesse passo, colecionam bilhetes de entrada para o avesso do céu.

4. Vertigem do vazio
Poder & técnica na recriação do paraíso

Tudo espera o ingresso numa dança que nenhuma Isadora jamais dançou deste lado do mundo, terceiro mundo global do homem sem fronteiras, chapinhador de história, véspera de si mesmo.

Júlio Cortázar, *Prosa do observatório*

Era assim que à noite as ruas do Tijuco tornavam-se melancólicas e silenciosas como lúgubres galerias de um vasto cemitério: apenas se ouviam o tinir das armas e o andar compassado e monótono dos soldados que rondavam.

Joaquim Felício dos Santos,
Memórias do Distrito Diamantino

O sol foi dando voltas sobre as coisas e lhes devolveu suas formas. A terra em ruínas estava em sua frente, vazia. O calor escaldava seu corpo. Seus olhos apenas se moviam; saltavam de uma recordação a outra, desfigurando o presente. De repente seu coração se detinha e parecia que também se detinham o tempo e o ar da vida.

"Contanto que não seja uma nova noite", pensava ele, porque tinha

medo das noites que lhe enchiam de fantasmas a escuridão. De encer-
rar-se com seus fantasmas. Disso tinha medo.

Juan Rulfo, *Pedro Páramo*

Imagem do *Thesouro da juventude*: sobre um fundo azulado, o céu coberto de estrelas, planetas, o Sol em destaque com seus feixes de luz atravessando a noite cósmica e as nuvens; abaixo a Terra, entre campos e povoados esparsos, sua superfície sendo suficientemente ampla para se ver a curvatura desenhando-se no horizonte; e, então, vindo de não sei onde, dez trens a vapor assomam nessa gravura imprimindo-lhe definitivamente a magia de uma época, cada um com seu comboio de cinco vagões, o carro conduzindo carvão e sem dúvida um foguista desconhecido, as locomotivas clássicas tipo maria-fumaça, com maquinistas por certo indômitos e tenazes, dez linhas férreas, duas pontes e só depois as alturas, as alturas infinitas, os trilhos desaparecendo no espaço celeste, partindo de estações sem nome com destino aos planetas do sistema solar (exceção a Plutão, ainda não descoberto), ao Sol e à Lua, bem como à estrela "mais próxima" (ver anexo iconográfico).

Para nós, ao apreciarmos esse desenho aparentemente ingênuo, mas poderoso em aguçar todo o imaginário infantil, fica uma sensação de estranhamento ante o recurso didático, ante tal representação da medida, não obstante ser ela possivelmente a expressão mais comum dos anseios cósmicos de uma época, o espetáculo tecnológico mais heróico de que se dispunha para enfrentar os gigantes do tempo e do espaço, de tal modo que desse desejo ardente de conquistar o absoluto resultasse ao menos uma escala de valores, um número capaz de iludir nosso medo do infinito, já que esses trens fantásticos não se dirigem meramente a um ponto de chegada, mas se dedicam acima de tudo à travessia do tempo. Por isso, pouco importa a plataforma de embarque; e os vagões não carregam letreiro de localidades de saída ou de destino, mas um programa espacial: 110 anos a Mercúrio, 177 anos ao Sol, cinqüenta anos a Vênus, 76 a

Marte (único comboio com seis vagões), 740 anos a Júpiter, 40 milhões de anos à estrela mais próxima, 1470 anos a Saturno, 3160 anos a Urano, 5055 a Netuno e, esperança dos homens mortais, 165 dias à Lua. Vejamos o texto que acompanha esse pequeno delírio visual:

> Esta estampa ajuda-nos a conceber o que o nosso espírito dificilmente pode compreender: a maravilhosa imensidade do Universo e as distâncias incomensuráveis do espaço. Um trem expresso, correndo com a velocidade de 1600 metros por minuto, poderia dar a volta ao mundo em menos de vinte dias, se houvesse maneira de fazer diretamente essa viagem e sem parar. Esses trens, que passariam diante de nós como um relâmpago, precisariam de 177 anos para ir da Terra ao Sol, e de 40 milhões de anos para chegar à estrela mais próxima! Na estampa traçaram-se várias linhas férreas imaginárias, que da Terra vão até a Lua, aos planetas, ao Sol e à estrela que nos fica mais próxima. Os números que vão impressos nos trens representam o tempo que eles levariam a chegar ao seu destino.[1]

O fato é que essa gravura trabalha com elementos visuais pertinentes a toda uma perspectiva de representação iconográfica e literária da ferrovia e de seus elementos. Estamos, ainda uma vez, diante de efeitos físicos e espirituais associados ao conceito de sublime, tal como Edmund Burke, em seu ensaio filosófico sobre o sublime e o belo (1757-9), já enunciava, ao estudar a natureza desses objetos e situações capazes de produzir um estado especial em que se imbricam medo e prazer: a obscuridade e a solitude; a vastidão e o infinito; o imprevisto e a intermitência. Ao mesmo tempo, ao pesquisar como o sublime é produzido, fixa-se nas maneiras em que se forja o infinito artificial, enfatizando os efeitos da extensão, sucessão e uniformidade dos objetos, além de sublinhar a importância das grandes dimensões (comprimento, altura ou profundidade) como causas eficientes daquele sentimento.[2]

Como temos visto, representações diversas dos espaços na modernidade têm se debruçado sobre elementos constitutivos do sublime. Na cidade transfigurada do século XIX, as estações e linhas ferroviárias, os amplos mercados e novas avenidas, os jardins botânicos, o palácio de cristal em todas as suas réplicas foram alguns dos principais cenários dessa procura. Estamos aí no território privilegiado do "infinito artificial" de que falava Burke. Mas a essas formas tipicamente urbanas, fundadas nos artifícios inovadores de técnicas arquitetônicas, haveria que articular os espaços sombrios ainda não completamente subjugados aos imperativos da civilização. Selvas e desertos, colônias longínquas e fronteiras por dividir: era preciso mapear a contento todas aquelas vastidões. Assim é que viajantes, exploradores, clérigos e militares vasculham o desconhecido, melhor, o semidesconhecido, deixando ali suas marcas e construindo, ao mesmo tempo, todo um arsenal de imagens da barbárie.

A história do aparecimento da ferrovia Madeira—Mamoré passa-se justamente num desses palcos. Ensaiaremos, nas linhas que seguem, uma primeira incursão até lá. Pelas palavras dos autores que nos conduzem, é possível perceber, nesse trânsito sutil entre natureza e cultura, entre geografia e história, entre caos selvagem e ordem nacional, o fascínio que advém do espanto, os atrativos secretos da escuridão e do medo, a força primitiva de lugares inomináveis, os sentimentos solitários ante a infinitude "natural", a surpresa permanente como nova rotina: reaparecem, pois, nessas visões da luta do homem contra a selva, aspectos da moderna apreensão do sublime. É como se o vapor *Metropolis* trouxesse essa maneira de sentir da industrializada Filadélfia para a perdida Santo Antônio do Madeira; ocorre, porém, que uma ameaça ronda todas essas vertigens: o prazer do sublime nasce sempre do medo. A sensação de perigo iminente tornou-se muito forte sob os impactos da modernidade: entre um porto e outro, entre um extremo da civilização e outro, homens e projetos podem simplesmente naufragar. Sinais prematuros do fracasso, tragédias que antecipam o fim da história: ruínas. Desalento de náufragos, bússolas quebradas, restos de trilhos, materiais em desordem, envelhecimento precoce: está começando a despontar, num ponto obscuro da selva amazônica, uma ferrovia-fantasma. Só de olhar para ela incomoda: pois já carrega em si as marcas da violência contra os que desterrou; das ilusões dos que nela creram; da paisagem desolada à sua volta.[3]

O engenheiro Euclides da Cunha esteve na região amazônica entre 1904 e 1905, como chefe da Comissão de Reconhecimento do Alto Purus. Essa experiência foi marcante na fase final de sua vida. Planejava converter seus escritos amazônicos numa obra ampla, que intitularia *Um paraíso perdido*. Apesar de incompletos, esses ensaios reunidos postumamente formam um conjunto dos mais expressivos. O subtítulo dado à primeira parte possui caráter emblemático em relação às formas de representar presentes no gênero dos viajantes: "Amazônia: terra sem história".[4]

Desde pelo menos a *Viagem filosófica* do naturalista e escritor Alexandre Rodrigues Ferreira, no final do século XVIII, a Amazônia vinha sendo construída como um mundo inacabado, aquém da temporalidade histórica e da razão iluminista, imerso na força bruta dos elementos e nos sonhos indecifráveis de raças esquisitas. Estilos variam, mas essa clivagem persiste, atravessando toda a literatura de viajantes do século passado. Bem próximo da região que servirá de cenário ao drama ferroviário, na margem direita do rio Guaporé, ergueu-se, a partir de 1776, o forte do Príncipe da Beira. Num ponto terminal da fronteira oeste, cravava-se, assim, um símbolo do poder político-militar de um Estado moderno.[5] Cerca de um século mais tarde, aquele forte já em ruínas testemunhava às gerações dos construtores da estrada de ferro que outros homens e poderes, bem antes, tinham desafiado a natureza, haviam desejado assinalar os domínios da política, da administração estatal e dos apetrechos marciais, por perecíveis que fossem, até as distâncias máximas permitidas pelas técnicas de exploração dos territórios, aí incluídas as artimanhas da cartografia; haviam tentado, enfim, reconhecer, alargar e definir os limites da sociedade produzida sob os espectros da civilização e das formas centralizadas de governo.

Mas retornemos a Euclides. Ao idealizar o projeto de uma ferrovia transacreana, como uma "grande estrada internacional de aliança civilizadora, e de paz", em meio a argumentos técnicos, geopolíticos e econômicos, elabora uma visão plenamente organicista, tornando o caminho de ferro corpo vivo e integrado num movimento evolutivo uniforme da sociedade em relação à natureza:

> Todas as grandes estradas, no evitarem os empeços que se lhes antolham transpondo as depressões e iludindo os maiores cortes com os mais primitivos recursos que lhes facultem um rápido estiramento dos trilhos, erigem-se nos primeiros tempos como verdadeiros caminhos de guerra contra o deserto, imperfeitos, selvagens.
>
> [...] Depois evolvem; e crescem, aperfeiçoando os elementos da sua estrutura complexa, como se fossem enormes organismos vivos transfigurando-se com a própria vida e progresso que despertam.[6]

Ao desenhar uma região sem história, Euclides incorpora o ritmo vital da natureza às coisas dos homens: "Tal é o rio; tal, a sua história: revolta, desordenada, incompleta".[7] Uma espécie de eterno retorno marcado sob o signo da ruína parece rir continuamente das façanhas do progresso:

> Vai-se de um a outro século na inaturável mesmice de renitentes tentativas abortadas. As impressões dos mais lúcidos observadores não se alteram, perpetuamente desenfluídas pelo espetáculo de um presente lastimável contraposto à ilusão de um passado grandioso.[8]

Retomando a viagem filosófica de Alexandre Rodrigues Ferreira, Euclides remarca a impressão de uma paisagem que se faz na devastação, "a imagem do progresso tipicamente amazônico, naquele presuntuoso Palácio das Demarcações — amplíssimo, monumental, imponente — e coberto de sapé!".

> Era um símbolo. Tudo vacilante, efêmero, antinômico, na paragem estranha onde as próprias cidades são errantes, como os homens, perpetuamente a mudarem de sítio [...].[9]

É a ficção da *terra sem a pátria*, "o efeito maravilhoso de uma espécie de imigração telúrica". Terras e cidades efêmeras tornam-se seres animados, personagens vacilantes dessa história por fazer, desse país sem nome e por conquistar:

> A terra abandona o homem. Vai em busca de outras latitudes. E o Amazonas, nesse construir o seu verdadeiro delta em zonas tão remotas do outro hemisfério, traduz, de fato, a viagem incógnita de um território em marcha, mudando-se pelos tempos adiante, sem parar um segundo, e tornando cada vez menores, num desgastamento ininterrupto, as largas superfícies que atravessa.[10]

Solidão, isolamento, abandono: ausência de sociabilidade. Essas são algumas das marcas paradoxais do trabalho na selva. Ao descrever as condições de vida dos caucheiros do Alto Purus, Euclides acrescenta àqueles atributos, todos eles sinônimos da memória perdida e da linguagem dispersa, o da "faina devastadora":

> abrindo a tiros de carabinas e a golpes de machetes novas veredas a seus itinerários revoltos, e desvendando outras paragens ignoradas, onde deixariam, como ali haviam deixado, no desabamento dos casebres ou na figura lastimável do aborígine sacrificado, os únicos frutos de suas lides tumultuárias, de construtores de ruínas...[11]

No antológico texto "Judas-Asvero", Euclides narra o sábado de Aleluia entre os seringueiros do Purus. O trabalhador esculpe um Judas à sua imagem e semelhança, vingando-se de si mesmo: "pune-se, afinal, da ambição maldita que o levou àquela terra [...] onde a credulidade infantil o jungiu, escravo, à gleba empantanada dos traficantes, que o iludiram". Em seguida, amarra a figura demoníaca numa embarcação e a solta na correnteza do rio; sua obra está terminada, mas o ritual prossegue nas águas:

> E a figura desgraciosa, trágica, arrepiadoramente burlesca, com os seus gestos desmanchados, de demônio e truão, desafiando maldições e risadas, lá se vai na lúgubre viagem sem destino e sem fim, a descer, a descer sempre, desequilibradamente, aos rodopios, tonteando em todas as voltas, à mercê das correntezas, "de bubuia" sobre as grandes águas.
>
> Não pára mais. À medida que avança, o espantalho errante vai espalhando em roda a desolação e o terror: as aves, retransidas de medo, acolhem-se, mudas, ao recesso das frondes; os pesados anfíbios mergulham, cautos, nas profunduras, espavoridos por aquela sombra que ao cair das tardes e ao subir das manhãs se desata estirando-se, lutuosamente, pela superfície do rio; os homens correm às armas e numa fúria recortada de espantos, fazendo o "pelo sinal" e aperrando os gatilhos, alvejam-no desapiedadamente.[12]

Outros Judas amarrados em outros barcos juntam-se àquele numa estranha procissão. Imagem e semelhança dos produtores de riquezas daquele mundo perdido, essa assembléia final reintroduz a fantasmagoria. A passagem que encerra a narrativa indica quão fugaz e ilusória é a possibilidade de reencontro. Os fantasmas-seringueiros estão para sempre desfigurados, perderam há muito sua identidade. Trocaram seu trabalho por uma máscara mortuária; seu destino pertence agora ao rio:

> Os fantasmas vagabundos penetram nestes amplos recintos de águas mortas, rebalsadas; e estacam por momentos. Ajuntam-se. Rodeiam-

se em lentas e silenciosas revistas. Misturam-se. Cruzam então pela primeira vez os olhares imóveis e falsos de seus olhos fingidos; e baralham-se-lhes numa agitação revolta os gestos paralisados e as estaturas rígidas. Há a ilusão de um estupendo tumulto sem ruídos e de um estranho conciliábulo, agitadíssimo, travando-se em segredos, num abafamento de vozes inaudíveis.

Depois, a pouco e pouco, debandam. Afastam-se; dispersam-se. E acompanhando a correnteza, que se retifica na última espira dos remansos — lá se vão, em filas, um a um, vagarosamente, processionalmente, rio abaixo, descendo...[13]

A essa visão aguda das linhas desviantes do progresso, Euclides contrapõe um projeto integral de civilização, inspirado, também, nos melhores exemplos do neocolonialismo europeu na África e Ásia. A ciência toma o lugar, aqui, das antigas missões religiosas. Trata-se de um transplante ainda mais radical da cultura:

> Abra-se qualquer regulamento de higiene colonial. Ressaltam à mais breve leitura os esforços incomparáveis das modernas missões e o seu apostolado complexo que, ao revés das antigas, não visam a arrebatar para a civilização a barbaria transfigurada, senão transplantar, integralmente, a própria civilização para o seio adverso e rude dos territórios bárbaros.[14]

Esse projeto, reconhece enfaticamente Euclides, não está imune a acidentes de percurso. Como se o desvio fosse norma constante do processo cumulativo de civilização, que, afinal, na dinâmica mesma de enfrentamento e domínio dos percalços, deverá prevalecer. Daí seu maravilhamento diante dessa corrida de obstáculos:

> o que por vezes nos maravilha mais do que os prodígios da previdência e do saber, desenvolvidos para afeiçoar o forasteiro ao meio, é o curso sobremaneira lento, senão o malogro dos mais pertinazes esforços.[15]

A história da construção da ferrovia Madeira—Mamoré, cuja obra Euclides não pôde ver concluída, constitui uma série prolongada de "malogros dos mais pertinazes esforços", como tantos outros projetos da engenharia contemporânea. O escritor Tito Batini, por exemplo, romanceando a saga em torno do surgimento da Estrada de Ferro Noroeste do Brasil (1904-14), que ligou a fronteira agrícola paulista com a Bolívia através do Pantanal Mato-grossense, embora preso a um esquema grandiloqüente tradicional, subproduto do realismo socialista que grassou entre nós lá pelos anos 1930-40, consegue, nas últimas linhas, sair um pouco fora dos trilhos piego-naturalistas quando o narrador pergunta pelo sentido daquilo tudo. Ecoa o refrão leninista, que inclusive dá título ao livro, sem se antever, contudo, respostas práticas ou óbvias. A desordem e fragmentação dos elementos permanecem como único resultado palpável de toda a obra ferroviária:

> Sim! e agora, que fazer?
> Sobre a confusão de pedaços de trilhos misturados, velhos, enferrujando-se, atirados, imprestáveis para as paralelas definidas do leito da linha, Romulo Felipi deixa cair a solidão perdida e triste dos seus olhos cansados. Pedaços de trilhos apontados para destinos diferentes e vagos. Pedaços de trilhos. Sem o orgulho descansado dos trilhos inteiros, feitos para serem, mesmo, trilhos de leito de linha, servindo para um fim determinado e certo. Pedaços de trilhos. Sobras de trilhos inteiros, sobras misturadas, apontando para direções incertas, como homens perdidos na vida, sem rumo, sem norte... Pontas, pedaços, restos de trilhos...[16]

A paisagem que essa narração apreende não difere muito daquela descrita no relatório de um dos integrantes da Comissão Morsing, em 1883, nomeada pelo governo imperial justamente com o fito de proceder ao levantamento das razões para os sucessivos fracassos, até ali, dos projetos de construir a Madeira—Mamoré. Eis o que um trecho desse documento registra sobre o espetáculo desolador do povoado de Santo Antônio, lugarejo remoto de onde deveria partir inicialmente a linha férrea:

> resolvemos percorrer a localidade e examinar o material pertencente à empresa Collins [P. & T. Collins, empreiteiros de Filadélfia que faliram em seu intento] e aqui deixado em abandono.
>
> Junto ao porto, está inutilizada uma esplêndida locomotiva *Baldwin*, já sem o sino e o apito, completamente estragada. Máquinas fixas para plano inclinado, para embarque e desembarque de cargas, armazéns em ruínas, inúmeras pilhas de trilhos *Wignoles* ainda bons, correame, carros de mão, alavancas, barras de ferro e de aço, rebiques, parafusos, moetões, cadernais, encerados, ferramentas de toda espécie, vagonetes, rodas em eixos, carvão de pedra estragado, caixas de fumo já podre, zinco em profusão, madeiras, pilhas de dormentes apodrecidos, tornos, bigornas, malhos, marretas, fio telegráfico, isoladores, etc.
>
> A dois quilômetros pela linha, existem as ruínas da serraria a vapor, alguns aparelhos telegráficos, postes, etc., em completo estrago.
>
> Pelo mato, a cada passo, se encontram vestígios: pás, enxadas, picaretas, carrilhos, tudo estragado.
>
> Confrange-nos ver tantos e tantos contos de réis em perfeita perda, tanta soma de sacrifícios sem resultados.[17]

O lamento final é que introduz uma novidade. Ao explicitar o desperdício sob a forma de dinheiro, o engenheiro aponta, mesmo sem o estabelecer, para a existência de um nexo entre o movimento do capital e as fantasmagorias dispersas de uma obra perdida. Em sua descrição atenta aos detalhes e no desabafo sincero em seus termos, esse relatório coloca-nos diante de uma pista promissora: a dilapidação continuada das forças produtivas — com especial ênfase para a maior dentre elas, a força de trabalho — é um processo imanente, desde a violência concentrada na acumulação primitiva, à

1. *Trabalhador hindu, Madeira—Mamoré, c. 1910. Foto de Dana Merrill.*

2. Gravura representando o naufrágio do navio Metropolis, 1878.

3. Ponte ferroviária da fase Collins em ruínas. Comissão Morsing, 1883.

4. D. Pedro II inaugura túnel da Mantiqueira, E. F. Rio—Minas, 25/6/1882. Foto de Marc Ferrez.

5. *Alegoria cósmico-ferroviária no* Thesouro da Juventude, c. *1910.*

6. *Palácio de Cristal, entrada sul, Londres, Exposição de 1851.*

7. *Representação em xilogravura de projetor primitivo de imagens, Lisboa, 1824.*

8. *Na vista do Colégio de Jesuítas da Bahia, c. 1860, destaca-se um fotógrafo em primeiro plano.*

9 e 10.
*O fotógrafo
Dana Merrill
em duas poses,
c. 1910.*

11. *Visita às ruínas do forte Príncipe da Beira, região do Guaporé, c. 1912: Rudolf Kesselring, dr. Tanajura e comitiva.*

12. *Dois homens a cavalo, simétricos, à volta dos restos de um tronco e a sombra do fotógrafo Dana Merrill, c. 1910.*

13. *Locomóvel da fase Collins abandonado*, c. 1910. Foto de Dana Merrill.

14. *Índios caripunas, Madeira—Mamoré*, c. 1910. Foto de Dana Merrill.

15. Corpo médico do hospital da Candelária com índio caripuna mutilado, c. 1910. Foto de Dana Merrill.

16. Trabalhadores "barbadianos" da lavanderia a vapor, com predomínio de mulheres. Porto Velho, c. 1910. Foto de Dana Merrill.

17. *Rua principal de Santo Antônio do Madeira, c. 1910. Foto de Dana Merrill.*

18. *Hotel Madeira—Mamoré, Porto Velho, c. 1910. Foto de Dana Merrill.*

19. *Trecho da ferrovia sobre terreno desmatado*, c. 1910. Foto de Dana Merrill.

0. *Deslizamento provocado por chuvas*, c. 1910. Foto de Dana Merrill.

21. *Cemitério da Candelária, atrás do hospital homônimo, c. 1910. Foto de Dana Merrill.*

22. *Trabalhador da Madeira—Mamoré proveniente do Império Turco-Otomano, c. 1910. Foto de Dana Merrill.*

3. *Preso na cadeia de Santo Antônio do Madeira, c. 1910. Foto de Dana Merrill.*

24. *Acampamento às margens da ferrovia, c. 1910. Foto de Dana Merrill.*

25. *Trabalhadores drenando leito em terreno alagadiço, c. 1910. Foto de Dana Merrill.*

produção/reprodução dos capitais. Assim como também o ilusionismo tecnológico, que acompanha todo o imaginário em torno dessas obras, é parte integrante e constitutiva do mesmo movimento.

Focalize-se de novo esse cenário quase trinta anos mais tarde, em 1910, quando o viajante e escritor inglês Tomlinson ali esteve, durante o auge dos trabalhos de construção da ferrovia. Capta o vilarejo de Santo Antônio, em sua narrativa, como uma estranha aparição, que se configura nas formas sucessivas de um ponto perdido no mapa, de um paraíso primordial, até um vir-a-ser marcado pela combinação lúgubre de poucas luzes e muitas sombras. A localidade é vista assim desde o leito do Madeira, do interior de um navio:

Se você estivesse perdido no mapa de um país localizado para além das rotas gastas, tentando descobrir ali o nome do lugar que seja o mais recluso e inacessível, se acontecesse de ser o mapa o da América do Sul, então seu pensamento se dirigiria naturalmente para as vizinhanças de Santo Antônio do Madeira. Lá você pára, maravilhando-se com a estranha gente e pedras e árvores que são encontradas em Santo Antônio. O local parece remoto, até no mapa. O sinal que representa a vila é captado numa curva central da rede hidrográfica da floresta amazônica. Santo Antônio deve estar além de tudo e de uma grande jornada. Muito longe, fora de alcance. E o que seria bastante — estar além da última onda do tráfico e em paz, de onde aquela melancólica inquietude, aquela emanação sombria que se eleva da terra amarga em que milhares têm suas casas, seus problemas e disputas, manchando igualmente a manhã e o pensamento matinal — , não é mais. Um lugar em que a luz possui a claridade da primeira aurora, e alguém poderia ouvir, seguro da solitude absoluta, a modulação de uma estranha trompa, e suspeitá-la brilhante, sua fuga provindo de alguma clareira; porque em algum lugar os antigos deuses devem ter seu santuário. Uma terra onde as pedras mantêm o musgo original, e compacto, e se pode respirar os aromas do dia da criação.

[...] O pequeno amontoado de casas brancas de Santo Antônio

encontra-se sobre um terreno levemente elevado, e o verde da floresta, ao lado e acima, suavemente luminoso. A folhagem comprime a vila de encontro ao rio. Como cada cidade e vila amazônica, ela aparece, fixada naquela floresta, como uma base humana tão extraordinária quanto um navio no meio do oceano; poucas luzes e poucas vozes na escura e interminável vastidão. Assim desembarquei de nossa pequena nave, tomado pelo sentimento de uma segurança inesperadamente adquirida.[18]

Remota no tempo e no espaço, Santo Antônio é desenhada como uma obra aberta dos deuses, que se oferece incompleta aos sentidos do viajante. Este, ao assumir os riscos do desembarque, só o faz transportando o medo até uma região sublime, incomum mas afinal acolhedora do espírito aventureiro, com suas "poucas luzes e poucas vozes na escura e interminável vastidão". Ir até lá é com efeito penetrar em outro mundo, onde as fronteiras entre finito e infinito, ordinário e insólito, claro e escuro, pequeno e grande, habitação e deserto, conhecido e desconhecido, homens e vultos, objetos e fantasmagorias aparecem tênues e perigosamente ambíguas.

Muitos quiseram domar a barbárie que se desprendia além desses limites. Visões pautadas numa perspectiva de modernização conservadora, como a de André Rebouças (cf. capítulo 3), dominaram o pensamento político esclarecido, na América Latina do final do Oitocentos e o início do século xx. Euclides filiou-se, certamente, a essa tradição republicana estatizante, urbanizadora e reformista, convicta seja do saber técnico-científico como apanágio das elites dirigentes, seja dos critérios racionalizadores da administração como norma funcional de um poder público mais centralizado, eficaz em reordenar os particularismos do espaço social disperso. Nesse sentido, tornam-se compreensíveis as remissões de Euclides a autores como Domingo Sarmiento. No ensaio "Viação sul-americana", por exemplo — publicado em *À margem da história* e, não por acaso, referido à questão ferroviária no continente —, retoma de modo textual uma passagem do clássico *Civilización y barbarie* (1845), como indício histórico-técnico dos mais seguros da decadência do caudilhismo: "El ferrocarril llegará en tiempo para estorbar que venga a reproducirse la lucha del desierto...".[19]

É como se a miragem do trem de ferro fosse das únicas capazes de aplacar a vertigem do vazio, a barbárie sendo apanhada nessa vertente como uma teoria e narração nascidas desse imenso deserto vasculhado por dentro, aparecendo antes de mais nada como "um contorno, o marco fantasmal da extensão, receptáculo inevitável do despotismo".[20] Parece que o século XIX, a princípio arredio ante esse desfile caótico de coisas ignoradas, ia aos poucos nomeando-as, para dispô-las em seguida no vasto inventário dos artefatos industriais, incluindo-se nesse rol o espetáculo do maquinismo — locomotivas e telégrafos, em destaque —, capaz de conduzir o repovoamento do mundo e as novas invasões civilizadas do deserto. Era preciso, pois, dar nome às armas desse enorme empreendimento de conquista, pôr a engenharia militar a serviço da taxionomia do progresso e tornar legíveis os pontilhados mais minúsculos do mapa-múndi. Os poderes saídos da fábrica tinham seu próprio arsenal de signos. Fazia-se mister desfraldar suas bandeiras até nos recantos mais obscuros e inóspitos, mesmo que ninguém as visse. Com efeito, haveria que vencer a vertigem do vazio, exatamente à custa dessa outra miragem forjada pelos trilhos, pelas quimeras de ferro:

> O transtorno que a máquina a vapor produzia na quietude da selva era um dos símbolos da transição industrial. Um artefato toma posse da terra virgem, afugenta com seu som a velha natureza e navega o rio como se tivesse alma própria. [...] Que maior encantamento, para quem padecia o vazio do deserto, do que essas máquinas capazes de formar o novo mundo a golpes de energia?[21]

Por isso mesmo, no rastro dessas empresas civilizatórias, encontram-se vestígios disparatados de uma segunda natureza-morta.

Marcas e objetos perdidos, aparentemente em completa desconexão espaço-temporal, vagueiam como sombras fantasmáticas da sociedade tentacular, por esses cenários melancólicos. Viajantes deparam ao acaso com sinais desse gênero; a impressão de assombro obriga-os, quase sempre, ao registro desse inesperado reencontro. Embora descritas sob formas e contextos diversos, essas pequenas descobertas atordoam seus narradores. A princípio, não atinam com nenhuma razão plausível para essa cadeia dilacerante de "achados & perdidos" em lugares tão esquivos como os percorridos por um acampamento na selva ou uma coluna no deserto. Mas a estranheza é suficientemente forte a ponto de reivindicar uma anotação, mesmo que brevíssima, no caderno de campanha. Repórter infatigável da Revolução Mexicana, John Reed assinala a presença de uma velha máquina de costura Singer numa localidade remota daquele país. Idêntica e fatídica máquina é vista numa tapera indígena do rio Madeira, em 1878, conforme passagem fugaz da narrativa escrita pelo engenheiro norte-americano Neville Craig, a propósito da segunda e infeliz expedição para fazer a ferrovia Madeira—Mamoré.[22]

Uma imagem iconográfica dessa natureza-morta composta de cacos da civilização pode ser bem fixada admirando-se algumas das fotografias remanescentes dos registros memoráveis que Dana Merrill fez sobre os trabalhos da ferrovia Madeira—Mamoré, já no início do século xx (cf. capítulo 6). Numa delas, focaliza-se a varanda da casa de um alto funcionário norte-americano, vazia, com duas cadeiras de balanço postadas lateralmente, um tear manual em segundo plano e, ao fundo, um gramofone. Em outra foto, uma cabana de madeira coberta de zinco, toda rústica e irregular, identifica-se tãosomente pela tabuleta arbitrária: "Hotel Madeira—Mamoré" (ver anexo iconográfico). O letreiro, aqui, evita algum possível equívoco, mas acaba — em pleno território do trem-fantasma — por reintroduzir todos.

Em registro diverso, no ambiente arruinado das *Cidades mortas* de Monteiro Lobato, em que já se perderam o tempo e as esperanças, palco de uma civilização cafeeira ora extinta, a miragem de um pássaro branco, imóvel, que de modo instantâneo converte-se no isolador de louça de um poste telegráfico, ilustra também o clima assombradiço dessas paragens onde as figuras do mecanismo cavalgam espantalhos, sua inserção naquele meio tornada em algo improvável ou extravagante.[23] O efeito grotesco produzido por esses objetos deslocados no tempo e no espaço faz lembrar do recurso que Werner Herzog introduziu em *Fitzcarraldo*: uma companhia de ópera atravessa a Amazônia, de Manaus a Iquitos, anunciando peças de Verdi com Sarah Bernhardt e Enrico Caruso, que encabeça o roteiro do filme na qualidade de "personagem sempre ausente".[24]

É como se notas desgarradas dos acordes clássicos ecoassem sob forma de reminiscências pela selva, à procura de uma harmonia quase impossível, mas estranhamente identificável num único ponto, mercê de um outro registro: o da obra incompleta, o de um paraíso difícil de reinventar. Técnica e cultura caminham assim fragmentariamente, ensaiando um espetáculo que se adia a cada passo, dadas as dificuldades de reunir, com perfeição, todos os seus ingredientes. Quem ouvirá Caruso? Os seringalistas de Manaus? Os índios amazônicos? Algum alto funcionário da Madeira—Mamoré, devidamente munido de um gramofone? Mas esses óbices só fazem aguçar a intrepidez de visionários e empreendedores como Fitzcarraldo. Não faz mal que o gelo se desfaça em poucos minutos: prefere continuar fabricando essas fantasias só pelo prazer da façanha, mesmo que se dissolvam rapidamente no rumor da selva.

Em outra passagem, na magistral narrativa de Neville Craig — cujo título na origem é *Recollections of a ill-fated expedition* —, reencontra-se um pouco dessa dissimetria grotesca na cena do transporte de um piano de cauda alemão, lembrança de um fazendeiro boliviano à esposa, em barcos e manualmente, por todo o trecho encachoeirado dos rios Madeira—Mamoré; Márcio Souza recuperaria mais tarde esse episódio, dilatando-o de forma expressiva.[25] Se os objetos adquirem feições insólitas, que dirá os homens! O personagem de

Werner Herzog é também um idealizador de grandes projetos fracassados. A seqüência em *Fitzcarraldo* que nos mostra uma estação ferroviária abandonada na floresta amazônica repõe, de forma intensa, o tema perseguido neste capítulo:

> Lá está escrito, com letras grandes e enferrujadas, *Trans-Andean-Railway*. Uma parte do teto se desprendeu e pedaços de zinco balançam com um ruído ameaçador na brisa do anoitecer. O aspecto da estação, com pedaços de ferro espalhados ao redor, e uma oficina e forja abandonadas, é ainda mais desolador. Mais atrás reconhecemos a casinha do chefe da estação e a chaminé de sua locomotiva.
>
> [...] O grupo alcança a plataforma onde começa a linha do trem. Os trilhos estão realmente lá, cobertos de ferrugem, começam com um pára-choques, no qual foi estendida uma corda com roupa molhada, presa na árvore mais próxima. E lá também a *locomotiva triste*. É um modelo da virada do século, com uma enorme caldeira e grandes aros de aço, mas a ferrugem cobre tudo e em cima, na cabine do maquinista, faltam quase todas as estruturas, ergue-se para o céu apenas uma parte dos suportes enferrujados do teto. A grama instalou-se entre os estribos, logo abaixo crescem alguns arbustos, mas dá para perceber que são cortados com regularidade. Os trilhos enferrujados continuam em linha reta cem metros mato cerrado adentro. É provável que continuem só por poucos metros, pois uma continuação da linha não é perceptível.
>
> Ao lado dos trilhos ergue-se o triste prédio do chefe da estação. Na porta de entrada lê-se em letras rebuscadas *Amazon Terminal*; na realidade trata-se apenas de uma casa de madeira sobre palafitas construída com um pouco mais de cuidado. Cachorros maltratados tiram uma soneca no terraço estreito, borboletas rodopiam pela casa, as cigarras da noite chiam no mato [...].[26]

Como Fitzcarraldo, os heróis anônimos da ferrovia Madeira—Mamoré, de cuja história trágica passamos a tratar em seguida, poderiam igualmente exclamar, ante a razão perversa e vitoriosa: *Sou o espetáculo na selva.*

Inaugurações, chegadas, partidas: são momentos-clímax do espetáculo em que se converte a viagem de aventuras no século xix. Relatos jornalísticos e outros discursos contemporâneos ajudam a imprimir o clichê desse herói coletivo e anônimo, de nítida extração romântica, que assume com destemor a conquista do desconhecido. Pouco importa, aqui, discutir a fidelidade historiográfica das fontes, em geral suspeitas e comprometidas com a intenção de fazer projetar a grandeza nacional. De resto, as palavras e gestos daqueles homens, mulheres e crianças estão definitivamente perdidos. A imagem do jornal, ambígua e carregada em seu acento de pieguice, em sua exploração caricata e banalizadora do fato, poderá servir, a despeito disso, de foco aproximador do drama.

Alguns escritores tentaram, já mais recentemente, nas quatro últimas décadas, fazer o romance da Madeira—Mamoré. Mas, no geral, falharam, pelo menos do ponto de vista da reconstrução literária de uma experiência humana capaz de representar-se por si mesma, sem a intromissão do discurso alusivo ou exemplar, que varia da grandiloqüência no tratamento da luta do homem contra a selva até o gênero social de denúncia, rico em esquemas sociológicos, pobre em fluência, ritmo ou densidade dramática.[27] Ainda sobre esse aspecto, acredito que as narrativas históricas de tipo "clássico" e menos pretensiosas dos engenheiros Neville Craig (1907) e Manoel Rodrigues Ferreira (1960) constituem realizações mais felizes, não só no plano documental, mas inclusive em termos literários. Despreocupados de certa missão sagrada da escritura, mas apenas artesanalmente engajados numa obsessão arqueológica, simples e linear de um lado, tensa e enredada de outro, esses dois autores redimem, cada um à sua maneira, um mosaico inesgotável de sentidos que se podem prestar a infinitas leituras. Antes de interpretar, reapresentam: e, nessa vertente, me parecem insuperáveis.

Valemo-nos, portanto, das lentes de Craig neste início de viagem rumo às selvas do Alto Madeira. É de Filadélfia, EUA, que partem os navios; o recurso a flagrantes jornalísticos baseia-se também na montagem daquele autor, cuja tradução na Brasiliana aparece com o subtítulo: *História trágica de uma expedição*. Com efeito, essa corrida do poder e técnica capitalistas rumo à recriação de um paraíso nos confins da geografia ou nas fronteiras vivas da história começava de modo sinistro: em naufrágio. O vapor *Metropolis*, de tão significativo e fatídico nome, fretado pelos irmãos Collins (construtores que empreitaram as obras da Madeira—Mamoré), com mais outros navios, para o transporte de mantimentos e operários ao rio Madeira, zarpou de Filadélfia em 29 de janeiro de 1878. Levava 246 pessoas, quinhentas toneladas de trilhos e maquinário e duzentas de provisões. No dia 31, no litoral da Carolina do Norte, uma tempestade violenta jogou o *Metropolis* contra a costa acidentada. Pelo menos oitenta pessoas morreram, o material foi todo perdido.[28]

As narrativas da imprensa norte-americana pintaram a tragédia com ênfase. É sabido que o tema do naufrágio ocupou lugar de destaque na literatura romântica do século XIX.[29] Mas, nesse caso, o interesse jornalístico procede não só de um assunto por si só chamativo, com todos os retoques de sensação inerentes ao próprio episódio; advém principalmente da relevância econômica que o empreendimento dos Collins possuía na expansão do capitalismo estadunidense para além dos limites nacionais. Vejamos o que dizia o *New York Herald* a propósito da viagem do *Mercedita*, o primeiro dos vapores a levantar âncoras em direção a Santo Antônio do Madeira (felizmente para os que hoje se debruçam sobre esses fragmentos, quis o acaso que o engenheiro Neville Craig, principal testemunha, e das únicas, daquela fase da história da construção da ferrovia, se encontrasse nessa embarcação, e não no *Metropolis*):

> A viagem deste vapor é de interesse nacional, pois, pela primeira vez na história norte-americana, daqui parte uma expedição equipada com material norte-americano, financiada com dinheiro nosso e di-

rigida por patrícios, para executar, no estrangeiro, obra pública de grande vulto. Ao que consta, os 54 engenheiros que integram o corpo técnico constituem o mais fino grupo de profissionais que jamais se conseguiu reunir em expedição semelhante.[30]

Excessos nacionalistas à parte, a verdade é que a expedição Collins assumia inegável papel na conjuntura que se seguiu imediatamente à crise financeira de 1873. A grande indústria do aço retomava suas atividades, ávida de novos mercados. O contrato de 6 milhões de dólares de P. & T. Collins com a Madeira—Mamoré Railway adquiria, naquelas condições, enorme vulto. Além disso, o prestígio da firma empreiteira, adquirido nas construções ferroviárias dos EUA, concedera ao projeto Madeira—Mamoré uma aura de grandeza e seriedade que dificilmente seus idealizadores, por iniciativa própria, teriam logrado. O coronel Church, criador da companhia ferroviária, continuava sonhando alto. Numa entrevista ao *Times* de Filadélfia, em dezembro de 1877, este curioso e imperturbável personagem (que será apresentado no próximo capítulo) regozijava-se:

> É para remediar essa situação [o isolamento econômico da Bolívia] e para revelar ao mundo região tão bela quanto o Paraíso Terrestre que dois engenheiros de Filadélfia [os irmãos Collins] vão contornar as corredeiras do Madeira. Não sou nenhum visionário; ao contrário, sei bem o que digo [...]. Terminada essa obra monumental, a riqueza da Austrália e a da Califórnia empalidecerão ante a produção aurífera das montanhas e dos riachos bolivianos, bem assim ante as safras abundantíssimas das planícies e dos vales que lhes ficam de permeio.[31]

Por tão sentidas razões, toda a cidade fervilhava, às vésperas da partida da expedição. Havia na Costa Leste dos EUA grandes levas de desempregados. Em 1873, o refluxo das obras ferroviárias norte-americanas chegara a níveis nunca vistos. Operários, engenheiros, mecânicos e construtores batiam à porta dos Collins. Quando correu a notícia da ferrovia a ser construída na selva amazônica, o *Times* de Filadélfia estimou em 80 mil o número dos que foram oferecer trabalho no novo empreendimento. "Centenas de operários se acotovelavam na praça Walnut, junto aos escritórios dos empreiteiros, e lá permancciam desde o raiar do dia até tarde da noitc. Construtores de todas as partes afluíam a Filadélfia à cata de subempreitadas."[32]

Contraposta a seu destino trágico, a cena da partida do *Metropolis* adquire densidade narrativa incomum, tomada de um movimento e clima de expressão inegavelmente cinematográfica:

O longo trapiche da Reading Railroad, na Willow Street, em cuja extremidade estava atracado o vapor, achava-se literalmente coberto por milhares de pessoas. Grande parte desse povo era de irlandeses; homens, mulheres e crianças que foram despedir-se de seus maridos, pais e amigos, antes de se enterrarem, por dezoito meses pelo menos, nas densas e sombrias florestas do Alto Amazonas. [...] Cenas patéticas se deram entre os passageiros, no momento da partida: a dolorosa separação das esposas e crianças, umedecendo os olhos dos assistentes de há muito desacostumados às coisas tristes. Certa senhora bem parecida, esposa de um chefe de turma, depois de ter se despedido dele uma dúzia de vezes, agarrou-se ao pescoço do marido com tal angústia que ele se viu obrigado a desistir da viagem.

De outro lado, um guapo irlandês abraçava um lindo garoto de sete anos e pedia, com lágrimas nos olhos, permissão para levá-lo consigo. "O senhor não nos pode separar", exclamava o pai aflito. "Mas não é possível levar o menino consigo", retrucava o sr. Collins. "Então não posso ir, não seguirei", respondia o pai. O menino, que sabia da pungente necessidade que impelia o pai a tão longes terras, com uma coragem ainda superior à dor da separação, disse ao pai: "Papai, pode seguir; eu fico com tio Jim; ele olhará por mim". O pai, muito mais fraco que o próprio filho, resolveu partir. Até que o navio largasse, multiplicaram-se os abraços, os beijos, as lágrimas e os suspiros. [...][33]

É preciso deixar que o colorido quase apagado dessa cena corriqueira de cais ilumine nossa escrita, antes do desembarque definitivo na selva. Dois dias após aquela profusão de "abraços, beijos, lágrimas e suspiros", acontecia o naufrágio. Não cabe examinar, aqui, entretanto, o acidente fatal do *Metropolis*. Talvez esse pudesse vir a ser, quem sabe, o episódio-chave do capítulo. Houve na época, até, como freqüentemente nesses casos, polêmicas em torno dos motivos e circunstâncias. Mas este ensaio não se resume a uma história de mistérios náuticos, tampouco de aventuras melancólicas em alto-mar, A bem da verdade, a prosa triste da história já migrou das águas do Atlântico, singrando imperceptivelmente o Amazonas e o Madeira — e veio se alojar no cemitério de trens da Madeira—Mamoré. Então, como Fitzcarraldo, podemos agora presenciar, desconsolados, idêntico espetáculo em terra nada firme, idêntico teatro subitamente descoberto na folhagem selvática: *Tristes locomotivas.*

5. Ferrovia-fantasma
Nos bastidores da cena

*é necessário que aquilo que se passa nos bastidores da vida huma-
na seja trazido energicamente, sem reticências nem escrúpulos,
para as luzes da ribalta do circo de animais sábios no qual todos
somos ao mesmo tempo espectadores e atores.*

Wilhelm Reich, *Psicologia de massa do fascismo*

O que eu vim fazer aqui!...

*Qual a razão de todos esses mortos internacionais que renas-
cem na bulha da locomotiva e vêm com seus olhinhos de luz fraca
me espiar pelas janelinhas do vagão?...*

Mário de Andrade, *O turista aprendiz*

ADVERTÊNCIA

*O leitor já deve estar cansado. Se não estiver, a possibilidade de
um enjôo em alto-mar nos dois próximos capítulos aumenta bastante,
na medida em que, daqui para a frente, o emaranhado de notas, das
longas citações de fontes primárias, dos pormenores factuais em apa-*

rência desprezíveis contém em si o perigo de turvar a visão, esmorecer os sentidos e comprimir o espírito já tão ansioso por ir tratar de outras coisas. Peço-lhe, contudo, ainda uma chance, aliás duas, pois são dois os capítulos. Tenho consciência do relativo excesso documental presente nos textos seguintes deste trabalho. Tentei suavizá-lo ao máximo; mas o peso das fontes persiste. Não sei se seria mesmo inevitável; confesso que deriva em grande parte de uma obsessão renitente que ainda teima em roubar-me preciosas horas de sono. Gosto de viajar por textos esquivos e documentos perdidos; quisera trazê-los todos de volta à tona de nossa desrazão. Não posso; trago pelo menos alguns, vivendo a angústia imensa pelos outros que lá quedaram, esquecidos nos tonéis de tão estranhos tempos. Tenho à minha mão, aqui nesse bairro lamacento e desolado, muitas outras recordações de lugares remotos, espetáculos mecânicos se desenrolando entre selvas e desertos, países infelizes, paragens mal-assombradas, máquinas de fazer sustos inúteis e alegrias para ninguém. Delas, contudo, nada falarei. Tome lá, pois, esses dois capítulos apinhados de relatos e documentos; se o fatigarem, contente-se ao menos com isso: a dose poderia ter sido pior, já que "dois elefantes atrapalham muito mais"...

Usar de franqueza, como fiz até aqui, torna-nos sobretudo vulneráveis. Chamo em meu favor, assim, o fato maior de que a historiografia tradicional jamais se preocupou com o drama da ferrovia Madeira—Mamoré, pelo menos no tocante a teses universitárias e trabalhos acadêmicos. As narrativas impressionantes e solitárias de Neville Craig e Manoel Rodrigues Ferreira confirmam, nesse caso, a regra. Até mesmo a combativa e demolidora imprensa operária do período é um exemplo incômodo desse silêncio geral. A construção de estradas de ferro como a Noroeste do Brasil mereceu da parte das folhas anarquistas e socialistas campanhas de denúncia mais regulares e articuladas. No caso de vias férreas como a São Paulo—Rio Grande (estreitamente unida à Guerra do Contestado), Alcobaça (região do Tocantins) ou a E. F. Rede Sul Mineira, contam-se nos dedos as referências. Com a Madeira—Mamoré, o esquecimento havido revela-se tanto mais grave se considerado pelo menos um entre outros fatores: o gigantesco exército de trabalhadores que mobilizou e consumiu.

Numa raríssima exceção, o jornal A Voz do Trabalhador, órgão da Confederação Operária Brasileira (anarco-sindicalista), publica, em 1908, um artigo dando voz aos milhares de desterrados da Madeira—Mamoré. O texto intitula-se "O matadouro no Amazonas" e é assinado por Francisco Corral (ano I, nº 2, 15/7/1908, p. 2). Além do tom geral de denúncia e alerta a operários desavisados, as informações propriamente jornalísticas que reúne parecem provir de Belém do Pará, a partir dos navios que ali lançavam âncora, a caminho ou fugindo do inferno. Deserção de trabalhadores, protestos de marinheiros, notícias do horror. Era em Belém, aliás, que existia um núcleo razoável de movimento operário capaz de servir como base logística incipiente e isolada a toda a Região Norte. Posteriormente, porém, não se ouvem mais testemunhos sobre a tragédia social da Madeira—Mamoré: nem na Voz do Trabalhador, tampouco de Belém ou Manaus, outro centro precário do movimento anarco-sindicalista. Nesta última cidade, em 1914, terminada a construção da ferrovia, no fugaz e raro periódico A Lucta Social nada se encontra a respeito. Chama a atenção, talvez, da mesma forma que o Judas de Euclides, um "conto infantil" ali transcrito: "O espantalho", de Maurice Marchin (ano I, nº 1, 29/3/1914, pp. 4-5). Trata-se do tema gasto em torno das relações entre criador/criatura, frankensteins ou replicantes sem controle, espantalhos, tiranos, robôs que chegam para dominar os homens:

> quando o velho via o manequim agitando os braços e brandindo a espada, por efeito do vento, sentia-se muito impressionado com o espetáculo, chegando mesmo a sentir um certo temor. Chegou a perguntar a si próprio se fora realmente ele que fabricara aquilo. Por fim, aterrado, já não seguia os atalhos que o conduzissem em frente da sua obra; mas como de toda parte do jardim se via o boneco numa dança infernal, acabou por não pôr lá mais os pés, vivendo encerrado no seu quarto.

Trem-fantasma, quimeras de ferro: deixemos os operários de Manaus confabulando sua moral da história. Rompendo a barreira do tempo, aproximemo-nos um pouco mais ainda do cenário desse paraíso desgraçadamente redescoberto. Adiante, leitor, há bastante espaço e luzes no recinto. Invadamos de uma vez por todas — com nossas palavras-espantalhos, com nossas idéias-dormentes — as dependências proibidas desse matadouro imemorial.

A combinação entre imaginação romântica, espírito empreendedor e especulação financeira produziu um tipo característico de capitalista, que dominará o cenário de construção das grandes obras públicas internacionais, em especial no terceiro quartel do século XIX. O sansimonismo é sua melhor expressão. Desenharam um mundo homogêneo e unificado de forma mais ampla e sólida do que os navegantes do Renascimento. "Tais homens pensavam em termos de continentes e oceanos. Para eles, o mundo era uma única coisa, interligado por trilhos de ferro e máquinas a vapor, pois seus horizontes comerciais eram como seus sonhos sobre o mundo. Para tais homens, destino, história e lucro eram uma e a mesma coisa."[1]

O coronel norte-americano George Earl Church era um desses homens: espírito aventureiro e oportunista, atração irresistível para viagens distantes e enriquecimento fácil, capacidade administrativa ímpar no ramo das construções ferroviárias somada a um militarismo ávido em expandir fronteiras, em domesticar índios, em firmar as marcas da civilização baseada no valor de troca pelos quatro quadrantes do planeta. Vivíamos a "época heróica dos engenheiros": excitação, autoconfiança e orgulho eram sentimentos compartilhados por essa geração de empreendedores.[2] Além do mais, tratava-se de uma atmosfera ideológica respaldada no mais eficiente pragmatismo: esses homens não apenas arquitetavam planos mirabolantes, mas sobretudo faziam. Intrépidos como deuses, partindo quase do nada, faziam. Capitais fictícios juntavam-se da noite para o dia. Empresas formidáveis se organizavam, capturando recursos financeiros gigantescos em manipulações bem tramadas nas Bolsas de Valores. Exércitos de proletários nômades eram recrutados nas franjas periféricas do sistema e conduzidos até os pontos mais insalubres da Terra. Para os patrocinadores desses projetos, cada quilômetro vencido significava ter chegado mais perto dos céus; para os operários que construíam essas torres de Babel, contudo, cada dormente a fixar era como transpor mais um degrau do inferno.[3]

Essa figuração simbólica levou o historiador Manoel Rodrigues Ferreira, autor de *A ferrovia do diabo*, a narrativa mais consagrada e abrangente sobre a construção da E. F. Madeira—Mamoré, a justificar de forma literal o título de sua obra, nos prefácios à primeira e segunda edições (1960 e 1981):

> Acima de Santo Antônio existe a *Cachoeira Caldeirão do Inferno*. Neville Craig, que descreveu a tragédia da empresa Collins, conta-nos que os seus homens, ao chegarem a Santo Antônio a 19 de fevereiro de 1878, um dos poucos habitantes que ali se achavam dissera-lhes que naquele local o *diabo perdera as botas*. Aquele mesmo autor, descrevendo as alucinações do irlandês Manning, nas selvas do Madeira, conta que este dizia que o *diabo o estava lambendo*. Na edição do *Jornal do Commercio* do Rio de Janeiro, de 25 de setembro de 1885, o sr. José Nebrer, um dos componentes da Comissão Pinkas, ao relatar os resultados dos trabalhos a ela confiados, escrevia: "Enfim, a tal estaca de Guajará-Mirim tem estado encantada: ainda não apareceu quem queira tomar a inteira responsabilidade de a ter fincado; parece que o *espírito maligno* se meteu nessa estaca…". Ora, tudo isto sugere-nos a presença do diabo. Na realidade, somente o diabo poderia ter criado tantas situações e envolvido tanta gente nas suas artimanhas, as quais, em última análise, constituem esta história. O leitor verificará, pois, que esta história justifica o título. […]
>
> Essa foi a origem da denominação "A ferrovia do diabo" dada ao livro. Título romanesco, evidentemente. Mas que não mente ao leitor,

pois lendo esta História escrita exclusivamente com documentos, ver-se-á que o homem, de livre e espontânea vontade, jamais a teria vivido; somente o diabo poderia criar-lhe tantas vicissitudes, infortúnios e desgraças. Assim, esta história verdadeira — pois escrita exclusivamente com documentos — prova aos céticos que o diabo existe. Por outro lado, a ferrovia passou desde então a ser conhecida popularmente com o nome de "a ferrovia do diabo". Não só popularmente, mas também em artigos, reportagens e notícias na imprensa, em revistas, rádios e televisões, a Estrada de Ferro Madeira—Mamoré passou a ser mencionada como a "ferrovia do diabo". E em muitas dessas matérias jornalísticas já li que a denominação "ferrovia do diabo" fora dada pelos trabalhadores da construção, entre 1878 e 1912.[4]

Voltemos ao coronel Church. A empresa que funda e dirige, a partir de 1868, a National Bolivian Navigation Company, mediante concessão do governo de La Paz, tinha por objetivo canalizar o trecho encachoeirado dos rios Madeira e Mamoré, de modo a implantar ali a navegação a vapor, elo que faltava para ligar a Bolívia ao Atlântico pela bacia Amazônica. Desde meados do século XVII, a partir de uma bandeira de Raposo Tavares, aquele obstáculo natural fora apontado por viajantes e administradores coloniais. Em resumo, são dez corredeiras, três saltos e sete cachoeiras numa distância aproximada de quatrocentos quilômetros. Numa incrível analogia, naquele mesmo momento, em outra enorme floresta no continente africano, Henry Morton Stanley, comandando uma expedição colonial anglo-americana, lançaria as bases para a necessidade de construir uma estrada de ferro que vencesse os perto de quatrocentos quilômetros de rápidos e cataratas do rio Congo, entre Matadi e Stanley Pool, viabilizando a futura conexão, sob a égide do governo belga, do oceano Atlântico ao Índico.[5]

Quando, em 1869, o acordo foi alterado e Church conseguiu do governo da Bolívia uma cláusula que permitia a construção de uma ferrovia — caso se verificasse ser essa alternativa mais factível do que um projeto de canais —, tratava-se de idéia nada original que contava, então, com vários precedentes. Em 1861, o general boliviano Quentín Quevedo, descendo o rio Madeira, aventou a hipótese de canalização, ou de uma estrada de ferro. No mesmo ano, o engenheiro ferroviário brasileiro João Martins da Silva Coutinho, a serviço da província do Amazonas, viajou pelo Madeira, encarregado de fazer estudos sobre a viabilidade da navegação e colonização da área. Concluiu, também, por um sistema integrado de navegação a vapor e ferrovia, destacando tanto a importância econômica quanto geopolítica do projeto.[6] É principalmente com esta última linha de interesse que a diplomacia brasileira, por intermédio de Tavares Bastos, firma com a Bolívia, em 1867, o Tratado de Amizade, Limites, Navegação, Comércio e Extradição, que prevê a abertura de uma estrada (não especificada se ferroviária) na região adversa do Madeira—Mamoré.[7] No final do mesmo ano, o governo imperial incumbe os engenheiros alemães Joseph e Franz Keller, pai e filho, que já haviam trabalhado na construção de várias ferrovias brasileiras, de realizar estudo sobre uma estrada de ferro paralela às cachoeiras do rio Madeira. Retomarão no início de 1869 e, em seu relatório, propõem: *a*) construção de um sistema de planos inclinados (mortonas), mediante os quais os navios pudessem atravessar os vinte declives do leito do Madeira e Mamoré; *b*) abertura de um canal de navegação na margem direita das cachoeiras; *c*) construção de uma estrada de ferro entre Santo Antônio e Guajará-Mirim. Na narrativa de viagem que depois publicam na Europa, *The Amazon and Madeira rivers*, comentam, confiantes:

> Alguns, das centenas de trabalhadores europeus, necessários à construção da Estrada de Ferro do Madeira, certamente permanecerão lá, a despeito das doenças e dificuldades; e dependerá da habilidade da companhia construtora e da atitude do governo brasileiro que esse número cresça ou diminua.[8]

George Earl Church contava, portanto, com alguns desses antecedentes quando conseguiu a concessão do Império brasileiro, em 1870, para construir uma ferrovia entre os rios Madeira e Mamoré. Nova empresa surgiu sob seu comando, em 1871: Madeira—Mamoré Railway Co. Ltd. A companhia recém-criada e por ele presidida, em seu primeiro ato, comprou à vista a concessão que Church mesmo dispunha: com 20 mil libras no bolso, restava agora ao coronel levantar junto às finanças internacionais, em nome do governo boliviano, um empréstimo de 1,7 milhão de libras para formação do capital das empresas. Os banqueiros Erlanger & Co. aceitam a transação colocando títulos à venda no mercado financeiro de Londres. Exigem como empreiteira a firma Public Works Construction Co. Seu representante, engenheiro L. E. Ross, realiza uma viagem pelo Madeira acompanhado de Church: sem ter feito nenhuma avaliação técnica, elabora um parecer favorável à construção. Em 1872, finalmente, é lavrado um contrato, envolvendo complexa operação financeira, em que: o governo da Bolívia garantia o empréstimo e os juros; os tomadores de títulos no mercado de ações pagavam 68 libras por cada papel que valeria teoricamente cem; a National Bolivian Navigation Co., companhia de navegação do Madeira, chefiada por Church, recebia 108 mil libras para iniciar suas atividades de prestação de serviços à companhia da estrada de ferro, fazendo o transporte de pessoas e mercadorias entre Londres e Santo Antônio; a Madeira—Mamoré Railway Co. aparecia como empresa concessionária da ferrovia, presidida por Church; a Public Works, firma construtora, iria recebendo, conforme o andamento das obras, parcelas das 600 mil libras em que se tinha orçado o projeto; os banqueiros Erlanguer & Co. controlavam todo o movimento de capital.

É necessário lembrar que a concessão do Estado imperial a Church incluía os seguintes privilégios: direito exclusivo, por cinqüenta anos, de construção e posse; direitos de servidão e mineração; controle sobre uma área de 1394 quilômetros quadrados ao longo da linha férrea. Após a assinatura do contrato, um grupo de

25 engenheiros da Public Works desloca-se para Santo Antônio. Muito pouco ficou registrado dessa primeira fase do projeto, abortada um ano depois. Parece que o reino das pessoas jurídicas e do capital fictício já se havia sobreposto, de início, ao móvel efetivo dos eventos. Entretanto, apesar de obnubilada pelo próprio movimento do capital, é de supor que essa aventura pioneira tenha custado a vida de centenas de pessoas, entre trabalhadores braçais e pessoal técnico-administrativo.[9] Ao bater em retirada, a empresa Public Works, como símbolo maior da ruína, abandonou, em meio a objetos valiosos, os originais da planta ferroviária que havia sido arduamente elaborada.

Mais uma vez, o enredo transfere-se da selva amazônica para as metrópoles financeiras. A Public Works buscará, nos tribunais ingleses, uma indenização por perdas e danos, alegando má-fé de Church. Este buscará novos empreiteiros e libras. Já era de prever esse primeiro insucesso, quando do contrato de construção:

> Nenhum detalhe fora omitido. Tudo, mas sobre a operação financeira, bem entendido. Porque do terreno onde seria construída a ferrovia ninguém sabia nada. Ninguém, até aquele momento, havia percorrido o terreno adjacente às cachoeiras, em toda a sua extensão, a fim de ao menos o conhecer superficialmente. Ninguém sabia o que se escondia atrás da pujante floresta amazônica que se divisava das cachoeiras do Madeira. Não se sabia se era terreno montanhoso, plano e enxuto, ou alagado. A ignorância sobre a zona que a ferrovia deveria atravessar era completa. Não se sabia nem qual a extensão ao menos aproximada que teria a futura estrada de ferro. Nenhum engenheiro boliviano ou brasileiro fora chamado para opinar sobre a construção. E naquele mês de janeiro de 1872, tudo na praça de Londres estava concluído, para ser dado início aos trabalhos da construção.[10]

O governo brasileiro é dos primeiros a correr em socorro de Church. O imperador envia projeto ao Senado garantindo juros de

7% ao ano (prática generalizada pelo Estado desde o aparecimento de nossas primeiras ferrovias) sobre um capital adicional de 400 mil libras a ser levantado pela empresa, em nome do Brasil, desde que esgotadas as 700 mil libras previstas no orçamento originário e agora retidas no Banco da Inglaterra. O Senado aponta a imprudência do gesto e resolve adiar a decisão. Enquanto isso, o processo da Public Works continua rolando em Londres. Church negocia ainda com mais duas construtoras um novo contrato para a retomada das obras: a Dorsay & Caldwell, dos EUA, e a Reed Bros. & Co., da Inglaterra. Em 1877, contudo, nenhuma empresa reiniciara os trabalhos da ferrovia Madeira—Mamoré. Finalmente, os irmãos Phillip e Thomas Collins, proprietários da P. & T. Collins, respeitável firma de engenharia e construção de Filadélfia, iriam assumir os riscos de um novo empreendimento. O preço contratado era o dobro do valor de cinco anos antes, por ocasião do acerto com a Public Works: 1,2 milhão de libras. Fruto de conjecturas, era mais uma vez uma cifra arbitrária: ninguém, em sã consciência, nem os contratantes nem os contratados, tinha condições de avaliar objetivamente os custos globais de uma obra tão vasta e dificultosa. Era o próprio coronel Church que, em carta dirigida do Pará ao imperador, em 1871, confessava:

> a guerra entre a Prússia e a França fez paralisar quase todas as obras públicas, e impedia as tentativas de novas empresas, *especialmente de uma tão estranha*, como a de que estou encarregado.[11]

Assinado o contrato entre Church e Collins, o governo brasileiro fez aprovar a lei que encaminhara ao Senado, quatro anos antes, dando garantias de juros e autorizando a incorporação de um capital suplementar. Collins, por sua vez, conseguiu um crédito de 200 mil dólares junto a um banqueiro londrino. O intermediário na transação era uma peça demasiado importante nesse jogo: Franklin Gowen, presidente da grande indústria de aço Philadelphia and Reading Coal and Iron Co. Foi ele que também mediou o contrato com Church. Teria uma recompensa merecida: exclusividade para o fornecimento de todo o material ferroviário à P. & T. Collins, enquanto durassem as obras. E mais: recebimento das faturas com um acréscimo de 10% sobre os preços de mercado. A rede estava, pois, montada. De todas as partes, esses empreendedores esperavam polpudos lucros. Restava, contudo, algo decisivo: organizar a "infantaria ligeira do capital", o exército de trabalhadores nômades capaz de realizar o sonho daqueles audazes cavalheiros.

É o historiador Eric J. Hobsbawm quem indaga um tanto comovido:

> Como podemos negar a admiração por estas tropas de choque da industrialização que construíram tudo isso [ferrovias no século XIX], aos exércitos de camponeses freqüentemente organizados de forma cooperativa que, com pá e picareta, moveram terra e pedras numa quantidade inimaginável, aos capatazes profissionais ingleses e irlandeses que construíram linhas longe de seus países, aos maquinistas e mecânicos de Newcastle ou Bolton que partiram para longe para construir as novas linhas de ferro da Argentina ou Nova Gales do Sul? Como podemos não nos emocionar com os exércitos de *coolies* que deixaram seus ossos ao longo de cada milha de trilho? Hoje, o belo filme *Pather Panchali* de Satyadjit Ray (baseado numa novela bengalesa do século XIX) nos permite recapturar a maravilha da primeira máquina a vapor, um maciço dragão de ferro, a própria força do mundo industrial irresistível e inspiradora, fazendo seu caminho onde nada previamente havia passado, exceto mulas e carroças.[12]

O que foram essas grandes migrações internacionais de força de trabalho para a construção de ferrovias? É nesse momento de meados do século XIX que se pode falar de um verdadeiro mercado de mão-de-obra plenamente constituído em escala mundial. Quem o organiza são as próprias necessidades da produção capitalista em expansão. A forma de recrutamento desses exércitos proletários dependerá sobretudo das oscilações em seu valor. É do exército industrial de reserva, das franjas do sistema capitalista que sairão seus contingentes maciços, excetuados os artífices mecânicos e outros ofícios qualificados. Em geral com baixa qualificação técnica, a relativa escassez ou abundância de sua oferta no mercado internacional determinarão as regiões geográficas de suprimento. O caráter das relações de trabalho irá também variar numa escala que compreende desde o assalariado livre até formas compulsórias de exploração, incluindo modalidades servis e escravistas, todas elas comandadas pelo movimento do capital em sua forma mais moderna.[13] Nas condições extremamente insalubres em que se realizavam essas grandes obras públicas, seria muito difícil reter um estoque regular de trabalhadores livres em empreendimentos de longa duração. A isso se soma a maior disponibilidade de terras nos países coloniais ou subpovoados. A experiência do neocolonialismo na África, Ásia e América Latina transplantou celeremente as conquistas técnicas da civilização baseada no regime fabril, mas isso à custa de requintes de barbárie que em nada ficaram a dever à empresa colonial da etapa anterior. A dizimação de populações indígenas seguiu seu curso anterior, acelerando-se até. O deslocamento forçado de enormes levas de trabalhadores, por outro lado, deixou seu saldo genocida, na esteira das epidemias, da sua exploração extensa e intensiva, de um processo de desenraizamento cultural sem retorno possível.

A regularidade no suprimento de novos contingentes (que é contínua e acentuada em função da própria dilapidação frenética da força de trabalho em atividade) é outro fator que demanda a organização de mercados especializados na oferta dessa mão-de-obra. O esquema é complexo e peculiar e, à semelhança do tráfico de escravos, envolve agentes dedicados exclusivamente ao recrutamento, transporte e reposição contínua de estoques de trabalhadores para as companhias construtoras. Daí ao trabalho compulsório, estamos a um passo. Do ponto de vista do capital, a questão é bastante objetiva: garantir uma quantidade "ótima" da mercadoria força de trabalho, capaz de não comprometer a continuidade e expansão do processo produtivo até a plena consecução do projeto.

A indústria das estradas de ferro representou uma empresa de grande porte, e sua rápida internacionalização, durante a segunda metade do século XIX, foi um dos fatores básicos para que se articulasse de modo pleno o mercado mundial. A história do trabalho vivo que se petrificou nessas colossais obras de engenharia ainda está por ser escrita. Por toda parte, de forma simultânea, batalhões ambulantes de operários foram incorporados para criar novas paisagens, para traçar novo mapa-múndi decisivo à circulação de mercadorias dali em diante. À enorme concentração dessa força de trabalho seguia-se depois, inelutavelmente, sua dispersão. Grande movimento de terras e de homens: a implantação das vias permanentes das estradas de ferro é um capítulo privilegiado do nascimento e morte de cidades, da dizimação de populações nativas, de processos migratórios e de colonização significativos na Ásia, África, Américas e Oceania.[14] Desse ponto de vista, nada de especialmente original possui o advento e a expansão das estradas de ferro no Brasil. É como se um mesmo enredo se passasse, ao mesmo tempo, em diferentes cenários. Mortos no Congo, mortos na Sibéria, mortos na Índia, mortos na Estrada de Ferro Dom Pedro II: a classe operária se internacionaliza; as epidemias também.

A construção de uma ferrovia no Congo Belga foi, a esse propósito, um evento didático. René J. Cornet, em *La bataille du rail*, narrativa conservadora e minuciosa,[15] ao tratar do "problema do pessoal", divide a mão-de-obra utilizada pela companhia em dois blocos: brancos e negros. Essa separação não é ideologicamente isenta, mas circunscreve a própria divisão técnica e social do trabalho que se processava. Os brancos constituíam os operários mais qualificados: além dos belgas, recrutaram-se italianos, dinamarqueses, alemães, suíços, holandeses, gregos, luxemburgueses. Os diretores da empresa reclamavam, em várias oportunidades, da qualificação medíocre desses contingentes, em especial nas funções administrativas. Aos negros desde sempre ficaram reservadas as tarefas mais pesadas: abertura e limpeza dos terrenos, terraplenagem, carregamentos etc. As denúncias de tráfico e escravização dos negros seriam constantes durante toda a construção da ferrovia. A companhia tentava isentar-se de qualquer responsabilidade, alegando que o fornecimento de trabalhadores competia a agentes intermediários que atuavam por conta própria. Os negros também tinham procedência diversa dentro do continente africano: Guiné, Serra Leoa, Zanzibar, Benin, entre outras regiões. Apesar de contratos formais de assalariamento, as condições reais do trabalho o aproximam de formas servis clássicas.[16] O isolamento na selva, a insalubridade permanente (que tornava escassas as chances de sobrevivência até o final do contrato), as dívidas antecipadas por conta das despesas de viagem e a militarização quase completa das funções nos acampamentos ferroviários são, enfim, alguns dos fatores que converteram em compulsórias as relações de trabalho impostas pela empresa, independentemente de terem ocorrido ou não, antes, desde o processo de recrutamento, formas diretas de escravização (e as evidências indicam que, em muitos casos, sim).

O que se passou no Congo, entre 1887 e 1898, período que vai do início dos primeiros estudos da linha férrea ao término da obra em seus 388 quilômetros, assemelha-se bastante ao quadro vivido na área do Madeira—Mamoré, nas duas fases em que se dará a construção da ferrovia: 1878-9 e 1907-12. A escassez crônica da força de trabalho combina-se com um alto grau de reposição de estoques, como resultado de sua dissipação precoce. Morticínio em massa (epidemias tropicais e acidentes nos locais de trabalho), deserções também em massa: esse círculo infernal é entremeado por algumas greves e revoltas de trabalhadores, cujo confinamento parece comprometer, de antemão, seu possível êxito. No Congo, tentou-se compensar a falta de braços com a importação, em 1892, de centenas de negros barbadianos (Antilhas) e de *coolies* chineses. Os primeiros eram considerados fisicamente aptos por sua presença na abertura do canal do Panamá, outro dos grandes cemitérios internacionais de operários no século XIX; os segundos, criação do neocolonialismo britânico (havia também os *coolies* hindus), pela fama de sua produtividade em obras ferroviárias dos EUA e Indonésia. Os resultados, contudo, foram desastrosos: os barbadianos não suportaram os rigores da ecologia; os chineses debandaram para o sul e o leste. Os números finais sobre mortos que Cornet apresenta certamente subestimam, em favor da boa imagem do nacionalismo empreendedor, as baixas reais havidas na construção da primeira ferrovia do Congo Belga: 132 operários europeus e 1800 negros e amarelos. O próprio autor reconhece que essas cifras seriam mais altas se consideradas as mortes ocorridas após o desengajamento do trabalho, que, sabidamente altas, eram de difícil cômputo. Sua justificativa é bem própria dessa engenharia demográfica da produção:

> Mas todas as grandes obras foram custosas em vidas humanas e, proporcionalmente [em relação a Suez, Panamá etc.], a mortalidade que atingiu os brancos e os trabalhadores de cor no curso da construção da estrada de ferro do Congo *manteve-se dentro de limites razoáveis.*[17]

De todo modo, das condições específicas de produção dos caminhos de ferro ressalta a exigência de contingentes numerosos de trabalhadores em alta rotatividade, dispostos em ordem paramilitar e embrenhados em espaços dos mais insalubres. A história dos que fizeram esses caminhos é uma narrativa repleta de mortes, doenças, fugas, motins frustrados e anônimos. Operários de todos os recantos, nesse revolvimento assombroso de terras, igualavam-se por baixo, na condição de escravos modernos, despossuídos e prontos a perecer em holocausto aos senhores do novo maquinismo. A liberdade, aqui, era mais do que aberração: era o sumo da ironia, já que esses exércitos de proletários nômades estavam livres somente para morrer. Da ruína coletiva nasciam fantasmas, imponderáveis, sem nome nem número definidos. Homens concretos vestiam essas máscaras fúnebres. Logo depois, ninguém mais se lembrava deles. Quantos teriam vindo a essa terra perdida, se tantos pereceram? "Teriam sido avisados que vinham trabalhar em um cemitério?"[18]

O recrutamento de trabalhadores qualificados para a Madeira—Mamoré tornou-se bem difícil depois do naufrágio do *Metropolis*, em janeiro de 1878 (cf. capítulo 4), mais ainda quando as primeiras notícias da ferrovia do diabo começaram a chegar aos EUA. Segundo dados oficiais, em um ano e meio de operações naquela região, excluídos os passageiros do *Metropolis*, desembarcaram em Santo Antônio procedentes de Filadélfia 719 pessoas, inclusive seis mulheres. Desse total, pouco mais de cinqüenta constituíam o pessoal técnico-administrativo, o resto formando um contingente de operários com nível variado de especialização, em que se incluíam, além de norte-americanos, um grande número de irlandeses e italianos. Além disso, no Brasil, durante os trabalhos, foram recrutados por meio de agentes locais cerca de duzentos índios bolivianos e quinhentos cearenses (lembrar do êxodo havido após a grande seca nordestina de 1877), num total de setecentos trabalhadores para as tarefas mais duras. Um viajante brasileiro que esteve na região fala que se teria contratado também a vinda de duzentos negros da Virgínia, mas essa informação não é seguida por Craig.[19]

As condições de trabalho oferecidas pela empresa equivaliam, na prática, à servidão, numa forma muito próxima à dos seringueiros da Amazônia:

Pelo contrato que assinaram antes de sair de Filadélfia, os operários eram debitados pelo custo do transporte até Santo Antônio até que tivessem seis meses de serviço e só teriam direito à passagem de volta ao fim de dois anos. Assim é que muitos, principalmente aqueles que, devido à doença, perderam muito tempo, nada tinham a receber. Não poucos estavam em débito para com a firma. Os que tinham vencimentos a receber podiam comprar artigos de vestuário, fumo e outras miudezas, no armazém de P. & T. Collins, mas não conseguiam obter nem por compra, nem por qualquer outro meio, alimento adequado ao clima, ou capaz de estimular o apetite de um organismo combalido.[20]

O próprio Craig assinala, ao narrar a desintegração e colapso da empresa, que nenhum dos operários sobreviventes que abandonaram Santo Antônio chegou a receber um único centavo de seus salários atrasados. Na verdade, até mesmo o prazo de carência da passagem já era dificílimo de ser cumprido. Antes disso, várias doenças tropicais, em especial a malária (ainda pouco conhecida pela ciência médica), atingiam de forma epidêmica as turmas de trabalho que se espalhavam ao longo do traçado da ferrovia. No momento final da debandada, dezoito meses depois de ter tido início o projeto, havia sete quilômetros de trilhos assentados, além do levantamento técnico preliminar de 110 quilômetros, que ironicamente se interrompia junto às quedas conhecidas como Caldeirão do Inferno. Tudo foi deixado para trás: depósitos e armazéns, casas para engenheiros, galpões para trabalhadores, botica, olaria e serraria a vapor, acampamentos na selva. Até a mitológica locomotiva Baldwin, importada de Filadélfia, onde se localizava uma das maiores indústrias mundiais do setor,[21] foi abandonada ali, como vestígio da primeira máquina rodante a cortar a Hiléia, mas igualmente como aparição precoce anunciando um futuro cemitério de trens.[22]

A imagem sublime da vila de Santo Antônio, quando da chegada do navio *Mercedita*, sugerida com dramaticidade por Neville Craig, ao mesmo tempo desvanecia-se e se realizava, agora, no desconsolo do desastre:

Para quem suspirasse

"por uma cabana em pleno sertão,
por uma sombra contínua, sem limites,"

pareceu-nos, aquela noite, que Santo Antônio seria o lugar ideal. O constante farfalhar das corredeiras próximas, onde as águas, divididas por uma grande ilha, forçavam passagem por entre fragmentos de algum imenso dique de granito com que a natureza, em tempos, lhe procurasse barrar o caminho, o emaranhado de árvores e cipós que em todas as direções interrompia a visão, a completa ausência de culturas, as duas únicas choças de sapé então visíveis, a umidade atmosférica, o sol escondendo-se por entre nuvens carregadas, escuras — todo esse conjunto nos oprimia o coração e revelava o peso imenso da tarefa que havíamos tomado sobre os ombros.[23]

O augúrio fatídico que a natureza prenunciava traduzir-se-ia, ao final da experiência, em cifras tangíveis da tragédia: das 941 pessoas embarcadas na Filadélfia, pelo menos 221 morreram, o que, segundo o cuidadoso exame de Neville Craig, dá uma percentagem de baixas mais de duas vezes superior àquelas sofridas pelos soldados da União durante os quatro anos da Guerra de Secessão. Não estão computadas aí as mortes praticamente certas dos que se retiraram de Santo Antônio, vindo a falecer em Belém do Pará ou mesmo de volta aos EUA. Registraram-se apenas falecimentos a bordo ou no local de trabalho. Houve também oito casos de mortos ou feridos por índios, inclusive um dos irmãos Collins. A sorte dessa próspera firma confunde-se com a desse empreendimento, que se revelava visionariamente o mais promissor: falência completa. A esposa do sr. Collins, uma das raras mulheres da expedição, ao retornar a Filadélfia foi internada num hospício, onde faleceu.[24]

A narrativa de Neville Craig guarda, nesse sentido, sabor de depoimento de um sobrevivente de guerra. Por isso, mostra-se extremamente cáustico com a arrogância nacionalista de seu país. Seu conservadorismo é amargo e, por vezes, pungente, lembrando os personagens de Joseph Conrad. O esforço de escrever o livro é o da luta contra o esquecimento produzido pelas histórias oficiais; foram alguns engenheiros remanescentes daquele drama que fundaram uma entidade civil, da qual Craig seria um dos mentores: a Madeira and Mamoré Association. Era preciso continuar crendo nas terríveis revelações que todos um dia presenciaram. Em 1903, 25 anos depois daquele malogro, o engenheiro Craig é encarregado por seus pares de escrever a história da Madeira—Mamoré. Esse mergulho no passado não se reduz, portanto, à vontade de um autor; resulta, antes, da ansiedade coletiva de um pequeno grupo lutando desesperadamente contra a morte e dispersão de seus fantasmas. O livro saiu nos EUA em 1907 (em nosso país, a tradução da Brasiliana tardou quarenta anos): foi, talvez, o único empreendimento salvo e feliz de todo aquele projeto; conseguiu transcender a tragédia e, com certa dose de altruísmo, suas páginas são marcadas pelo sentido de advertência:

> a crescente necessidade de se levar a bom termo o trabalho que eles não tinham conseguido executar tornava provável que o conhecimento de sua história fosse útil aos que, em futuro não muito remoto, teriam, inevitavelmente, de seguir suas pegadas.[25]

Tal objetivo combina-se com a crítica acerba ao militarismo engalanado dos ianques e ao confronto bélico como espetáculo, numa alusão à então recente guerra neocolonial hispano-americana (1898). Nesse ponto, e apenas nesse, o discurso de Craig recupera a memória dos produtores diretos e despossuídos:

> Os ferroviários que, em 1878, arriscaram a vida e a saúde, na vã tentativa de desenvolver, de maneira pacífica, muito maior riqueza potencial que a existente nas Filipinas, há muito jazem no esquecimento. [...]

Os atores do drama de 1878 não possuíam nenhum dos requisitos com que se granjeia fama e glória. Não vestiam vistosos uniformes, não levavam bandeiras panejando ao vento, não precisavam de bandas militares que os fizessem esquecer o perigo, no cumprimento do dever, nem dispunham de equipes de correspondentes de jornais que registrassem a morte de cada muar varado pelas balas inimigas.[26]

Esse esquecimento foi mesmo brutal, a começar pelas próprias estatísticas da firma Collins, que "não [...] fez registro dos óbitos ocorridos entre os nativos", admitindo-se que:

> A percentagem de mortalidade entre os cearenses, devido à falta de asseio, pobreza extrema e ignorância quanto à região e ao clima, foi extraordinariamente elevada.

Com base nessa referência, Manoel Rodrigues Ferreira pondera como de aproximadamente trezentos o número de mortos entre bolivianos e brasileiros (de um total de setecentos que teriam sido engajados).[27] Assim, elevar-se-ia para mais de quinhentos o número mínimo de baixas, já que não se contam as dos que fugiram ou regressaram. Nessa sombra, alinham-se grandes levas de operários, inclusive estrangeiros que se extraviaram nas ruas de Belém, maltrapilhos e mendicantes. Muitos dos norte-americanos, irlandeses e italianos nesse estado certamente não retornaram aos EUA.

Em relação aos trabalhadores italianos, há um episódio dos mais significativos, narrado logo no começo da expedição e que, em seu desenlace trágico, enfeixa todo o caráter de um empreendimento fadado ao fracasso, além de registrar uma das primeiras greves operárias no Brasil e, certamente, numa indústria de tipo capitalista em plena selva amazônica. Aqui, também, o liberalismo de Craig se retrai, e a defesa da ordem privada, mais do que da lei pública, impõe-se de maneira inequívoca. Ao desembarcar do *Richmond*, os 218 italianos arrebanhados nos bairros pobres "de nossas grandes cidades [...] desde o início se revelaram verdadeira súcia de vagabundos":

> percebendo que os hábeis norte-americanos e irlandeses ganhavam muito mais, seu descontentamento e indignação logo culminaram em franca revolta. Logo que chegaram, os italianos tiveram como tarefa proceder às escavações necessárias ao leito da linha, em Santo Antônio, mas, quase imediatamente, abandonaram o trabalho e exigiram aumento de salário, de um e meio para dois dólares diários, inclusive alimentação. Brandindo um cabo de picareta sobre suas cabeças, à guisa de argumento, o sr. Collins, em pessoa, ordenou-lhes que retomassem o serviço.

Dois dias depois, eclodia um motim. Os italianos, empunhando armas, invadiram e ocuparam um depósito próximo à serraria, retirando provisões e ameaçando apoderar-se de outros locais:

> havia tanta insatisfação entre os nossos operários [norte-americanos e irlandeses], devido às privações por que tinham passado e também por não receberem pagamento, que fácil era prever que o número acima seria evidentemente reforçado pelos insatisfeitos de outras nacionalidades.

A empresa organiza rapidamente uma guarda própria, com cerca de quarenta homens armados que, na manhã seguinte, invadem o acampamento dos grevistas e prendem alguns dos líderes (que serão entregues no primeiro vapor às autoridades brasileiras de Manaus e depois expulsos para os EUA). Além disso, Collins ordena a suspensão do fornecimento de víveres aos 218 amotinados. Comenta Craig:

> Felizmente não havia tribunais nem advogados para criar injunções, nem políticos ansiosos por granjear popularidade, defendendo o cri-

me, nem detetives para precipitar o derramamento de sangue onde apenas se precisava de firmeza e calma, nem, finalmente, soldados assustados prontos a abrir fogo contra suas próprias sombras.

Dois dias depois, os grevistas, confinados e sem alimentos, rendem-se e voltam ao trabalho. Mas o desfecho ainda é outro, lembrando de perto as histórias de escravos fugidos:

> Conquanto os métodos enérgicos empregados para sopitar a violência e a desordem tivessem imposto disciplina aos italianos, havia, entre eles, alguns mais exaltados cuja submissão era apenas aparente. De vez em quando corriam boatos de que de qualquer maneira eles tentariam ajustar contas com o "padrone", como chamavam ao sr. Collins. De tempos em tempos, tomava corpo a notícia de que queriam desertar, mas, como não dispunham de embarcações nem de dinheiro com que pagar a passagem fluvial e como a fuga por via terrestre seria impraticável, ninguém dava maior atenção a essas ameaças, até que, certa manhã, deram pela falta de 75 ou mais deles. Pelas investigações procedidas conseguiu-se saber que haviam partido por terra, rumo à Bolívia, através da impenetrável floresta, sem mapa, bússola, nem provisões. Nunca mais se teve notícia deles [...].[28]

Só que, no caso desses escravos modernos, sem nenhum quilombo possível.

Não há continuidade histórica entre as experiências fracassadas de construção da ferrovia Madeira—Mamoré no século XIX e nova tentativa que se iniciou em 1907. Após a falência da empresa Collins, o governo imperial decretou, em 1881, o fim da concessão ao coronel Church. Nos anos seguintes, estiveram no Madeira as comissões Morsing e Pinkas, encarregadas pelo Império de reavaliar a situação: as extremas dificuldades enfrentadas por essas expedições acabaram por encerrar aquele ciclo de derrotas.[29]

Para que renascesse o sonho, já em plena República, foi preciso forjar novas "necessidades" em relação ao projeto. Mais uma vez, diplomacia e nacionalismo cumprem seu papel; é como se fosse algo compulsivo o mecanismo segundo o qual se convertia o ideal abstrato de "intercâmbio internacional" ou de "levar a civilização até as últimas fronteiras" em medidas práticas, em ações bilaterais concretas. O Tratado de Petrópolis entre Brasil e Bolívia, assinado em 1903 sob a égide do barão do Rio Branco, para pôr fim à Guerra do Acre, dispunha em sua cláusula VII:

> Os Estados Unidos do Brasil obrigam-se a construir em território brasileiro, por si ou por empresa particular, uma ferrovia desde o porto de Santo Antônio, no rio Madeira, até Guajará-Mirim, no Mamoré, com um ramal que, passando por Vila Murtinho ou outro ponto próximo (estado de Mato Grosso), chegue a Vila Bela (Bolívia), na confluência do Beni e do Mamoré. Dessa ferrovia, que o Brasil se esforçará por concluir no prazo de quatro anos, usarão ambos os países com direito às mesmas franquias e tarifas.[30]

Nascia assim esse contrato como uma condição de paz entre Estados nacionais. Em nenhum momento ganharam transparência motivos preponderantemente econômicos que justificassem, de saída, o projeto. Entenda-se: depois de decidido nas esferas políticas, várias forças econômicas aglutinavam-se ou concorriam para tirar proveito, de alguma forma, daquele acordo. Claro está que esse intento só foi passível de adquirir algum perfil concreto dentro de um contexto histórico muito bem determinado no âmbito material: a aliança entre o aço e o vapor, a expansão do capital financeiro etc. Mas a decisão de construir aquela estrada de ferro numa região insalubre e quase inacessível possui determinações mais específicas que passam pela afirmação nacional, pelo desejo de dominar o desconhecido e selvagem, pelo afã — em dado momento, incontornável — de percorrer territórios estranhos e de transformá-los, neles imprimindo as marcas conhecidas da engenharia mais avançada.

Empresários, exploradores e oportunistas transacionaram, enquanto foi possível, seus objetivos de lucro imediato com aquela aventura. Mas, em si, a ferrovia na selva não seria obrigatoriamente "motor de desenvolvimento". Havia pelo menos tantas razões de igual peso para que fosse o contrário: um caminho que conduzisse do nada a lugar nenhum.[31] Numa das críticas mais convincentes à construção da Madeira—Mamoré, o engenheiro Clodomiro Pereira da Silva, em 1910, numa obra clássica, alinha uma série de argumentos técnicos e geo-econômicos para demonstrar a insensatez do projeto, que no século XX parecia ainda mais descabido. Por força dos altíssimos custos, os fretes da ferrovia estariam entre os mais caros do mundo, inviabilizando uma circulação diversificada e em grande escala. O vazio demográfico da região do Guaporé continuava intacto, sem nenhuma garantia de alterações significativas. Mesmo a exportação de látex, mercadoria mais valiosa produzida na área, não justificaria a construção da estrada de ferro naquele ponto (em relação a isso, o projeto de Euclides da Cunha — a Transacreana — seria geograficamente muito mais adequado).[32]

Junte-se aí a agravante de que, quando terminada a ferrovia, em 1912, vivia-se exatamente o grande colapso da borracha, com a queda vertiginosa dos preços internacionais do látex, afetados pela concorrência da produção asiática, encerrando-se de forma brusca a fase mais eufórica e brilhante da civilização amazônica. Finalmente, do ponto de vista específico do fator transporte, ao iniciar-se do século XX, a Bolívia já possuía várias opções mais rápidas e baratas para alcançar o Atlântico: por navegação fluvial, via Assunção, até Buenos Aires; pelo mar, a partir de 1914, através do canal do Panamá; por ferrovia, de Santa Cruz de la Sierra e Corumbá, até Santos; além disso, os altiplanos e a Amazônia boliviana comunicavam-se agora com o Pacífico mediante ligações ferroviárias com os portos de Antofagasta, Arica (Chile) e Mollendo (Peru). As tão propaladas riquezas — especialmente as minerais — que, nos sonhos de Church, afluiriam do território boliviano pelo Mamoré, e daí por ferrovia até o Madeira, depois pelo Amazonas ao Atlântico, não seguiriam, jamais, essa rota. Não havia simplesmente por que fazê-lo.[33]

Nessa perspectiva, é como se um verdadeiro carrossel de ilusões presidisse os atos dos homens que, no século xx, voltaram a representar o espetáculo de uma ferrovia no Alto Madeira. O precedente das tentativas anteriores não realizadas era talvez importante como desafio; mas podia igualmente, até de maneira mais razoável, ter servido para que eventuais herdeiros do projeto desistissem logo da idéia. Encarada assim, a obstinação dos novos proponentes soa tanto mais fabulosa. A história da construção da Madeira—Mamoré, agora, iria radicalizar todos os aspectos dramáticos da fase anterior. A chegada dos trilhos ao fim da linha projetada, em 1912, após 364 quilômetros e não se sabe quanta ruína, assinala uma aparente vitória do capital sobre o trabalho e a natureza.

Só se pode entender esse desfecho diverso, contudo, se se acompanhar a intervenção organizada, cumulativa e sistemática da medicina sanitária na região. Será desta vez o saber médico, fundamentalmente, o grande responsável pelo triunfo da técnica do maquinismo e da engenharia civil.[34] Homens como os médicos norte-americanos H. P. Belt e Carl Lovelace ou como os brasileiros Oswaldo Cruz e Joaquim Tanajura desempenhariam, no plano de fundo, papel decisivo no sentido de possibilitar, pelo menos, que os trabalhos fossem suportáveis até sua conclusão; em suma, que a produtividade dos contingentes de operários em ação, mesmo se terrivelmente baixa em relação à de outras ferrovias, se mantivesse num patamar mínimo capaz de impedir paralisação ou retrocesso das obras. Veremos, a seguir, como o discurso médico estará pautado, sobretudo, pela relação de custo da mão-de-obra/produto. Há que ressaltar esse aspecto para que se evite a tentação de ler os resultados positivos a que efetivamente se chegou como efeitos de uma contingente e abstrata ideologia humanitária. Longe disso, o texto dos relatórios médico-sanitários fala a linguagem seca da rentabilidade do trabalhador; não se trata de acabar com a morte e a doença, mas de administrá-las em níveis sofríveis — não para a humanidade ou a civilização em geral, mas para a companhia particular que empreitou as obras. Aqui, não há mediações: o saber médico-sanitário converte-se ele próprio numa das principais forças produtivas.

Há que separar, aqui, pelo menos dois momentos: por um lado, não há evidências históricas de que necessidades econômicas imperiosas tenham tornado a ferrovia um evento por si só convidativo; por outro lado, desde que criada a fabulação ilusória em torno de sua necessidade, em função de sonhos incontidos, representações cristalizadas e crenças inabaláveis como a de grandeza nacional, a esfera da produção passa a atuar de modo drástico e, em pouco tempo, será a voz do capital, não personificada mas tão impetuosa quanto as corredeiras do Mamoré, que ditará caminhos, subjugando homens e idéias, forças de trabalho e saberes aos seus imperscrutáveis desígnios. Nesse segundo momento, não há volta atrás. Um nome, uma sigla — Madeira—Mamoré Railway Company — pesa mais do que todos os mortos anônimos da estrada. Sua lógica também nada tem de razoável, mas é capaz de produzir gestos pseudo-autônomos, na verdade automáticos, como se se tratasse de uma montagem teatral já meio desgastada após tantas e repetidas encenações.

Dos dados oficialmente exibidos pela empresa, sabe-se que foram importados, entre 1907 e 1912, 21 817 trabalhadores, de cerca de cinqüenta nacionalidades diferentes; desse total foi computada pelo serviço sanitário da companhia a morte de 1593 pessoas, cifra certamente bem abaixo da realidade (ver Tabelas 4 e 5). Manoel Rodrigues Ferreira, numa aproximação bem plausível, observa que, se considerarmos que pelo menos 50% da força de trabalho efetivamente ocupada não possuía contrato formal com a empresa, mas era engajada por intermédio de subcontratantes ou composta de trabalhadores avulsos que chegavam ao local por conta própria, poderíamos calcular o número total de trabalhadores em mais de 30 mil. Além disso, se somássemos às "mortes oficiais" (restritas apenas aos contratados que perderam a vida ao longo da via férrea e no Hospital da Candelária, construído pela companhia próximo a Porto Velho) aquelas sem dúvida ocorridas entre os empregados não formais, bem como entre os que abandonaram o local, vindo a perecer em trânsito ou mesmo em seus países ou regiões de origem, chegaríamos, por aproximação, a pouco mais de 6 mil trabalhadores, cerca de 20% do total.[35]

Frieza dos números: se, com efeito, o discurso médico-sanitário poderia se gabar de que houve decréscimo na percentagem relativa de baixas, em comparação com os mais de 30% verificados na expedição Collins, o fato mais tangível, entretanto, é que em termos de mortes individuais — que, do ponto de vista histórico-retrospectivo da tragédia, é o que afinal interessa — o número de vidas humanas perdidas multiplicou-se em pelo menos doze vezes. O tão propagandeado aumento da produtividade custou caríssimo, portanto, deste outro ponto de vista da realização monumental. Segredos importantes do êxito da empresa são agora desvendados: aceleração ao máximo da reposição da força de trabalho, expandindo e

TABELA 4

NÚMERO DE TRABALHADORES CONTRATADOS/ANO

ANO	HOMENS
1907	446*
1908	2450
1909	4500
1910	6024
1911	5664
1912	2733**
TOTAL	21817

(*) Início: julho.
(**) Término: agosto.
Fonte: Brazil Railway Co., 1913.

regularizando o fornecimento de novos estoques; incremento dos níveis de salubridade da área até patamares minimamente administráveis pelo processo produtivo.

Esses resultados tornaram-se exeqüíveis graças à intervenção do truste norte-americano dirigido por Percival Farqhuar na economia brasileira da Primeira República. Seu raio de manobras é imenso, vindo a controlar ferrovias, docas, serviços urbanos essenciais em quase todas as regiões do país.[36] No caso da Madeira—Mamoré, a concessão obtida do governo o foi sob a forma de arrendamento, com privilégio de exploração exclusiva até sessenta anos após o término da obra. O episódio gerou muita polêmica, já que o negócio teve como intermediário o engenheiro Joaquim Catramby, que havia vencido inicialmente a licitação e repassara o contrato, em seguida, ao "sindicato" Farqhuar. O grupo fundou a Madeira—Mamoré Railway Co., por sua vez uma subsidiária da Brazil Railway Co., grande conglomerado que iria controlar acionariamente numerosas estradas de ferro no país, inclusive algumas das mais importantes no estado de São Paulo. O avanço tentacular dos capitais de Farqhuar no Brasil provocou algumas reações indignadas na imprensa e nos setores nacionalistas;[37] em nível internacional, outros imperialismos mostravam-se impacientes diante da expansão monopolista de Farqhuar, que lhes deixava afinal pouco espaço. Em 1913, por exemplo, um artigo assinado por H. A. Bromberger, na revista *Moniteur Économique et Financier*, espécie de porta-voz do capital financeiro francês, assim se manifestava:

> Por outro lado esse empreendimento obscuro e assombroso, anárquico e absurdo, possui o poder precioso, por si mesmo, de emitir em quantidade prodigiosa títulos sobre títulos, ações sobre ações, obrigações sobre obrigações. Dirigida de maneira a mais aventurosa, submetida pela dispersão dos capitais e pela trapalhada de suas participações a todas as flutuações políticas, econômicas, financeiras ou climatéricas, a Brazil Railway aparece-nos como o empreendimento

TABELA 5
SERVIÇO SANITÁRIO DA MADEIRA—MAMORÉ
ÓBITOS POR NACIONALIDADES, JUN. 1907 A 31 DE DEZ. 1912

NACIONALIDADES	1907	1908	1909	1910	1911	1912	TOTAL
Brasileiros	5	35	144	147	168	132	631
Espanhóis	0	19	133	86	82	46	366
Antilhanos	0	0	28	105	61	14	208
Portugueses	0	5	74	32	21	16	148
Alemães	0	0	45	5	2	0	52
Italianos	0	0	12	9	8	0	29
Colombianos	0	0	12	7	7	4	30
Americanos	0	0	8	5	15	2	30
Bolivianos	0	1	4	5	9	8	27
Venezuelanos	0	0	0	2	7	2	11
Franceses	0	0	3	3	2	0	8
Russos	0	0	3	3	1	0	7
Cubanos	0	0	3	2	0	0	5
Chineses	0	0	1	1	3	2	7
Gregos	0	0	0	1	10	8	19
Ingleses	0	0	1	2	2	0	5
Porto-riquenhos	0	0	2	1	1	0	4
Austríacos	0	0	2	0	2	0	4
Mexicanos	0	0	3	0	0	0	3
Turcos	0	0	0	1	3	0	4
Árabes	0	0	2	0	2	5	9
Peruanos	0	0	1	0	3	13	17
Suecos	0	0	1	1	0	0	2
Belgas	0	0	1	0	0	0	1
Canadenses	0	0	0	1	0	0	1
Chilenos	0	0	0	1	0	2	3
Japoneses	0	0	0	0	1	0	1
Dinamarqueses	0	0	0	0	1	0	1
Escoceses	0	0	0	1	0	0	1
Húngaros	0	0	1	0	0	0	1
Índios americanos	0	0	1	0	0	0	1
Irlandeses	0	0	1	0	0	0	1
Noruegueses	0	1	0	0	0	0	1
Panamenses	0	0	0	1	0	0	1
Desconhecidos	0	0	15	6	8	3	32
Div. nacional.	0	0	0	0	0	9	9
Granadianos	0	0	0	0	0	4	4
Santa Lúcia	0	0	0	0	0	3	3
Argentinos	0	0	0	0	0	2	2
Equatorianos	0	0	0	0	0	2	2
Hindus	0	0	0	0	0	2	2
TOTAL	5	61	501	428	419	279	1693

Fonte: Brazil Railway Co., 1913.

mais temerário que jamais saíra dum cérebro *yankee*, mas que também pode um dia terminar na maior falência *of the world*.[38]

O artigo acertara em cheio: o grupo Farqhuar não iria sobreviver à crise mundial de 1929, estourando sem apelação. Mas as três décadas em que imperou em alguns setores básicos da economia do país haviam sido esclarecedoras sobre os mecanismos de respaldo quase irrestrito do Estado a capitais privados, estrangeiros ou nacionais. A garantia de juros às companhias concessionárias de estradas de ferro, por exemplo, instituto remanescente do Império, arrancava protestos das correntes liberais, que viam nessa e em outras formas de intervenção estatal (inclusive o controle direto de algumas linhas, como a Central do Brasil) indícios de uma política ferroviária "socializante" e inibidora da iniciativa privada, ao acomodá-la na certeza de benefícios, bem como protegendo-a dos riscos da concorrência.[39]

Os privilégios para explorar a longo prazo as terras em redor de cada linha férrea criavam verdadeiros monopólios não só no ramo do transporte como também no da colonização de terras, agroindústrias como a da madeira, mineração e outros. A cidade de Porto Velho nasceu exatamente assim, como novo marco inicial escolhido para a ferrovia, a partir das instalações da empresa construtora; podemos imaginar essa futura capital da fronteira oeste brasileira surgindo de uma estação ferroviária que marcava o ponto de partida da linha, além das oficinas mecânicas, de um cais muito bem localizado no rio Madeira e das primeiras casas do pessoal técnico-administrativo. Ao mesmo tempo, sua condição de cidade ainda não se distinguia muito bem; pois permanecia, nesse momento, a rigor, como núcleo isolado sob controle e jurisdição de uma empresa privada, algo distante do conceito formal de espaço público.

O fenômeno mais agudo produzido por esse tipo de penetração monopólica garantida pelo Estado, no Brasil, foi sem dúvida a Guerra do Contestado, na região litigiosa dos estados do Paraná e

Santa Catarina, durante os anos 1912-6. Por trás desse conflito social devastador — embora menos conhecido que o drama de *Os sertões* e, por isso, apropriadamente chamado de uma "Canudos sem Euclides"—, que chegou a mobilizar 6 mil soldados do Exército (quase metade dos efetivos nacionais em 1914) e reuniu, em suas diversas etapas, cerca de 8 mil revoltosos em armas,[40] reconhecemos alguns personagens de outras plagas: a Brazil Railway Co., concessionária das obras e exploração da extensa ferrovia São Paulo—Rio Grande; sua subsidiária, a Southern Brazil Lumber & Colonization Co., responsável pelo controle voraz de terras na região, pela montagem da serraria mais moderna da América do Sul, no início do século XX, e, enfim, pela desorganização sociocultural e econômica da vida das populações sertanejas, estopim da guerra civil (a qual só não foi classificada como tal por parte do Estado ou dos registros oficiais porque à nação republicana jamais teria ocorrido reconhecer a cidadania daqueles exércitos nômades de despossuídos).

Do ângulo em que vemos essa história, vale ressaltar que extrabalhadores da ferrovia São Paulo—Rio Grande abandonados à própria sorte encontravam-se entre os milhares que lutavam contra a República e seus símbolos — inclusive os trilhos avassaladores —, ao lado de posseiros expulsos da terra, camponeses, pequenos comerciantes e artesãos das vilas e vilarejos, agregados, antigos membros das tropas imperiais e foragidos da justiça. Somente nos 372 quilômetros de construção da ferrovia em território catarinense chegaram a ser contratados, por volta de 1909, cerca de 8 mil trabalhadores, em sua grande maioria vindos de outros estados, incluindo-se aí legião considerável de estrangeiros. Condições de trabalho militarizadas, além da prática do sistema de barracão (armazéns da própria empresa que monopolizavam o fornecimento de gêneros ao longo da linha férrea), são algumas das características nem um pouco inéditas do empreendimento:

O Corpo de Segurança, de aproximadamente oitenta homens, montados, fortemente armados, garantia a ordem mesmo à força. A companhia não efetuava os pagamentos em dia, e as condições de trabalho eram mínimas. As manifestações de protestos dos operários eram reprimidas severamente pelos homens da segurança, que empregavam a violência com tranqüilidade.[41]

Não se trata de retomar aqui a história do Contestado, pelo menos mais bem estudada do que o drama da Madeira—Mamoré. Apenas apontar convergências ali onde elas se manifestam. Desolação, ruína, abandono: na incrível dispersão de forças humanas reproduzida nessa guerra longínqua, cujo cenário principal são os trilhos recém-assentados de uma ferrovia, restaram registros impressos da tragédia, como essas notas do relatório do major Cyriaco Lopes Pereira, em plena operação militar, em setembro de 1914:

> No dia 16, a força atingiu, sem incidente, a estação de São João, onde estavam insepultos e horrivelmente mutilados alguns cadáveres, que foram piedosamente inumados. [...] Queimado como estava o edifício da estação, instalou-se o aparelho telegráfico num carro de bagagem. Sem incidentes, ainda, prosseguia a exploração até Calmon — uma fundação outrora bem povoada e florescente — e naquele instante entristecida pelas negras ruínas do vasto incêndio, que a consumira, e pelos cadáveres extremamente decompostos, que lhe empestavam os ares. Com a mesma segurança o destacamento seguia, deparando outras estações, todas elas incólumes, embora abandonadas...[42]

Mais do que destruição que não deixa vestígios aparentes, são essas obras "incólumes, embora abandonadas" os maiores testemunhos do caráter fantasmagórico de determinadas experiências humanas na modernidade. O escritor inglês H. M. Tomlinson, ao percorrer os acampamentos de obras mais remotos da Madeira—Mamoré, assinalou a seguinte impressão:

Os habitantes dessas choças reclusas deveriam alegrar-se com o nosso temporário tumulto, e com as nossas novas caras. O sino da locomotiva tocava, e nós os deixávamos enterrados novamente no seu profundo silêncio. Havia acampamentos intermediários, abandonados conforme o trabalho progredia. Estes eram ainda mais interessantes para mim. O trabalho do homem, quando deixado em estado selvagem do qual foi conquistado a tantas penas, tem um atrativo próprio, com sua ruína abandonada retornando à terra outra vez. Ali havia algum brejo arenoso, e localizando-se atrás da linha ferroviária, algumas barracas gastas pelo tempo, com seus tetos tortos. Estou seguro de que haveria fantasmas nesses acampamentos abandonados.[43]

E que dizer então dos doentes, eternos moribundos a vagar entre delírios febris, doses de quinino e corredores da morte? O Hospital da Candelária era santuário e túmulo, monumento ao progresso científico e preâmbulo da escuridão. Foi dali, com suas instalações e equipamentos moderníssimos, que médicos e sanitaristas dirigiram seu combate aos males tropicais; foi dali, da meticulosidade científica dos relatórios, que saíram as páginas mais eficazes com vistas ao melhor rendimento do trabalho. Pressionada pela opinião pública, inclusive por denúncias da imprensa internacional, a Brazil Railway Co. publica, após o término da construção da ferrovia, em 1913, um conjunto valioso de relatórios médico-sanitários. Tanto naquela época quanto hoje, por sua inserção privilegiada nos acontecimentos, a palavra médica tem um peso documental e ideológico inquestionável. Nas circunstâncias de então, somente talvez o discurso da engenharia pudesse competir em prestígio e autoridade com o da medicina; mas, mesmo aquele, senhor dos segredos da terraplenagem e dos potenciais da liga entre ferro e vapor, dependia, nas palavras do engenheiro-escritor Neville Craig, dos avanços obtidos pela ciência médica no domínio dos microorganismos que reinavam impassíveis no trópico insalubre. A publicação dos relatórios representa uma prestação de contas pela metade, uma revelação parcial dos segredos da produção. As maiores vítimas, contudo, permaneceriam na sombra à margem do palco, cobaias sem consolo, credores sem nome de uma sociedade que não lhes concedera tempo algum para ser decifrada.

O título dado ao corpo de relatórios sugere um objetivo geral: *Construção de estradas de ferro em regiões insalubres*, o saneamento da bacia do Madeira sendo um caso particular de um problema abrangente. O subtítulo endereça o material a destinatários bem determinados: "documentos oferecidos aos médicos e engenheiros do Brasil pela Brazil Railway Company".[44] O prefácio, não assinado e, portanto, assumido integralmente pela empresa, centraliza-se totalmente na questão da produtividade:

> Desse número total de homens que aqui chegaram [21 817 segundo os dados oficiais, ver Tabela 4], 13 186 figuraram nas folhas de pagamento, de que resulta a proporção de 60% entre os homens que estiveram empregados nos trabalhos e aqueles que não trabalharam; a média de tempo de trabalho, por homem, sendo por conseguinte:
>
> $$364 \times 0,60 = 218 \text{ dias.}$$
>
> Desse número de dias cada homem perdeu 26% devido à moléstia e 15% devido a diversas outras causas, donde se deduz que a média de tempo total de trabalho produzido por um trabalhador importado pela E. F. Madeira—Mamoré é de 123 dias.

Depois de analisar em pormenor a eficiência relativa da mão-de-obra na Madeira—Mamoré, comparando-a com dados similares das linhas férreas Central do Brasil e Noroeste (seção de Mato Grosso), que apresentam coeficientes de rendimento do trabalhador bem superiores, o texto conclui pretendendo ter demonstrado "de maneira clara e indiscutível as razões por que o custo do trabalho produzido na E. F. Madeira—Mamoré atinge algarismos fantásticos".[45] Algarismos fantásticos: até os critérios de medida aparentemente mais precisos e racionais, que determinam, na prática, o valor da mercadoria força de trabalho, parecem fadados a assumir, assim, uma desproporção insólita cujas propriedades pertenceriam, já, ao reino escorregadio das categorias fantasmagóricas. Ultrapassemos, porém, essa fronteira imponderável do cálculo rumo às sutilezas do diagnóstico.

Pela ordem cronológica, o primeiro dos relatórios médicos é o do norte-americano H. P. Belt, feito em julho de 1908, após quase um ano de trabalhos na Madeira—Mamoré. Sua principal contribuição foi ter sido responsável pela instalação e planejamento de um serviço médico-hospitalar adequado às exigências locais. É bom lembrar que a firma construtora não era a própria Madeira—Mamoré Railway Co., mas a May & Jekyll — posteriormente, May, Jekyll & Randolph —, que empreitara o serviço com base no prestígio adquirido em obras ferroviárias de regiões difíceis da América Central. Em 1907, essa empresa estava concluindo a construção de uma ferrovia em Cuba, em que foram empregados 4 mil galegos; imediatamente foram embarcados cerca de 350 em Santiago de Cuba, com destino a Porto Velho. A coisa começou mal: ao aportar o navio em Belém, houve debandada geral em função das histórias correntes sobre o Madeira; apenas 65 homens terminaram a viagem. Segundo relatório de um dos engenheiros-chefes, H. F. Dose, a repercussão na imprensa paraense e internacional teve uma primeira conseqüência: tornou a oferta de mão-de-obra ainda mais escassa, tendo os governos de Portugal, Espanha e Itália proibido formalmente a emigração de trabalhadores de seus países para o Alto Madeira.[46] Dali para a frente, a "imaginação criadora" dos agentes de recrutamento e a violência nada imaginosa dos chefes de turma (chamadas *quadrilhas*) foram fatores decisivos no suprimento regular e na retenção mínima de trabalhadores nas frentes de obras; a outra parte essencial foi assegurada pela instituição médica.

O relatório de Belt não é nada alentador. O índice médio de operários doentes e, portanto, fora da linha de produção chegava a

75%, cifra que atingiria perto dos 90%, em 1909, pouco antes do pedido de socorro a Oswaldo Cruz.[47] Belt, com larga experiência de dezesseis anos em países tropicais, estava convencido, "sem hesitar [...] que a região a ser atravessada pela Madeira—Mamoré Railway é a mais doentia do mundo, e sem um serviço perfeitamente organizado de médicos, bem preparados e práticos na região, o sucesso desse empreendimento é altamente problemático". Depois de recomendar o pagamento de altos salários a todo o corpo médico, bem como férias remuneradas de três meses (alegando que na África inglesa, em condições menos insalubres, eram concedidas férias de até seis meses), Belt volta a sublinhar, com grifos de sua pena:

> *Sei que iss'o acarretará grandes somas de despesa, porém, estou convencido de que nestes trabalhos existem mais dificuldades médicas e sanitárias do que em qualquer outra parte do mundo, sem exceção da África, Egito ou Índia.*

Não é preciso acrescentar que Belt, ao escrever esse relatório a bordo do *Anselm*, escolhia ao mesmo tempo uma forma elegante de se despedir dos patrões, e nunca mais foi visto em Porto Velho. Mas seu trabalho será utilíssimo na organização do sistema médico:

> Nos muitos anos de experiência prática em trabalhos particulares e do governo, em países tropicais [entre eles, na Bolivian Railway Co. e na South American Construction Co.], não tinha encontrado um empreendimento onde houvesse necessidade de uma tão completa e perfeita organização e capacidade executiva do Corpo Médico como aqui.

Algumas observações são elementares, mas de alta valia. Recomenda, por exemplo, que não se recrutassem trabalhadores com menos de dezoito e mais de 45 anos de idade, sendo ideal a média dos 35. Isso, quando a faixa etária efetiva variava dos treze aos setenta anos! Na classificação da força de trabalho, o infalível ranço etnocêntrico: *trabalhadores* são o grande conjunto de não-qualificados; *empregados* são "todos os outros que não latinos ou negros", em geral operários com alguma qualificação ou mesmo ofício especializado. Confessa a precariedade da estatística oficial da empresa: "Não há dados exatos dos acampamentos dos contratantes". Certas constatações são uma ducha fria na alegada "experiência prévia" de May & Jekyll: "Os galegos [que] chegam da ilha de Cuba e os homens brancos do istmo do Panamá morrem tão depressa como os outros". No tocante às pesquisas sobre o comportamento da malária, a reclamação do cientista aparece novamente permeada de etnocentrismo: "Os nacionais recusam a abertura do baço ou do fígado para que se possam fazer descobertas diagnósticas".

Outro problema sério é o da remoção de doentes irrecuperáveis, já que em pouco tempo a demanda de leitos no hospital seria muito mais elevada do que a oferta. Ocorre que, no início dos trabalhos, além da recusa dos vapores a transportar doentes, havia a negativa das autoridades municipais de Manaus e Belém em recebê-los, devido ao temor compreensível de que se gerassem focos de epidemias urbanas. Posteriormente, seriam organizadas linhas exclusivas para transferência dos desvalidos, com as medidas cautelares de isolamento total das embarcações e vigilância contra fugas.

As recomendações finais de Belt, à guisa de conclusão, objetivam claramente forjar um programa que combine a otimização da saúde com a da produtividade. Vejamos:

1º) Que seja organizado na região um completo corpo médico, chefiado por um cirurgião-chefe, de grande e larga experiência tropical e capacidade executiva, a quem compete escolher seus ajudantes tornando-se responsável pelos mesmos. Devem lhe ser dados poderes plenipotenciários, e ele deve entregar todos os relatórios diretamente ao Engenheiro-Chefe.

2º) Que sejam celebrados contratos pelos quais embarques regulares de trabalhadores sejam feitos cada sessenta dias, em número que se julgue suficiente. Sendo levado a efeito esse método, haverá uma corrente de novos trabalhadores úteis para o trabalho, impedindo assim que a maior parte do pessoal fique doente ao mesmo tempo, como acontece presentemente.

3º) Que sejam tomadas as medidas necessárias para assegurar a chegada à região de trabalhadores em perfeitas condições físicas. Isso necessitará os serviços de um médico no ponto de embarque que tenha chefiado grandes turmas de homens nos trópicos e conheça os atributos físicos necessários para o bom trabalhador no rio Madeira.

4º) Antes de ser embarcado nos Estados Unidos ou em qualquer outro lugar um engenheiro ou empregado do contratante, deve ele passar por um exame médico feito por quem tenha praticado nos trópicos. Esse exame não deve ser superficial, porém completo, porque o número de homens brancos enviados e que se acham antecipadamente inválidos para o trabalho é enorme. A Madeira—Mamoré não deve utilizar-se dos serviços de estudantes e principiantes, mas de homens experimentados. (Assinado) *H. P. Belt.*[48]

Os trabalhos de Oswaldo Cruz na região foram resultado de uma chamada de emergência da Brazil Railway Company. Esteve um mês inteiro na região da ferrovia; instalou-se no Hospital da Candelária, visitou Santo Antônio, que definiu como um grande antro de moléstias, e percorreu a linha da ferrovia até o quilômetro 113, altura do rio Jaci-Paraná. O relatório que apresentou em setembro de 1910 justifica plenamente as esperanças nele depositadas: é o trabalho médico-sanitário mais completo sobre o alto Madeira.[49] Foi realmente um *tour de force,* e os dados obtidos são mais ricos em informações do que os do serviço regular da Candelária. O gosto pela minúcia é das vantagens que leva em seu ofício. Até mesmo o atraso da partida de Belém ele justifica no seu informe, em função de uma greve de foguistas a bordo do navio *Acre*. Na capital paraense, orienta o governador e os dirigentes da companhia Port of

Pará (pertencente ao grupo Farqhuar) sobre medidas profiláticas contra a febre amarela.

Das observações feitas, prepara lista pormenorizada das "moléstias reinantes": pneumonia, sarampo, ancilostomíase (originada de um parasita intestinal), beribéri, disenteria, hemoglobinúria, febre amarela, pé-de-madura, pinta, espundias, calazar (leishmaniose visceral) e, a mais grave de todas, impaludismo (malária), o grande responsável, segundo o sanitarista, "pelo descrédito crescente que infelicita esta região [...], o único terror sério destas regiões", apesar de constituir "moléstia evitável":

> A região está de tal modo infectada que sua população *não tem noção do que seja o estado hígido* e para ela a condição "de ser enfermo" constitui a normalidade. As crianças — as poucas que existem — inquiridas sobre o estado de saúde respondem simplesmente "não tenho moléstia, só tenho *baço*". E caracterizam assim a enorme esplenomegalia cuja presença *sentem* e que é consecutiva aos acessos repetidos de malária.

O inventário que faz das condições de trabalho é bem abrangente. Fala das dificuldades de recrutamento de trabalhadores (inclusive nacionais, agravadas pela concorrência da produção de borracha); refere-se ao sistema de barracão ("adiantamento" do valor da passagem e dos gêneros fornecidos pela empresa, além da refeição diária, de baixa qualidade); menciona as *quadrilhas* de oito a dez homens no trabalho da linha e a forma de subcontratação, por meio dos "tarefeiros"; descreve os acampamentos além da ponta dos trilhos, de dez em dez quilômetros, mais ou menos, em que se concentra um médico, um ambulatório provisório, armazém de víveres e até posto telefônico, havendo também um comedouro onde se servem as refeições, que consomem cerca de 40% do salário fictício do trabalhador; finalmente, relata que os trabalhadores preferem em geral não morar no acampamento, construindo cabanas cobertas com palha de coqueiro — material que não é nativo da região, sendo também fornecido pela empresa, detentora de grande estoque —, que se espalham ao longo de cada trecho da linha em obras.

As conclusões de Oswaldo Cruz são por demais relevantes. Propõe essencialmente uma campanha ampla e intensiva de quinização, fundada numa ordem de tipo militar. O objetivo final permanece imutável: *sanear para produzir*. Trata-se de um programa inteiramente hierarquizado de combate à malária, sob controle direto da companhia, acrescido da vigilância por parte de representantes do poder público. Nesse esquema, o chefe do serviço sanitário passa a dispor de poderes quase irrestritos sobre a força de trabalho. Agentes de recrutamento, chefes de turma e equipes médico-hospitalares associam-se num circuito rígida e meticulosamente arquitetado com vistas aos fins da produção. A imagem caótica e aventureira que cercara inicialmente o evento cede terreno, pouco a pouco, às técnicas da higiene e saúde pública, componentes indispensáveis da organização racional do trabalho. É de supor que, muito provavelmente, esse estatuto disciplinar de saneamento compulsório da região da Madeira—Mamoré idealizado por Oswaldo Cruz não tenha sido seguido à risca pela empresa construtora, tal a complexidade e precisão mecânica das operações administrativas nele contidas. Mas, de todo modo, sua presença no corpo dos relatórios selecionados pela companhia ferroviária já indica uma tendência clara no rumo da otimização das forças produtivas. Propostas como a de criar uma função técnico-sanitária específica — o distribuidor de quinino — ou a de instituir prêmios salariais aos operários e turmas de trabalho que alcançassem a façanha de se manter saudáveis por um prazo determinado demonstram, com riqueza de evidências, o sentido e a direção das contra-regras profiláticas que o espetáculo passava a comportar.[50]

Na mesma linha, o relatório do médico Carl Lovelace, dos que mais tempo permaneceram em Porto Velho, marca continuidade com os discursos precedentes e, de certa forma, enfeixa o círculo de homenagens à ciência moderna. Referindo-se ao início das obras, esclarece acerca da subestimação das estatísticas relativas às mortes. Naquele momento,

> a média de permanência dos trabalhadores nas obras era pouco menos de três meses. Todos os vapores partiam carregados de homens atacados de febre, que fugiam assombrados para escapar do vale mortífero do Madeira. É essa a razão por que, durante o ano de 1908, a porcentagem da mortalidade era relativamente pequena ao lado de um grau altíssimo da moléstia.
>
> [...] Uma grande parte desses empregados não permaneceu mais de seis meses.
>
> [...] e grande número morreu durante a viagem ou passou um longo termo de invalidez na sua pátria.

Sua bandeira principal também é a da quinização, anotando a resistência do pessoal ao tratamento, especialmente por parte dos "trabalhadores nacionais, primeiro, com um espanto jocoso, e depois, com desconfiança teimosa". A exposição feita sobre o sistema hospitalar da Candelária reafirma os progressos obtidos por essa ciência administrativa da morbidez:

> Antes, esse hospital era considerado uma câmara de torturas para mendigos. Hoje, consideramos uma honra o fato de ser o hospital respeitado pela população, como um santuário de saúde, ardentemente procurado na hora da dor e guardado em grata memória, depois de restabelecidos.
>
> Esse serviço é único na história do saneamento tropical.

Sim, o saneamento já possuía uma história, embora fosse difícil reconhecer os avatares das massas humanas consumidas no percurso. Por isso, nessa saga de resultados tão desiguais, a febre amarela e a varíola, por exemplo, podiam ser "reprimidas e dominadas" e os parasitas da malária, "subjugados pela inteligência humana". Essa narrativa asséptica já devia, inclusive, ostentar um título; não importa que tantos milhares tenham tombado no caminho, pois afinal a civilização se impõe, apesar desses incontáveis sacrifícios. A depender do roteirista, quem sabe, os exércitos de miseráveis poderão ter sua ponta como figurantes, quando o drama for reapresentado. "De qualquer modo":

> Se o nosso trabalho aqui mostrou [...] que o espectro aterrador das endemias reinantes pode ser definitivamente vencido, os membros desta corporação ficarão satisfeitos com o conhecimento e a honra de terem cooperado com pequeno contingente para a evolução universal no século xx, que os historiadores do futuro narrarão com o título de *Povoamento dos Trópicos*.[51]

Focalizemos, por fim, a intervenção do dr. Joaquim Tanajura, que, como chefe do serviço sanitário da Comissão de Linhas Telegráficas Estratégicas de Mato Grosso ao Amazonas, a mitológica Missão Rondon, desceu a região do alto Madeira por volta de 1909, chegando a Santo Antônio na mesma época em que lá esteve Oswaldo Cruz. Perto se instalara um acampamento para iniciar a construção da linha telegráfica naquele trecho. Suas anotações médicas, presas ainda ao determinismo geográfico, pouco acrescentam aos relatórios anteriores.

Mas o que mais nos interessa aqui é um breve sinal, uma referência rápida e insinuante, capaz de aguçar a curiosidade em pleno trânsito de capítulos. Falando a respeito dos mais de sessenta doentes recolhidos a uma enfermaria improvisada no início da linha do telégrafo, em março de 1911, Tanajura comenta:

> Por esse tempo o beribéri grassou com intensidade entre esses doentes, em sua maioria ex-marinheiros, fazendo algumas vítimas.[52]

Quem são esses "ex-marinheiros"? Ao buscar a fundo sua origem, mergulhamos em outras tramas da história republicana. Seus fios se entrecruzam num ponto obscuro da Amazônia. Revolta da Chibata, dos marinheiros enfurecidos contra o castigo corporal na Marinha, sob a liderança do negro João Cândido, na baía de Guanabara, 1910; ferrovia Madeira—Mamoré, em plena construção, entre Porto Velho e Guajará-Mirim; chegada da comissão chefiada pelo coronel Rondon a Santo Antônio, pacificando índios e erguendo milhares de quilômetros de postes e fios telegráficos: como se atravessam essas linhas?

6. Quimeras de ferro
História repetida como tragédia

Nesse momento a população foi sacudida por um apito de ressonâncias pavorosas e uma descomunal respiração ofegante. Nas semanas anteriores viram-se grupos de trabalhadores que colocavam dormentes e trilhos, mas ninguém prestou atenção porque pensaram que era um novo artifício dos ciganos, que voltavam com a sua secular e desprestigiada teimosia de apitos e chocalhos apregoando as excelências de sabe Deus que miserável panacéia dos xaroposos gênios hierosolimitanos. Mas quando se recuperaram do espanto dos assovios e bufos, todos os habitantes correram para a rua e viram Aureliano Triste acenando, com a mão, da locomotiva, e viram assombrados o trem enfeitado de flores que, já da primeira vez, chegava com oito meses de atraso. O inocente trem amarelo que tantas incertezas e evidências, e tantos deleites e desventuras, e tantas mudanças, calamidades e saudades haveria de trazer para Macondo.

G. García Márquez, *Cem anos de solidão*

Ele representava a figura humana, a mesma vida superior envolta na queda das coisas, arrastada na ruína geral. E não há quadro mais doloroso do que este em que a ação do tempo, a força da destruição não se limita somente às tradições e aos inanimados, mas envolvendo no descalabro as pessoas, e as paralisa e fulmina, fazendo delas o eixo central da morte e aumentando a sensação desoladora de uma melancolia infinita.

[...] além disso, no grande desleixo da casa abandonada, restos de maquinismos espalhados pelo chão, tubos, caldeiras, rodas dentadas, atestando ter havido ali uma instalação melhor, que o homem, caindo de prostração em prostração, perdendo todo o polido de uma civilização artificial, abandonara agora em sua decadência, para se servir dos aparelhos primitivos que se harmonizavam com a feição embrutecida do seu espírito.

Graça Aranha, *Canaã*

Porto do Rio de Janeiro, noite de Natal, 1910. O navio *Satélite* zarpa sorrateiramente, sua carga e rumo são desconhecidos. Na melhor das descrições dessa estranha viagem, Edmar Morel refere-se ao *Satélite* como navio-fantasma; navio-fantasma e fantástico vapor, estes são os epítetos dados também por um integrante da Comissão Rondon, Booz Belfort de Oliveira, em carta endereçada a Rui Barbosa e que constitui uma das poucas fontes primárias sobre o destino daquela embarcação.[1]

A revolta dos marinheiros da Armada — em sua grande maioria negros e mestiços — contra os castigos corporais havia sido vencida. A anistia a João Cândido e demais líderes serviu de cortina de fumaça para que o governo Hermes da Fonseca desencadeasse nova onda de repressão sobre o movimento, contando para isso com o estado de sítio e um regime republicano em que a cidadania era coisa de poucos. Dois episódios marcam a violência do Estado no encerramento da revolta: a prisão, tortura e morte de vários líderes "anistiados" na ilha das Cobras; a deportação de pelo menos 441 pessoas (105 marinheiros, 292 homens e 44 mulheres da Casa de Detenção) para a Amazônia, a bordo do *Satélite*.[2] Juntam-se aos trabalhadores do mar, portanto, centenas de operários, vagabundos, prostitutas e outros "desclassificados", numa operação muito mais ampla que, a pretexto de pôr ordem na Marinha, visa sanear os movimentos sociais urbanos da capital federal. A massa de desterrados viajou nos porões, sob a vigilância de cinqüenta soldados e três oficiais do Exército, com o reforço de mais 28 praças no Recife. O destino daqueles homens e mulheres já estava definido. Na lista de embarque, alguns nomes dos marinheiros (legalmente, todos impuníveis) apareciam assinalados com um *x*, o que significava execução em alto-mar. Ao todo, pelo menos nove morreram dessa maneira, fuzilados sob pretexto de um motim forjado, ao que consta, com a ajuda de agentes do governo metidos entre os presos. Quanto aos demais, após seus nomes em geral estava escrito: linha telegráfica. Isso queria dizer que o navio se dirigia a Santo Antônio do Madeira, onde a massa deveria ser desembarcada. Apenas imaginamos os percalços dos que sobreviveram aos 41 dias de viagem. O terror infundido em torno da região do alto Madeira era de tal magnitude que, ao receber ordem para partir de Manaus rumo a Santo Antônio, maquinistas, foguistas e carvoeiros do *Satélite* tentaram opor resistência.

O desembarque foi uma cena dantesca. Segundo o relato de Belfort de Oliveira, havia trezentos e tantos homens e 41 mulheres, o que sugere muitas outras baixas antes da chegada. Conforme um radiograma do Ministério da Agricultura, duzentos homens deveriam ser engajados nos trabalhos da linha telegráfica; outros duzentos, na construção da ferrovia Madeira—Mamoré. Já o comandante do *Satélite*, Carlos Storry, é mais seco e sucinto em seu relatório:

A 3 [fevereiro, 1911], pela manhã foram entregues à comissão do dr. Rondon duzentos homens conforme ordem do governo, os restantes teríamos de descer com eles e ir deixando-os pelas margens do rio; felizmente momentos depois chegavam aos poucos os seringueiros que pediam ao comandante da força, homens, e assim foi se dispondo do pessoal até que saíram os últimos; neste mesmo dia pelas 7 h. p. m., deixávamos o porto de Santo Antônio, livres e salvos das garras de tão perversos bandidos.[3]

Mas a coisa parece ter sido mais complicada. Belfort de Oliveira afirma:

> Os americanos, que exploram o sindicato da Madeira—Mamoré, recusaram-se, porém, a receber os duzentos, que lhes eram destinados: o que não impediu que o governo os mandasse. Os americanos prepararam-se, para inter por [sic], o desembarque, estabeleceram uma quarentena, por ocasião da chegada dos mesmos, a fim de impedir a entrada ou saída de quem quer que fosse dos limites de sua sede, chegando, até, a responsabilizarem o governo, dos danos ou perdas, que tivessem com a chegada daquele elemento de desordem.[4]

O depoimento do engenheiro alemão Guilherme Voss, que trabalhou na ferrovia, confirma e enriquece essa versão:

> A companhia estava de sobreaviso. Foram distribuídas Manlicher e carabinas com muita munição para sustar o desembarque. O vapor parou em frente de Porto Velho. Comunicaram ao comandante (ou encarregado, pois isso eu não sei), que não era desejado o desembarque. Porque não havia só os revoltosos, também um grande número de mulheres da rua, e em Porto Velho não era consentida a parada de mulheres naquele tempo. O *Satélite* foi a Santo Antônio e enfiaram todos na linha telegráfica do marechal Rondon.[5]

Aproximemo-nos ainda mais um pouco da cena do desembarque:

> A guarnição formou ao longo do navio armado em guerra, de carabinas embaladas, os porões foram abertos, e, à luz de um sol amazonense, os quatrocentos desgraçados foram guindados, como qualquer coisa, menos corpos humanos, e lançados ao barranco do rio. Eram fisionomias esguedelhadas, mortas de fome, esqueléticas e nuas como

lêmures das antigas senzalas brasileiras. As roupas esfrangalhadas deixavam ver todo o corpo. As mulheres, então, estavam reduzidas às camisas. Imediatamente, uma porção de seringueiros apresentou-se e foram escolhendo, aos lotes, os que mostravam restos de uma robustez passada.[6]

Já o imigrante espanhol Benigno Cortizo Bouzas, autor de um magnífico depoimento sobre sua experiência no cenário da Madeira—Mamoré, narra o mesmo episódio da seguinte maneira:

> Uma tarde, um sinistro vapor de nome *Satélite* fundeou na barranca de nossa granja. [...]
>
> O delegado de polícia de Santo Antônio [...] comunicou ao comércio e proprietários locais, que podiam candidatar-se a adquirir empregados a bordo do *Satélite*, mediante certas condições.
>
> No dia e hora assinalados se exibiram os detidos em nossa granja e os interessados assinalavam os que pretendiam levar para dar-lhes emprego. O chefe da expedição, capitão Matos Costa, tinha a preferência nas escolhas, para mandá-los, por conta do governo, à construção de uma linha telegráfica, desde Santo Antônio a Cuiabá. Os infelizes escolhidos pelo capitão Matos Costa tremiam de medo e imploravam aos paisanos que os recolhessem. Nada conseguiam.
>
> As decisões do capitão Matos Costa eram coisa que não se podia discutir. Depois do reparte dos homens, veio a apresentação das mulheres. Estavam quase desnudas. Haviam entrado no vapor com as roupas do corpo, e numa viagem de quase dois meses, se haviam gasto. Cobriam seus corpos da cintura abaixo, com as mantas que lhes haviam dado no barco. A ordem era que somente podia levar uma mulher daquelas, uma casa de família, mas somente umas cinco ou seis donas de casa se candidataram e o resultado foi deixar aquelas infelizes entregues à sua própria sorte. Recordo-me que uma delas, bonita ruiva de nome Angelina, recebeu ali mesmo no campo de distribuição, um telegrama do Rio, enviando-lhe dinheiro e solicitando seu

regresso urgente. A mulher, chorando de contente, abraçou-se a outra companheira e lhe dizia que o dinheiro chegava para as duas, que regressariam juntas pelo primeiro barco. A adversidade não havia diminuído o sentimento de amizade naquela criatura, que por tão tremenda prova havia passado.[7]

Navio-fantasma: sinistro, maldito, surreal. Os próprios narradores reconhecem o aspecto fantasmagórico que reveste o acontecimento, envolto nos segredos de um Estado cuja missão precípua, nesse caso, é a supressão de identidades. Aquele recanto de terra, fim do mundo civilizado e começo de linhas ainda frágeis, bem podia ser reproduzido como "a sepultura do suicida moral, a pátria dos proscritos".[8]

Que fim levaram os remanescentes? A julgar pelos relatos que sobrevieram, a maioria dos homens morreu em poucos meses, dispersos pelos acampamentos da linha telegráfica. As mulheres, em grande parte, também desapareceram, entregues à prostituição em Santo Antônio. Os depoimentos de Belfort de Oliveira — na verdade auxiliar do serviço sanitário da Comissão Rondon e trabalhando sob as ordens do dr. Joaquim Tanajura — e de Benigno Bouzas falam em outras tantas execuções de marinheiros e trabalhadores a mando do capitão Matos Costa. Este último também não teria melhor sorte. Depois de exercer com mão-de-ferro o comando da guarnição militar em Santo Antônio, acabou por entrar em rota de colisão com os americanos da companhia Madeira—Mamoré. Em pouco tempo foi transferido. Foi morto em 6 de setembro de 1914, quando participava das operações militares na guerra social do Contestado.[9]

Poucos desses desterrados deixaram sinal de vida. Bouzas menciona um auxiliar de farmácia, dos raros que conseguiram sobreviver e se "integrar" na vila de Santo Antônio. Outro era um barbeiro carioca, Hilário Silveira, que desaparece depois de ficar poucos dias na granja de Bouzas. É preso em seguida, acusado de vadiagem e homossexualismo. Ganha um apelido pejorativo: Pintassilgo. Ameaçado de ser entregue ao capitão Matos Costa, some de vista.[10] A ausência ou perda de identidade é a regra geral:

> Muitos dos passageiros do *Satélite*, principalmente as mulheres, tinham os seus nomes na lista, da maneira mais simples possível. "Catarina de tal", "Maria", "Raimunda", etc. Eram cidadãos livres [*sic*], ombreados com o esgoto social, rumo ao desconhecido.[11]

De todo modo, Belfort de Oliveira estima que quase a metade dos homens engajados à força na Comissão Rondon "era constituída de trabalhadores, operários, que foram feitos prisioneiros durante o estado de sítio".[12]

Todos os depoimentos convergem para um fato: as duríssimas condições de trabalho na Comissão de Linhas Telegráficas Estratégicas de Mato Grosso ao Amazonas. Sob a chefia de Rondon, de 1907 a 1915 foram construídos 2270 quilômetros de linhas e 28 estações telegráficas; realizou-se o levantamento geográfico de 50 mil quilômetros lineares de terras e águas; determinaram-se mais de duzentas coordenadas geográficas; descobriram-se doze novos rios e corrigiram-se enganos sobre o curso de tantos outros, como o rio da Dúvida; iniciou-se oficialmente uma política do Estado para a questão indígena, com a criação do Serviço de Proteção ao Índio, em 1910.

A organização do trabalho era de natureza militar. As estações eram construídas a cada noventa quilômetros. O sistema de acampamentos lembrava o da construção de ferrovias, com a diferença de que a concentração de trabalhadores era bem menor. Para o estabelecimento da linha foram utilizados fios de ferro zincado, isoladores de porcelana e postes, em geral de madeira; justamente na Seção do Norte, que se estendia de Santo Antônio ao rio Jaru, com um ramal até Guajará-Mirim — paralelo, portanto, à ferrovia —, dificuldades técnicas tornaram obrigatório o uso de postes de ferro. Durante dois anos de trabalho, segundo relatório da Comissão, a Seção do Norte empregou 250 trabalhadores, com o registro oficial de apenas cinco mortos. Resultado tão favorável é imputado aos trabalhos sanitários do dr. Tanajura e à boa aclimatação dos operários, em sua maioria soldados que já serviam na região.[13] Parece claro que esses dados subestimam os problemas sociais havidos, omitindo deliberadamente, por exemplo, o destino trágico de grande parte dos passageiros do *Satélite*.

Das principais narrativas militares em torno da Comissão Rondon, a do major Amílcar de Magalhães é das raras a fornecer pistas interessantes. Em sua obra de memória, dedica um capítulo às "Revoltas de acampamento", com o sintomático subtítulo: "Contingentes de indesejáveis". Descreve detalhadamente como era difícil impor a disciplina às tropas engajadas na construção das linhas do telégrafo. Lembra a origem social das praças:

> Ao tempo das primeiras comissões que o general Rondon chefiou [...] o Exército brasileiro era constituído, não pelo sorteio militar como atualmente, mas por elementos exclusivamente provindos da classe baixa da sociedade e por indivíduos na maioria analfabetos, mal-educados e sem moralidade. Tal era a conseqüência do voluntariado de que se compunha e cuja insuficiência anual forçava o engajamento e o reengajamento de uma corja de vagabundos e indisciplinados que infestavam as fileiras com os seus incorrigíveis e inveterados maus costumes.[14]

Reclama em seguida do fato de que, após revoltas militares como a da fortaleza Santa Cruz, no Rio de Janeiro, e a da Chibata, na Marinha, em 1910, "tocava sempre à Comissão Rondon um contingente de revoltosos", sendo portanto "nada invejável" a situação dos oficiais ante esse "amontoado de feras humanas":

> O problema a resolver apresentava duas dificuldades capitais: (1º) *amansar*; (2º) fazê-los produzir.[15]

Entre as revoltas que relata a seguir, fala de uma que não chegou a estalar, liderada pelo ex-marinheiro Russinho à frente de onze "agitadores", cujo "plano diabólico" era um "legítimo fruto dos mesmos cérebros que dirigiram meses antes a revolta dos marinheiros da esquadra nacional". Seguindo o tom extremamente faccioso desse relato, baseado numa teoria conspirativa da história, ficamos sabendo que o movimento foi desarticulado pelo próprio Rondon e que as lideranças desertaram, ante a iminência de castigos corporais,[16] prática essa que, convém lembrar, esteve na raiz da revolta de 1910.

Está-se, pois, mais uma vez, diante do trabalho compulsório *tout court*. Na expansão e delineamento das fronteiras do Estado nacional, bem como na montagem de uma infra-estrutura moderna, vital para a circulação capitalista de mercadorias, formas servis e escravistas de trabalho foram empregadas de modo usual e sistemático. É exatamente um processo análogo a esse que foi descrito como acumulação primitiva. Não se tratava de nenhum resquício, mas do caráter atual das relações de produção, todas elas dominadas pelo movimento do capital. É novamente o major Magalhães quem nos confessa:

> A pega dos desertores trazia-me reminiscências dos tempos idos, da era dos *capitães do mato*, da captura dos escravos!
>
> Detestava semelhante incumbência! A Comissão, reconhecia-o amplamente, não podia fugir a essa injunção, pois que no dia em que abolisse as providências enérgicas que tomava, no máximo esforço de prender os desertores e os reconduzir ao acampamento, as fugas se multiplicariam e faltaria pessoal para o trabalho![17]

Dentro de um processo de militarização completa das relações de trabalho, todo subalterno é, em princípio, um suspeito. O caso do "Marinheiro" (quase certamente um trabalhador oriundo dos porões do *Satélite*) é outro exemplo esclarecedor da ideologia conspiratória. Vejamos a construção do discurso, que desenha a figura do "elemento perigoso e demoníaco"; apresenta um clima psicológico "adverso", operando sobre uma série subjetiva de "sintomas", na verdade projeções de tipo paranóide persecutório:

> Por fora do parêntesis que abrangia a maior parte dos soldados, como um provável fator capaz de multiplicar a rebeldia, destacava-se um praça conhecido pela alcunha de Marinheiro. Sintomas evidentes da evolução de pensamentos que o cérebro do Marinheiro ia produzindo, em tendência acelerada, para descer entronizado em Satanás ao pélago de uma sedição… sintomas velados apenas ao olhar e à análise de quem não tivesse a prática de tais comandos… sintomas apreendidos num relancear d'olhos pelo oficial… envolveram desde logo o Marinheiro na onda preventiva da fiscalização do comando. Do simples meditar passara o soldado ao externar de idéias, em busca de prosélitos, no afã da propaganda, dos conluios secretos que semeiam cautelosamente nas massas humanas o germe da revolta…[18]

Nada acontece. Mas relatos como o desse militar certamente dão uma idéia aproximada da tensão permanente vivida por aqueles "contingentes de indesejáveis", trabalhadores da selva isolados e dispersos num cotidiano que juntava o desespero da solidão à violência perene dos que mandavam.

Voltemos um instante, contudo, ao cenário esquivo e fugaz da ferrovia-fantasma, para inquirir as ruínas de Santo Antônio, tal como o historiador expedicionário Manoel Rodrigues Ferreira o fez, no final de 1959, movido de impulso irresistível, obsessivo, atraído provavelmente pela atmosfera recomposta na própria obra recém-concluída, *A ferrovia do diabo*. Que diziam em 1959 os destroços de diferentes camadas temporais de uma era ferroviária? Dar algum sentido a esses vestígios caóticos de uma paisagem desolada já representa uma façanha. Por isso mesmo, o reencontro da melancolia do historiador com os restos da sua matéria merece transcrição:

190

Continuando a andar a pé, por uma trilha na capoeira, chegamos à beira da alta barranca do rio Madeira. Em frente, pequena ilha no meio do rio. As águas passam em velocidade através dos grandes blocos de pedra. Hoje, ali existe uma casa de palha onde mora um trabalhador. Sob uma alta mangueira, jaz um locomóvel, ou melhor, o que restou de uma caldeira que para cá trouxe a empresa Collins em 1878. Abandonada, foi fotografada em 1907, pela companhia norte-americana que veio construir a ferrovia. Vejo agora essa mesma caldeira sob o grande pé de mangueira. Junto à alta barranca do rio há um muro de arrimo, de pedras. Devia sustentar uma grande habitação, um armazém, um bar, ou coisa semelhante, pois, abaixo, vejo grande quantidade de garrafas. Parece que se bebia na casa aqui localizada, e atiravam-se os frascos pela janela, os quais amontoaram-se em grande quantidade, na barranca. Nos últimos cinqüenta anos, quando as águas do rio Madeira subiam, depositavam areia nesse local, soterrando as garrafas. Agora, as águas estão fazendo trabalho inverso, descobrindo o depósito de garrafas, que vemos às centenas. Muitas, de louça esmaltada, outras de vidro, dos mais variados formatos, inclusive botijas de barro cozido. Todas trazem gravadas as suas origens: uísque da Escócia, vinhos de Portugal, e outras bebidas de Belfast (Irlanda), Inglaterra e em muitos litros, o selo de um *vermouth* italiano moldado em vidro e aplicado ao gargalo. Só com estes frascos, poderei saber se esta quantidade extraordinária de bebidas foi ingerida pelos ingleses em 1872 e pelos norte-americanos em 1878, ou pela multidão em 1907 a 1912.

Mas para quê? Em qualquer dessas épocas, vamos encontrar sempre centenas de homens aqui em Santo Antônio, bebendo às suas próprias frustrações.

Percorro agora as imediações. E na capoeira vou encontrando a cada passo peças de ferro, enferrujadas, restos das malogradas empresas de ingleses e americanos, em 1872 e 1878 respectivamente. No silêncio ambiente, custa crer que este local, no século passado e no começo do presente, tivesse sido, por vezes, acampamento de centenas e milhares de pessoas, procurando iniciar a construção de uma ferrovia, falando diversas línguas, bebendo finíssimas bebidas européias, todas sofrendo, encostando-se febris aos troncos das árvores, caindo exangues, morrendo no interior das palhoças.[19]

Que sentidos buscar ali? Que dizem os destroços? Um estigma parece dominar os que sobrevivem à tragédia. Retornam ao cenário e refazem o roteiro, mesmo que só imaginariamente, na esperança de agora, muito tempo depois, entender algo mais daquele mundo afastado. O personagem central de *O romance da Madeira—Mamoré* resume certo romance que é de todos, inclusive do historiador de ofício. O espírito de aventura, único impulso imperecível, leva-o de volta à espaço-temporalidade da ferrovia diabólica, como "num álbum de fotografias, mas de maneira diferente":

A gente volta a conviver com as pessoas que estimou, e no momento mais agradável do passado, fixado num raio de luz, o mesmo raio de luz, que gravou na gelatina de uma chapa fotográfica um quadro inesquecível. Aquilo que nos agradou volta a ser vivido todas as vezes que se tiver vontade, o que agora não nos é facultado, porque somos como um rolo de filme, que está sendo projetado sem possibilidade de pausa. Só sujeito à quebra. E, então, a luz acende-se, porque o filme rebentou. A projeção continua, depois, mas no outro lado da tela. […] Os pináculos geram a solidão. Ninguém pode viver bem nos píncaros das montanhas e da sociedade. No meu caso, o encontro com aquela ruína agravou o amargor da frustração. Para que tanto esforço, tantas vidas perdidas? Que resultou do sofrimento de tantos milhares de criaturas, atiradas à frente da batalha da selva mais inóspita do mundo?[20]

Nesse itinerário, as imagens que se descortinam são necessariamente puntiformes. Mas recuperar alguns desses instantâneos é de vital importância para que se surpreendam cenas do inferno em movimento. Outras tantas linhas, mais inescrutáveis, se entretecem nesse plano do espetáculo. Veremos então, por exemplo, funcionários *white-collars* da ferrovia Madeira—Mamoré organizando um estranho banquete na selva, digno de *Alice no País das Maravilhas*: a reunião de uma loja maçônica fundada por norte-americanos, com os rituais seguidos a rigor, no distante acampamento nº 11; uma comunhão fraterna que estabelece um paralelo entre as obras do Templo do Rei Salomão e o projeto daquela estrada de ferro.[21]

Ou, de outro lado, inevitáveis cenas de faroeste, em especial nos dias de pagamento, preferidos pelos valentões, jogadores profissionais e outros franco-atiradores da sorte. Mulheres, música e bebidas eram então vendidos a peso de ouro. Benigno Bouzas calcula que metade da população que circulava em Santo Antônio não vivia de trabalho regular. Seus olhos de jovem garçom de uma espelunca chamada Hotel Dos Naciones, com mesa de bilhar, puderam ver e testemunhar coisas de uma perspectiva inusual. Histórias de amores perdidos nunca faltaram nessas paragens, onde descambavam homens solitários feridos de morte no coração. Personagens efêmeros como a noite:

Eduardo Saavedra, ex-dono de uma livraria em Havana; Rafael Paredes Veiga, mestre-cuca de alta culinária, segundo ele, e Heliodoro Fuentes, aliás El Curro, em outros tempos famoso toureiro, segundo dizia, eram três bebuns endiabrados. Somente trabalhavam quando nenhum deles tinha um centavo; se conseguiam alguns dólares, faziam algumas provisões de batatas e toucinho e acampavam em pleno mato. Ali filosofavam e discutiam política internacional até esgotar a última batata.

Saavedra tinha certa cultura. Dizia ele de si mesmo: eu hoje não valho nada. Depois que me entreguei ao relaxo, sou um homem que não merece tal nome. Tudo por causa da Concha!...

— Que lhe fez a Concha, senhor Saavedra?

— Ah! Nem me fale filho meu, nem me fale da Concha, respondia aquele homem em ruínas.

El Curro adiantava algo sobre o drama Saavedra-Concha e dizia que depois de arruinar a Saavedra com caprichos de jóias, perfumes e viagens, fugiu para Cayo Hueso com um mexicano dono de um circo. Saavedra, desgostoso e apaixonado, entregou-se à bebida e ao jogo até chegar àquele ponto. Por sua vez Paredes já contava o caso de outra maneira: dizia que a Concha era uma rameira de ínfima qualidade, de que Saavedra se apaixonou perdidamente.[22]

Quantas histórias de vida completamente mudas? Os depoimentos de doze sobreviventes da construção da ferrovia, colhidos por Manoel Rodrigues Ferreira em 1960, constituem jóia rara desse drama. É um privilégio desmedido podermos escutar ainda os ecos daquela toada triste que o sr. Lucas de Bissette, natural da ilha de Granada, um dos 30 mil heróis ferroviários do alto Madeira, ouvia com freqüência o dr. Peel cantarolar nos corredores do Hospital da Candelária, naqueles dias terríveis em que lá esteve internado:

If you want to feel Richard
lonely and blue
just think of the girl
that you love best
in the hand of another
stelling a kiss.[23]

Ou o relato sobre os mais de trezentos gregos da ilha de Creta chegados à Madeira—Mamoré, atraídos pela lábia interesseira de um seu patrício, habilidoso agente de recrutamento. Ou ainda passagem mais trágica, sucedânea do motim dos italianos em 1878, agora em pleno século xx e tendo operários alemães como protagonistas, conforme testemunho do engenheiro Guilherme Voss:

Não mencionei ainda os seiscentos alemães, que quando chegaram a Porto Velho, o sr. Jurgens, que contratou esses homens, estava na linha. Eu tive de aconselhá-los a desembarcar, que não estavam dispostos por más notícias. Foi um desastre. Muitos fugiam. A companhia mandou-os trabalhar na reta grande, de Abunã [cerca de 44 quilômetros de terras pantanosas]. A chuva chegou, terra não se podia movimentar, o ganho era pouco, tudo ficou alagado. Muitos meteram a cara no mato para ir a pé para Manaus. Outros roubaram barricas de cimento para fazer uma balsa, morreram afogados. Era um pessoal recrutado no pior bairro de Hamburgo. Poucos escaparam com vida. O sr. Jurgens deixou a Madeira—Mamoré Railway Company, com dinheiro que eu emprestei a ele, e até hoje conservo o seu compromisso, sem ser pago.

Complementado pela memória de João de Deus Alves:

Eles — os alemães — exigiam tratamento igual ao dos funcionários norte-americanos de categoria, isto é, casas com telas de arame, comida européia e trabalho especial. Os alemães fizeram greve, não conseguiam passagem de volta, vendiam suas armas e objetos para comer. Os alemães fizeram pequenas balsas tentando descer o rio Madeira, mas elas naufragavam e eles morriam.[24]

Que cara terão "esses mortos internacionais que renascem na bulha da locomotiva e vêm com seus olhinhos de luz fraca me espiar pelas janelinhas do vagão?". Por um instante, podem tomar a figura daquele índio caripuna mutilado, símbolo do fim da raça e de uma nação, a se arrastar pelos corredores da Candelária usufruindo a abnegação hipócrita e tardia dos civilizados. Em outro momento, serão certamente os rostos dos negros barbadianos que dominarão a cena, com sua esplêndida e altiva negritude, as mulheres com seus chapéus que tanto impressionaram Mário de Andrade, em 1927; seu isolamento geográfico num bairro típico de Porto Velho, The Barbadians-Town, que infundia um misto de racismo e respeito; suas habitações de madeira herdadas do Caribe e metamorfoseadas na Amazônia, imprimindo um padrão arquitetônico dos mais peculiares.[25]

É noite. O inferno vive. Caminhemos pelas ruas de Porto Velho, como fez o jornalista Júlio Nogueira no início de 1913, maravilhado com as luzes da ribalta:

> A iluminação domiciliária é feita por lâmpadas incandescentes de corrente alternada, com a capacidade iluminativa de dezesseis a 32 velas. Pelas ruas e nas imediações do povoado vêem-se altos postes de ferro de onde pendem as lâmpadas incandescentes de iluminação pública, em grupos de cinco. O ponto de desembarque e suas proximidades estão providos de fortes lâmpadas de arco voltaico.

Sinais do progresso: arruamentos simétricos e largos, serviços de esgoto e distribuição de água dos mais modernos, uma lavanderia a vapor organizada sob moldes industriais, uma grande fábrica de gelo produzindo mais de uma tonelada por dia — o gelo, essa mercadoria tão útil quanto evanescente na selva tropical, sua transparência e frio esfumaçante sendo motivos de encantamento dos que o tocam ou possuem, como em *Fitzcarraldo* —, um hotel construído mediante padrões sóbrios e higiênicos, um ateliê fotográfico, uma competente tipografia, o serviço de telégrafo e, enfim, a oficina-monstro da estrada de ferro, podendo rivalizar com as mais adiantadas da Europa e da América.[26]

Tomando outro plano, focaliza-se do lado leste a rua da Palha, onde se amontoam palhoças de trabalhadores em atividade ou já despedidos. Mais ao sul, as inconfundíveis casas dos barbadianos. De volta ao centro, no rastro das diversões noturnas, um olhar atento poderia fixar a cena seguinte, flash feliz do movimento, presa para sempre numa página escrita, imagem vacilante entre *music* e *movie*:

Porto Velho orgulha-se de possuir dois cinematógrafos, um dos quais funciona atualmente. O outro exibe as suas fitas discretamente, perante um público um tanto ruidoso, composto, na maioria, de trabalhadores da Estrada, de várias nacionalidades. A representação se faz ao som de excelente orquestra de instrumentos de cordas tangidos por pretos de Barbados.

Essa orquestra, para muitos, sobrepuja em interesse artístico ao próprio cinematógrafo.[27]

Velhas associações merecem realce: o Instituto Beneficente dos Empregados da Estrada de Ferro Madeira—Mamoré, que despontou em 10 de outubro de 1918, como entidade mutualista, sobrevivendo até 1921; a Sociedade Beneficente de Artistas e Operários, de 1922, logo transformada em Sindicato; a Associação Dramática, Recreativa e Beneficente de Porto Velho, fundada em 1916 e passando a ostentar a exata denominação de Clube Internacional, em 1919, responsável pelo lazer urbano da população de Porto Velho — música, teatro, cinema —, inclusive por encenações de peças da tradição popular-folhetinesca, como é o caso da aplaudidíssima *Gaspar, o serralheiro*. Na sucessão de nomes dos primeiros cinematógrafos, os sinais surpreendentes de uma cidade nova, surgida dos trilhos, que desde cedo se voltava para o mundo do espetáculo: de simplesmente "Cinema" até Cinema Caripuna, Ideal Cinema, Cine-Teatro Phenix, o espaço dessa diversão mágica se afirma e se institui.[28]

A oposição entre as localidades de Porto Velho e Santo Antônio aparece com freqüência nos relatos: a primeira, signo do progresso, da higiene, do trabalho organizado; a segunda, da decadência, lixo, ócio degradante.[29] Com efeito, Santo Antônio representava o passado, e um passado de malogros, as experiências fracassadas do século XIX; Porto Velho nascerá junto com o empreendimento bem-sucedido do século XX, sua imagem associando-se estreitamente à do Hospital da Candelária, símbolos da ordem sanitária e produtiva. Porto Velho aparecia, assim, como prenúncio de cidade; Santo Antônio, como vilarejo maldito. Esse contraste nasce e se firma com o próprio surgimento de Porto Velho, a partir de 1907, na qualidade de sede industriosa de uma empresa privada internacional; a apenas sete quilômetros dali, Santo Antônio permanece como domínio público degradado, faroeste onde aportam gentes sem nome e sem lei, o avesso da urbe, espelho deformante que reflete esse outro lado nada idêntico da produção e movimento de mercadorias. Visto aquele caminho de ferro do alto, porém, a oposição logo se revela falsa, já que esses extremos se tocam, e muito; embora não haja dúvida de que a fisionomia de cada um desses locais apareça distinta.

Percorrendo as ruínas ferroviárias, Manoel Rodrigues Ferreira descobriu, no final de 1959, parcialmente coberto pela mata, o cemitério do Hospital da Candelária. Se as tumbas são um vestígio essencial para o arqueólogo, aqui também rastros de morte sugerem indícios inacessíveis de outra forma, envoltos em mistério o bastante para despertar o esforço obstinado de escavadores, a curiosidade temerária de viajantes. Em 1910, H. M. Tomlinson punha desta maneira a questão, afinal decisiva, em torno do fascínio que ali experimentava:

> Aquela misteriosa ferrovia teria arrastado a mente de todo homem que não tivesse perdido sua curiosidade, e que valorizasse uma vida mais intensa do que a contingência da velhice. A linha do trem saía de Porto Velho para dentro da escuridão externa. Ela deixava a claridade e a vila de construções repentinas como um cogumelo, lugar em que o inumano havia sido moderadamente subjugado, em que uma pequena porção de indústrias fora estabelecida num continente selvagem e primitivo, cruzava um riacho por uma ponte visível desde nosso vapor, e desaparecia; aquele era o seu fim, tão longe quanto sabíamos. Homens retornavam dos acampamentos através daquele rasgo na selva, e subiam ao *Capella* [navio] para contar-nos, em longas noites quentes, algo do que a floresta do Madeira estava ocultando; e eles eram barbudos como Crusoé, pálidos como mulheres anêmicas, e marca-

dos de picadas de insetos. Esses homens diziam que onde tinham trabalhado o sol nunca brilhava, pois sua luz era barrada pelo verde ininterrupto, o qual exceto no leito dos grandes rios, cobria a terra inteira.[30]

E é logo adiante que o mesmo Tomlinson anuncia a partida da locomotiva conduzindo-o para dentro das trevas, da seguinte forma: "O trem moveu-se, o sino da máquina ressoando sepulcralmente".

Idêntica sensação levaria outro escritor, cinqüenta anos mais tarde, a procurar traços do abismo humano que resultou daquele empreendimento. Por isso, revisita ansiosamente as ruínas do cemitério da Candelária. Anota inscrições das sepulturas, em geral de norte-americanos, funcionários mais graduados da ferrovia; a grande massa de trabalhadores morreu anônima, não há quase sinais, sequer, de onde foram enterrados. De repente, um nome de mulher, raro, único, estranho: *"Lydia Xavier. Age 28. Died Jan' 8, 1914"*. Intrigante por ser nome feminino e de origem portuguesa. Não havia quase mulheres por lá. Na grande maioria, eram prostitutas. Que importância tivera Lydia Xavier para merecer uma inscrição fúnebre do mesmo nível daquela reservada hierarquicamente a funcionários norte-americanos? Quem era essa mulher? Sobrevivente do navio *Satélite* que por milagre conseguira ascender socialmente? Esposa ou amante de algum diretor da companhia? Mulher de um seringueiro fugida? Perguntas sem resposta. O caráter lacônico da inscrição deixava entrever que tinha sido feita provavelmente pela administração do hospital, e não por eventuais familiares, que em geral se derramam em palavras de saudades. Mas por que, afinal, essa "homenagem", já que a inscrição em si marcava um significado claro de distinção? Qual o motivo, aparentemente forte, da diferença?

Tomado por essas questões, Manoel Rodrigues Ferreira continua a perseguir algum nexo. Vai ao arquivo remanescente da ferrovia, revira papéis em desordem. Localiza, finalmente, parte do acervo de documentos do Hospital da Candelária; depara, entre outras coisas, com um maço de atestados de óbito. Observa com cuidado cada sinal, apanha novos sentidos no quase vazio:

> Os maços de atestados de óbito e as cartas às famílias dos falecidos [da direção da empresa construtora] lembravam comunicações de tempo de guerra, às famílias dos mortos nos campos de batalha.

O historiador da melancolia corre atrás de minúcias que não alterarão o curso do mundo, apenas pelo empenho de fazer vir à baila um pequeno lapso dessa grande noite chamada passado: para revolver de inquietude as estratificações do tempo presente. Instantâneo de seu trabalho, quando um achado fragmentário recobre anos de pesquisa, ilumina um ponto preciso mas pequeno do enigma, surgindo assim, ângulo raro, como possibilidade de desenlace para um capítulo:

> E continuei revolvendo os maços de atestados de óbito.
> Mas eu procurava o de Lydia Xavier. Algumas horas depois encontrei-o. Inicialmente, li a relação obituária nº 48, de janeiro de 1914. Seu nome completo era Lydia Xavier de Lima. E começo a ler o documento escrito em inglês. Procuro saber de que morreu: seria de impaludismo, de beribéri, de pneumonia, doenças comuns à época?
> Eis senão leio com espanto a causa da sua morte:
> *Corrosive sublimate poisoning — suicide.* (*Tradução: "suicídio — envenenamento com sublimado corrosivo".*)
> Isto era algo de inesperado. Vou lendo em seguida as informações complementares: idade, trinta anos (na sepultura dizia-se 28 anos), era natural de Pernambuco; era solteira, falecera em Porto Velho às três horas da tarde. Não era empregada da estrada de ferro, não deixara bens, não deixara o endereço da família em Pernambuco, e finalmente dizia o documento que não se conhecia o nome de ninguém que lhe dedicasse amizade.[31]

Com certeza, Lydia Xavier não conheceu a sra. Collins, que em 1878 acompanhou o marido, um dos empresários pioneiros da Madeira—Mamoré, até Santo Antônio, e ali adoeceu, retornando depois para os EUA e vindo a falecer internada num sanatório mental. É provável que nem tenha chegado a ouvir falar dessa sua antecessora. Entretanto, de origens tão aberrantemente opostas, as histórias pessoais dessas duas mulheres encontram várias convergências lá naquele começo de fim de linha. É até possível que a sra. Collins tenha pensado algumas vezes em se matar; como também pode ser que Lydia Xavier tenha vivido a loucura antes de sublimá-la para sempre.

Sucessão de paradas, trajeto desconhecido, estação sem nome para onde esse *wagon-lit* solitário, noturno, imprevisível dirige o passageiro da modernidade: tal é o motivo que permeia uma plêiade de textos literários desde o final do século XIX.[32] A seqüência de estações carrega em si um enigma, que pode ser expresso prosaicamente como o do *trem perdido*, filão que será bastante explorado na literatura policial, de Conan Doyle a Agatha Christie.[33] Aqui, entretanto, interessa-nos esquadrinhar mais as imagens fantasmagóricas que se associam à figura do trem noturno de destino ignorado, uma luz brilhante e fugaz no meio das trevas, lembrando do seu parentesco íntimo com as projeções que o escritor Tomlinson criou em torno da ferrovia Madeira—Mamoré, quando por lá viajou em 1910. Veremos que a locomotiva aparece com muita freqüência como animal monstruoso, encarnação de outros mundos ou tempos; ora, será ainda em torno da singularidade espaço-temporal dos objetos que se aloja uma eventual poética da historiografia, na emoção de viajar na máquina do tempo ou de descobrir nomes de lugares remotos num mapa geográfico.[34] O fascínio provocado por essas estações sem nome advém justamente da promessa de que, em algum desvio remoto, redescubram-se suas tabuletas, decifrem-se seus signos. Somente um trem fantástico seria capaz disso.

A viagem desencadeada no romance *Ibiamoré, o trem-fantasma* — de Roberto Bittencourt Martins — é desse tipo. A lenda do trem-fantasma é o fio condutor da narrativa, que se incorpora no drama da ocupação e colonização dos campos gaúchos. Os capítulos formam uma sucessão de nomes de estações — Campos Claros, Santa Joana, Solidões, Gastonville, Alecrim, Ponta Triste, Lagoa Escura, Las Mercedes, Passo da Pedra, Cinco Rios e Porto Saibro —, onde se entremeiam lenda e história, dramas de fronteira e identidades fugidias, tudo ao compasso dum canto lamentoso e insistente:

Tem um trem correndo os campos,
nos campos de Ibiamoré.
Ninguém vê de onde vem,
aonde vai nem o que é.
Um trem correndo nos campos,
sem trilhos nem chaminé.
O trem-fantasma encantado
dos campos de Ibiamoré.[35]

Não apenas o trem ou os lugares que percorre são fantasmáticos. As pessoas também o são, personagens desfigurados cujos destinos se entrelaçam sem explicação, ao acaso da neblina eterna que cobre a cidadezinha assim convertida em fantasma, como essa Cordilheira de vivos-mortos se arrastando nos trilhos, na criação original de Geraldo Ferraz em *Doramundo*.[36] Nessa justa confluência entre ferrovia e tragédia, não há como esquecer a densidade da tessitura dramática alcançada por Tolstoi em seu clássico *Ana Karenina*, romance de 1875-7 e que constitui matriz inesgotável na vertente dessa tematização literária dos caminhos de ferro.[37] Em outra versão radical desse fatalismo fantástico dos trens, o contista mexicano Juan José Arreola, em "El guardagujas", faz do forasteiro desalentado, numa estação deserta, a vítima indefesa dessa rede ferroviária de intrigas, capaz de aprisioná-lo num vagão-cárcere ou de obrigá-lo a descer numa "falsa estação, perdida na selva", cuja identidade está desde logo suspensa:

> Há estações que são pura aparência: foram construídas em plena selva e levam o nome de alguma cidade importante.
>
> Mas basta ter um pouco de atenção para descobrir o engano. São como as decorações do teatro, e as pessoas que figuram nelas estão cheias de serragem. Esses bonecos revelam facilmente os estragos da intempérie, mas são às vezes uma perfeita imagem da realidade: levam no rosto os sinais de um cansaço infinito.[38]

O contraponto do fantasma é a solidão. Somente homens solitários têm visões, ou pelo menos esse estado é mais propício para a emergência do insólito. Tchékhov, num conto magistral — "O caso do champanha (a história de um pobre-diabo)" —, enfoca a degradação humana na figura de um chefe de estação. O trem atravessando a noite é um raio de luz no deserto; o resto é pura desolação:

> No ano em que começo esta narrativa, eu era chefe de uma pequena estação, de uma de nossas estradas de ferro do sudoeste. Se minha vida era alegre, ou triste, você poderá julgar, pela ausência de qualquer habitação humana, até uma distância de vinte verstas.
>
> [...] Homem do norte, a estepe atuava sobre mim como a visão de um cemitério tártaro, abandonado. No verão, a invariabilidade de sua calma solene, a campainha monótona dos grilos, o luar diáfano, para o qual não havia refúgio, tudo me abatia e me envolvia em lúgubre tristeza. No inverno, a impecável brancura da estepe, seu gelo abrangendo intermináveis distâncias, as longas noites e o uivar dos lobos pesavam-me como um terrível pesadelo.
>
> [...] Luzes vermelhas surgiram, ao longe: um trem avançava, em minha direção, e seu ruído ressoava no vazio da estepe. Minhas reflexões eram tão amargas que eu tinha a impressão de estar pensando alto e transmitindo-as no gemido e nas vibrações dos fios telegráficos, no angustiado resfolegar do trem.

[...] O trem passou, ruidosamente, iluminando-me com a luz de suas janelas vermelhas. Vi-o deter-se perto das luzes verdes da estação, estacionar por um minuto e partir, novamente, desaparecendo ao longe [...].[39]

Se a estação remota é o lugar do tédio, o viajante solitário dentro de qualquer comboio enfrenta as peripécias do novo, que se oferece como um misto de deleite e terror, numa palavra, o passageiro corre atrás do sublime, da mesma forma que o trem corta a noite sem fim. É Proust quem nos conduz agora, neste fragmento:

Indagava comigo que horas seriam; ouvia o silvo dos trens que, ora mais, ora menos afastado e marcando as distâncias como o canto de um pássaro numa floresta, me descrevia a extensão do campo deserto, onde o viajante se apressa em direção à parada próxima: o caminho que ele segue lhe vai ficar gravado na lembrança com a excitação produzida pelos lugares novos, os atos inabituais, pela recente conversa e as despedidas trocadas à luz de lâmpada estranha que ainda o acompanham no silêncio da noite, e pela doçura próxima do regresso.[40]

Sabemos, contudo, que o regresso feliz nem sempre é uma certeza. Ao contrário: entre os que vivem no interior do microcosmo da ferrovia, a experiência de aprisionamento do ser é quase perene. Como o personagem de Tchékhov, o chefe de estação do angustiantemente belo romance *Pureza*, de José Lins do Rego, premido entre o cantar triste das cigarras e a passagem meteórica dos trens, reescreve o mesmo roteiro, só que agora ambientado num povoado esquecido da linha Great Western, nos confins do agreste nordestino:

Aquilo dava um romance. A história do chefe da estação Antônio Cavalcanti dava um romance de fôlego, compacto, cheio de sopro poético, como os ingleses sabem fazer. Um Thomas Hardy faria da vida do chefe da estação de Pureza qualquer coisa de grande. A tragédia de um fim de raça, com toda a poesia da desolação. Um dia os Antônios Cavalcanti encontrariam intérpretes na altura de suas dores. Do meu alpendre eu via o movimento da estação. Seu Antônio, de boné na cabeça, com as iniciais da estrada de ferro, G. W. B. R., em letras de ouro. Também ele só usava aquilo na hora dos trens. Agora, com a safra, o movimento de Pureza crescia. De vez em quando chegavam carros de boi carregados de açúcar e de lã. A paz do retiro se quebrava com o chiado dos carros, com os gritos dos carreiros. Mas aquilo passava e Pureza voltava outra vez ao seu natural. Na estação havia um gramofone que me deliciava. Eu já o esperava com ansiedade. No meio daquela solidão a voz da máquina não me irritava como em qualquer outra parte.

São aquelas estações que anunciam uma cidade, que prometem uma urbe logo atrás, mas que na verdade começam e acabam ali mesmo, como a vida dos personagens que encerram:

Saía com grandes saudades de Pureza. Os que demoravam ali quinze minutos que o trem parava, não podiam calcular a vida que existia por aqueles ermos. Ouviam Ladislau na rabeca, viam o chalé fechado, as filhas do chefe na janela, a mulher vendendo café. E partiam. Pureza ficava no seu silêncio, no seu grande silêncio. Era a estação mais triste da estrada de ferro. Outras existiriam com as mesmas vidas vegetando pelos casebres, com a beleza das árvores, com o canto das cigarras e dos pássaros.

Nessa paisagem haverá espaço seguro para o retorno do trem noturno, os faróis cortando a escuridão, a locomotiva furiosa como um animal fantástico:

Depois ouvi distintamente alguém passando por baixo dos eucaliptos. Levantei-me às pressas e não vi ninguém. Mas eram passos, passos de gente no chão da estrada de ferro coberto de pedra. Era Chico

Bembém que ia com o farol para a agulha. E a porta da estação se abria. Algum trem de carga. Depois apitou um trem como se viesse do fim do mundo. Fiquei na janela. E observava de longe a luz que rompia a escuridão. Os faróis da máquina enchendo de luminosidade a noite compacta. E foi o bicho se chegando, se chegando. Seu Antônio, em mangas de camisa, falava com o condutor. A máquina chiava tomando água. Com pouco mais lá se foi embora, roncando dentro da noite, como um monstro de história de Trancoso.[41]

Dos que escreveram sobre trens, poucos foram os que escaparam a essa visão fantasmática das locomotivas, celebradas, por exemplo, como *"iron chimeras fed with fire"*;[42] ou então, em Lima Barreto, como uma espécie animal extinta que teima em reaparecer:

A locomotiva veio beirando a plataforma, maciamente, obediente à curva dos trilhos e à mão do maquinista. Passou por mim arfando. Vi bem de perto aquele monstro negro, com manchas amarelas de cobre, dessorando graxa, azeite, expectorando fumaça e vapor. Recordei-me dos animais antediluvianos, do megatério, de todos esses bichos disformes de épocas longínquas. Nenhum se parecia com aquele que passara pelos meus olhos, no momento. É um monstro sem parentes na natureza; é um parto teratológico da inteligência humana. Lá se vai ele arrastando pelas rodas, grandes e pequenas, que giram pausadamente. Procuro os padrões de beleza que tenho na cabeça: comparo-os com a locomotiva. Não obtenho nenhuma relação. É deveras um monstro nascido sem modelo, da nossa mentalidade. É feito para correr quilômetros, voar resvalando pelo solo como as emas e tragar distâncias; mas aquele que acaba de passar na minha frente, do qual ainda sinto o bafio oleoso e está no outro extremo da plataforma, parado, a resfolegar de impaciência, falhou o seu destino. Não pode correr à vontade, não pode voar, resvalando o solo como as emas, não pode tragar o espaço... Tem que economizar a sua força e a sua velocidade, a fim de estar sempre pronto a parar nas estações, de quinze em quinze minutos, às ordens do horário. Como há de sofrer aquela locomotiva, com vida tão medíocre...[43]

Podemos considerar que nessa passagem Lima Barreto reafirma radicalmente o primado da natureza sobre o artifício. Mesmo assim, de forma contraditória, o cronista não foge ao assombro provocado pelos poderes da maravilha mecânica. Não consegue catalogar aquela criação monstruosa nos anais da história natural; não logra explicação razoável para sua forma imperfeita, conjunto estranho de fragmentos familiares; entretanto, faz dessa estranheza mesma motivo de sua escritura, apesar do protesto pueril das emas. A natureza perde aqui sua memória e o grotesco da técnica ocupa inteiramente a cena. A antiga unidade espaço-temporal está rompida: a exatidão das tabelas de horário pode ser escrava do cronômetro, mas já se alienou do tempo; a ordem das estações inaugura um novo mapa, mas já destruiu paisagens.

A rota do desconhecido, calcada em um sono amnésico, leva-nos a esse reino dos fantasmas, em que representações culturais do tempo e do espaço adversas entram em choque. Nessa perspectiva, o progresso aparece como magia. Não é casual, por exemplo, a retomada da narrativa lendária e romântica de *Rip Van Winckle* por Manuel Lobato, em 1912, na abertura de uma obra dedicada à região amazônica e ao problema da borracha. Fascinado com as velozes reformas urbanas da capital federal naqueles anos, com o melhoramento dos transportes e comunicações, o ensaísta proclama:

> Rip Van Winckle, o herói da citada ficção, atravessou alguns lustros entregue a um sono profundo e quando um dia acordou, tantas eram as transformações, que o sítio perdera por completo a conhecida feição de antes. As pessoas queridas haviam desaparecido e eram novos os rostos que lhe surgiam à vista mistificada. Certamente sem necessidade de um sono tão prolongado, de olhos abertos mesmo, pode o observador encontrar, no Brasil, exemplo incontestе de maravilhoso

crescer assim. É o Rio de Janeiro uma cidade absolutamente recons-truída, transformada de *fond en comble*, no insignificante período de quatro anos.

E, logo adiante, referindo-se à ferrovia Madeira—Mamoré:

> a esta hora, o silvo agudo das locomotivas deve já cortar o seio daque-las florestas longínquas, levando até ali a idéia da agitação que vai pe-lo mundo e a vertigem da velocidade que impulsiona e sacode os povos numa grande ânsia de espaço para a realização de utopias arrojadas, impossíveis vagos, que o sonhador idealista e o engenho humano trans-formam e executam, modelam e concretizam, com a facilidade de um escultor perito cinzelando primores na disformidade de um mármo-re bruto.

Para, depois, operar a normalização dos horrores passados, em no-me dos ideais de conquista, fortuna, progresso:

> É colossal a obra empreendida e representa uma imensa fortuna. Atravessando regiões inóspitas e não sendo possível levar a todos os ânimos a noção do cuidado que é necessário para preservar o corpo do ataque de doenças, muitas foram as vítimas consumidas naquela conquista. Eram os primeiros bandeirantes, inconscientes talvez da jornada, tanto se achavam absorvidos pelos encantos da fortuna, que raramente se deixaram preocupar da impiedosa ceifeira de vidas. Vencidas as maiores dificuldades, depois de um longo trabalho, fo-ram modificadas as condições de vida e hoje o meio de transporte é presto, num lugar onde ele não era possível senão em meses.[44]

Estratégia do esquecimento: a própria semântica do universo ferroviário está como que impregnada desse sentido. A língua por-tuguesa consagrou a palavra *dormente*, tradução direta do inglês bri-tânico *sleeper*, para designar as travessas de madeira que assentam os trilhos na via permanente.[45] Ora, só dorme quem está vivo, embora esquecido. Ao mesmo tempo, o sono é o principal atalho em direção à morte. Os dormentes carregam toda essa ambigüidade, que não me parece refletir meramente o arbitrário de um signo lingüístico, mas a animação de objetos por si só estanques, as intersecções entre trabalho vivo e trabalho morto, a simbologia que fetichiza o inanimado e, ao nomeá-lo, projeta inconscientemente a própria confusão de identidades vivida no processo da existência material. Quem eram os fabricantes e fornecedores de dormentes? Somente a resposta a esta última questão envolveria tantas outras histórias, no caso da Madeira—Mamoré, começando com a baixa resistência das madeiras nativas disponíveis, passando pelo trabalho solitário e perigoso de homens embrenhados na selva — como o espanhol Benigno Bouzas viveu durante algum tempo —, até a solução encontrada pela empresa construtora, importando milhares de dormentes da Austrália para Porto Velho, fazendo lembrar às consciências distraídas que o mercado mundial era uma realidade mais sólida, talvez, do que as madeiras de lei que se estendiam por 364 quilômetros para que o ferro e o vapor as consumissem.[46]

Duas lendas convergentes e significativas sobre a Madeira—Mamoré firmaram-se ao longo do tempo no imaginário popular: a primeira, pelo lado da força de trabalho, tinha como certo que o número de mortos era exatamente igual ao de dormentes colocados na ferrovia; a segunda, no tocante ao capital, afiançava que os altos custos do empreendimento converteram aquela estrada na ferrovia dos "trilhos de ouro". Parece que essa mitologia não constitui caso único na história das construções ferroviárias. A ferrovia do Congo Belga, por exemplo, que enfrentou dificuldades similares, também suscitou, na imprensa européia, o mesmo tipo de estigmas. Nos EUA, por outro lado, durante a construção da Madeira—Mamoré, ficaram famosos os panfletos e cartazes de denúncia, assinados por Robert Ripley, que sob o título de *Believe it or not*, consagraram o slogan: "Each tie a human life".[47]

As cifras assumem, também, na representação popular, dimensões fantásticas. A memória atual dos habitantes de Porto Velho e demais localidades atravessadas pela linha da Madeira—Mamoré é evidentemente bastante fragmentária. À exceção de um núcleo restrito de velhos ferroviários e seus descendentes, que preservam ainda certa tradição oral em torno dos acontecimentos, a grande maioria dos novos povoadores de Rondônia, importante fronteira da agropecuária e da extração mineral no país, desconhece quase tudo sobre aquela estranha ferrovia, desativada desde 1972, hoje coberta pelo mato e dilapidada por diferentes grupos de interesse. Em 1981, foi reativado um pequeno trecho, à guisa de atração turística, entre Porto Velho e Santo Antônio; um projeto de recuperação mais ampla do patrimônio histórico-cultural da ferrovia vem sendo proposto desde 1979 pela Fundação Nacional Pró-Memória, que produziu, entre outros materiais, um filme-documentário (*A ferrovia do diabo*, dirigido por João Batista de Andrade). Lá vemos antigos ferroviários chorarem por seu passado. Histórias de fantasmas até hoje circulam pelo bairro do Triângulo, em Porto Velho, onde se concentram os trabalhadores da estrada de ferro. Falam de trens noturnos, fora do horário, com locomotivas extraordinárias, não inventariadas no pátio das oficinas, emitindo uma luminosidade estranha, deslocando violentamente o ar com sua passagem velocíssima. Esses relatos estão ainda presentes e fazem parte do repertório cotidiano de narrativas locais. Em 1982, viajando até Porto Velho, pude sentir pessoalmente todo esse clima, percorrendo um cemitério de trens, ao lado do Triângulo. A totalidade do arquivo da ferrovia, que em 1959 Manoel Rodrigues Ferreira consultou, foi destruída pela administração militar que assumiu o controle do patrimônio, após a desativação, em 1972.[48]

O único registro iconográfico disponível sobre a construção da Madeira—Mamoré constitui um conjunto de fotografias feitas com paixão e minúcia pelo norte-americano Dana Merrill, contratado pela empresa exclusivamente para realizar esse trabalho. Bateu mais de 2 mil chapas, das quais restaram apenas cerca de duzentas, hoje preservadas no Museu da Imagem e do Som, em São Paulo, e na Fundação Nacional Pró-Memória, em Brasília. Manoel Rodrigues Ferreira, que incorporou parte desse material desde a primeira edição do seu livro, conta, em detalhe, as vicissitudes em torno do achado e perda da maior parte da coleção. Já o filho de um engenheiro da primeira fase da ferrovia falava muito sobre as fotos, mas internado numa clínica de idosos em São Paulo, não queria ou não podia dizer algo mais preciso. Frank Kravigny, que trabalhou na ferrovia na mesma época em que Dana Merrill, destaca em seu livro a presença do fotógrafo e a amizade estabelecida entre ambos (ver nota 21).

Ao examinar essa amostra valiosa de imagens, setenta anos depois, ficamos logo gratos e amigos da memória de Dana Merrill. Ele sabia da importância do seu trabalho; fazia questão de buscar a verdade, registrando todos os planos possíveis da vida, trabalho e paisagem ao longo da linha férrea. Sentia, por certo, que sua câmara espelhava um novo mundo, uma nova época. Todos os seus ângulos ganham realce pela qualidade técnica, mas, sobretudo, por ter sabido evidenciar a dignidade dos que ali trabalhavam. Merrill era um trabalhador moderno que soube olhar como poucos, naquele teatro, para uma massa de condenados, descobrindo nela alguns rostos humanos. Todas as poses que fixou são marcadas pela sobriedade. Até mesmo os moribundos internados no Hospital da Candelária. Registrou em pormenor o pluralismo babélico de nações. Lá está o hindu olhando séria e compenetradamente para a posteridade. Os eslavos, os *coolies* chineses, os turcos, cada diferença étnico-nacional era registrada em separado. Apresentam-se aos pares ou individualmente: a expressão facial foi dessa forma valorizada contra a massificação das fisionomias. As condições dificílimas do trabalho em plena selva estão ali, no instantâneo de uma objetiva, sem tempo para comiserações ou sensacionalismo. Operários atolados num pântano abrem caminho, deslocam terrenos. Desbarrancamentos sugerem a obra que precisará ser refeita. As negras antilhanas são belas e nobres, em seus uniformes de trabalho na lavanderia a vapor. Vemos o índio caripuna mutilado entre o corpo de funcionários do hospital. Quem não estaria orgulhoso de poder ser captado assim, em meio às dúvidas cruéis de um presente nada alentador, para figurar no álbum de ancestrais da civilização técnica por vir?

Raríssimas cópias trazem alguma legenda. Podemos ler, por exemplo, num esforço de decifração pelos pesquisadores contemporâneos: "Turco que matou colega de trabalho e cumpriu a sentença de 25 anos de prisão e nunca mais saiu de Porto Velho. Cumpriu e saiu da prisão". Vemos ainda o corpo de segurança mantido pela própria companhia ferroviária. As máquinas da casa de força, geradora de eletricidade, grandiosas, atestam o amplo domínio do mecanismo sobre aquela paisagem. Dana Merrill optou pela clareza meticulosa de um mosaico realista; não deixou espaço para sombras fantasmagóricas ou sugestões impressionistas. Seu fantasma é simplesmente a réplica seca e fria de uma câmera escura. Não havia por que fazer uso dos retoques; sua arte é ainda amiga do artesão despojado de recursos ornamentais. Sabia que, numa terra tão estranha, os efeitos da imagem seriam tão mais perturbadores quanto maior fosse a exatidão de seu enquadramento, a limpidez cristalina e enxuta das figuras. Emana daí a força expressiva insuperável desse acervo. Os fantasmas nascem apenas dessa fonte singular e legítima de representação: a literalidade.[49]

O tumulto caótico e babélico de uma obra em construção é substituído, no ritual de passagem das inaugurações solenes, pelo mundo do espetáculo mecânico. Por todos os cantos do planeta, durante o apogeu da era ferroviária, o momento oficial da primeira viagem é marco inigualável da projeção de um teatro vivo do mecanismo, em que a locomotiva é sempre ator principal, a estação e a linha os cenários reluzentes, e a massa dos que assistem à partida ou à chegada, espectadores atônitos da modernidade. Esse instante singular foi registrado com ênfase pelos jornalistas e gravuristas do século XIX e início do XX: lá estão, por exemplo, as clássicas representações do histórico encontro entre o Pacífico e o Atlântico através dos trilhos, nos EUA, em 1869. Aqui estão as visitas imperiais de dom Pedro II às novas ferrovias brasileiras que despontavam por todo o território, como por exemplo a formidável realização de engenharia da linha Paranaguá—Curitiba, colocada no tráfego em 1885.[50]

Quimeras de ferro, teatro de máquinas: difícil encontrar, no texto escrito, a tonalidade adequada para a representação do espetáculo; difícil tornar-se um Dana Merrill da narrativa; apenas engenheiros como Craig ou Rodrigues Ferreira talvez o tenham parcialmente logrado. Nos debates parlamentares e jornalísticos em torno dos desmandos ferroviários no Congo Belga, houve quem preferisse caracterizar os eventos de ópera-cômica; ou, então, sugerir a mistura ruim de vaudeville, opereta e drama.[51] Permanecemos ainda no terreno ideológico da classificação de gêneros teatrais. Já o lugar-tenente Charles Lemaire, que viajou na ferrovia do Congo em 1895, fascinado com o espetáculo, não se conteve: referiu-se a *fetiche abençoado* para exprimir seu entusiasmo em relação aos novos liames de domínio entre o meio de transporte e a massa de colonizados. Ao deparar com as cachoeiras do rio Congo vencidas pelos trilhos, o grupo atira chapéus, bengalas e cachimbos às águas, e os "clamores de ensurdecer" ecoam em salvas triunfantes de adoração ao progresso técnico: *hurra! hurra!* [52] Por um átimo, por uma quase imperceptível substituição fonética, por um lance aparentemente casual mas decisivo no tabuleiro da história, essas interjeições de júbilo poderiam muito bem ser trocadas pelo grito solitário de Mr. Kurtz em *O coração da treva* de Conrad, "um grito que não era mais do que um suspiro: *O horror! O horror!*".[53]

Afinal, o que a memória histórica produziu sobre os mortos? Para Horkheimer e Adorno, a teoria freudiana dos fantasmas, segundo a qual estes surgem a partir dos maus pensamentos dos vivos para com os mortos, da lembrança dos augúrios de morte proferidos no passado, revela-se esquemática. Existiria ali tanto ciúme quanto sentimento de culpa. O esquecimento dos mortos e a perda de sua significação, que assume forma fantasmagórica, traduzem, no fundo, a decadência do próprio conceito de vida humana como unidade da história:

> a vida do indivíduo passa a ser definida por seu mero contrário, o aniquilamento, mas perdeu toda coerência, toda continuidade da lembrança consciente e da memória involuntária, perdeu todo sentido. Os indivíduos se reduzem a uma simples sucessão de instantes punctuais que não deixam nenhum vestígio, ou melhor: seu vestígio é por eles odiado como irracional, supérfluo, no sentido mais literal: superado.

Um dos exemplos mais agudos desse processo generalizado de esquecimento é a desmemória do imigrante, o corte temporal dos desenraizados, uma voz abafada de divindade abstrata, um discurso que ordena e submete — desfigurando — os sujeitos, e consegue plasmar o exército de nômades que vagam qual zumbis, a "legião ligeira do capital", como essas dezenas de milhares de construtores da ferrovia Madeira—Mamoré, mais ou menos da seguinte forma:

> O primeiro conselho, ao mesmo tempo bem-intencionado e ameaçador, que se costuma dar ao emigrante e que consiste em esquecer todo o passado, já que não se pode transferi-lo, e anular toda a vida pregressa para começar sem mais cerimônias uma nova vida — esse conselho visa tão-somente infligir verbalmente ao intruso espectral a mesma violência que as pessoas há muito aprenderam a infligir a si próprias. As pessoas recalcam a história dentro de si mesmas e dentro das outras, por medo de que ela possa recordar a ruína de sua própria vida, ruína essa que consiste em larga medida no recalcamento da história. O que se passa com todos os sentimentos, ou seja, a proscrição de tudo aquilo que não tenha valor mercantil, também se passa da maneira mais brutal com aquilo de que não se pode sequer obter a reconstituição psicológica da força de trabalho: o luto.

Em suma, o movimento determinado e geral da amnésia guarda um sentido profundo. Esquece-se da morte para se esquecer mais facilmente da vida:

> De fato, o que se faz com os mortos é rogar o que os antigos judeus consideravam a pior das pragas: não se lembrar deles. Em face dos mortos os homens desabafam o desespero de não serem mais capazes de se lembrarem de si próprios.[54]

Há anos, quando despertava meu interesse pela história da ferrovia do diabo, lembro-me de ter minha atenção desviada para um grafite, no instante mesmo em que se espalhavam pelos muros da cidade de São Paulo, pichado com spray trêmulo mas legível: *Madeira—Mamoré*. Antes de tudo ressalta a sonoridade poética das duas palavras quando unidas assim como um verso, por um traço que resume decênios de tragédia. Que teias noturnas poderiam reunir num clarão repentino os trilhos da selva amazônica aos muros da metrópole cosmopolita? "Lembra? a máscara dos que vêm com a noite não é a máscara, mas a noite."[55]

Pois aqui permanece a dúvida, após o mergulho e a escrita. Esses personagens incomodam, sua "objetividade espectral" repõe-se sob diferentes contornos. Por entre papéis e palavras e vazios, é sempre possível recomeçar a trama. De diferentes maneiras, em qualquer lugar. Se não, vejamos. Tente de novo você mesmo, Madeira—Mamoré: alguém se lembra?

7. Os negativos da história
A ferrovia-fantasma e o fotógrafo-cronista

> *Fever — chills —*
> *Quinine Pills —*
> *All things blue,*
> *Homestick too,*
> *Draw our pay,*
> *Sail away.*
> *Back to home,*
> *O'er the foam,*
> *We're not sore —*
> *"I never more"*
> *— Adiós —**
>
> R. S. S., *Miscellaneous rhymes*, Porto Velho, 1909

Dana Merrill, fotógrafo: lá está ele, sentado na frente da loco-motiva tombada, beira de barranco, talvez também sem fôlego, a

*Febre — friagens —/ Pílulas de quinino —/ Todas as coisas tristes,/ Saudades de casa também,/ Sacar nosso pagamento,/ Navegar para longe./ De volta para casa,/ Além do escarcéu,/ Não estamos bravos —/ "Eu nunca mais"/ — Adiós —.

máquina abatida, ele caçador de instantâneos, o progresso suspenso, a ordem revirada, ele visível, raramente visível como nessa pose, restando saber quem o terá fotografado, sabendo-se apenas que se deixou fotografar assim, pioneiro do acidente na selva, entregue se não de alma ao menos de corpo inteiro a essa epopéia de fracassos, sobressaindo da locomotiva morta sua silhueta viva de onde é sempre possível, mesmo desejável, enquanto perdure essa imagem, recompor os fios enredados de alguma narrativa.

Primeiro elo decisivo: o escriturário da Madeira—Mamoré Frank Kravigny lança, em Nova York, no ano de 1940, *The jungle route*, suas memórias da construção da ferrovia na selva no início do século XX, ele próprio fixado para a posteridade numa foto de Merrill sobre os *white-collars* da companhia ferroviária, envergando orgulhoso sua preciosa e imponente *Underwood* também toda de ferro como os caminhos a serem fabricados, trilhos do trabalho & trilhas da memória, antes que a morte os isole, ele datilógrafo das ilusões do progresso e amigo do fotógrafo-cronista, que sairia do anonimato exatamente nesse livro, em que Merrill aparece pela primeira vez identificado, ao longo do texto e também por fotos como a da locomotiva caída. Kravigny relata: foi exatamente na Exposição Universal de Nova York, em 1939, quando se convocou uma reunião impressionante dos "sobreviventes da ferrovia Madeira—Mamoré", com ares de uma cerimônia de pós-guerra, que reapareceu das brumas o "eminente fotógrafo" Dana B. Merrill, cujo auxílio foi vital na efetivação do projeto de escrever aquela história.

Segundo elo decisivo: Manoel Rodrigues Ferreira, autor da principal narrativa sobre *A ferrovia do diabo*, nome por ele consagrado (1960), conta, na introdução dessa obra, que ela nasceu por mero acaso, em 1956, quando lhe vieram às mãos os negativos das fotos de Merrill, através de um repórter-fotógrafo d'*A Gazeta*, que recebera esse formidável acervo, com cerca de 2 mil imagens, do filho de um antigo engenheiro da Madeira—Mamoré. Mais de 90% desses negativos, depois, foram perdidos. No primeiro contato, porém, Rodrigues Ferreira sentiu-se inevitavelmente maravilhado não só pelo que mostravam aquelas fotografias, mas sobretudo pelo enigma maior que sugeriam: o drama histórico dos 30 mil construtores anônimos da Madeira—Mamoré e, pelo menos, de seus 6 mil mortos. Entregou-se, desde então, obsessivamente, à reconstrução daquele cenário e das histórias ali passadas. Tanto em sua obra mais famosa quanto na interessante narrativa de viagem que fez à Amazônia, sempre motivado pelo mesmo tema (1961), o historiador insiste no papel central que tiveram, como sinais enigmáticos o bastante para impulsionar sua expedição, aqueles negativos do fotógrafo da ferrovia-fantasma. Ele, um nome ainda desconhecido por Ferreira; as fotos que fizera, entretanto, fixavam vidas dispersas sobre o grande mapa misterioso da Madeira—Mamoré. Imagens mudas que pediam um texto que as decifrasse. Porque, de algum modo, seu poder evocativo já significava, de antemão, certa capacidade de linguagem. A magia desprendida da figura capturada pela imagem não é dada por si mesma, mas pelos fundamentos que constroem (ou destroem) uma certa cultura e as memórias que dela se podem guardar, restaurar ou evocar.

Terceiro elo casual: vinte e poucos anos mais tarde, iniciei minhas pesquisas em torno da ferrovia-fantasma. Fui conduzido até lá, originalmente, pelo texto de Rodrigues Ferreira, mas, antes de tudo, pelas fotos de Merrill nele reproduzidas. Desde logo me aprisionaram as imagens claras da civilização industrial na selva, tomadas em sua literalidade como figuras de fantasmagoria. Notem: em 1960, na primeira edição de *A ferrovia do diabo*, Merrill permanecia anônimo (Ferreira não lera ainda o relato de Kravigny; este lhe escreverá uma carta somente em 1963, enviando-lhe um exemplar de *The jungle route* — o episódio seria incorporado por seu destinatário nos acréscimos da reedição de 1981). As imagens ali já reveladas, porém, desenhando rastros de uma aventura passada, convidavam, como negativos da história, a outros tantos ensaios de narrativas contemporâneas construídas para desafiar — como sempre de maneira precária — a passagem desoladora do tempo.

Elos teóricos: Sontag insiste no caráter de celebração mórbida e profana da fotografia nas civilizações técnicas da modernidade; Barthes reafirma a lucidez dos signos emitidos por essa câmera, a verdade referencial para além das mentiras imagéticas, advindo daí a força significante e o sucesso moderno desse meio, resíduo pontual e proximidade do referente a que só se teria acesso, paradoxalmente, não pela imagem em si, mas pelos discursos possíveis de a envolver, pelos discursos nascentes no desvio e no detalhe, e de certo modo ainda apêndices da imagem-que-clareia, um pouco à maneira dessas antigas descrições "à vista de uma gravura".

Sem dúvida, é preciso fugir dos riscos da "ilusão especular" e não se deixar seduzir por essa espécie de "naturalismo intrínseco" da fotografia, apenas aparente, afinal, em seus atrativos mecânicos, em suas figuras reflexas, ocultando-se, na atração fatal e imediata do flash, os limites técnicos e estético-ideológicos dessa "opaca materialidade [...] de um código enganoso na sua transparência fantasmática".[1] Porém, ao mesmo tempo, se a fotografia é a ilusão da captura de um tempo que virá revelar, a posteriori, a fugacidade do humano e a vitória da morte, o pacto de partida que estabelece com o referente, garante, de saída, seu valor indiciário para narrativas nela inspiradas, seja no domínio da literatura, seja no da historiografia. Nesse sentido, desponta como crônica do efêmero. Frágil e fragmentária por definição, converte-se, pois, nos deslocamentos da memória que desencadeia, em instrumento mágico do registro lacônico que revela quase nada, esconde quase tudo, mas sugere, por aquele momento passageiro aparentemente ali estacionado, gestos expressivos, vozes inteligíveis, paisagens e fisionomias revolvidas, numa palavra, experiências dignas de serem reescritas e transmitidas. Barthes: a beleza e a força de uma fotografia advêm, afinal, de sua inegável mas sempre escorregadia referencialidade, por aquilo que, a partir do que mostra (e do que oculta), se poderá dizer. Pelas narrativas que será capaz de suportar. Pelos trilhos labirínticos do afeto humano nela impressos. Lembrar, sobre isso, de *Blade Runner*: replicantes não possuem álbum próprio de fotografias; desejam-nas para melhor se disfarçar; ou, então, questionam seu passado para saber se são verdadeiramente suas.

Elos arqueológicos: muito antes do nascimento da fotografia, já se encontram sinais dessa ligação entre as inversões de imagens produzidas mecanicamente e o conceito de verdade, tanto no sentido moral e político quanto no literário e histórico. Merece talvez menção, a esse propósito, o curioso exemplo dos folhetos satíricos escritos por José Daniel Rodrigues da Costa, editados pela primeira vez no ano de 1807, em Lisboa — espécie de ancestral dos almanaques, contendo anedotas, adivinhações, trocadilhos, fábulas, crônicas exemplares —, e que o autor, significativamente, batizou de *Camara Optica*, com o seguinte subtítulo: *Onde as vistas ás avéssas mostrão o mundo ás direitas*. Na capa dos doze folhetos dessa série reeditados em 1824, aparece a gravura impressa de um estranho mecanismo, seu provável encenador, manipulando-o, e um grupo variado de dez espectadores, entre o deleite e o encanto. Nos versos que servem de prólogo ao conjunto, revela-se o empenho da crítica moral que, apresentando "Vistas diversas" e misturando "na lição divertimento", pretende "a muitos salvar do precipício"; câmera ótico-literária em que a mistura de processos, a descontinuidade das cenas e, sobretudo, a inversão do cômico, paralela ao riso que provocam, vão "desnudando a Verdade".

Estranha afinidade vai se insinuando, assim, entre história e imagem, entre o lugar do conceito, da prosa narrativa, da meditação transcendente e o objeto de simples e passageiro reflexo, fragmentário, luz mortiça, sentido apenas aparente, figuras que já não existem sequer como figuras. Um paralelo possível, nesse passo, é o seguinte: se o historiador do passado longínquo, como em conhecidas páginas de Hegel, faz nascer sua prosa da contemplação melancólica das ruínas, o historiador da modernidade poderia, do mesmo modo, tomar as imagens iconográficas da civilização técnica como ruínas contemporâneas e sobre elas produzir seu discurso, ciente, desde logo, da descontinuidade que lhe dá fundamento.

Mas, antes de voltar aos negativos da história, ao roteiro fotográfico que Dana Merrill produziu sobre o caminho de ferro amazônico, convém lembrar que as técnicas de registro imagético também possuem história. O Brasil, aliás, todos sabem, participou do pioneirismo mundial nas artes mecânicas da fotografia e, mais tarde, nos primeiros ensaios do cinematógrafo. Das experiências avançadas de Hercule Florence ao entusiasmo de aprendiz de dom Pedro ii, nos segredos da reprodução fotográfica, das aventuras de filmagem e exibição de imagens em movimento, desde os irmãos Segreto, no Rio, ao primeiro cineasta da selva amazônica, Silvino Santos, que deixou impressas, em milhares de fotogramas, as marcas do delírio extrativista de látex, sobressai, mediante imensa gama de documentos escritos e iconográficos, a presença precoce dessas "crônicas visuais" feitas com modernos artefatos e mecanismos da era industrial. Os trabalhos historiográficos especializados de Kossoy, a partir do final dos anos 1970 e, mais recentemente, de Vasquez e Ferrez, têm recuperado, com riqueza impressionante de relatos e imagens, o surgimento e expansão dos processos de reprodução fotomecânica no Brasil simultaneamente ao que transcorria em escala mundial (a data de 1833, inclusive, segundo Kossoy, põe os experimentos de Florence, em Campinas, na dianteira internacional dos rumos da invenção), acompanhando de perto, assim, movimentos de modernização que se verificavam na economia, sociedade e cultura brasileiras desde meados do século xix.

Nesse esforço de revisão das raízes da modernidade no Brasil, o rastreamento dos primórdios da arte e indústria fotográfica pode, certamente, firmar novos elementos para se refletir nos critérios de periodização do modernismo entre nós, entendido aqui não no sentido estrito de escola literária ou estética particular, mas na dimensão ampla das transformações histórico-culturais conjugadas a inovações técnicas significativas que já estavam em curso, por todo o país, desde pelo menos 1850. É possível imaginar a produção precoce e crescentemente sofisticada de imagens no século xix brasileiro como crônica visual de territórios cada vez mais revolvidos pelos signos do capital. Sobretudo com a fotografia, arte industrial por excelência, mas também com a arte gráfica ligada aos inícios da publicidade e da ilustração em livros e revistas, e já mais tarde, na virada do século xix, com o cinematógrafo, pode-se acompanhar a representação de uma *natureza produtiva* descrita e narrada no suceder impressionante de ícones. Ao mesmo tempo, a historiografia dessa visualidade, em grande parte por fazer, deve assinalar os recortes espaço-temporais fabricados pelas imagens, os vários pontos de intersecção entre crônica visual e linguagem escrita, os confrontos e assimilações texto-imagem na esfera da percepção e da expressão.

A fotografia, tanto na Europa e América do Norte quanto no Império brasileiro, esteve presente, como setor específico, nas primeiras exposições industriais. Já em 1855, na Exposição Universal de Paris, a daguerreotipia aparecia como prática artística e como técnica industrial. No Brasil, fotógrafos e fotos foram exibidos — em seções específicas — desde a Primeira Exposição Nacional, no Rio de Janeiro, em 1861, o mesmo ocorrendo nas exposições sucessivas, respectivamente em 1866 e 1875. Na Segunda Exposição Nacional, foi nomeado como relator da seção o pintor acadêmico Victor Meirelles, que critica os efeitos deformadores da angulação própria da câmera fotográfica, em favor de concepção naturalista-pictórica convicta da fidedignidade dos retratos. Esse "realismo" de um porta-voz oficial da pintura se, de um lado, indicava exatamente alguns traços técnicos da "ilusão especular" própria da arte fotográfica, contradizia-se, de outro, no que diz respeito ao ecletismo acadêmico da época, responsável, tanto na temática quanto na linguagem, pela figuração de outras tantas ilusões.

Mesmo em diversas exposições provinciais, sucedem-se as seções dedicadas aos efeitos mágicos do daguerreótipo. É conhecido, por exemplo, o comentário do relator da Exposição Bahiana, de 1875, Dionysio Martins, quando anotava que "é preciso não esquecer o grande auxílio que a fotografia já presta e prestará mais eficazmente em próximo futuro aos trabalhos da ciência e aos hábitos da vida comum".[2] Vislumbra-se, assim, o caráter projetivo das imagens produzidas pela máquina fotográfica, seu papel decisivo no registro e fixação de novo imaginário inscrito na idéia de utopia técnica em que a paisagem, revirada em obra pública, sinaliza para um futuro calcado na esperança do progresso.

Muito significativa dessa relação, por certo, terá sido a presença da fotografia na Exposição de História do Brasil, na Biblioteca Nacional do Rio de Janeiro, em 1881-2. Dentre as várias "classes" daquela mostra, foram as seguintes as que tiveram na fotografia seu meio básico, ao lado das demais artes plásticas (isso sem contar outras seções em que aparecia meramente como "ilustração"):

Classe 15 — Vistas, paisagens e marinhas;

Classe 16 — História;

Classe 17 — Tipos, usos, trajes;

Classe 19 — Retratos, estátuas, bustos.

Entre os assuntos tratados fotograficamente, duas grandes divisões aparecem: *cenários* e *personagens*. Expõem-se vistas urbanas, paisagens rurais, acidentes geográficos, edificações, monumentos, expedições e viagens, obras públicas, indumentárias regionais e outros registros culturais de diversas regiões do país. Sobressai, aqui, de modo por demais interessante, determinada construção da história nacional que é concebida e exposta como espetáculo moderno e dirigido a um público amplo, citadino e anônimo. E isso estava sendo ensaiado não só mediante documentos ditos tradicionais da disciplina historiográfica (manuscritos, livros, obras raras, mapas etc.), mas, igualmente, através da apresentação de imagens fotográficas como materiais pertinentes dos acontecimentos históricos e do próprio saber histórico especializado.

No que toca propriamente às imagens da modernidade em curso, vale ressaltar, em especial, as fotos que acompanharam os avanços e percalços no campo das obras ferroviárias, portuárias, das reformas e melhoramentos urbanos, do surgimento das primeiras instalações fabris de tipo moderno, das novas conquistas técnicas quanto à navegação fluvial e marítima. Esses antecedentes históricos vêm inserir os trabalhos do *Official Photographer* Dana B. Merrill sobre a construção da Madeira—Mamoré dentro de uma tradição que, na primeira década do Novecentos, já possuía lastro de cerca de meio século. Não se pode esquecer, portanto, nesse itinerário, as verdadeiras crônicas fotográficas de Marc Ferrez, em torno da construção da estrada de ferro Minas—Rio (álbum de 1882) ou das incríveis obras-de-arte (pontes, túneis, estações) na tecnicamente ousadíssima estrada de ferro Paranaguá—Curitiba, posta no tráfego em 1885. Na primeira delas, podemos surpreender, numa bela foto, dom Pedro II na boca de um túnel, contracenando com trabalhadores dispersos ao lado e acima, como anjos desfocados; certa vez, na seção de iconografia da Biblioteca Nacional, veio-me essa foto como representação singularmente materializada do mecanismo de inversão ideológica sugerido na famosa metáfora da *camera obscura*, de Marx e Engels, em *A ideologia alemã*. No caso de Marc Ferrez, vale lembrar, ainda, as imagens espectrais, tiradas enquanto fotógrafo oficial da Marinha Imperial, de vários navios ao largo da baía de Guanabara, navios vazios, embarcações fantasmáticas, signos de tempo novo e veloz, mas, também, indícios da própria melancolia e fugacidade que cercam os aparelhos e maquinismos da civilização técnica.

Fotógrafos e engenheiros davam-se, pois, as mãos e combinavam suas linguagens, despontando, em pleno século XIX, como alguns de nossos primeiros modernistas. Há aí casos notáveis, como o do engenheiro ferroviário Carlos Morsing, que foi também fotógrafo. Seu álbum sobre a estrada de ferro Baturité, no Ceará, cerca de

1880, é exemplo marcante das fantasmagorias da técnica no desolado sertão da seca, impressão acentuada pela organização mecânico-militar do trabalho e pelos efeitos dissolventes do tempo sobre as imagens, esmaecendo-as e amarelando-as em tonalidades propícias ao sensoriamento de fantasmas remotos. Ligado à atividade de Morsing também existe outro curioso álbum de fotografias retocadas a partir de inscrições rupestres indígenas, de autoria de Camillo Vedani, arte primitiva figurativa tornada decorativa abstrata pelo olhar da câmera, trabalho feito, ao que parece, sobre pedras achadas às margens do rio Negro, em 1882-3, quando justamente o engenheiro chefiava comissão de estudos da ferrovia Madeira—Mamoré, após sucessivos fracassos na tentativa de construí-la durante a década anterior.

É da Comissão Morsing, igualmente, a série de fotos depositada no Arquivo Histórico do Museu Imperial, em Petrópolis. Vê-se, ali, a cidade de Manaus ainda como vila ribeirinha, antes do boom da borracha e de sua metamorfose em metrópole silvestre; a cachoeira de Santo Antônio e o salto de Teotônio, no rio Madeira; o acampamento da expedição e a choupana de índios Mojos, em Santo Antônio, ponto inicial da ferrovia em seu traçado originário, com peças de roldanas ao fundo que parecem de antiga caldeira; as ruínas de uma ponte sobre um igarapé, na mesma região. Em contraste com os próprios relatórios dessa comissão e outros documentos da época, os restos dessas roldanas e da pequena ponte são as únicas imagens de ruína fixadas fotograficamente pela Comissão Morsing. Nada sobre a locomotiva e outros equipamentos abandonados pela expedição Collins, em 1878, tão detalhadamente descritos em outros relatos. Pode-se dizer que, nessa coleção, predominam ainda imagens de uma natureza bravia e indomável, a grandeza monótona da floresta excessiva, engenheiros & fotógrafos que são artífices, antes de tudo, da caça & pesca, em contraposição às fotos de Dana Merrill, trinta anos depois, em que se enquadra muito mais a crônica da natureza produtiva, ou até mesmo do trabalho de feição industrial sobre a natureza, incluindo-se, aí, o revolvimento de paisagens, a mistura de culturas, a luta contra a fúria dos elementos.

Não se deve ignorar, ainda nessa vertente, as ótimas fotos de Ben Mulock, em 1861, sobre obras públicas em Salvador e, em especial, a construção da estrada de ferro Bahia—São Francisco, formidáveis em seu artesanato sépia — no que possuem de "crônica antiga" daquela paisagem transfigurada. De forma similar, merecem registro as fotos pioneiras, de 1858, feitas pelo alemão August Stahl, sobre a instalação da ferrovia Recife—São Francisco, com destaque para a primeira locomotiva em movimento fotografada em território brasileiro. Quanto ao espaço fabril, além dos trabalhos valiosos de Marc Ferrez em Minas Gerais, há muitos registros fotográficos dessa verdadeira fábrica-fantasma que foi a siderúrgica São João do Ypanema, perto de Sorocaba, entre eles a série de fotos de instalações internas vazias, cerca de 1870, feitas por Leuthold e Dursky, ressaltando-se o aspecto de abandono do aparato técnico, a disfunção de sua presença.

Constitui outro veio interessante de pesquisa o rastreamento dessa aliança prematura havida entre a fotografia e as demais artes gráficas nos primórdios da "imagem gravada" no Brasil, conforme ressaltou Orlando da Costa Ferreira no fundamental trabalho historiográfico *Imagem e letra* (1977). Assim, nos ensaios iniciais de um grafismo urbano, nesse cenário que é o "grande livro colorido da cidade" (João do Rio), ou, então, nessa "floresta sem fim de tabuletas" (Luiz Edmundo), sublinham-se, desde meados do século passado, obras de artesanato elaboradíssimo, como as dos fotógrafos húngaros Biranyi e Kornis — daguerreotipistas proscritos da Revolução de 1848 na Europa —, que se unem ao cromolitógrafo Louis Thérier, em 1855, para produzir memorável estampa do "estabelecimento de iluminação a gás" do visconde de Mauá; nela, a técnica de *tintas graduadas* permitia a impressão, de uma só vez, dos vários matizes de cores com que se compunha a gravura. Desse modo, fotografia, litografia e pintura a pincel combinavam suas respectivas técnicas em processos complexos que um jornal da época chamou de "tecnologia artística".

As máquinas de iludir através de imagens em movimento, ancestrais do cinematógrafo, já estavam presentes no imaginário popular das maiores cidades brasileiras desde a primeira metade do século xix. É o que indicam anúncios publicitários em jornais e revistas. O vocábulo *marmota*, por exemplo, cuja acepção popular o dava como sinônimo de fantasma ou espantalho, era significativamente transposto como equivalente de cosmorama, dispositivo mecânico aparentado dos panoramas, dioramas e lanternas mágicas. Isso em anúncios que datam pelo menos de 1835.[3] Essa interessante ampliação semântica iria desdobrar-se metaforicamente, por exemplo, nos títulos de jornais como *Marmota* (Salvador, 1849-) ou *A Marmota Fluminense* (Rio de Janeiro, 1855-), mostrando cruzamentos insuspeitados, até então, entre fantasmagoria e espaço público.

No interior desse processo em que a fotografia passava a ganhar, crescentemente, relevância na história das representações imagéticas e da documentação histórico-artística no Brasil do século xix, alguns momentos podem ser especialmente reveladores. É como se, ao adentrar o território da modernidade, a civilização brasileira em formação se oferecesse, com foros de verdade, para ser inteiramente kodakizada, para ser resumida, em coleção de flashes e cartões-postais, por uma câmera lúcida que fosse, a um só tempo, cúmplice absolvidora de suas próprias lacunas. É como se, acima de tudo, a sociedade imperial e a republicana que lhe seguiu desejassem mergulhar seus hiatos, falhas e sombras (a maior delas, a da escravidão) nesse universo sedutor da "ilusão especular", deixando-se levar por seus atrativos espetaculares e ignorando, afinal, os limites técnicos e ideológicos da "transparência fantasmática" presente na fotografia e em códigos imagéticos dela derivados.

Entre tais momentos reveladores, assinalo:

1. A própria "autonomização" da representação fotográfica, como nas vistas de Victor Frond em torno do Colégio dos Jesuítas em

Salvador e a entrada da Barra (Rio), em que se incluíram, nas cenas registradas, como objetos de primeiro plano, a câmera e o fotógrafo — preocupação ainda mais significativa se se considerar que essas fotos foram depois litografadas para fazer parte do famoso álbum *Brasil pitoresco*, editado em Paris no ano de 1861, com texto do *quarante-huitard* e romântico liberal Charles Ribeyrolles, amigo de Victor Hugo, viajante auto-exilado e irônico através do país. O fotógrafo e sua máquina surgem assim, nessas vistas, na linha de frente dos modos possíveis de figurar o que continha o próprio Brasil.

2. Idem para o *cartão estereoscópico* de autoria anônima, cerca de 1875, que serviu como capa ao belo álbum de Gilberto Ferrez (1985), em que, ao lado de um negro, supostamente cativo, numa paisagem silvestre, aparece o fotógrafo com seu mecanismo montado, em primeiro plano. Aqui, além do efeito de "autonomização", a técnica mesma do estereoscópio — ancestral dos modernos slides —, muito em voga no terceiro quartel do século XIX, indica já a preponderância da reprodução (imagem duplicada no cartão) e da ilusão tridimensional provocada de maneira rudimentar pelas diferenças sutis da percepção binocular, espécie de paralaxe visual que se traduz, também, no exemplo citado, em "focos narrativos" desiguais: o olho visível do fotógrafo-cronista, disperso mas presente na cena; e o olho oculto do fotógrafo-documentarista, concentrado mas ausente da representação.

3. Finalmente — e quem anotou isso foi Susan Sontag num dos seus *Ensaios sobre a fotografia* —, é altamente sintomático que o repórter-cronista-engenheiro-romancista da tragédia de Canudos, Euclides da Cunha, tenha concluído *Os sertões* narrando em pormenores a cena em que o cadáver de Antônio Conselheiro deveria morrer de novo, duplamente, para que fosse fotografado e, em seguida, morto ainda muitíssimas vezes, através de sua fotografia reproduzida na imprensa. O ato de fotografá-lo morto era, pois, afinal, para o Estado-máquina, tão ou mais importante do que o próprio ato de matá-lo. Era essa a trajetória principal: imagem que se desprendia

do corpo e da história, para depois, com Euclides, mediada pelo texto, retornar até o arraial de Canudos em seu momento preciso.

Madeira—Mamoré: as fotos de Dana Merrill descolam-se de seus lugares e de seu tempo; mas podem retroceder até lá, restaurando espaço-temporalidades interditadas, conduzidas pelo poder evocatório de alguma narrativa.

Dana Merrill e Frank Kravigny: o fotógrafo lembrado pela amizade do datilógrafo, amigos ambos da memória. Fotografar e datilografar no faroeste da civilização brasileira. Locomoviam-se de vapor, canoa, a cavalo e a pé. Não eram propriamente pioneiros. Quantos já teriam fixado imagens da região? Quantos viajantes já teriam escrito sobre o grande álbum barroco da selva? Poucos anos antes, em 1905, Euclides da Cunha vencera a burocracia do Itamaraty para conseguir levar um fotógrafo — coincidentemente, chamado E. Florence — na Comissão Brasileiro-Peruana de Reconhecimento do Alto Purus. Entre os instrumentos daquela formidável expedição — teodolitos astronômicos e topográficos, cronômetros, sextantes, bússolas, lunetas, termômetros, psicômetros, barômetros, aneróides, micrômetros, molinetes, passômetros — encontravam-se... duas máquinas fotográficas.

Antes mesmo de Carlos Morsing, o fotógrafo A. Frisch, no início da década de 1860, percorreu Manaus, o rio Negro, o Solimões e o Japurá, fazendo as fotos mais antigas que se conhecem sobre índios da região, algumas delas sendo depois exibidas na Exposição Universal de Paris, em 1867. Ao contrário da expressão com que Euclides nomearia, mais tarde, uma seleção de escritos amazônicos — "Terra sem história" —, já havia, dentro e fora do Brasil, de há muito, uma história da e sobre a Amazônia, entendida precisamente no sentido de discursos e imagens que a tentavam captar e ordenar segundo a ótica das técnicas civilizacionais modernas, da cartografia à crônica e ao relatório escrito, do sextante à máquina fotográfica. Por isso, em 1884-5, o barão de Santa-Anna Nery editava, em Paris, o livro *Le pays des amazones*, em que propunha enfaticamente a organização de exposição internacional itinerante sobre as maravilhas amazônicas. Como que cedendo a tal tentação, comerciantes e governo do Amazonas produziram álbum fotográfico sobre a cidade de Manaus e os seringais da região para ser divulgado como souvenir na Exposição Mundial Columbiana de Chicago, em 1893, com todo o simbolismo inerente, já que celebrava o quarto centenário do descobrimento da América. A natureza convertida em força produtiva tinha, sim, história; e até mesmo seus críticos precoces, como José Veríssimo, nesse verdadeiro "manifesto ecológico" que é a monografia por ele escrita, *A pesca na Amazônia* (1895), obra que reúne, a um só tempo, análise econômica, história natural e panfleto político-moral.

Dana não estava só, portanto. Quase à mesma época, o fotógrafo Silvino Santos — português que chega em Belém na virada para o século xx e vai, depois, residir em Manaus — começa sua experiência de cineasta, primeiro a serviço do todo-poderoso Julio Arana, rei da borracha de Putumayo, dono da Peruvian Amazon Rubber Co.; mais tarde, filmando para J. G. Araújo, de Manaus, proprietário da maior casa de aviação do Amazonas. Essencialmente documentarista, seu filme mais famoso, *No país das amazonas* (1922), premiado na Exposição do Centenário da Independência, no Rio de Janeiro, combina o apelo ao exótico com o elogio da produção, o mistério grandioso da selva com os sinais da modernização técnica da metrópole manauara. Materializa, em parte, os sonhos propugnados pelo barão de Santa-Anna Nery. Focaliza a natureza segundo seus vários meios de produção. A ausência de enredo dramático, a sucessão arbitrária de cenas descritivas, faz desse inventário, em seu supernaturalismo ao mesmo tempo nítido e chapante, crônica algo surreal da ocupação da Amazônia pelo mundo técnico civilizado, da dilapidação da paisagem natural e humana, da metamorfose veloz das coisas, ilusão proporcionada pelo movimento e corte das imagens.

Com as fotos da Madeira—Mamoré ocorre impressão semelhante. O surrealismo, ali, nasce da mais completa literalidade documental, da obsessão e zelo de cronista-repórter que marcam o trabalho artesanal e mecânico de Dana Merrill. Estou convencido de que esse oficial-fotógrafo, de poucas pistas além de suas próprias fotos, não possuía nenhuma preocupação sociológica ou mesmo antropológica ao retratar, meticulosamente, sempre numerando as seqüências de negativos — promessas truncadas de narrativas, pré-roteiro de filme nunca rodado, fotogramas imaginários de montagem inacabada —, com alta redundância do fundo e da posição da câmera, representantes de quase todas as etnias e nacionalidades de trabalhadores atuantes na construção da ferrovia (eram cerca de cinqüenta). Segundo o fotógrafo contemporâneo Kim-Ir-Sene, que trabalhou no início dos anos 1980 sobre os negativos remanescentes de Merrill (em sua maioria de vidro tamanho 13×18 cm), há sinais evidentes de que muitos deles eram reproduções de suas próprias fotografias. Talvez um cuidado a mais com a preservação daqueles sinais memoráveis.

De todo modo, conforme atesta Boris Kossoy, a qualidade técnica das fotografias de Merrill é magistral, considerando-se que as batia e revelava em Porto Velho, nas condições mais adversas de temperatura, luz e umidade. Curiosamente, predominam, em Merrill, fotos tiradas com céu nublado, havendo, pois, esforço deliberado para evitar o sol aberto: providência também excessiva, já que a sensibilidade dos filmes, na época, era mais baixa, indicando atenção especial para o contraste claro/escuro e para a definição de imagem. Intenção hiper-realista de documentar passo a passo os cenários, processos e personagens de uma grande obra internacional, faustianamente moderna nos limites extremos da selva amazônica. Imagens claras da civilização industrial no vazio do cerrado, da floresta e de rios em abandono, retratos nos bastidores do espetáculo do maquinismo. Se, na origem, formam peças artesanais de imenso valor plástico-pictórico, essas fotos, hoje, restam como sinais de ruínas, como traços de memória perdida, signos insuperáveis de um mundo morto, ícones de experiências submersas no mar chamado esquecimento. São negativos da história e, nessa condição, fixam-se em nossa consciência como esboços paralisados e emudecidos de um gigantesco e anônimo drama épico. Aqui, relembro ainda Barthes: as imagens fotográficas conseguem "falar" como fragmentos cênico-teatrais, flagrantes do tempo efêmero, crônicas da materialidade espacial mais perecível, combinação singular de pontos a velarrevelar instantes desaparecidos, instantâneos de uma prosa histórica cuja tensão se inscreve na melancolia de sentir irrecuperável o passado real.

As 2 mil chapas de Merrill, a maior parte delas destruída, rondam como fantasmas do próprio drama de que teriam sido o principal fio narrativo. O fotógrafo lá esteve fazendo seu árduo trabalho, caubói moderno de câmera armada, viajante de espaços desbravados e solidões vividas à margem da ferrovia-fantasma que se construía sem fim. O período mais provável de seu itinerário localiza-se entre os anos 1909-11, quando, entre raras pistas, têm-se algumas notícias suas através de fotos esparsas publicadas no periódico ferroviário *Bulletin*, da Union Panamerican. Poucos anos depois, em 1913, num *Annuario de Manaos*, encontramos fotos assépticas da capital do Amazonas, a grande fábrica de cerveja Amazonense de Miranda Corrêa & Cia. refletida nas águas do rio Negro, as ruas calçadas com Mac-Adam (macadame), o matadouro municipal atravessado por um foco de luz, dando-se a impressão de que o sangue urbano havia sido de fato confinado e, finalmente, os impressionantes equipamentos e instalações da limpeza pública municipal — forno de incineração do lixo, vassouras mecânicas, automóvel-irrigador — sugerindo cidade higiênica e limpa. No mesmo anuário, na verdade um almanaque ilustrado, deparamos, no final, com foto de página inteira da estação de Porto Velho, um trem especial preparado para a viagem, passageiros alinhados posando. Ficaram assim para trás as faces tumultuárias e babélicas de hindus e barbadianos fixadas por Merrill. A dignidade do olhar sobre o mundo do trabalho, dos entreolhares do fotógrafo-engenho mecânico e do trabalhador desterrado-orgulhoso em sua própria veste e figura.

Negativo nº 154: trabalhador negro, alto e magro à esquerda, origem provável Antilhas, olha para o fim dos trilhos, para o fundo/centro, onde alguns colegas (são no mínimo três) trabalham; veste chapéu amassado, lenço no pescoço e carrega pequeno bornal (ou será cantil?); seu rosto está virado contra a câmera, parece esperar os companheiros, ou a passagem de algum trem improvável; os trilhos estendem-se do primeiro plano desaparecendo em curva à esquerda, sempre paralelos, árvores esparsas e altas no fundo/direita, barranco abrupto à esquerda; pedras, dormentes e trilhos pelo caminho. São notas manuscritas tomadas num caderno por este pesquisador, na seção de manuscritos da Biblioteca Nacional, em 5 de junho de 1990. Trata-se de uma foto de autoria inconfundível de Dana Merrill (pelo dinamismo e nitidez da cena, escolha original dos ângulos, alta qualidade técnica da imagem), num lote de 37 outras que pertenciam ao arquivo particular de Percival Farquhar, o empresário imperial que comandava a construção da Madeira—Mamoré e tantos outros negócios na América do Sul na primeira metade do século XX. Por isso, essas fotos estão agrupadas junto a papéis manuscritos, selando pacto que se completa, ainda, com as seguintes anotações em meu caderno: "Este trabalhador não pode ser identificado, isto é, reconhecido. Sua atenção parece concentrar-se no objeto fugaz de seu trabalho. Talvez espere a aproximação dos demais; talvez a de um pequeno vagão que poderá reconduzi-lo de volta ao acampamento".

Dana B. Merrill: seu nome consta em várias relações da Madeira—Mamoré Association, a entidade civil agregadora de sobreviventes da construção da ferrovia e um fator decisivo na preservação de sua memória. Criada no início do século XX, acabou funcionando como elo entre as gerações de engenheiros e técnicos norte-americanos que participaram daquela aventura ferroviária, tanto nos anos 1878-9 quanto em 1907-12. Foi essa associação a patrocinadora da magnífica narrativa de Neville Craig sobre a expedição fracassada do século xix, bem como do reencontro emocionante de sobreviventes, entre eles Merrill, em plena Exposição Mundial de Nova York, 1939. Nas poucas listas de filiados que nos chegaram, há até o registro de uns dois endereços do fotógrafo-cronista, sempre em Manhattan.

A Fundação Nacional Pró-Memória, durante algum tempo, há cerca de vinte anos, tentou algumas outras pistas, sem sucesso. Ela também foi extinta. Uma arquivista do Museu da Imagem e do Som, de São Paulo, anos atrás, levou-me até um asilo de velhos na zona oeste da cidade. Lá, conheci o filho de um antigo engenheiro da ferrovia Madeira—Mamoré, Rodolfo Kesselring, que teria guardado, por muito tempo, os 2 mil negativos de Dana Merrill, depois passados ao repórter fotográfico de *A Gazeta*, Ari André, que os perdeu nalguma mudança (os 10% remanescentes foram salvos pelo escritor Manoel Rodrigues Ferreira). Aquele senhor, no asilo, tinha ainda uma caixa de tesouros fotográficos de família; nada, porém, de Dana Merrill. Desmemoriado, recordava-se de pouquíssima coisa, confundia-se em detalhes, repetia-se. Dizia que as fotos da Madeira—Mamoré eram suas, tinha sido roubado, queria sair dali para recuperá-las. Quem podia acreditar nele? Buracos negros da memória, história sem fio, lacunas como teclas saltando de velha máquina *Underwood*, falhas terríveis, de quem? Ao buscar as pegadas do fotógrafo-cronista, caminha-se rápido da prosa historiográfica para a de ficção. Cronista fingidor? Restaram entretanto muitas fotos, poucos nomes, alguns mapas, relatórios, diários. Madeira—Mamoré: duas palavras, duzentas fotos, imagens contundentes, quem pode revelar o resto? A cada reunião anual da Madeira—Mamoré Association, conforme verifiquei em raras listas e boletins, noticiavam-se novas baixas no grupo de sobreviventes. Dana Merrill deixou seus valiosos negativos em Porto Velho, no próprio cenário da ferrovia-fantasma: as fotos não lhe pertenciam, ele era apenas um técnico contratado pela companhia construtora para registrar a grande obra.

Madeira—Mamoré: cruzamento de rios à deriva da civilização, lapsos de memória, trens descarrilados. A ferrovia reclama seu narrador: Merrill sentado sobre a locomotiva abatida, fantasma que se insinua nas imagens, crônica noturna, ficção controlada numa câmera lúcida, história projetada de negativos em chapas de vidro.

P.S.: Concluído o texto, voltei à coleção de fotos remanescentes de Dana Merrill sobre a Madeira—Mamoré. O negativo nº 354 desponta impressionante, revelador do processo de autonomização da representação fotográfica. Dois cavaleiros dispostos simetricamente, montados em cavalos brancos; ao centro, massa enorme do que restou de um tronco de árvore (vê-se, pelo plano de fundo, tratar-se de área desmatada). Terreno desolado, barranco lateral. Abaixo, canto centro-esquerdo, foi fotografada a sombra do fotógrafo e de sua máquina com tripé, as silhuetas de seu chapéu de caubói e da capa que envolve o mecanismo ali projetadas, no momento mesmo do flash, recurso evidentemente intencional, cronista auto-representado, ou melhor, sua marca ótico-mecânica, narrador que se deixa flagrar narrando, não é bem Dana que se faz assim fotografar: é simplesmente sombra que remanesce, resíduo pontual, sombra negra de uma prosa já velada em seu anúncio, negativo interposto nessa crônica de cavalos pré-caminho de ferro, montada com espelhos brancos eqüestres simétricos, com sombra preta nítida da máquina fotográfica e de seu mágico condutor. Que costumava viajar a cavalo acompanhando o estafeta da ferrovia: Merrill, mensageiro instantâneo da grande obra — de cada pequena sombra exposta.

Epílogo
"Catch me who can"

O espírito não é força normativa, salvo onde pode servir à vida social e onde lhe corresponde. As formas superiores da sociedade devem ser como um contorno congênito a ela e dela inseparável: emergem continuamente de suas necessidades específicas e jamais das escolhas caprichosas. Há, porém, um demônio pérfido e pretensioso, que se ocupa em obscurecer aos nossos olhos estas verdades singelas. Inspirados por ele, os homens se vêem diversos do que são e criam novas preferências e repugnâncias. É raro que sejam das boas.

Sérgio Buarque de Holanda, *Raízes do Brasil*

I

(*Euston Square, Londres, 1808*)

Transformar o vapor em movimento. Transpor o limiar que separa a tração mecânica da história. Reunir numa mesma criatura rodas e vapor: nascimento de monstros. Ensaios, fracassos: carros esquisitos. Como manter veículos girando em perfeito equilíbrio? A idéia dos carris: longo caminho das minas às cidades. De uma série descontínua e problemática de atrevimentos, surgem os espetáculos modernos do maquinismo.

A primeira locomotiva: *Catch me who can*. O inventor: Richard Trevithick. O cenário em que se apresenta esse fenômeno é circular, cercado de tapumes: uma forma de picadeiro, o que sugere ser a comunhão entre platéia e patrocinadores algo próximo daquela desencadeada pelas artes circenses. "Agarre-me quem puder": o letreiro lança um desafio, mas o mecanismo ainda não revela os modos pelos quais pode sair do círculo de Euston Square e dominar a circunferência da Terra. Esse espetáculo permanece preso a seu cenário restrito, afeito apenas ao que tem de curioso e divertido. Trevithick não dispõe de recursos para prosseguir. Apesar do nome provocativo, pairam dúvidas e desconfianças acerca daquela geringonça: aumentados carga e percurso, continuará a máquina em seu alegre *ma non troppo* movimento?[1]

II

(*Estação ferroviária de Puebla, México, setembro de 1869*)

Uma litogravura colorida de Casimiro Castro mostra a fumaça dos canhões e da locomotiva, a banda perfilada, o presidente da República, as bandeiras, a plebe ao fundo, o jogo de tonalidades amarelas e violeta. Os festejos de inauguração da estrada de ferro México—Puebla constituem mais um desses milhares de rituais planetários. Em que pesem variar os dísticos e manias de cada nacionalidade, o espetáculo possui aqui e ali, basicamente, os mesmos ingredientes e andamento.[2]

Ignacio Altamirano, cronista da viagem ferroviária entre a capital mexicana e a provincianamente aristocrática Puebla, contrasta as tristes solidões das lhanuras com a passagem do trem. Chegados ao destino, têm início as celebrações. No meio do baile, um atrativo especial: o distinto público silencia de repente para escutar os primeiros acordes na grande peça sonora da noite, *La locomotiva*, composta sob medida pelo maestro Melesio Morales. Trata-se de uma "fantasia imitativa em forma de abertura", executada por mais de cem músicos, que lançam mão inclusive de novos instrumentos capazes de "reproduzir fielmente o rugido do vapor, o silvo da máquina e até o rodar dos carros nos trilhos de ferro".

Acompanhemos algumas das impressões causadas em nosso cronista:

> A peça propriamente põe em cena, por assim dizer, se não a nossos olhos, a nossos ouvidos a ferrovia de Tlalpan. Depois de alguns prelúdios da orquestra escutam-se os guizos das mulas que conduzem os vagões do centro da cidade à estação, onde a máquina está à espera: ouve-se o sibilo desta; o ruído surdo e compassado que faz o vapor ao escapar da caldeira, o estridente choque dos aros de ferro ao deslocar-se o trem, e tudo mesclado com harmonias singulares que parecem um hino entoado por gigantes à civilização do século XIX.[3]

A música figura uma aparição que se dá não pelo sentido visual, mas auditivo. É nesse arranjo inédito e estranho de sons que a locomotiva se traduz, afinal, em signo da própria civilização oitocentista. Esta aparece agigantada pelas harmonias do estrondo. A alma coletiva do século XIX não quer só ver o trem, mas também ouvi-lo. Antes que possa agarrá-lo ou, mais tarde, esquecê-lo, é preciso acostumar-se à sua ainda tenra existência; é preciso reinventá-lo muitas vezes na fantasia, conferindo-lhe expressividade em sucessivas *mimesis*, tantas quantas forem as formas desse surpreendimento.

III

(*Ferrovia Alaabade—Calcutá, Índia, 1872*)

Concepções tradicionais de espaço e tempo abaladas, a ferrovia introduz um cisma nas paisagens, nos ritmos, nos valores. Num contexto otimista e infalível, o personagem Phileas Fogg de Jules Verne, em *A volta ao mundo em 80 dias*, convive com esse entrelaçamento contraditório de culturas. Na travessia do território hindu, o estado ainda precário dos caminhos de ferro recém-implantados pela Grã-Bretanha provoca uma interrupção repentina no fluxo da viagem e da narrativa, que se tornam lentas sob o compasso milenar de um meio de transporte natural: o elefante. Essa quebra revela o interior da Índia em toda a sua "primitividade" assustadora, insólita aos olhos do europeu. É nesse momento de modificação no ritmo cronológico que se dá o episódio de salvamento da bela viúva do rajá, condenada ao sacrifício brâmane, entorpecida sob efeito dos vapores do ópio e do cânhamo. O desfecho bem-sucedido, com a retomada do curso normal da rota e com o restabelecimento da linha-tronco da narrativa, mediante a utilização pioneira do novíssimo trecho ferroviário Alaabade—Calcutá, tudo sob o comando calculista e irrepreensível de Fogg, configura por seu turno, igualmente, a reposição da aventura imperialista do colonizador, cujo roteiro milimétrico já conta a seu favor, inclusive, com a benevolência do sistema convencional e uniforme dos fusos horários.

O imprevisto, assim, pode ocorrer, porque ele já foi justamente previsto. A lógica dos meridianos é linear e cumulativa, a da história capitalista idem, pelo menos em suas grandes linhas, as que em geral acabam contando. Por isso, ao serem novamente salvos pelo gongo (e pelo trem), a linha da ferrovia, naquele trecho, passa a correr paralela ao leito do rio Ganges. As figuras do mecanismo podem se oferecer à vista, também, como fenômenos em harmonia com a natureza. Podem descrever traçados que se adéqüem aos contornos das regiões, pelo menos no reino da cartografia. As peripécias de Fogg carregam, pois, essa contradição e sabor: há, por um lado, total incerteza do hiato, desse fluxo interrompido acidentalmente, do próximo sonho ou vertigem, sem jamais ter-se como certa a circunstância — exotismo providencial — de viajar de elefante nos interiores da península hindu; embora, por outro lado, personagem e leitores já saibam de antemão, no fundo, que o trajeto maior Bombaim—Calcutá e, por fim, o Londres—Londres, mesmo se por meios fortuitos, iriam ser, acima de tudo, rigorosamente cumpridos.[4]

IV

(*Exposição Universal de Paris, 1900*)

Espetáculos dentro do espetáculo: antes mesmo que Blaise Cendrars e Sonia Delaunay reinventassem textual e pictoricamente a magia dos traçados ferroviários longínquos em sua célebre *Prose du Transsibérien* (1913) — onde podiam se descortinar "os trens silenciosos, os trens negros que voltavam do Extremo Oriente e que passavam como fantasmas"[5] —, os visitantes da Exposição de 1900 deixavam-se inebriar por uma série de panoramas arrebatadores simulando uma viagem ferroviária entre Moscou e Pequim. No interior do pavilhão da Rússia asiática, deparavam com uma gare fictícia da Cie. Internationale de Wagons-Lits, proprietária do mitológico transiberiano. Exemplo supremo do que os ingleses denominaram a *worldwide railway mania*, a grandiosidade dessa ferrovia, que possui de longe a linha contínua mais extensa do mundo (cerca de 10 mil quilômetros entre Moscou e Vladivostok), constituiu sempre uma matriz fértil para representações em torno do encantamento dos trens. Se perde talvez em mistérios para o Orient Express, ganha sobretudo por sua imponência sublime.

Assim, o parisiense anônimo de 1900 é convidado a acomodar-se num vagão que permanecerá imóvel por todo o caminho. Pela janela, desenrolam-se panoramas diversos: rios, florestas, tundras, desertos de onde emergem tumbas mongóis, minas de metais reluzentes, antigos guerreiros tártaros e modernos comerciantes de zibelinas, "planos desesperados", enfim, no dizer de Paul Morand,[6] em que se intercalam pedaços desconexos de tempo e espaço, porquanto a história, ali, adquire as molduras plásticas do paisagismo. Enquanto sucede o espetáculo, o mujique de serviço desaparece como uma espécie de gênio do samovar; em seu lugar surge um moço chinês, vestido como manda o figurino, trazendo o indispensável chá de jasmim numa taça de porcelana, embora a essa altura já seja difícil precisar seu conteúdo. O vagão parece haver chegado ao destino, mesmo sem ter se movido. Os passageiros estupefatos reencontram-se diante de uma das portas sagradas de Pequim.

Lá fora, longe dos recintos da exposição, tinha seqüência o desenho da nova cartografia imperialista: territórios e culturas existiam como objetos a serem anexados ao arsenal voraz de mercadorias e capitais. Aqui dentro, nesse teatro ferroviário, era assim que o Ocidente imaginava, em 1900, devassar o Oriente: metamorfoseando mitologias em imagens de um pré-cinematógrafo.

V

(*Berlim, 1900; Londres, 1851*)

Lembranças de um sonho infantil: um espectro ronda o quarto e acaba por confundir-se com um velho tear de madeira do qual pendem panos de seda. Essa imagem recupera segredos antiqüíssimos do fiar e tecer, ora concentrados na figura da dobadoura, ora se polarizando em cenas do paraíso e do inferno.[7] Desde a persistência do ofício de Penélope na cultura ocidental, passando pela magia de *Las hilanderas* de Velázquez (*c.* 1660), ou mesmo os maços de pisão em *Dom Quixote*, até os relatos em torno de rocas a desfiar tramas, a revolver intrigas na surdina imemorial dos sertões brasileiros, pode-se perpassar por uma série de imagens que enfocam a fiação e a tecelagem nos interiores do espaço doméstico e do erotismo feminino. A Revolução Industrial apropriou-se desses ambientes e técnicas e os recompôs no cenário da fábrica moderna, desnudando suas formas anteriores.

Na indústria têxtil mecânica, permaneceu, entretanto, como vestígio, a memória dos gestos ancestrais de fiandeiros e tecelões. Sua qualidade de trabalho morto acumulado já é, por si só, fantasmagórica. Até hoje, na língua inglesa, *loom* designa, ao mesmo tempo, o tear e o aparecimento gradual de um vulto, podendo como verbo ser também traduzido por "assomar" ou "aparecer indistintamente". Na Great Exhibition de 1851, por exemplo, mostravam-se, como máquinas maravilhosas, num pequeno compartimento que simulava uma manufatura, teares automáticos de lã e algodão em pleno movimento. Esses *power-looms* não escondiam, pois, nem no nome, seu caráter fantasmático.[8]

VI

(*Moscou, 1926-7*)

Vagando pelas ruas da capital soviética, Benjamin compara percepções do espaço diversamente produzidas conforme o meio de transporte utilizado: bonde ou trenó. Este último, deslizando suavemente no tráfico de massa, é capaz de induzir a uma maior comunhão do passageiro com os homens e as coisas. Andar de trenó para o moscovita pode significar sobretudo o aguçamento do sentido táctil. Já com o bonde, veículo mais veloz e de dimensões avantajadas, o europeu experimenta um deslocamento visual (e também auditivo) em relação ao tráfego urbano, que aparece simultaneamente como algo distante e subordinável. Temporalidades distintas passam a ser apreendidas como se fossem planos cinematográficos interpostos:

> uma viagem de bonde realiza em miniatura uma experiência de alcance histórico efetivo na Rússia: como o mundo da técnica e formas primitivas de existência acabam por interpenetrar-se profundamente.[9]

Essa maneira de entendimento que capta o espetáculo ferroviário como uma espécie de máquina do tempo encontra-se presente em muitos outros relatos de viajantes e escritores. Mesmo variando os modos de registro e exposição, temos acompanhado os testemunhos dos que fizeram do trem seu meio de transporte não só através do espaço, mas igualmente pelas galerias de épocas; ou ainda: dos que se propuseram a viajar — pelo menos assim representou sua imaginação — dos núcleos da cultura aos redutos primevos da natureza, e vice-versa. Ou também: das numerosíssimas vozes que, por tantas e sofridas razões, se têm extraviado de todos esses possíveis caminhos.

VII
(*Bairro da Zona Oeste da cidade de São Paulo, 1984*)

Numa agência Bradesco indistinguível, numa fila também idêntica às outras, um operário desperta-me do torpor metropolitano, não por sua eventual inserção na totalidade, mas simplesmente pela camiseta que veste: esta traz impressa a gravura de uma locomotiva exibida na Exposição Universal de 1867, em Paris. Os letreiros são em inglês. Pergunto-lhe com delicadeza onde foi que a adquiriu. Não foi comprada, responde-me; trocou-a com um amigo por achá-la bonita, em Curitiba, tempos atrás.

Naquele momento e cenário, não era possível prosseguir o diálogo. Teria sido muito complicado explicar-lhe minha obsessão atual por locomotivas e exposições internacionais. Pensei em fazer-lhe uma oferta monetária irrecusável pela camiseta; ou, talvez, propor-lhe alguma troca. Afinal, estávamos numa agência do sistema financeiro e aquele era um material valioso para minhas pesquisas. Mas o operário não estava muito para conversas, nossas respectivas filas caminhavam desigualmente e, além do mais, a figura daquele maquinismo caía melhor sobre seu corpo do que nas minhas fichas de leitura.

Deixei o banco após algum mísero resgate, imaginando de quantas coincidências são confeccionados os projetos de estudo e de vida. Aquela cena passageira me alvoroçava por dentro, pois dava um sentido novo ao estado das coisas, além de confirmar os antigos: uma marca histórica imprimira-se como estampa na indumentária de um trabalhador anônimo, 120 anos depois que o evento aludido tivera lugar. Ainda hoje, a mesma migração de sentidos numa simples troca de roupa: de Curitiba ao bairro paulistano da Lapa, de Filadélfia (sede das oficinas da Baldwin Locomotive) a Paris, a *exhibitio* moderna generalizou-se com a velocidade dos mercados. Poderia tratar-se, quem sabe, de um selo da ferrovia Madeira—Mamoré: o que essas estampas gravam não é um fragmento de memória, mas justamente seu contrário — uma marca do esquecimento secular e coletivo.

Crianças continuam a preencher álbuns de figurinhas, trocando entre si as repetidas. Homens continuam e embaralhar os conteúdos da história, repetindo entre si as mesmas figuras da troca desigual. Ao mesmo tempo, são em sinais aparentemente desconectados, como as ilustrações da camiseta de um operário, que se podem perseguir os elos perdidos de uma narrativa, cuja inviabilidade quase permanente significa ser ela, também, das únicas vias de acesso capazes de proporcionar alguma verossimilhança ao jogo social: a história do trabalho.

VIII

(*Nova York; Atlanta — EUA, 1986*)

Ronald e Nancy Reagan apertam o botão de um dispositivo, mas dessa vez ainda estamos salvos. François Mitterrand contracena como figurante, lembrando que as cores das bandeiras dessas nações-irmãs são as mesmas. Além disso, sua presença dá ao espetáculo um toque de cosmopolitismo chique, exalação mais do que adequada provindo de um líder da social-democracia internacional. A Estátua da Liberdade renasce cem anos depois. Exibida inicialmente de forma inacabada na Exposição de 1878, em Paris, foi oferecida pelo governo francês aos EUA, em 1886, como imagem escultural das glórias revolucionárias comuns aos dois países: a independência norte-americana, o nascimento de uma nação que contara com o apoio decisivo dos canhões e das idéias gaulesas.

Hoje, 120 anos após, não é pouca coisa imaginar-se que o comandante de um dos dois maiores arsenais de destruição nuclear do planeta possa — e somente ele possa —, tomando de assalto todas as cenas dos televisores ligados, entre raios laser patrióticos e fogos de artifício cosmonáuticos, dizer, qual o mago Merlim do final do segundo milênio: — *Miss Liberty!* — e que os braços da velha matrona de pedra se abram novamente, em meio a um colosso de luzes, ante os olhares atônitos dos navegantes perdidos pelas artérias de Manhattan.

Um pouco antes, outra celebração centenária matou a sede de todos, renovando a pintura às vezes já pálida de tabuletas dispersas nos rincões do planeta. Muito mais visível do que o nome de estações ou as setas nas estradas, ou ainda os pontilhados decrescentes indicando os núcleos populacionais nos mapas: vidro como embalagem, a eternidade do design, marca registrada, dicionário de sonhos. Os inventores daquela soda gasosa não sabiam que de discretas prateleiras nas *pharmacias* acabaria por invadir as vidas de todos os terráqueos. Por isso os primeiros fabricantes sorriem de novo nos seus retratos amarelos. Por isso, também, é possível celebrar a coisa via satélite, fazendo com que cada filial seja a matriz, num longo desfile das unidades produtivas que por instantes comungam numa só voz.

Quando recentemente ameaçaram mudar a fórmula, houve passeatas de protesto: mais um golpe publicitário. Essas garrafas, com seu conteúdo identificável em todos os alfabetos, podem até mesmo trazer escrito, no rótulo transparente, sem medo ou censura, como uma espécie de último sorriso derramado por cima da alegria liquefeita de quem as esvaziar, as seguintes palavras: *Marca Registrada de Fantasia.*

IX

(*Samarcanda, Ásia Central, primavera de 1888*)

O escritor e visconde E.-M. de Vogué reuniu crônicas esparsas num interessantíssimo volume que intitulou *Spectacles contemporains.* No prefácio que anexou à obra, em 1891, chama a atenção para as rápidas transformações do "teatro do mundo" a partir da grande tragédia de 1870-1 (Guerra Franco-Prussiana e Comuna de Paris). A partilha da África e da Ásia entre as potências européias terá sido, na opinião do escritor, outro desses momentos decisivos. Sugere a dificuldade — pelo menos para os contemporâneos desses acontecimentos — de se dar conta das "mudanças essenciais de idéias, horizontes, coisas e pessoas que anunciam aos espíritos mais distraídos o começo de uma outra peça".[10] É o processo de fabrico dessa nova forma dramática, com a troca de cartazes, atores e cenários, bem como a ampliação do palco, que o livro pretende registrar. Mais difícil do que as modificações do equilíbrio geográfico e político é captar o sentido das novas maneiras de pensar, a amplitude e instantaneidade com que vinham ocorrendo naqueles vinte anos:

enquanto a evidência nos obriga a reconhecer as ruínas materiais, acorda-se menos facilmente das ruínas de idéias; continua-se a defender esses cadáveres muito tempo após terem cessado de existir, recusando-se a perceber suas herdeiras.[11]

Por isso, apesar de beletrista acadêmico e conservador, De Vogué optou pela reportagem impressionista, pelos relatos de viagem. Tentava manifestar, com isso, nas circunstâncias de crise e transição daquela época, quanto de artificialidade poderia conter um eventual tratado político-filosófico sistemático. Sentia vivamente o caráter imponderável da virada do século. Novos contornos mentais se insinuavam, mas fugazes ao extremo para que pudessem ser nomeados de chofre. Daí a forma de exposição escolhida e o título geral que encabeçava os ensaios:

> É preciso esperar algum tempo ainda antes de esquematizar em um livro a fisionomia do pensamento contemporâneo; é preciso se limitar hoje em dia a olhar os espetáculos que a preparam.[12]

Entre as cenas que esboçam essa "outra peça", De Vogüé incorpora suas "Lettres d'Asie", escritas para o *Journal de Débats*, em 1888, quando de uma viagem oficial a Samarcanda, Ásia Central, para a inauguração da ferrovia construída pelos russos naquele território recém-conquistado aos turcos. A Transcaspiana, nome que ulteriormente parece não ter vingado, deslocava-se até aquele antigo santuário e centro intelectual islâmico, por cerca de 1440 quilômetros, desde o porto de Krasnovodsk (antiga Uzun-Ada), na margem sudeste do mar Cáspio. Era outra dessas estradas de ferro que desafiam a desolação do deserto com seus fantasmas característicos: as dunas, em seu movimento vertiginoso e errático; as miragens fugidias; as ruínas e pegadas de povos nômades e evasivos; as cidades que ali despontam como estratos geológicos, como manchas inverossímeis.

Essa viagem ferroviária é descrita por De Vogüé como "um sonho a todo vapor, com uma sucessão rápida de visões, de festas, de surpresas". Segundo sua narrativa, foi tudo como uma projeção das *Mil e uma noites* em lanterna mágica; tal o sentimento impressionante produzido pela

> irrupção repentina da Europa na velha Ásia, o assombro recíproco dos dois mundos que se enredam, o encantamento de horas inesque-

cíveis. […] O viajante é um espelho móvel sobre o qual as imagens passam e se eclipsam. Quando o espelho afasta-se no espaço com essa rapidez, ele reflete mal os detalhes, sem dúvida, mas que admirável lição de síntese! Compreende-se tão bem, retomando-a assim em sentido inverso, a longa rota histórica da humanidade, suas etapas atuais e seu afinamento secular.[13]

Por todo o trajeto, De Vogüé reintroduzirá as imagens desse deslumbramento ótico, tendo no viajante seu depositário e testemunha e no trem essa maravilhosa máquina do tempo, essa projetora de cenas móveis, essa ilusionista de descampados remotos. Surgem lendas novas a partir de elementos em perfeito disparate, que se comprimem numa mistura caótica atrás da locomotiva. Os efeitos daí gerados são como os de uma avant-première do cinematógrafo: "Os quadros se fundem, se sucedem, desaparecem, tão rápido, tão rápido…".[14]

Cidades mortas: os fios do telégrafo — essas teias do pensamento e da civilização — travam diálogos invisíveis com as tumbas do velho cemitério muçulmano de Samarcanda. Cidade-fantasma: da guarnição militar-ferroviária erguida pelo conquistador russo até as ruínas da urbe milenar, uma rota deserta e sombria antecipa o desenrolar ininterrupto de visões fantasmagóricas em cada esquina, em cada beco labiríntico. O espetáculo folclórico de danças nativas e mágicas que abre as comemorações surge dentro da noite feérica, as cúpulas das construções maometanas aparecendo também movediças sob a luz tremulante do fogo. Ironicamente até, "Samarcanda iluminava seus monumentos para festejar a inauguração da ferrovia".[15]

Os trilhos do progresso chegavam aqui ao fim da linha, não de modo uniforme, homogêneo, mas antes tortuoso, desordenado. A barbárie não se dissolvia aos primeiros vapores da caldeira; incorporava-se, ao contrário, nos interstícios das roldanas, fazendo as engrenagens chiarem de tanta ferrugem e desventuras. Samarcanda era ainda a praça de uma guerra recém-terminada. As razões imperialistas sobrepunham-se à vertigem do vazio. Mas ninguém sabia ainda, por volta de 1890, até onde e quando o trem conduziria os fardos da história. Era emocionante, contudo, deixar-se levar por essas linhas férreas longínquas, através de máquinas que representavam o mais sofisticado padrão tecnológico da época. Os caminhos de ferro eram exibidos pelos poderes de Estado como cachimbos da paz. Mas os trens ainda ajudariam a fazer muitas guerras. Logo mais, no tempo de Lawrence d' Arábia, iriam formar seus próprios cemitérios no deserto: vagões descarrilados confundiam-se, meio século depois das viagens de *Spectacles contemporains,* com as dunas traiçoeiras, essas inimigas mortais das artes da bússola e da engenharia. Comboios viravam fósseis. Locomotivas, tuaregues, dromedários: vestígios informes, esqueletos indiferentes sob o sol claudicante da civilização do século xx.

Transcaspiana, Madeira—Mamoré: caravanas ferroviárias do nada a lugar nenhum.

x

(*Palermo, quando esse bairro ainda era subúrbio de Buenos Aires*)

Se De Vogué tivesse embarcado não em direção aos desertos transcaspianos, mas para o Brasil, poderia ter assistido, naqueles mesmos dias, ao espetáculo popular e efusivo de assinatura da Lei Áurea: mais um ato propiciatório da grande montagem teatral que se ensaiava em todas as fronteiras: a do trabalho livre. Se descesse mais um pouco, até o rio da Prata, reencontraria em Buenos Aires a promessa de metrópole mais bem arquitetada da América do Sul.

Ali, nos arrabaldes ainda um tanto pantanosos de Palermo, tinha lugar, em novembro de 1875, a festa de inauguração do parque que viria a ser o futuro Jardim Zoológico Municipal. Os cronistas calculam que cerca de 30 mil dos 180 mil portenhos tenham acorrido ao evento. Todo o projeto havia sido idealizado por ninguém menos que Domingo Faustino Sarmiento, o prosador exuberante de *Civilización y barbarie*, o mesmo que sonhara em levar o progresso aos desertos pampianos; que presidira até então a República Argentina (1868-74), quando se consagrou em obras modernizadoras e reformistas nos campos da técnica, da ciência e da educação. Durante a cerimônia, Sarmiento convidou o novo alto mandatário do país, Nicolás Avellaneda, a plantar uma magnólia. A visão que as palavras deste circunscrevem é a de uma urbe projetada nas dimensões e formas da nova estética do sublime, referindo-se à

> intenção sã e ao propósito bom que tivemos ao executar as obras deste passeio público que entregamos ao solaz do povo, com seus lagos, suas sombras e suas grandes avenidas, que se enquadram dentro do horizonte vasto e solene; por um lado, os monumentos da cidade vizinha [Buenos Aires], e por outro, o espetáculo das águas do Prata, dilatando-se em ondulações infinitas.[16]

Na defesa do seu plano para um zoológico, Sarmiento agregava ao interesse da novidade o da aplicação na indústria; ao do ornato, o do utilitarismo; ao da beleza e raridade, o da ciência e pedagogia. Pretendia, entre outras coisas, realizar permutas de espécimes raros com zoológicos europeus. Faleceu naquele fatídico ano de 1888, sem ter visto sua obra concluída. As administrações seguintes foram dando ao parque zoológico de Buenos Aires, entretanto, essa fisionomia tão conhecida do público das grandes cidades, em particular o infantil, sabendo combinar com desenvoltura as artes de raiz circense com os critérios taxionômicos das ciências naturais. Construções neoclássicas e de tipo oriental já podiam ser vistas ali no início do século xx.

Nesses anos, sob a direção de Clemente Onelli, foram erguidas, entre muitas obras, o arco triunfal como pórtico de entrada, o majestoso Palácio dos Elefantes e o exótico Templo Indostânico, para expor lhamas e zebus. Onelli vivia dentro do zoológico; em 1922, chegou a organizar uma expedição com destino à Patagônia, em busca de possíveis remanescentes do extinto plesiossauro, evento científico que segundo a imprensa da época daria ao país "o prestígio definitivo de possuir exemplares de seres insuspeitados".[17] Os discursos do progresso, tanto no século xx quanto outrora, enredavam-se em representações fantasmagóricas como essa. Territórios já se encontravam exaustivamente mapeados, mares de igual modo medidos: figuras descomunais teimavam em reaparecer, todavia, pondo a descoberto a face sempre renovada do grotesco na modernidade.

Buenos Aires já exibia, nessas alturas, o primeiro metrô do continente. Nos corredores subterrâneos de acesso às plataformas, podia-se deparar com anúncios luminosos de elixires, cigarros negros e aperitivos populares de nomes tão significativos como *Amargo Obrero*. Carregando a fantasia poética dos parques, os banhados de Palermo urbanizavam-se velozmente. Mas ainda possuíam traços de arrabalde. Durante um bom tempo, naquelas paragens, os habitantes permaneceriam respirando a atmosfera ambígua, melancólica e inconfundível dos subúrbios. Num desses fundos de quintal recendendo a limões, separadas apenas por uma porteira do mundo mágico dos trilhos, poderíamos surpreender, nas tardes de um verão qualquer, três garotas adolescentes brincando à sombra de salgueiros, em seu esconderijo improvisado de fantasias e enfeites.

Jogos infantis que podem terminar bruscamente; jogos em que o faz-de-conta esconde realidades mais terríveis: a paralisia de Letícia, por exemplo. Mas antes que se descubram verdades a ponto de interromper o jogo de forma irreversível, todas as imitações e disfarces são ali permitidos. Entre poses e estátuas, as meninas revezam-se na pequena plataforma, imóveis, esperando o trem das duas e oito do Central Argentino, vindo de Tigre, que passa como bólido naquele trecho de Palermo. Então, por alguns segundos fugazes, podem exibir seus gestos e adereços, como verdadeiras aparições de fantasmagoria, aos passageiros perplexos que das janelinhas se deleitam com esse espetáculo volátil. Como em todo jogo, as regras são rígidas. Uma delas, a principal: de que essas fantasias se sucedam tão-somente sob os efeitos da velocidade dos trilhos, já que "de um trem andando as coisas se vêem como se vêem".[18] Da mesma forma que num parque de diversões, no interior do trem-fantasma é proibido sair dos vagões antes do final do túnel, pois do contrário se quebrariam os encantos, conheceríamos as engrenagens e artifícios que sustentam as figuras aterrorizantes — numa palavra, os segredos do mecanismo seriam desvendados.

No caso desse jogo secreto das tardes suburbanas de Palermo, quando a paixão do jovem Ariel B. por aquela estranha princesa chinesa é mais forte do que sua timidez e move-o para atirar bilhetes da janelinha do trem, para autoconvidar-se a descer, no dia seguinte, na próxima estação, e vir caminhando rente aos trilhos a fim de conhecer Letícia, aquele reino encantado começa a se esboroar. Aqui, pelo risco de que se revele, tragicamente, não o segredo do mecanismo, mas o do não-movimento, o da estática perfeita e sublime das criaturas representadas por Letícia. O brinquedo, como vemos, está se complicando de maneira insolúvel.

No meio da narrativa, a referência a um desses pesadelos recorrentes com trens, vivido pela personagem que nos conta a história — presumível irmã ou prima de Holanda e Letícia, uma das três cúmplices do jogo proibido —, preenche, de certo modo, um papel premonitório em relação ao desenlace:

> andei de madrugada por enormes margens ferroviárias cobertas de trilhos cheios de entroncamentos, vendo à distância as luzes vermelhas das locomotivas que chegavam, calculando com angústia se o trem passaria à minha esquerda, e ao mesmo tempo ameaçada pela possível chegada de um rápido às minhas costas, ou — o que era pior — que no último momento um dos trens tomasse um dos desvios e viesse por cima de mim.[19]

Não houve nenhum acidente ferroviário nesse conto. Foi de outra ordem a fatalidade: esvaneceram-se as fantasias, rompeu-se o mundo mágico que somente as miragens respectivas — de dentro e de fora do trem — eram capazes de configurar. Cessam as esperanças, tanto das atrizes quanto da platéia, de continuar simulando ou de ainda crer na simulação. Retornamos à rotina das cozinhas, dos quintais sem porteira; recaímos na prosa infeliz da vida. Fim da linha, isto é: final do jogo. Na véspera, porém, a mais bela estátua de todas que Letícia soubera criar; para na tarde seguinte, sem nenhuma surpresa, o trem das duas e oito passar com a terceira janelinha vazia, enquanto as outras duas garotas, enciumadas, com certo alívio imaginavam "Ariel viajando do outro lado do vagão, quieto em seu banco, olhando para o rio com seus olhos tristes".[20]

O pesadelo da narradora é modelar. Reintroduz-nos no universo da modernidade, onde paira uma ameaça sobre cada coisa, sobre cada lugar. Estamos mais uma vez diante da migração dos sentidos da história, da perda do fio da meada, do embaralhamento de tramas, roteiros e argumentos. No rebuliço das estações, haverá sempre o perigo de enveredar por ramais desconhecidos e desconcertantes. Para, em seguida, depois que o jogo acaba repentinamente, ao mesmo tempo que nos forçamos a admitir que a verdade é melhor "doa a quem doer", continuamos a desejar febrilmente — em algum espaço recôndito do *eu* — que o encantamento tenha seqüência, que se desdobre em novas figuras mais sublimes ainda em seus mistérios, engenhos e ornatos, em sua graça erótica, reunidas ali simplesmente para seduzir e fazer quimeras, para ganhar toda a cena antes que a fumaça da locomotiva vire só testemunho do passado.

Dentro de cada espectador da cena moderna, da "outra peça" já em cartaz, há uma *China Town* fervilhante à espreita de oportunidades para ter vazão. Qual a força dessas fantasias, qual o segredo do trem-fantasma? Sentidos passam voando como trens; os nomes se deslocam, e nessa vertigem semântica muita coisa se percebe nas entrelinhas. As representações da técnica sofrem constantes e surpreendentes anamorfoses; suas silhuetas disformes dançam numa sala de espelhos. Os sentidos dessas figuras tornaram-se, na transição à modernidade, cada vez mais movediços, estilhaçados, enigmáticos. Ora escapam antes que se possa nomeá-las. Ora se põem como as estátuas de Letícia: mudas e fixas. Outras vezes, contudo, são como os pesadelos da menina-narradora: trilhos perigosos e sem saída, estruturas sólidas, ameaçantes e intransparentes. Por trás da tristeza dos parques, as projeções do mecanismo ainda parecem sorrir da razão clássica quando, através das sombras de suas criaturas etéreas, continuam a lançar ao novo mundo admirável a mesma farsa, o mesmo desafio: *Catch me who can.*

Notas

O ÁLBUM DE DANA [PP. 11-6]

1. Cf. Candido, A. *et al.* *A Crônica: o gênero, sua fixação e transformações no Brasil.* Campinas, Unicamp; Rio de Janeiro, Fundação Casa de Rui Barbosa, 1992, pp. 529-55. Com ligeiras modificações, esse texto apareceu, também, nos seguintes periódicos: *Revista do Departamento de História,* Belo Horizonte, UFMG, 11 (11), 1992; *Amazônia em Cadernos,* Manaus, Museu Amazônico, 1 (1), 1992; *Resgate: revista de cultura,* Campinas, Centro de Memória da Unicamp, 5 (5), 1993.

2. A existência desse documento não era desconhecida. Frank Kravigny menciona-a nas fontes de seu *The jungle route* (1940), obra importante, entre outras coisas, por nos ter revelado pela primeira vez a identidade de seu amigo Dana. O álbum foi doado à NYPL em 1939, por outro amigo do fotógrafo, Groesbeck Walsh, que morara com ele por meses em Porto Velho. Sinal maior dessa amizade foi Walsh ter sido presenteado com tão especial volume pelo próprio Dana, "vários anos antes", conforme afirma na carta à biblioteca em que oferece a doação.

3. Frank Kravigny (1940), ele próprio um escriturário, já nos dera conta desse segmento do trabalho e de sua particular sociabilidade nas obras da ferrovia. O relato de Julio Nogueira (1913) e as memórias de Benigno Cortizo Bouzas (1950) também tinham, indiretamente, se acercado desse mundo urbano incipiente e em grande parte desconhecido de Porto Velho.

PRÓLOGO [PP. 23-32]

1. Georges Sadoul, *História do cinema mundial*, Lisboa, 1983, v. I, p. 50. Sobre a importância de *L'arrivée d'un train* para o estabelecimento de uma linguagem cinematográfica, comenta o mesmo autor: "Na realidade, todos os planos sucessivos que hoje o cinema emprega foram utilizados neste filme — desde o plano geral, com o comboio a aparecer no horizonte, até ao plano aproximado. No entanto estes planos não são separados, são ligados por uma espécie de *travelling* invertido. A câmara não se desloca; mas os objetos ou as personagens aproximam-se ou afastam-se constantemente dela. Esta perpétua variação do ponto de vista permite extrair do filme toda uma série de imagens tão diferentes como os sucessivos planos de uma montagem moderna" (*op. cit.*, p. 51).

2. Jürgen Habermas, "Arquitetura moderna e pós-moderna", *Novos Estudos Cebrap*, 18, set. 1987, p. 123.

3. B. F. Ramiz Galvão (org.), *Catálogo da Exposição Nacional em 1875*, Rio de Janeiro, 1875, p. 615.

4. Exemplar desse processo anterior de arruinamento precoce é a história de Vila Bela (futura Mato Grosso), fundada em 1752 e já decadente em 1820, quando da mudança de sede da capitania para Cuiabá. Visconde de Taunay narra essa involução em *A cidade do ouro e das ruínas* (São Paulo, 2ª ed., 1923). Tomado de entusiasmo por obras do despotismo esclarecido de Pombal, como a fortaleza de Macapá (1764) e o forte do Príncipe da Beira, às margens do Guaporé (1776), chega a sugerir que construções erguidas à mesma época em Belém do Pará atestavam o intento de dar vida "a projeto muito mais difícil, largo e maravilhoso, do que o celebrado cometimento de Pedro, o Grande, da Rússia, ao transferir a sede do seu dilatado império de Moscou para as margens do Neva" (*op. cit.*, p. 10).

5. C. Lévi-Strauss, *Tristes tropiques*, Paris, Plon, 1955. Cf. trad. bras. Wilson Martins, São Paulo, Anhembi, 1957.

6. Num paralelo interessante, estudando as origens da indústria capitalista na Polônia, Kula analisa o surgimento de muitas fábricas-fantasmas, que recém-construídas já viravam ruínas, como resultante da própria dinâmica do processo de acumulação. Cf. Hobsbawm *et al.*, *Industrialización y desarrollo*, Madri, 1974, pp. 180-1.

7. Rozendo Moniz Barreto, *Exposição Nacional. Notas e observações*, Rio de Janeiro, 1876, pp. 18-9.

8. Elias Canetti, *A língua absolvida*, São Paulo, 1987, pp. 93-4.

9. Trotski, "Ida... e volta", in: *A Revolução de 1905*, São Paulo, s. d., p. 465.

1. CHUVA, VAPOR, VELOCIDADE [PP. 33-61]

1. Edward Stanley, *An accurate description of the Liverpool and Manchester Railway* (1830), p. 45, *apud* Francis D. Klingender, *Arte y revolución industrial*, Madri, 1983, pp. 225-6. Klingender conta-nos que Stanley (1779-1849) chegou a ser posteriormente bispo de Norwich, além de matemático, ornitólogo e reformador. O magnífico relato da viagem ferroviária foi escrito para a revista *Blackwood's Magazine* (Liverpool, nov. 1830). Sobre a presença do universo semântico derivado da física ótica no discurso filosófico do século xix, em particular na obra de Marx, ver o ensaio de Roberto Romano, *Corpo e cristal: Marx romântico*, Rio de Janeiro, 1985.

2. Cf. Klingender, *op. cit.*, p. 226, n. 21; René Jeanne e Charles Ford, *Historia ilustrada del cine*, Madri, 1981, v. 1, p. 12.

3. Cf. Hermilo Borba Filho, *História do espetáculo*, Rio de Janeiro, 1968, p. 33.

4. Cf. Paolo Rossi, *I filosofi e le macchine: 1400-1700*, Milão, 1980, p. 35. Já no Renascimento, a mecânica teatral receberia a importante contribuição do arquiteto e cenógrafo Niccolò Sabbatini (1574-1654), cujo livro *Pratica di fabbricare scene e macchine ne' teatri* (1637) revela-se guia engenhoso na arte de iludir por meio de mecanismos.

5. K. Marx & F. Engels, *Manifesto do Partido Comunista*, Lisboa, 1975 (trad. Alvaro Pina e notas de Vasco Magalhães-Vilhena), p. 63. Até onde se saiba, essa é a primeira tradução integral em língua portuguesa feita diretamente da edição alemã de 1890 (revista e anotada por Engels). A frase lapidar do *Manifesto* serviu de título e idéia-força para o belo e exuberante ensaio de Marshall Berman, *All that is solid melts into air: the experience of modernity*, no qual me apóio integralmente. Essa obra, editada em Nova York em 1982, tem provocado muita polêmica, da qual destaco o artigo de Perry Anderson, "Modernity and revolution", e a réplica de M. Berman, "The signs in the street: a response to Perry Anderson", ambos publicados na *New Left Review*, 144, 1984. Tanto o livro quanto os artigos citados já foram traduzidos e editados no Brasil, em 1986/1987. As citações seguintes de *All that is solid* são da edição inglesa da Verso (Londres, 1983).

6. Todo o extenso material — notas esparsas, fichamentos de leitura, artigos avulsos — desse grande mosaico projetado por Walter Benjamin, mas que restou inconcluso, foi reunido sob o título *Das Passagen-Werke* e publicado pela Suhrkamp Verlag, de Frankfurt, em 1982. No presente trabalho, baseio-me amplamente na tradução italiana recém-editada pela Einaudi, sob direção de Giorgio Agamben, e que recebeu o título geral: *Parigi, capitale del XIX secolo i "Passages" di Parigi* (Turim, 1986, 1112 pp. ilust.).

7. Lothar Bucher, *Kulturhistorische Skissen aus der Industrie-ausstellung aller Volker* (Frankfurt, 1851), *apud* Sigfried Giedion, *Espacio, tiempo y arquitectura*, pp. 260-1; *apud* Leonardo Benevolo, *Historia de la arquitectura moderna*, pp. 136 e 141; *apud* Berman, *op. cit.*, pp. 239-40. Em W. Benjamin, *op. cit.*, pp. 244-5, o mesmo es-

crito de Bucher é citado indiretamente, por meio das referências de Julius Lessing, *Das halbe Jahrhundert der Weltausstellungen* (Berlim, 1900, pp. 6-10).

Bucher (1817-92) evoluiu de um reformismo democrático nos anos 1840-50 para um estatismo conservador nos anos 1860-70, chegando a ser um dos principais colaboradores da política de Bismarck. Amigo do socialista Lassalle e dizendo-se admirador das idéias e obras de Marx, tentou aproximar-se deste após terem se conhecido na Exposição Universal de Londres, de 1862. O autor de *O capital*, porém, parece não ter tido maior entusiasmo em cultivar essa amizade. Cf. Franz Mehring, *Carlos Marx, el fundador del socialismo científico: historia de su vida y de la 1ª Internacional*, Buenos Aires, 1965, pp. 268-70.

8. Cf. *The Crystal Palace Exhibition: illustrated catalogue* (Londres, 1851), pp. xxii-xxv.

9. Sobre o tema, consultar os ensaios clássicos de Nikolaus Pevsner: *Os pioneiros do desenho moderno: de William Morris a Walter Gropius* (1948), *Origens da arquitetura moderna e do design* (1968) e *Panorama da arquitetura ocidental* (1943), todos com traduções pela Martins Fontes (São Paulo).

10. Cf. o catálogo da exposição fotográfica internacional, *La ciutat fantasma* (Barcelona, Fundación Joan Miró, out.-nov. 1985). Baseio-me também em Benjamin, *op. cit.*, pp. 853-75, e no seu famoso estudo: "A obra de arte na época de suas técnicas de reprodução". Contemporaneamente, essa temática me parece muito bem trabalhada nos filmes *Alice nas cidades* (1974) e *Paris, Texas* (1984), de Wim Wenders: a propósito, consultar o estudo filmo-biográfico de Peter Buchka, *Wim Wenders*, Paris, 1986 (trad. bras. Lúcia Nagib, São Paulo, 1987), em especial cap. 2, "Pátria naufragada". Ver, também, as reflexões estimulantes sobre o tema em Susan Sontag, *Ensaios sobre a fotografia* (Rio de Janeiro, 1981).

Sobre a correspondência entre a prosa da história e a reflexão melancólica do espírito sobre as ruínas em Hegel, ver Paulo E. Arantes, *Hegel: a ordem do tempo*, São Paulo, 1981, parte ii, pp. 162-7.

11. N. Gogol, "Nevski Prospect", in: *Diary of a madman; Nevski prospect*, Londres, 1945, pp. 50-89. Cotejado com a edição espanhola das *Obras completas*, Madri, Aguilar, 1951, pp. 761-803. Ver também a interessante análise desse conto em Berman, *op. cit.*, pp. 195-206.

12. "E, se em toda ideologia, os homens e suas relações nos aparecem postos de cabeça para baixo como em uma *camera obscura*, esse fenômeno decorre de seu processo de vida histórica, de idêntica forma como a inversão dos objetos sobre a retina decorre de seu processo de vida diretamente físico." E, logo adiante: "E mesmo as fantasmagorias do cérebro humano são sublimações resultantes necessariamente do processo de sua vida material que se pode constatar empiricamente e que está ligado a pressupostos materiais" (Marx & Engels, *L'idéologie allemande*, p. 20).

13. F. M. Dostoiévski, "Noites brancas", in: *Obras completas e ilustradas*, Rio de Janeiro, José Olympio, 1960, v. viii, pp. 10-65.

14. Dostoiévski, "Um coração fraco", in: *op. cit.*, v. viii, p. 512. Essa passagem é também analisada em Berman, *op. cit.*, pp. 192-3.

15. Dostoiévski, "Notas de inverno sobre impressões de verão", trad. Boris Schnaiderman, in: *op. cit.*, v. x, p. 493. As outras referências estão nas pp. 477-99.

16. Tchekhov, "Um caso clínico", in: *A dama do cachorrinho e outros contos*, trad. Boris Schnaiderman, São Paulo, 1985, pp. 263-75. O trecho citado está na p. 271.

17. Sobre as ressonâncias conceituais e semânticas entre história geológica e história humana no pensamento dos séculos xvii e xviii, ver Paolo Rossi, *I segni del tempo: storia della Terra e storia delle nazioni da Hooke a Vico*, Milão, 1979.

W. Benjamin traça uma bela analogia poético-conceitual entre gravuras imaginárias de panoramas pré-históricos e as passagens parisienses, enfatizando a relevância da percepção infantil e onírica no desvendamento de representações coletivas, ao mesmo tempo que relativiza o peso de critérios estritamente cronológicos. Cf. *op. cit.*, "Passages parigini (i)", p. 1021; "Passages parigini (ii)", pp. 1082-3. Esse tema é igualmente explorado nas evocações benjaminianas de *Infanzia berlinese* (Turim, 1973), em especial nos escritos dedicados ao jardim zoológico de Berlim e à morada da lontra. Uma análise acurada desse texto encontra-se em Willi Bolle, in: A. A. Arantes (org.), *Produzindo o passado*, São Paulo, 1984, pp. 11-23.

18. Cf. Flaubert, *Madame Bovary*, cap. v.

19. Cf. V. Hugo, *Os trabalhadores do mar*, livro 3, cap. ii, "A eterna história da utopia".

20. Cf. J. Selz, *Turner*, Paris, 1985; G. Gatt, *Turner*, Londres, 1968; Bruckmann (ed.), *Menzel*, Munique, 1975; "Menzel", in: *Historia del arte Labor*, v. xv, pp. 47-54; J. Rewald, *Historia del impresionismo*, Barcelona, 1981, 2 v.; M. Le Bot, *Peinture et machinisme*, Paris, 1973, cap. ii: "Machines", pp. 53-114, e cap. iv: "Images", pp. 169-237; F. D. Klingender, *Arte y revolución industrial*, Madri, 1983. Este último autor comenta como nas pinturas tendo como objeto a nova paisagem industrial, desde cedo, mesmo naquelas de cunho pitoresco e figurativo, certo interesse arqueológico somou-se ao técnico, fazendo com que fábricas modernas aparecessem como ruínas medievais. Cf. *op. cit.*, pp. 129-31 e 252.

Nikolaus Pevsner refere-se também a esse gênero de percepção algo romântica do maquinismo, ao se indagar se em obras como as de Turner, Monet ou Menzel não estaríamos muito mais diante de um prazer estético nas "formas das estruturas de engenharia e maquinário" do que uma "fé na era industrial". Cf. *Pioneers of modern design* [...], Nova York, 2ª ed., 1949, p. 77.

Sigfried Giedion compara a descrição do interior do Palácio de Cristal feita por Lothar Bucher com um quadro de Turner, em que a atmosfera aparece úmida, produzindo um efeito de ondulante irrealidade; a paisagem ali se desmaterializa e como que se desvanece no infinito. Cf. *Espacio, tiempo y arquitectura*, Barcelona, 2ª ed., 1958, pp. 262-3. Voltamos, aqui, ao tema central de Berman, *op. cit.*, em relação à experiência da modernidade. Cf., também, as obras de L. Benevolo: *Historia de la arquitectura moderna*, Barcelona, 1974; *História da cidade*, São Paulo, 1983.

21. Ver o trabalho pioneiro de Carroll L. V. Meeks, *The railroad station: an architectural history*, New Haven/Londres, 1964. Cf. também as preciosas referências de W. Benjamin em *Parigi* [...], *op. cit.*, 1986, pp. 531, 1026-7, 1046 e 1059.

Sobre a riquíssima iconografia em torno do tema, ver, entre outros: Espanha, Ministerio de Cultura: *El mundo de las estaciones*, Madri, 1980-1; R. Goldsborough (ed.), *Great railroad paintings*, Nova York, 1976; D. Costelle, *Histoire des trains*, Paris, 1981; O. S. Nock, *Chemins de fer d'hier et d'aujourd'hui*, Paris, 1976; H. Ellis, *The pictorial encyclopedia of railways*, Londres, 1983.

22. Benjamin, *Parigi* [...], pp. 531 e 1027.

23. "Efetivamente, vemos muitos objetos emitir e lançar não só o mais profundo e íntimo de si próprios, como já dissemos antes, mas até mesmo parte de sua superfície e a própria cor. É isto o que fazem vulgarmente os toldos amarelos, vermelhos e verdes, quando, estendidos nos grandes teatros, ondulam drapejando pelos mastros e pelas traves: por baixo deles, todo o público sentado nos degraus, todo o adorno da cena e as estátuas dos deuses e das deusas se tingem e são levados a tomar a sua cor flutuante; e, quanto mais restrito é o âmbito do teatro, tanto mais todos os objetos, na rarefeita luz do dia, sorriem nessa graça difusa" (Lucrécio, *Da natureza*, livro IV, versos 73-84, trad. e notas Agostinho da Silva, São Paulo, 2ª ed., 1980, p. 80).

Convém frisar que essa aproximação é um tanto arbitrária, justificando-se apenas no plano de certa afinidade poética, já que, conceitualmente, a perspectiva radicalmente materialista de Lucrécio não oferece margem para se pensar na ilusão dos sentidos, em termos de um registro moderno: nele, o mundo dos simulacros não é ainda o do *fingimento* que ludibria a razão, mas antes o desse *tingimento* que colore, nas mesmas tonalidades, objetos, palco e platéia.

24. M. Proust, *À sombra das raparigas em flor*, trad. Mário Quintana, Porto Alegre, 1982, p. 202.

25. Proust, *op. cit.*, p. 173. Dois parágrafos acima, ao comparar o mistério das viagens de trem e seu prazer específico com a rotina sem aura do automóvel, Proust ressalta a importância do ritual de embarque e desembarque, "a operação misteriosa que se efetuava nesses lugares especiais, as estações, as quais, a bem dizer, não fazem parte da cidade, mas contêm a essência da sua personalidade, da mesma forma que lhes trazem o nome numa tabuleta indicadora" (*id., ibid.*).

A aproximação Monet-Proust não é, evidentemente, fortuita. Não só pelo aspecto geral da "literatura impressionista" proustiana, mas inclusive por dados biográficos levantados por J. Rewald, *op. cit.*, vol. II, p. 232, que sugerem o aproveitamento de traços do pintor para a construção da personagem Elstir, nesse mesmo romance de Proust.

A propósito, vale a pena ver também as notas rabiscadas por Proust: "Le Peintre. Ombres — Monet", in: *Contre Sainte-Beuve*, Paris, 1971, pp. 675-7.

26. M. de Cervantes, *Dom Quixote de La Mancha*, Porto, 1969, vol. I, cap. VIII,

pp. 67-8 (moinhos de vento), e cap. xx, pp. 175-90 (maços de pisão); trad. viscondes de Castilho e de Azevedo.

27. Marx & Engels, *L'idéologie allemande*, Paris, 1976, p. 268; cf. também ed. port., Lisboa, Presença, v. ii, p. 49.

28. "Vemos portanto aqui o outro aspecto da oposição criador-criatura, em que cada um dos dois termos contém em si mesmo o seu contrário. Sancho Pança-Stirner, o egoísta no sentido vulgar, triunfa aqui sobre dom Quixote-Szeliga, o egoísta ilusório e dotado de espírito de sacrifício, justamente *na qualidade de* dom Quixote, graças à sua fé na supremacia mundial do sagrado. Em suma, seria o egoísta no sentido vulgar de Stirner outra coisa senão Sancho Pança, e seu egoísta dotado de espírito de sacrifício outra coisa senão dom Quixote, e sua relação anterior recíproca seria outra que não aquela de Sancho Pança-Stirner com dom Quixote-Szeliga? Pelo menos, até aqui. Pois, agora, Stirner-Sancho Pança não deve ser mais Sancho senão para fazer crer a Szeliga-dom Quixote que ele o ultrapassa em dom-quixotismo e que, fiel a seu papel, dom Quixote universal pressuposto, nada empreenderá contra o dom-quixotismo de seu antigo amo (antes por ele jura toda a sua credulidade de servidor), dando mostras de uma esperteza que já havia revelado em Cervantes. Considerando o conteúdo real, ele é portanto o defensor do pequeno-burguês tal como este é na prática, combatendo simultaneamente a consciência do pequeno-burguês e que se reduz, em última instância, à representação ideal que este se faz da *burguesia* à qual não tem acesso.

"Sob os traços de Szeliga, dom Quixote faz, portanto, aqui, papel de criado perto de seu antigo escudeiro.

"Pode-se sentir a cada página como Sancho, em seu novo 'avatar', conservou seus velhos hábitos. 'Engolir', 'devorar' constituiu sempre uma de suas qualidades mestras, sua 'natural pusilanimidade' teve sempre sobre ele um tal domínio que o rei da Prússia e o príncipe Henrique lxxii se metamorfoseiam a seus olhos em 'imperadores da China' ou em 'sultões' e que ele nem ousa falar senão em 'Câmaras a...'; ele continua extraindo à força de seu saco de malícias provérbios e máximas morais que semeia ao redor, e tem sempre medo dos 'fantasmas': declara, mesmo, que eles são a única coisa a temer. A única diferença é que, em seu estado de não-santidade, Sancho se deixava esbulhar pelos camponeses na estalagem, enquanto que, agora, em estado de santidade, é a si próprio que se esbulha permanentemente" (Marx & Engels, *op. cit.*, ed. franc., p. 267; ed. port., v. ii, pp. 48-9).

29. *Idem, ibidem*, ed. franc., pp. 298-9; ed. port., v. ii, pp. 94-6. A situação me faz lembrar um fragmento de Julio Cortázar lido há anos no jornal *Versus*, sugestivamente intitulado "Tesouro da juventude", em que uma pequena história dos meios de transporte, invertida, tinha início com a descoberta dos foguetes espaciais e terminava com a invenção da roda.

30. Sobre o conceito de história solar em Hegel e sobre a teoria das cores e

suas repercussões políticas no campo do romantismo, baseio-me em Roberto Romano, *Conservadorismo romântico: origem do totalitarismo*, São Paulo, 1981.

31. Dom José de Castro y Serrano, *España en Lóndres. Correspondencias sobre la Exposición Universal de 1862*, Madri, 1863.

32. Castro y Serrano, *op. cit.*, cap. XIII: "Las armas de la guerra", pp. 255-80. Todas as citações subseqüentes dessa obra remetem-se ao mesmo capítulo.

33. As últimas expressões aparecem em Marx, *Le capital*, Paris, Éditions Sociales, v. III, pp. 106-7, numa passagem seguida de longa descrição das condições de moradia dos operários que construíram a estrada de ferro de Lewisham a Tunbridge — em plena Grã-Bretanha —, conforme relatório transcrito do Comitê de Polícia Sanitária local, em 1864, que denuncia inclusive a emergência de um surto de varíola de difícil controle.

34. Calcula-se que na construção de São Petersburgo — principal cenário do despotismo esclarecido russo e conhecida como a "janela da Europa" —, fundada em 1703 por Pedro, o Grande, tenha sido consumido, em poucos anos, um exército de 150 mil trabalhadores, na enorme maioria servos, dilapidados pelo ritmo frenético das obras e pelas condições climáticas e topológicas adversas. Em outra escala e momento, a ferrovia Madeira—Mamoré destruiu no mínimo cerca de 20% da força de trabalho empregada para construí-la (um total ao redor de 30 mil homens). Esse foi apenas um capítulo da verdadeira saga que representou o nascimento dos caminhos de ferro em regiões inóspitas do planeta. Na mesma vertente semântica de cunho militar, uma das melhores narrativas sobre a instalação da ferrovia no Congo Belga chama-se: *La bataille du rail* (Bruxelas, 3ª ed., 1953). As estradas de ferro dos Andes, das mais altas do mundo, despontam também com destaque nesse balanço. Deve-se levar em conta que muitas dessas empresas foram efetivamente campanhas de cunho político-militar, centralizadas pelo Estado com objetivos de expansionismo das fronteiras nacionais e do além-mar.

Quanto a Suez e Panamá — sonhos do sansimonismo tornados realidade a um altíssimo custo de vidas humanas —, podem-se estabelecer correspondências tardias entre sua realização e os episódios finais do *Fausto*, de Goethe (a grandeza da formidável obra de engenharia hidráulica que se ergue contraposta à morte iminente do personagem principal). Esse contraponto não é tão aleatório quanto possa parecer. Nos últimos anos de vida, em suas conversações com Eckermann, Goethe fez referências diretas à abertura daqueles canais, na esteira de suas leituras — entusiasmadas, ao que consta — do periódico sansimonista *Le Globe*. Cf. Eckermann, *Conversations with Goethe*, Londres, 1930, pp. 173-4.

35. Cf. E. P. Thompson, "Tiempo, disciplina de trabajo y capitalismo industrial", in: *Tradición, revuelta y consciencia de clase*, Barcelona, 1979; Carlo M. Cipolla, *La macchine del tempo: l'orologio e la società (1300-1700)*, Bolonha, 1981; Fernand Braudel, *Civilisation matérielle, economie et capitalisme, XVe-XVIIIe siècle*,

Paris, 1979, t. 3: "Le temps du monde", em especial cap. 1: "Les divisions de l'espace et du temps en Europe", pp. 11-70.

36. A esse respeito, consultar as obras básicas e polemicamente esclarecedoras de Arno Mayer, *La persistance de l'Ancien Régime: l'Europe de 1848 à la Grande Guerre*, Paris, 1983 (ed. orig.: Nova York, 1981; trad. bras.: *A força da tradição*, São Paulo, 1987); e Perry Anderson, *Linhagens do Estado absolutista*, São Paulo, 1985 (ed. orig.: Londres, 1974). Para uma abordagem do processo extremamente diferenciado e lento de expansão da indústria moderna no território europeu, ver, entre outros: Pierre Vilar *et al.*, *La industrialización europea: estadios y tipos*, Barcelona, 1981; E. J. Hobsbawm *et al.*, *Industrialización y desarrollo*, Madri, 1974; Joseph Koulischer, "La grande industrie aux XVIIe et XVIIIe siècles: France, Allemagne, Russie", *Annales d'Histoire Économique et Sociale*, III (9), jan. 1931. pp. 11-46. Para uma crítica teórico-política ao conceito homogêneo, cumulativo e linear de Revolução Industrial, ver: Immanuel Wallerstein, "Para que serve o conceito de Revolução Industrial?", *Economia & Desenvolvimento*, I (2), fev. 1982, pp. 49-60. Pode-se constatar, no plano das instituições políticas, que regimes democráticos liberais irão adquirir alguma concretude empírica, na Europa, somente no pós-1945. Parafraseando Wallerstein, poderíamos indagar sobre a validade *atual* do conceito de revolução democrático-burguesa.

O enquadramento compulsório das massas de pobres e vagabundos ao regime de fábrica foi um processo violento, prolongado e abrangente, espécie de contraponto europeu ao drama do escravismo colonial. Somente levando isso em conta, podem-se aquilatar os verdadeiros contornos e limites da ordem burguesa, bem como o cinismo atroz que se insinua sob os aparatos conceituais da idéia de cidadania. A verossimilhança do liberalismo no Velho Mundo vista desse ângulo torna-se, também, bastante questionável.

37. Refiro-me em particular à análise do "atraso" alemão, por Marx e Engels, exposta fragmentariamente, tendo muitas vezes como contraponto e modelo a França, em textos dispersos da *Ideologia alemã*, *Crítica da filosofia do direito de Hegel* (em particular, a famosa "Introdução"), *A sagrada família* e outros trechos dos primeiros escritos. Sobre essa tematização das "idéias fora do lugar" na Alemanha, cuja produção ideológica é como uma "história de sonho" voltada "para si mesma", ver os comentários pertinentes de Sergio P. Rouanet, *A razão cativa*, 1985, pp. 74-89; e os dois artigos de Paulo E. Arantes: "Idéia e ideologia: a propósito da crítica filosófica nos anos 1840", *Discurso*, V (6), 1975, pp. 25-33; e "O partido da inteligência: nota sobre a ideologia alemã", *Almanaque*, 9, 1979, pp. 89-94.

Na verdade, o ideário da burguesia francesa e seu progresso material parecem ter sido bem mais tacanhos do que certa visão mitológica e romântica da Revolução Francesa, muito em voga na primeira metade do século XIX, deixou transparecer. Ver, a propósito, R. Darnton, *O grande massacre de gatos e outros episódios da história cultural francesa*, Rio de Janeiro, 1986.

Uma imagem muito rica da interpenetração de valores e temporalidades no caso das manufaturas na França é sugerida em Proust, quando evoca essas "cidades manufatureiras onde velhos palácios testemunham que houve outrora uma vida de corte, e onde operários de uma fábrica de produtos químicos trabalham no meio de delicadas esculturas que representam o milagre de São Teófilo ou os quatro filhos de Aymon" (*No caminho de Swann,* trad. M. Quintana, Porto Alegre, 1960, p. 32).

38. Cf. P.-M. Schuhl, *Machinisme et philosophie,* Paris, 1947; J.-P. Vernant, *Mythe et pensée chez les grecs,* Paris, 1978, 2 vols.; M. Eliade, *Ferreiros e alquimistas,* Rio de Janeiro, 1979; P. Rossi, *I filosofi e le macchine: 1400-1700,* Milão, 3ª ed., 1980; L. W. Vita, *Da técnica como problema filosófico,* São Paulo, 1950, e *O mito de Hefestos,* São Paulo, 1959; R. Gama, *A tecnologia e o trabalho na história,* São Paulo, 1987. No plano literário, referência essencial continua sendo Mary Shelley, *Frankenstein: ou o moderno Prometeu,* Porto Alegre, 2ª ed., 1985, cuja primeira versão foi escrita em 1816.

A imagem das quimeras de ferro é de Robert Louis Stevenson, que se refere às locomotivas como *"iron chimeras fed with fire",* apud Gilberto Freyre, *Ingleses no Brasil,* Rio de Janeiro, 2ª ed., 1977, p. 26.

A iconografia da época das primeiras manufaturas européias é fértil em sugestões de como os novos espaços e formas das artes mecânicas estavam dotados de poderes encantatórios.

39. "Em 1808, por alguns tostões pode-se, em Londres, receber o batismo do trilho. A primeira locomotiva a vapor entregue à curiosidade do público é uma atração louca. Richard Trevithick e seu primo Andrew Vivian a construíram com amor: chama-se Catch me who Can (pegue-me quem puder) e circula num trilho circular" (Pierre Miquel, *No tempo de Napoleão: 1795-1815,* Rio de Janeiro, s. d., p. 48).

2. EXPOSIÇÕES UNIVERSAIS [PP. 62-81]

1. Ch. Baudelaire, "Exposition Universelle 1855", in: *Oeuvres complètes,* Paris, 1968, p. 361.

Numa perspectiva política diversa e de perfil contra-revolucionário, Juan Donoso Cortés atacava a "teoria da perfeição e do progresso", tendo como alvos simultâneos o racionalismo, o liberalismo e o socialismo. Ao referir-se à Exposição de Londres, retoma a imagem de Babel. Para ele, o telégrafo, as estradas de ferro e o "comitê democrático" de Londres são "três grandes sintomas dessa grande revolução". Cf. Donoso Cortés, *Oeuvres,* Paris, 1862, t. II, pp. 504-21.

2. Marx, *Le capital,* Paris, Éditions Sociales, v. II, cap. XV, p. 64.

Dois parágrafos antes, refere-se à máquina a vapor "das mais colossais" para navegação marítima, exposta por Boulton e Watt no Palácio de Cristal em 1851.

3. Cf. Werner Plum, *Exposições mundiais no século XIX: espetáculos da trans-*

formação sócio-cultural, Bonn, 1979, pp. 110-5. Sobre o visionarismo tecnológico de Jules Verne e outros aspectos de representação mágica do mecanismo em sua obra, ver Michel Foucault *et. al., Júlio Verne: uma literatura revolucionária,* São Paulo, 1969.

4. Plum, *op. cit.,* pp. 88-9. Entre as associações de caráter internacional criadas nesse mesmo fluxo, encontravam-se: União Telegráfica Internacional (1865), União Monetária Latina (1865), Cruz Vermelha (1874), União Postal Universal (1874), Escritório Internacional de Pesos e Medidas (1875). *Idem, ibidem,* pp. 82-7. Há que acrescentar a essa lista a Associação Internacional de Trabalhadores (1864-76), cuja vinculação com a dinâmica das exposições mundiais será, como veremos, das mais estreitas.

5. Cf. Plum, *op. cit.,* pp. 89-90.

6. Marx & Engels, "Neue Rheinische Zeitung. Politisch-ökonomische Revue" (1850), in: *Werke,* Berlim, 1964, v. 7, *apud* W. Plum, *op. cit.,* pp. 20-2.

A crença de Marx e Engels num possível desmoronamento da ordem burguesa estava vinculada particularmente à conjuntura revolucionária que se abrira na Europa em 1848. Foi aí que esboçaram o conceito de revolução permanente. Ver, a propósito, Fernando Claudín, *Marx, Engels y la Revolución de 1848,* Madri, 1975.

Segundo testemunho do socialista alemão Wilhelm Liebknecht, Marx, ao presenciar o espetáculo de um motor elétrico exibido numa mostra preparatória à Great Exhibition, em Londres, em julho de 1850, teria comentado: "Sua Majestade, o vapor, que durante o século passado tinha revolucionado o mundo, havia terminado o seu reinado e entregava o cetro a outra força incomparavelmente mais revolucionária: a corrente elétrica. O problema já está resolvido e as conseqüências são incalculáveis". Ao que arrematava Liebknecht: "Não pude conciliar o sono; aquele torvelinho de pensamento empurrou-me de novo à rua e corri a Regent Street a fim de ver o modelo elétrico, esse moderno cavalo de Tróia; que a sociedade burguesa cegada por uma fascinação suicida, entre gritos de júbilo, como em outros tempos os troianos, festejava aquilo que seria uma perdição segura".

Citado por Catullo Branco, *Energia elétrica e capital estrangeiro no Brasil,* São Paulo, 1975, p. 51.

7. Engels, "Prefácio à 1ª edição", in: *Anti-Dühring,* Rio de Janeiro, 1979, p. 6. "Barato, mas de má qualidade" é uma referência explícita à crítica formulada pelo diretor da Academia de Artes e Ofícios de Berlim e presidente do júri alemão na Exposição do Centenário em Filadélfia, Franz Reuleaux, em um de seus relatórios. Cf. Plum, *op. cit.,* pp. 107-8.

8. A dialética entre precariedade material da burguesia e exuberância retórica no plano discursivo foi tratada mais detidamente por Marx e Engels em *A ideologia alemã.* Sobre esse tema, há dois interessantes artigos de Paulo E. Arantes: "Idéia e ideologia: a propósito da crítica filosófica nos anos 1840", *Discurso,* 6, 1975, pp. 25-33, e "O Partido da Inteligência: nota sobre a ideologia alemã", *Almanaque,*

9, 1979, pp. 89-94. Sergio Paulo Rouanet aborda esse mesmo problema na obra de Marx no belíssimo ensaio *A razão cativa*, São Paulo, 1985, pp. 79-89.

Sobre a noção de *exhibitio* no idealismo alemão, ver Rubens R. Torres Filho: "O simbólico em Schelling", *Almanaque*, 7, 1978; sobre as relações entre exposição, espírito e letra na teoria dos fantasmas em Fichte, ver, também do mesmo autor, *O espírito e a letra*, São Paulo, 1975, cap. III. O artigo citado reapareceu na coletânea *Ensaios de filosofia ilustrada*, do mesmo autor (São Paulo, 1987).

9. Dostoiévski, *Memórias do subsolo*, in: *Obras completas e ilustradas*, José Olympio, vol. X, caps. 7 a 10 (trad. B. Schnaiderman). Cf. também o estudo introdutório de T. Todorov na edição bilíngüe da Aubier: *Notes d'un souterrain*, Paris, 1972, pp. 11-36; aí aparece com ênfase o problema das clivagens na consciência do sujeito e suas repercussões na estrutura narrativa. Essa leitura está presente ainda em Boris Schnaiderman: *Dostoiévski: prosa/poesia*, São Paulo, 1982. A discussão remete para o modelo do "romance polifônico" tratado na obra clássica de Mikhail Bakhtin: *Problemas da poética de Dostoiévski*, Rio de Janeiro, 1981.

A figura do Palácio de Cristal constitui ressonância imediata do romance social e utópico de Tchernichévski, *Que fazer?* (1863), que por sua vez, marcando toda uma geração, servirá de mote inspirador para o título de obra homônima e nada ficcional de Lênin, em 1902. Mas além dessa remissão literária aquela imagem evoca também, com certeza, as experiências da viagem a Londres que Dostoiévski fizera dois anos antes, em 1862, quando conheceu *in loco* o Crystal Palace e a nova Exposição Universal que então se realizava. Cf. cap. 1 deste trabalho; ver, a propósito, Dostoiévski: *Notas de inverno sobre impressões de verão* (1863), *op. cit.* Cf. também M. Berman, *op. cit.*, cap. IV.

Foram comuns as imitações, em várias cidades européias, do Palácio de Cristal, inclusive em Petersburgo. No Brasil imperial, na década de 1880, o conde d'Eu mandou construir uma réplica em Petrópolis, inaugurada com uma exposição botânica. Cf. Geraldo Gomes da Silva, *Arquitetura do ferro no Brasil*, São Paulo, 1986, pp. 228-33. Esse livro faz importante levantamento das obras públicas em ferro no Brasil do século XIX. Sobre projetos de galerias de cristal em São Paulo na virada do século, nos moldes das *passagens* de Paris, cf. E. S. Bruno, *História e tradições da cidade de São Paulo*, 1984, 3ª ed., v. III, pp. 978-9.

10. Dostoiévski, *op. cit.*, p. 168; cf. ed. franc., pp. 89-91. O tema do sentido contraditório das grandes obras públicas — a busca da marca indestrutível ante o caráter inelutável da morte — reaparece em Franz Kafka: "Da construção da muralha da China" e fragmentos afins, in: *A muralha da China*, São Paulo, s. d. (trad. Torrieri Guimarães).

11. Dostoiévski, *op. cit.*, p. 170; cf. ed. franc., p. 93.

12. *Idem, ibidem*; cf. ed. franc., pp. 93-5.

13. *Idem, ibidem*, p. 172. Ver cap. 10, pp. 171-2; cf. ed. franc., pp. 95-7.

14. W. Benjamin, *Parigi, capitale del XIX secolo i "Passages" di Parigi*, Turim,

1986, pp. 10-2. Cf. também *Walter Benjamin* (org. e trad. Flávio R. Kothe), São Paulo, 1985, pp. 33-6.

Grandville, cuja obra é utilizada por Benjamin como contraponto metafórico às Exposições Universais, era o pseudônimo do caricaturista francês Jean Ignace Isidore (1803-47), famoso por suas litografias, sendo algumas delas, como as reunidas em *Métamorphoses du jour* (1828), consideradas precursoras do surrealismo.

Para uma das primeiras tomadas da multidão como personagem na prosa ficcional, ver Edgar Allan Poe, "O homem das multidões", in: *Poesia e prosa: obras completas*, Porto Alegre, 1944, v. ii.

Para uma visão dos espetáculos populares antigos em cidades como Alexandria e Roma, v. Lewis Mumford: *A cidade na história: suas origens, transformações e perspectivas*, São Paulo/Brasília, trad. Neil R. da Silva, 1982, pp. 221-2 e 253-9. Sobre a dispersão dos espetáculos circenses após a decadência do Império Romano, comenta Mumford: "quando os anfiteatros passaram a ser apenas conchas vazias, os antigos artistas não desapareceram subitamente. Poderiam ser encontrados a se combater nas estradas daquele antigo mundo romano, detendo-se num pátio bárbaro, atraindo uma multidão numa feira: o levantador de pesos, o acrobata, o audaz equitador, o amestrador de ursos. Como uma pós-imagem na mente européia, talvez no elo vivo da carne, de geração em geração, passando suas artes de pai a filhos, de maneira às vezes grandemente arriscada, mas já não comprometida com a morte, a antiga gente do circo talvez continuasse o seu espetáculo. […] como sombra ou substância, o circo continuou existindo e acabou por retornar à vida na cidade moderna. Expungidos de seus pecados romanos, os circos e prisões sobreviventes recordam ainda o modo de vida romano. Lembram-nos também que a própria Roma foi, certa vez, o 'maior espetáculo da terra'" (pp. 258-9).

15. Plum, *op. cit.*, pp. 30-1. Este aspecto fantasmagórico da Estátua da Liberdade foi magistralmente trabalhado por Hitchcock no filme *Sabotador* (1942). Cf. Inácio Araújo: *Alfred Hitchcock — o mestre do medo*, São Paulo, 1982.

16. Habermas comenta, a esse propósito, que a circulação de mercadorias no século xix "exigia não apenas armazéns e mercados com novas dimensões, mas também implicava tarefas arquitetônicas não-convencionais", entre elas os imensos pavilhões de exposição. Sobre esses eventos, ele acrescenta que eram organizados "com vistas na opinião pública: tratava-se literalmente de encenar o mercado mundial e recuperá-lo para as dimensões" do mundo vivido (*Lebenswelt*). Cf. J. Habermas, "Arquitetura moderna e pós-moderna", *Novos Estudos Cebrap*, 18, set. 1987, pp. 118 e 123.

17. Arno Mayer, *La persistance de l'Ancien Régime: l'Europe de 1848 à la Grande Guerre*, Paris, 1983, cap. i: "Les économies: permanence de la terre, de l'agriculture et de la manufacture", pp. 23-81. Cf. trad. bras., *A força da tradição*, São Paulo, 1987, pp. 27-85.

18. Visconde de Benalcanfor (Ricardo Augusto Pereira Guimarães), *Viena e a*

Exposição, Lisboa, 1873. ver, em especial, 2ª parte: "Passeios pela Exposição", pp. 189-372.

19. Charles Babbage, *The Exposition of 1851*, Londres, 1968 (1ª ed.: 1851). Sua obra mais conhecida, citada em várias passagens de *O capital*, é *On the economy of machinery and manufactures* (1832).

20. W. Benjamin, *op. cit.*, ed. ital., pp. 11-2; ed. bras., p. 36. Para uma visão interior do encantamento produzido pela Exposição de 1867, ver: Eugène Rimmel, *Souvenirs de l'Exposition Universelle: Paris, 1867*, Paris/Londres, 1868, ilustr. Trata-se das memórias de um contemporâneo, ele próprio um industrial no ramo da maquilagem.

21. Cf. Ralph N. Wornum, "The Exhibition as a lesson in taste", in: *The Crystal Palace Exhibition illustrated catalogue (London, 1851)*, Nova York, 1970. Consultar também Nikolaus Pevsner, *Os pioneiros do desenho moderno*, 1980, capítulo 1, "Teorias da arte, de Morris a Gropius", e capítulo 2, "De 1851 a Morris e ao Movimento Artes e Ofícios". Ver ainda E. P. Thompson: *William Morris: romantic to revolutionary*, Londres, 1977, parte iv: "Necessity and desire", pp. 641-730. Exemplo especial das tensões entre arte e indústria, de um lado, e funcionalidade e ornamento, de outro, na cultura do século xix, é o deslumbrante álbum *Treasures of art, industry and manufacture represented in the Centennial Exhibition at Philadelphia — 1876*, Buffalo, Cosack & Co., 1876. Apresenta quarenta pranchas contendo litogravuras coloridas de objetos exibidos na Exposição do Centenário, numa impressão e acabamento luxuosíssimos. Essa obra ilustra didaticamente o que se poderia chamar de "manufatura aristocrática"; não por acaso os editores dedicam-na ao imperador dom Pedro ii, com o seguinte texto: "As a memorial from the People of the United States to one who has secured their permanent good will and friendship through the interest shown by him in their national progress, and as a tribute to his distinguished position in Education and Science".

22. James Joyce, "Arábia", in: *Dublinenses*, Rio de Janeiro, trad. Hamilton Trevisan, 2ª ed., 1970, pp. 21-7.

Ver ainda Washington Irving: *Narrativas da Alhambra*, São Paulo, 1959. O autor funde crônicas de viagem com lendas históricas em torno das ruínas árabes ao lado da cidade de Granada, Andaluzia, onde esteve por volta de 1820; trata-se de obra bem ao estilo romântico, recuperando um passado mítico e oriental para a paisagem oitocentista.

Nos fragmentos de "Parque Central", escreve Benjamin: "O labirinto é o caminho mais certo para aquele que sempre ainda chega em tempo à sua meta. Essa meta é o mercado". Para acrescentar, logo adiante: "O labirinto é a casa de quem vacila. O percurso de quem teme chegar à meta tende a traçar um labirinto. É isso o que o instinto faz nos episódios que precedem a sua satisfação. Mas assim também o faz a humanidade (a classe) que não quer saber o que vai acabar acontecendo com ela" (Walter Benjamin, *op. cit.*, ed. bras., pp. 132-3).

23. Cf. Maurice Dommanget, *Historia del Primero de Mayo*, Barcelona, 1976, p. 30. O caráter popular e lúdico de que se revestia tradicionalmente essa data pode ser aferido pelo seguinte relato sobre o cotidiano proletário por volta de 1850: "Cada dia 1º de maio, em Londres, os limpadores de chaminé formam um pitoresco cortejo e fazem ressoar nas ruas a sua música de circo. São verdadeiros acrobatas, pois, durante o ano inteiro, limpam as desiguais chaminés das velhas construções" (Pierre Miquel, *No tempo das primeiras estradas de ferro, 1830-1860*, Rio de Janeiro, s. d., p. 29).

24. *The Crystal Palace...*, *op. cit.*, p. xi. Ver também John Bury, *La idea del progreso*, Madri, 1971, pp. 290-8.

25. Cf. I. Kant. "Idéia de uma História Universal de um ponto de vista cosmopolita" (1784), *in*: P. Gardiner (org.), *Teorias da história*, Lisboa, Gulbenkian, 1969 (trad. Vítor Matos e Sá), pp. 28-41. Ver também de Kant, *Projet de paix perpétuelle* (1795), Paris, Vrin, 1947 (trad. J. Gibelin).

Para um panorama das fontes filosóficas e jurídicas de certo movimento "pacifista", de fundo utópico e humanista, que se desenvolve na Europa a partir do Renascimento, ver a Introdução de Simone Goyard-Fabre à obra do Abbé de Saint-Pierre: *Projet pour rendre la paix perpétuelle dans l'Europe* (1713), Paris, 1981. Ver, ainda, Ernest Bloch, *La philosophie de la Renaissance*, Paris, 1974.

Cf. também o artigo de Ricardo R. Terra: "Algumas questões sobre a filosofia da história em Kant", na edição recente da *Idéia de uma história universal* [...] por ele organizada e que traz ainda textos de G. Lebrun e J. A. Giannotti (São Paulo, 1986).

26. *Apud* Plum, *op. cit.*, p. 145.

27. Cf. "Inauguração da Exposição Universal da Indústria e das Belas-Artes de Paris", *O Auxiliador da Indústria Nacional*, vol. 23, jul. 1855-jun. 1856, pp. 27-35.

28. Pascal Ory, *Les Expositions Universelles de Paris*, 1982, p. 108. Benjamin, *op. cit.*, ed. ital., 1986, p. 243, cita Julius Lessing para registrar que já na Exposição de 1851 aparecera o primeiro canhão de aço modelo Krupp, tendo o ministro da Guerra da Prússia encomendado mais de duzentas unidades.

29. Sobre esse aspecto, J. A. Hobson, em seu clássico estudo do imperialismo, publicado em 1902, acrescenta: "É de fato evidente que o prazer do espectador representa um fator muito importante do imperialismo. A dramática falsificação da guerra e de toda a política de expansão imperial, necessária para instigar essa paixão popular, não constitui uma porção menor da arte dos verdadeiros organizadores de façanhas imperialistas, esses pequenos grupos de homens de negócios e de políticos que sabem o que querem e como consegui-lo" (*Imperialism: a study, apud* Plum, *op. cit.*, p. 148). A história do século xx confirmaria até a exaustão essa tendência.

Para uma interpretação mais abrangente das relações entre ideologia, poder e movimentos sociais reacionários, enfatizando o papel mediador de tendências psíquicas reprimidas, ver Wilhelm Reich, *Materialismo dialéctico e psicanálise*, Lisboa, 1977; e *Psicologia de massa do fascismo*, Porto, 1974.

30. Cf. Annie Kriegel: "L' Association Internationale des Travailleurs (1864-1876)", in *Histoire générale du socialisme*, Paris, 1979, v. 1, pp. 605-6; W. Abendroth, *Historia social del movimiento obrero europeo*, Barcelona, 1975, p. 39; Amaro del Rosal, *Los Congresos Obreros Internacionales en el siglo XIX*, Barcelona, 1975, p. 123.

Walter Benjamin, nos fichamentos de leitura que colecionava para *Das Passagen-Werke*, perseguiu também os liames entre movimento operário e exposições: cf. *op. cit.*, ed. ital., 1986, pp. 242-7.

31. Ory, *op. cit.*, pp. 42-6. Nos esquemas de classificação dos produtos exibidos, cria-se, na Exposição de 1867, o décimo grupo, destinado a "objetos especialmente expostos em vista de melhorar a condição física e moral da população" (*idem*, p. 154). Um visitante teria comentado: "Trata-se do único grupo em que se podiam expor idéias".

Jacques Rancière e Patrice Vauday, no artigo: "En allant à L'Expo: l'ouvrier, sa femme et les machines" (*Les Révoltes Logiques*, 1, 1975, pp. 5-22), traçam uma interessante análise da crítica social presente nos extensos *Rapports des délégations ouvrières à l'exposition de 1867*: certo discurso zeloso das vantagens do artesanato volta-se contra a mecanização da ordem industrial.

32. A. Rosal, *op. cit.*, pp. 314-6.

33. *Idem, ibidem*, pp. 361-2.

3. O BRASIL NA ERA DO ESPETÁCULO [PP. 82-115]

1. Uma versão bastante reduzida deste capítulo foi publicada como artigo em: *Relações de trabalho e relações de poder: mudanças e permanências*. Fortaleza, MS-UFCE/ Neps, 1986, v.1, pp. 11-21.

2. "Juízo crítico do Jornal do Commercio sobre a Exposição Preparatória Universal de Paris", *O Auxiliador da Industria Nacional*, LVII (1), jan. 1889, pp. 4-11.

Quanto à Exposição de 1855 (Paris), apesar de o Brasil ter enviado algumas amostras de matérias-primas, não se considera essa presença como representação oficial do país. Ao contrário, criticou-se exatamente o improviso e a falta de uma exposição nacional preparatória. Cf. *O Auxiliador da Industria Nacional*, XXIII, jul. 1855-jan. 1856, p. 320 e nota 1. Giacomo Raja Gabaglia, membro da Comissão Brasileira encarregada de estudar aquele evento, no seu *Relatório sobre a Exposição Universal da Indústria de 1855*, pp. V-VI, nomeava as causas do atraso industrial brasileiro: *a*) colonização portuguesa, *b*) escravidão, *c*) falta de instituições próprias para educar o povo nos trabalhos da indústria, *d*) ausência de liberdades irrestritas, bem como de recompensas limitadas unicamente aos introdutores de novos ramos, *e)* convicção e teorias predominantes sustentando a vocação agrícola exclusivista do país.

3. Cf. *Le Brésil à l'Exposition Internationale de St.-Petersbourg — 1884,* São Petersburgo (atual Leningrado), Imprimerie Trenké et Fusnot, 1884, 102 pp. Destacaram-se as amostras de café enviadas pela Sociedade "Centro da Lavoura e do Commercio". Embora muito mais restrito do que as exposições universais, esse evento foi um importante indicador da situação dos vários ramos industriais na Rússia. Lênin vale-se de levantamentos da Exposição de São Petersburgo em seu clássico estudo publicado em 1899, *O desenvolvimento do capitalismo na Rússia.*

4. Uma relação mais detalhada dos catálogos nacionais e regionais das exposições brasileiras que conseguimos levantar encontra-se na Bibliografia ao final deste trabalho, item V. 2.

5. Cf. a interessante e pioneira investigação de Clóvis da Costa Rodrigues, *A inventiva brasileira,* Brasília, 1973, v. ii.

6. Stanley Stein, *Origens e evolução da indústria têxtil no Brasil: 1850-1950,* Rio de Janeiro, 1979, pp. 28-31.

7. Francisco Ignacio Marcondes Homem de Mello, "Discurso de abertura da Exposição Provincial do Ceará — pronunciado pelo presidente da mesma Província" (30/8/1866), in: *Escriptos historicos e litterarios,* Rio de Janeiro, Laemmert, 1868, pp. 9-10. Para confrontar as fantasmagorias desse discurso com dados empíricos da economia local, cf. Thomaz Pompeo de S. Brasil, 1863, t. i, pp. 396-412 e 489-505, e Raimundo Girão, 1947, pp. 345-59.

8. Dionysio Gonçalves Martins, *Catalogo da Exposição Bahiana no anno de 1875,* Salvador, Imprensa Econômica, 1875.

9. Não nos estenderemos aqui sobre esse tema, cujo tratamento mereceria toda uma crítica bibliográfica que nos desviaria demasiado do roteiro deste trabalho. À guisa de indicações paralelas, contudo, da vasta bibliografia baiana disponível, convém destacar os seguintes trabalhos historiográficos por sua riqueza documental ou analítica: J. Roberto do Amaral Lapa, *A Bahia e a carreira da Índia,* São Paulo, 1968 (Brasiliana); Luís Henrique Dias Tavares, *O problema da involução industrial da Bahia,* Salvador, 1966; Kátia M. de Queiróz Mattoso, *Bahia: a cidade de Salvador e seu mercado no século XIX,* São Paulo/Salvador, 1978; Francisco Marques de Góes Calmon, *Vida econômico-financeira da Bahia: elementos para a história (de 1808 a 1899),* Salvador, 1925.

Para um panorama geral e sintético, consultar, entre outros, Ernani da Silva Bruno, *História do Brasil: geral e regional,* v. iii (Bahia), São Paulo, 1967.

Cumpre mencionar o exaustivo trabalho de pesquisa histórica levado a efeito pela Fundação de Pesquisas (cpe) da Secretaria do Planejamento, Ciência e Tecnologia do Estado da Bahia e que produziu, entre outros resultados, o riquíssimo levantamento editado em: *A inserção da Bahia na evolução nacional (1ª etapa: 1850-1889),* Salvador, 1978, 5 v.

Sobre a relevância do surto de manufaturas têxteis na Bahia do século xix, ver S. Stein, *op. cit.,* e F. Foot Hardman & V. Leonardi, *História da indústria e do trabalho no Brasil*, São Paulo, 1982. Antonio Barros de Castro aborda aspectos interessantes da produção açucareira baiana e da mentalidade dos senhores de engenho locais em: *Escravos e senhores nos engenhos do Brasil*, Campinas, 1976 (tese inédita). Entre os viajantes, vale ressaltar as observações de Spix & Martius em sua *Viagem pelo Brasil: 1817-1820*, Rio de Janeiro, 1938, v. 2. Para uma introdução ao debate teórico sobre a história técnica e industrial do Nordeste, ver V. Leonardi & F. Foot Hardman: "Tecnologia e história industrial do Nordeste: algumas questões metodológicas", *Textos de Debate* (mcs/ufpb), 3, 1983, pp. 13-24. Sobre a relevância de centros urbanos tradicionais como Recife, Salvador e São Luís para a modernidade industrial no Brasil, cf. artigo recente de minha autoria: "Cidades errantes: representações urbano-industriais no século xix nordestino", São Paulo, Anpocs, 1987.

10. Dionysio G. Martins, *op. cit.,* pp. 1-2.

11. *Idem, ibidem*, p. 2. A propósito desses espetáculos de Alexandria, comenta Lewis Mumford: "Consideremos a espécie de 'arena' urbana necessária para a coroação de Ptolomeu Filadelfo (*c.* 309-246 a.C.), um monarca que não deixava de ser típico do período, em sua melhor fase. Para montar aquele espetáculo, havia 57 mil infantes, 23 mil cavalarianos, inúmeros carros de combate, quatrocentos dos quais conduziam vasos de prata, oitocentos eram cheios de perfumes; um carro gigante de Sileno, puxado por trezentos homens, era seguido por carretas tiradas por antílopes, búfalos, avestruzes e zebras. Que circo, mais tarde, poderia comparar-se com esse protótipo? Tal parada não poderia ter encontrado seu caminho pelas ruas de Atenas do século v, mesmo em ordem interrompida" (*A cidade na história*, São Paulo, 1982, pp. 221-2). O gosto pelo exotismo, entretanto, mediado posteriormente pela tradição do circo romano, permaneceu vivo na cultura ocidental até a modernidade. O fascínio do jardim zoológico, por exemplo, pertence a matriz análoga, se bem que reciclada pelo desenvolvimento da história natural na Idade Moderna.

A análise de cartazes de propaganda sobre diversões urbanas e outros bens de consumo dá bem uma idéia do que foi a apropriação do "real-maravilhoso" pela indústria cultural, processo que se intensificou já no século xix. Ver, a propósito, o interessante material iconográfico reproduzido em Mary Black, *American advertising posters of the nineteenth century* (*from the Bella C. Landauer Collection of The New York Historical Society*), Nova York, 1976.

12. Dionysio Martins, *op. cit.,* pp. 3-4. Em duas outras passagens, Martins reafirma um ideário moderno, afinado com as inovações técnicas do século xix: quando faz o elogio da fotografia como ramo industrial, pelo "grande auxílio que já presta e prestará mais eficazmente em próximo futuro aos trabalhos da ciência e aos hábitos da vida comum"; e quando critica os objetos de marcenaria e mobiliário expostos, opinando contra a "profusão de ornamentos" e a suntuosidade que sobrepassa o estilo, já que sua forma e função devem convergir (*op. cit.,* pp. 14 e 19).

É inegável a semelhança dessa postura à do crítico Ralph Wornum na Great Exhibition de 1851 (ver cap. 2).

13. *Idem, ibidem*, pp. 51 e 191-9.

14. *Idem, ibidem*, p. 53.

15. Cf. F. Bacon, *Parasceve ad historiam naturalem et experimentalem* (1620), publicado inicialmente como apêndice a *Novum organum*. Baseio-me, aqui, na edição italiana organizada por Enrico de Mas: Bacon, *Opere filosofiche*, Bari, Laterza, 1965, v. 1, pp. 503-29. Esse texto apresenta um esquema da concepção baconiana de história natural (aí incluídas, com ênfase, as artes mecânicas), subdividindo-se em três partes: "Esboço de uma história natural e experimental, que possa servir de base e de fundamento para a verdadeira filosofia"; "Aforismas para formar a história primordial (*storia prima*)"; e "Catálogo das histórias particulares, por títulos".

Sobre a interpenetração das concepções de história natural e história humana nos séculos XVII e XVIII, consultar Paolo Rossi, *I segni del tempo: storia della Terra e storia delle Nazioni da Hooke a Vico*, Milão, 1979.

16. Martins, *op. cit.*, pp. 202-3.

17. *Idem, ibidem*, p. 79.

18. *Idem, ibidem*, pp. 80-1.

19. *Idem, ibidem*, pp. 91-4. Cf. P. Rossi, *op. cit.*, para um esclarecimento das matrizes dessa concepção naturalizada do tempo. Para uma leitura das raízes filosóficas e ideológicas dessa visão, ver M. Horkheimer, *Origens da filosofia burguesa da história*, Lisboa, trad. M. Margarida Morgado, 1984.

20. Martins, *op. cit.*, pp. 96-9 (grifos meus).

21. *Idem, ibidem*, pp. 101-2 (grifos meus).

22. *Idem, ibidem*, pp. 103-4.

23. *Idem, ibidem*, pp. 107-13.

24. André Rebouças, *Diário e notas autobiográficas*, Rio de Janeiro, 1938, p. 211.

25. Rebouças, *op. cit.*, p. 229.

26. *Idem, ibidem*, p. 232.

27. Rebouças, *op. cit.*, p. 240.

28. *Idem, ibidem*, p. 241. Rebouças louva, em várias passagens, a engenharia do século XIX. Numa anotação feita em Londres, o Instituto dos Engenheiros aparece identificado como um fascinante teatro moderno:

"Jantamos no Victoria Station Rw. Hotel, e estivemos até as dez na última sessão do Instituto dos Engenheiros Civis.

"O edifício próprio da sociedade é ricamente decorado; a sala das sessões é enobrecida pelos retratos e bustos dos Stephensons e dos grandes engenheiros da Inglaterra; é iluminada a gás com estrelas pelo teto como os teatros modernos; na parede do Presidente pendiam grandes desenhos análogos à discussão.

"Presidiu a sessão o velho engenheiro Hawkesley; discutiu-se as obras da Sulina na embocadura do Danúbio; depois de cada discurso aplausos de palmas e pés como nos teatros; — chá bem servido depois da sessão" (*Id., ibid.,* p. 244). Em grande parte, ele tinha razão. Vimos, nos capítulos 1 e 2, com Pevsner, Gidieon e Benevolo, como os engenheiros oitocentistas estiveram mais sintonizados com as marcas da modernidade do que os arquitetos. Mais que isso, estiveram entre seus principais forjadores.

29. Em Nova York, Rebouças, ao mesmo tempo que tece elogio aos anúncios luminosos, rejeita a proliferação dos cafés públicos como "perversores da saúde e dos bons costumes" (*op. cit.,* p. 246). Na metrópole americana, ele se encontra com o amigo e jornalista José Carlos Rodrigues, ali radicado e editor de *O Novo Mundo, La América Ilustrada* e *Revista Industrial,* periódicos interessantes como pistas para o ideário da modernidade no século xix. Outro diretor, secretário e colaborador regular de *O Novo Mundo* era o poeta Sousândrade, na época também em Nova York e que tinha em sua bagagem um diploma de engenheiro de minas em Paris. Rebouças mantém contato com ele, que lhe fornece notas em torno da lenda do *Guesa Errante,* "para enviar a Carlos Gomes como assunto de um libreto" (*idem, ibidem,* p. 255). O que sugere que nem só de transgressão vive a vanguarda.

Sobre a importância da Exposição do Centenário (Filadélfia, 1876) e da visita de dom Pedro ii aos eua na escritura de "O inferno de Wall Street" (Canto viii do *Guesa,* primeira versão de 1877), consultar Augusto e Haroldo de Campos, *Revisão de Sousândrade,* 2ª ed. rev. e aum. Rio, 1982, pp. 62-9.

30. Rebouças, *op. cit.,* pp. 249-50. Seria interressante estabelecer, no nível dos ideários, uma ponte entre essa moral sóbria, avessa ao "princípio do prazer" e a exibições suntuárias, defensora do cálculo e da frugalidade, e o estilo de vida comedido da burguesia cafeeira paulista, desvendado de forma penetrante na análise de Maria Sylvia de Carvalho Franco em *Homens livres na ordem escravocrata,* em especial no capítulo 4, "O fazendeiro e seu mundo". Quanto às repercussões dessa ascese do trabalho — vinculada estreitamente não só ao espírito original de acumulação capitalista, mas também à própria consciência da pobreza colonial — sobre a arquitetura paulista no século xix, consultar o interessante estudo de Carlos A. C. Lemos, *Alvenaria burguesa: breve história da arquitetura residencial de tijolos em São Paulo a partir do ciclo econômico liderado pelo café,* São Paulo, 1985, notadamente pp. 28-50.

31. Rebouças, *op. cit.,* p. 251. A modernização técnica assume, ali, nítida função redentora.

32. Stein, *op. cit.,* pp. 28-31.

33. Cf. L. R. Vieira Souto (org.), *Noticia sobre o desenvolvimento da industria fabril no Districto Federal, e sua situação actual,* Milão, 1908. Sobre a importância da produção manufatureira no Brasil do século xix, ver Foot Hardman & Leonardi, *op. cit.,* capítulo 1. Entre trabalhos recentes que reavaliaram de forma pertinente a indústria fabril no país desde pelo menos 1855, destaca-se a análise original de W.

Suzigan, *Indústria brasileira — origem e desenvolvimento*, São Paulo, 1986. Parece que na verdade o modelo cepalino introduziu uma dicotomia difícil de superar nas análises da industrialização brasileira, mesmo nas de terminologia marxizante. O Estado pós-30 continua a ser encarado, em geral, como o agente principal do capitalismo brasileiro. Sob sua égide, nessa visão deformante, nasceram indústria e movimento operário. É como se antes do Estado varguista o país vegetasse meramente nos determinismos formais do "modelo agroexportador". Dos anos 1970 para cá, felizmente, esses preconceitos têm sido debatidos, embora apenas parcialmente superados. Ressalvem-se trabalhos que fogem desse esquematismo, como os de Francisco de Oliveira e Paul Singer. No plano da história econômica, estudos inovadores como os de Antonio Barros de Castro, que caracterizou o engenho de açúcar enquanto manufatura de tipo moderno, parece que ainda enfrentam a resistência de clichês e chavões arraigados. Em larga medida, na literatura econômica brasileira, o termo "industrialização" segue sendo sinônimo de intervenção planejada do Estado na economia e não nos diz nada de um processo social e técnico detectável na produção do país desde o século XVI. Apesar da modernização de vocabulários, os dualismos persistem. Quanto aos estudos do movimento operário pré-30, parece que sua proliferação tem servido, ao menos, para desmistificar a ideologia do trabalhismo varguista, tão cara às esquerdas brasileiras.

34. J. M. de Macedo, *Terceira Exposição Brazileira em 1873* [...], Rio de Janeiro, 1875, p. 13.

35. F.-J. de Santa-Anna Nery, "Introduction", in: Santa-Anna Nery (dir.), *Le Brésil en 1889*, Paris, 1889, pp. IX-X. O mesmo autor em *O país das amazonas* (trad. da ed. franc. de 1889) apresenta a região amazônica como verdadeiro espetáculo da moderna sociedade industrial, digna de ser exibida numa exposição em circuito permanente pela Europa.

36. Santa-Anna Nery (dir.), *op. cit.,* p. XII.

37. *Idem, ibidem,* p. X.

38. *Idem, ibidem,* p. XI. O próprio Nery escreve nessa mesma obra um ensaio de fundo sobre essa questão, defendendo as vantagens (capitalistas) do trabalho livre assalariado: cf. cap. VII, "Travail servile et travail libre", pp. 205-13.

39. Nery, *op. cit.,* p. XV.

40. *Idem, ibidem,* p. XVI (grifos meus). As citações anteriores estão nas pp. XVII-XIX.

41. Barão de Itajubá, "Protection de l'enfance", in: Nery (dir.), *op. cit.,* capítulo XXIII, pp. 653-73.

42. Cf. S. Stein, *op. cit.* Cf. também Foot Hardman & Leonardi, *op. cit.,* em especial capítulos 6 e 7. A importância decisiva do disciplinamento da pobreza para a constituição do mercado de força de trabalho e a plena eficácia do regime fabril tem sido enfatizada nas obras de historiadores ingleses como E. P. Thompson, E. J. Hobsbawm e outros. J. Kuczynski, em seu clássico estudo *Evolución de la clase obre-*

ra (Madri, 1967), também insiste na mesma tecla. Antonio Barros de Castro, em sua tese citada (1976), sugere que a tão falada "escassez de mão-de-obra", no início da colonização portuguesa e da manufatura açucareira no Brasil, esteve vinculada, na verdade, a um aspecto mais geral do engendramento do modo de produção capitalista na Europa, qual seja: o processo de resistência sociocultural dos pobres livres das cidades à sua sujeição pelo regime de trabalho fabril.

43. *O Império do Brazil na Exposição Universal de 1876 em Philadelphia*, Rio de Janeiro, 1875, p. 524. Acrescenta-se no mesmo item que artefatos produzidos pelos detentos da Casa de Correção do Rio de Janeiro foram premiados em exposições nacionais e, inclusive, na Universal de Viena.

Sobre o ensino técnico industrial no Brasil do século XIX a bibliografia ainda é parca. Ver, a propósito, o trabalho clássico de Celso Suckow da Fonseca, *História do ensino industrial no Brasil*, Rio de Janeiro, 1961-2, 2 v., ainda insuperável no que diz respeito às fontes empíricas levantadas. Mais recentemente, os artigos de Luiz Antonio Cunha na revista *Fórum Educacional* (1978; 1979) e a tese recente de Ruy Gama, agora já editada (1987), desenvolveram novas incursões em torno do tema.

44. Machado de Assis, "Evolução", in: *Obra selecionada em V volumes*, Rio de Janeiro, Lia/INL, s. d., v. v, pp. 140-6 (apresentação O. M. Carpeaux).

45. Machado de Assis, *Crônica*, in: *Obra completa*, Rio de Janeiro, 1979, v. III, pp. 445-6 (ano: 1885). Em 1897, numa outra crônica, acrescenta, referindo-se ao sistema eleitoral: "A eleição é feita engenhosamente por uma máquina, um tanto parecida com a que tive ocasião de ver no Rio de Janeiro, para sortear bilhetes de loteria" (*op. cit.*, p. 758).

46. *Idem, ibidem*, p. 685.

47. *Idem, ibidem*, p. 670 (ano: 1895). Sobre a representação teatral da paisagem urbana em trânsito no Rio dessa época, ver o fascinante estudo de Flora Süssekind, *As revistas de ano e a invenção do Rio de Janeiro*, Rio de Janeiro, 1986. Quanto aos impactos da técnica sobre a forma literária no chamado pré-modernismo, ver, da mesma autora, o luminoso ensaio *Cinematógrafo de letras*, São Paulo, 1987.

48. Machado de Assis, *Crônica, op. cit.*, p. 772 (ano: 1897).

49. Visconde de Taunay, "Pobre menino", in: *Ao entardecer* (*contos vários*), Rio de Janeiro, 1901, p. 28.

50. Cf., entre outros, *O Auxiliador da Indústria Nacional*, Rio de Janeiro, 1833-1892; Elisabeth von der Weid *et al.*, *Apontamentos para a história do Centro Industrial do Rio de Janeiro*, Rio, 1977; Miguel Calmon Menezes de Macedo, *Relatório da Sociedade Reunião dos Expositores da Indústria Brazileira* [...], Rio de Janeiro, 1877; *O Trabalho*, Rio de Janeiro (1868-1873; órgão da SREIB); Museu Escolar Nacional, *Parecer sobre os objectos exhibidos na Exposição Escolar*, Rio de Janeiro, 1888; Ministério da Agricultura, Directoria de Obras Publicas, *A exposição de obras publicas em 1875*, Rio de Janeiro, 1876.

51. Apóio-me teoricamente, nesse passo, nos trabalhos de Maria Sylvia de

Carvalho Franco, *Homens livres na ordem escravocrata, op. cit.;* "Sobre o conceito de tradição", *Cadernos do Cerur,* FFLCH/ USP, 5, 1972, pp. 9-40; "As idéias estão no lugar" (entrevista), *Cadernos de Debate,* 1, 1976, pp. 61-4.

Sobre as tradições teórico-pedagógicas da Escola Militar (futura Escola Central, depois Politécnica), de muita influência na formação cultural dos engenheiros do século XIX, ver Walnice Nogueira Galvão, "Euclides, elite modernizadora e enquadramento", in: *Euclides da Cunha,* São Paulo, 1984, pp. 7-37. Ver, também, a propósito, Mário Barata, *Escola Politécnica do Largo de São Francisco: berço da engenharia brasileira,* Rio de Janeiro, 1973. Para dados bibliográficos sobre os principais engenheiros ferroviários daquele período, no Brasil, consultar Ademar Benévolo, *Introdução à história ferroviária do Brasil,* Recife, 1953; Virgilio Corrêa Filho, "Grandes vultos da nossa engenharia ferroviária", in: *Primeiro centenário das ferrovias brasileiras,* Rio de Janeiro, 1954, pp. 229-357. A obra mais elucidativa e abrangente sobre o caráter moderno da engenharia no Brasil do século passado é, sem dúvida, o trabalho recente de Pedro C. da Silva Telles, *História da engenharia no Brasil (séculos XVI a XIX),* Rio de Janeiro, 1984.

52. Francisco Picanço, *Estradas de ferro: vários estudos,* Rio de Janeiro, 1887, p. 183.

53. Picanço, *op. cit.,* p. 186.

54. *Idem, ibidem,* p. 208. Já com relação à quantidade abusiva de trens em algumas linhas afirma:

"O grande número de trens, sem haver indispensável necessidade, é também uma das causas da existência de avultado peso morto.

"Sobre este ponto, ainda compete à repartição do *Tráfego* de cada estrada fazer acurado estudo" (*idem, ibidem,* p. 180).

55. Cf. *Jornal da Exposição,* Rio de Janeiro, 1908 (set.-nov.: nº 1 a 70); Avelino Fóscolo, "A Exposição", *Folha do Povo,* São Paulo, I (35), 6/12/1908, p. 1; João do Rio, *Cinematographo (chronicas cariocas),* Porto, 1909.

Numa crônica sobre viagem feita a Congonhas do Campo, Minas Gerais, assim descreve João do Rio a Estação da Central, no Rio: "A luz elétrica morre na vastidão do hall, criando trechos de sombra, obscuridades complacentes, donde de vez em quando surgem, agitando lanternas verdes ou vermelhas, empregados de boné. O leito é comprado em separado da passagem, e por trás do guichet o funcionário exige uma série de informações breves. Felizmente breves. Seguimos pela plataforma. O trem vai partir" (*Os dias passam...,* Porto, 1912, p. 113).

56. J. Aleixo Irmão, *Euclides da Cunha e o socialismo,* São José do Rio Pardo (SP), 1960, pp. 133-4.

57. Cf. Argeu Guimarães, *D. Pedro II nos Estados Unidos,* Rio de Janeiro, 1961; Pedro Calmon, *O rei filósofo: vida de D. Pedro II,* São Paulo, 1939.

58. "Propaguem-se estas verdades, povoem-se todos os nossos rios de embarcações destinadas a trazer do interior os nossos produtos, *cubram-se de estradas de*

ferro os nossos sertões, espalhe-se a instrução por todas as classes sociais, fazendo desaparecer os preconceitos, e em breve, senhores, numa cidade populosa e rica se elevará um edifício grandioso, onde se reunirão representantes de todas as nações da terra, atônitos das riquezas e tesouros aí exibidos, e sobre ele tremulará ovante aos ventos a bandeira auriverde, que será então o símbolo augusto do progresso — o estandarte da civilização! (*Aplausos. Muito bem! Muito bem!*)" (Afonso Celso Jr., "Exposições industriaes", in: *Conferencias Populares*, Rio de Janeiro, 1, jan. 1876, p. 83; grifos no discurso são meus).

4. VERTIGEM DO VAZIO [PP. 116-37]

1. *Thesouro da Juventude*, v. I, entre pp. 12-3.

2. Edmund Burke: "A philosophical inquiry into the origin of our ideas of the sublime and beautiful", in: *Works*, Londres, 1913, pp. 49-180. Ver também Guilhermo Carnero, *La cara oscura del Siglo de las Luces*, Madri, 1983, pp. 31-5.

O tema foi tratado por Kant em 1764, cf. *Observation sur le sentiment du beau et du sublime*, trad. Roger Kempf, Paris, 1953. Sobre as repercussões dessa valorização da sublimidade na teoria estética romântica, cf. Victor Hugo, *Do grotesco e do sublime* (Prefácio a *Cromwell*), trad. Celia Barretini, São Paulo, s. d. Esse debate tem raízes antigas, a partir de um controvertido texto de autoria desconhecida, escrito em Roma provavelmente no século I d.C. Cf. *Sobre lo sublime*, trad., introd. e notas de José Alsina Clota, Barcelona, Bosch, 1977, pp. 13-207.

Para uma leitura do conceito de *sublimação* na psicanálise de uma perspectiva materialista dialética, ver Wilhelm Reich, *Materialismo dialéctico e psicanálise*, Lisboa, 1977. Sobre a importância do conceito de sublime na arte pictórica da Revolução Industrial, cf. Klingender, *Arte y Revolución Industrial*, Madri, 1983.

3. A propósito dessas relações, Joseph Conrad, em *The heart of darkness* (1902), novela inspirada em viagem que o autor fizera ao Congo, constrói a seguinte cena numa clareira da floresta africana:

"Tropecei numa caldeira emborcada sobre o capim e, em seguida, encontrei um caminho que conduzia ao topo da colina. Ele contornava as pedras e desviava-se também de um truque de vagonete com as rodas para cima. Uma delas fora arrancada. Aquela coisa parecia tão morta quanto a carcaça de um animal. Passei por outras peças de máquinas em ruína e por uma pilha de trilhos enferrujados. À esquerda, um pequeno arvoredo formava uma mancha de sombra na qual formas pareciam mover-se pesadamente. Meus olhos piscavam, o caminho era íngreme. Um apito soou à minha direita e eu vi os negros correndo. Uma detonação surda e potente sacudiu o solo, uma baforada de fumaça elevou-se do penhasco e isso foi tudo. Nada se alterou na face do rochedo. Estavam construindo uma ferrovia. O desfiladeiro não interferia no trajeto e, no entanto, a dinamitação sem objetivo era o único trabalho em andamento.

"Um leve tilintar às minhas costas fez com que me voltasse. Seis negros avançavam em fila, subindo penosamente o atalho. Caminhavam eretos e vagarosos, equilibrando pequenos cestos cheios de terra sobre as cabeças e o tilintar ritmava-lhes os passos. Traziam em volta dos quadris farrapos de pano preto, cujas pontas balançavam em seus traseiros como caudas. Podia-se ver cada uma de suas costelas, as articulações de seus membros eram como nós de uma corda. Tinham todos uma coleira de ferro no pescoço e estavam ligados uns aos outros por uma corrente cujos elos dançavam entre eles, chocando-se ritmadamente. Nova detonação no rochedo recordou-me de repente do barco de guerra que tinha visto disparando contra o continente. Era a mesma espécie de voz sinistra. Aqueles homens, contudo, por mais que se forçasse a imaginação, não poderiam ser chamados de inimigos. Classificavam-nos como criminosos e a lei ultrajada, como os obuses explosivos, desabara sobre eles, mistério indecifrável vindo do mar. Seus peitos magros arfavam conjuntamente, as narinas dilatadas fremiam, os olhos mantinham-se fixos no alto da colina. Passaram a cerca de meio metro de mim sem me dirigirem um único olhar, na absoluta e mortal indiferença do selvagem infeliz. Atrás daquela matéria bruta, um dos regenerados, produto das novas forças em ação, deambulava desacorçoado, empunhando um fuzil seguro pelo meio. Trajava uma jaqueta de uniforme na qual faltava um botão e, vendo um homem branco no caminho, levantou com entusiasmo a arma ao ombro. Foi um ato de simples precaução. À distância, todos os homens brancos se parecem e ele, portanto, não poderia saber quem eu era. Rapidamente reassegurou-se e com um largo, alvo e ignóbil sorriso, acompanhado de uma olhadela para o seu comboio, como que associou-me à sua gloriosa missão. Afinal, eu também fazia parte da grande causa, fonte daquelas nobres e justas medidas" (J. Conrad, *O coração da treva,* trad. Hamilton Trevisan, São Paulo, 1983, pp. 26-7. Das duas traduções brasileiras disponíveis, esta nos pareceu bem mais adequada).

4. Euclides da Cunha, *Um paraíso perdido: reunião dos ensaios amazônicos,* Petrópolis/Brasília, 1976, pp. 95-186. Sobre o cruzamento de temas iluministas e românticos na literatura de viajantes, consultar o interessante material levantado por Lily Litvak, *Geografías mágicas: viajeros españoles del siglo XIX por países exóticos (1800-1913),* Barcelona, 1984.

Em outro exemplo sugestivo, a abertura de *Fitzcarraldo,* de Herzog, mostrando uma imagem nevoenta da Amazônia — imagem também presente em *Aguirre, a cólera dos deuses —,* retoma o mito da criação inacabada.

5. Sobre as agruras da expedição filosófica de Alexandre Rodrigues Ferreira, que em 1788-90 esteve na região dos rios Madeira e Mamoré, cf. Manoel Rodrigues Ferreira, *A ferrovia do diabo,* 1981, pp. 44-6. Trabalhando com uma equipe de desenhadores, Alexandre Rodrigues Ferreira deixou uma das primeiras iconografias sistemáticas, marcada pelo registro enciclopédico, sobre a região amazônica. Sua obra inscreve-se no ambiente de ilustração que seguiu às reformas pombalinas. Afirma-

va: "Nenhum obséquio faz à Filosofia quem a estuda por deleitável [...]. O grau de aplicação, que merece uma ciência, mede-se pela sua utilidade". *Apud* Antonio Candido, *Formação da literatura brasileira*, 4ª ed., v. 1, p. 239. Para um itinerário biográfico desse naturalista que teria terminado sua vida num estado de "acerba melancolia", ver o estudo-homenagem de Emílio Goeldi, *Alexandre Rodrigues Ferreira* (1ª ed.: 1895), Brasília, 1982. Mas a biografia mais completa é a de V. Corrêa Filho, *Alexandre Rodrigues Ferreira*, São Paulo, 1939 (col. Brasiliana, 144). Entre outros antigos visitantes da região Madeira—Mamoré, contam-se as expedições de Raposo Tavares (1650), Francisco de Melo Palheta (1722) e, já no século xix, o botânico Ludwig Riedel (membro da expedição Langsdorff, 1828) e o austríaco Natterer. Sobre os últimos, cf. referências in: G. G. Manizer, *A expedição do acadêmico G. I. Langsdorff ao Brasil*, São Paulo, 1967, pp. 146-7.

Sobre a história da construção e arruinamento precoce do Forte do Príncipe da Beira, cf. as curiosas observações de Manoel Rodrigues Ferreira — que lá esteve em 1960 — , em *Nas selvas amazônicas*, 1961, pp. 219-47.

6. Euclides da Cunha, *op. cit.*, pp. 177 e 172 ("Transacreana"). Já no texto "Entre o Madeira e o Javari", Euclides fala sobre a "facilidade das comunicações e a aliança das idéias, de pronto transmitidas e traçadas na *inervação vibrante dos telégrafos*" (*op. cit.*, p. 186, grifos meus). Seria interessante estabelecer nexos entre essa visão e o discurso civilizatório da Comissão Rondon (cf. capítulos 5 e 6).

7. *Idem, ibidem*, p. 106.

8. *Idem, ibidem*, p. 107. Se, por um lado, Euclides vincula-se à tradição do evolucionismo positivista, confiando sobremaneira na perspectiva civilizatória do progresso técnico-científico, sua visão mais elaborada e crítica da sociedade contemporânea, por outro, coloca-o de alerta ante as cesuras do real, propiciando o não-alinhamento de sua obra literária no coro parnasiano da época. Ao tratar da Exposição de Saint Louis (1904), p. ex., vê o espetáculo da *exhibitio* burguesa com indisfarçável ironia: "O movimento industrial, ou científico, pode ao menos ser imaginado. Pode condensar-se num bloco resplandescente como essa Exposição de S. Luís, que inscreve num quadrilátero de palácios o melhor de toda a atividade humana. Mas o progresso da moral...". Nesse mesmo texto, comenta a encenação de uma pantomima heróica sobre a Guerra dos Bôeres (1889-1902, África do Sul: neocolonialismo britânico), feita num dos recintos da própria Exposição. "A ilusão é completa", constata, num tom que lhe parece o mais adequado para tratar da guerra convertida em espetáculo e esse, afinal, em negócio: "um humorismo laivado de melancolia". Um dos generais saltou — em carne e osso — do campo de batalha para os "clarões da ribalta" da exibição de Saint Louis. Euclides assinala: "Não comentemos, nós. Admiremos, absortos, este traço notável e utilitário dos tempos". Em seguida, desenha o perfil do herói na modernidade. "Rompe o herói prático, esplendidamente burguês; o herói que faz o truste do ideal; o herói que aluga a glória e que, antes de pedir um historiador, reclama um empresário." Para concluir,

irônico, aparentemente conformado à semântica da *exhibitio*: "Os tempos que vão passando são, na verdade, admiráveis" (cf. "Civilização..." in: *Contrastes e confrontos*, São Paulo, 1967, pp. 193-5).

9. Euclides da Cunha, *Um paraíso perdido*, p. 107. Na mesma passagem, Euclides refere-se à resenha retrospectiva de Tenreiro Aranha, em 1852, ao assumir a presidência da recém-criada Província do Amazonas, quando lamenta a extinção de uma série de "manufaturas primorosas".

10. *Idem, ibidem*, pp. 104-5.

11. *Idem*, "Os *caucheros*", p. 146. Entre outros escritos de Euclides que tematizam o tema das ruínas como produto histórico — afora a parte final de *Os sertões* —, podem-se lembrar: "Entre as ruínas" in: *Contrastes e confrontos, op. cit.*, pp. 163-7; "Numa volta do passado", in: Walnice N. Galvão (org.), *Euclides da Cunha*, São Paulo, 1984, pp. 202-6. Ambos descrevem paisagens desoladas das "cidades mortas" do vale do Paraíba, após o declínio do meteórico ciclo do café, objeto literário também trabalhado por Monteiro Lobato.

12. *Idem*, "Judas-Asvero", p. 151.

13. *Idem, ibidem*, p. 152.

14. *Idem*, "Um clima caluniado", p. 128. Há vinculos históricos dos mais estreitos entre tal concepção e os relatórios da Comissão Rondon. Cf., p. ex., J. F. Meira de Faria; *Relatório apresentado ao Sr. Cel. de Engenharia Candido Mariano da Silva Rondon pelo capitão-médico...*, Rio de Janeiro, 1916.

15. *Idem, ibidem*. Todas as citações desse trecho pertencem ao ensaio: "Amazônia: terra sem história" e foram cotejadas com a edição de *À margem da história* (Lello Brasileira, 1967, estabelecimento de texto de Dermal Monfrê). Já a edição utilizada de *Um paraíso perdido* foi dirigida por Hilton Rocha (Vozes/INL, 1976).

Significativamente, iluminando alguns dos elos perdidos entre intelectuais e movimento operário na Primeira República, o periódico anarquista *A Guerra Social* transcrevia, em primeira página, no ano de 1912, o trecho final de "Amazônia: terra sem história", com o título "Nos seringais da Amazônia". Após o texto, seguia-se uma *N. da R.* vazada nos seguintes termos: "Não precisa de comentários esta página magistral do último livro de Euclides da Cunha (*À margem da história*, 1909). Ela aqui fica como um atestado insuspeitíssimo da organização do trabalho nos seringais do norte desta inefável República. Apenas, discordamos da eficácia das medidas reclamadas pelo A. na sua conclusão. A emancipação dos trabalhadores só pode ser realizada pelos próprios trabalhadores" (*A Guerra Social*, Rio de Janeiro, ano II, nº 24, 21/8/1912, p. 1). Euclides propugnava medidas reformistas no plano legal e judiciário. A passagem citada encontra-se em *Um paraíso perdido*, pp. 109-12; *À margem da história*, pp. 23-7; W. N. Galvão (org.), *op. cit.*, pp. 211-4.

16. Tito Batini, *E agora, que fazer?*, Civilização Brasileira, 1941, p. 393. Sobre a história da construção da E. F. Noroeste do Brasil, em que foram dizimadas populações inteiras de índios e trabalhadores, ver o ensaio clássico de Fernando de

Azevedo, *Um trem corre para o oeste*. Cf. também Correia das Neves, *História da Estrada de Ferro Noroeste do Brasil*. Jornais operários como *La Lotta Proletaria, Folha do Povo, La Battaglia e Avanti!* desenvolveram campanha acirrada de denúncia das condições de trabalho nessa estrada, em contraste com o relativo silêncio em torno da ferrovia Madeira—Mamoré.

17. Brasil, Comissão de Estudos da Estrada de Ferro do Madeira e Mamoré: *Do Rio de Janeiro ao Amazonas e Alto Madeira: itinerário e trabalhos. Impressões de viagem por um dos membros da Comissão* [...], Rio de Janeiro, 1885, pp. 152-3.

18. H. M. Tomlinson, *The sea and the jungle*, Londres, 1912, pp. 272-5.

19. *Apud* E. Cunha, "Viação sul-americana", in: *À margem da história, op. cit.*, p. 115. Cf. Domingos F. Sarmiento, *Facundo o civilización y barbarie en las pampas argentinas*, Buenos Aires, 1979 (1ª ed.: 1845). Este mesmo trecho será retomado literalmente por José Américo de Almeida em seu trabalho clássico *A Paraíba e seus problemas*, João Pessoa, 3ª ed., 1980, pp. 360 e 560-1. Tais citações foram por sua vez retiradas do artigo citado de Euclides. O contexto em que aparecem na obra de Almeida — cuja primeira edição saiu em 1923 — é bastante significativo: o da presença do cangaço como óbice à modernização econômica. A estrada de ferro surge, então, não só como veículo do progresso técnico, mas sobretudo como instrumento da ordem pública. Após recitar a frase de Sarmiento, J. A. de Almeida argumenta: "A repressão é nesse extenso território um problema de fácil transporte. É tão manifesta a função social do trem de ferro que o sertanejo confessa: 'Onde chega o *vapor de terra* desaparece o cangaço' [referência extraída de Gustavo Barroso]". E conclui: "Dantes, a força pública movia-se tardiamente, na perseguição de grupos que haviam depredado a dezenas de léguas de distância; mas os caminhões já facilitam as diligências.

"A estrada de ferro completará essa missão de ordem" (*op. cit.*, pp. 560-1).

20. Natalio R. Botana, *La tradición republicana: Alberdi, Sarmiento y las ideas políticas de su tiempo*, Buenos Aires, 1984, p. 279. Sobre esse tema, ver em especial o item "El viaje interior: las ciudades y la barbarie", pp. 266-84, no qual me apóio integralmente. Esse autor traça uma leitura bastante original, a meu ver, sobre os liames entre certas matrizes do pensamento iluminista e sua reelaboração, nada mecânica e tampouco "deslocada", no projeto político-social de figuras como Alberdi e Sarmiento, que, entre outras proezas, realizaram no ensaísmo momentos raros da prosa literária em nosso continente.

21. Botana, *op. cit.*, p. 314. A propósito desse processo político-militar, científico e tecnológico de construção da nacionalidade até as regiões mais vazias da Argentina, consultar, além do ensaio indispensável de Botana, Tulio Halperin Donghi, *Una nación para el desierto argentino*, Buenos Aires, 1982. Sobre a conquista da Patagônia e o nascimento da Sociedad Científica Argentina nos anos 1870, ver a monografia: Nora Siegrist de Gentile & María Haydée Martín, *Geopolítica, ciencia y técnica a traves de la campaña del desierto*, Buenos Aires, 1981. Ciro Flamarion

Cardoso e Hector Péres Brignoli tentam analisar as especificidades, na formação social latino-americana, das fronteiras e das áreas vazias. Cf. *História econômica da América Latina*, Rio de Janeiro, 1984, pp. 118-22 e 191-209.

22. John Reed, *México rebelde*, Rio de Janeiro, 1968, p. 16. Neville B. Craig, *Estrada de Ferro Madeira—Mamoré: história trágica de uma expedição*, São Paulo, 1947, Col. Brasiliana, pp. 125-6.

23. Monteiro Lobato, *Cidades mortas*, São Paulo, 1957. Nas *impressões* que dão título ao livro, escritas em 1906, o autor descreve uma paisagem citadina arruinada pelo movimento vertiginoso do café; ali, "o deserto lentamente retoma as posições perdidas". Depois, a alucinação: "Outras vezes o viajante lobriga ao longe, rente ao caminho, uma ave branca pousada no topo dum espeque. Aproxima-se devagar ao chouto rítmico do cavalo; a ave esquisita não dá sinais de vida; permanece imóvel [...] Não é ave, é um objeto de louça... O progresso cigano, quando um dia levantou acampamento dali, rumo Oeste, esqueceu de levar consigo aquele isolador de fios telegráficos... E lá ficará ele, atestando mudamente uma grandeza morta [...]" (*op. cit.*, p. 7).

Visconde de Taunay, em *Visões do sertão* (São Paulo, 1923), percorrendo, no final do século xix, a região do oeste do Paraná, entre reminiscências da Guerra do Paraguai e comentários sobre ferrovias perdidas, registra: "Não é preciso, entretanto, [...] viajar muitas léguas adiante do Rio de Janeiro, isto é, da capital do país, pela Estrada de Ferro Central para, por todos os lados, se ver ainda bem assinalados os sinais da inércia a resistir sonolenta e indiferente aos mais instantes e pressurosos convites da civilização e só despertando no momento dos apitos e sibilos das máquinas, quando passam vertiginosas, para novamente cair na atonia e torpor" (*op. cit.*, pp. 153-4).

F. L. D'Abreu Medeiros, em *Curiosidades brasileiras* (Rio de Janeiro, 1864, 2 v.), constrói uma interessante crônica em torno da cidade de Sorocaba, em meados do século passado, em que elementos de uma sociedade industrial — havia, ali, quatro fábricas funcionando afora a extinta e secular S. João de Ypanema — fundem-se numa paisagem basicamente agrária e escravista. O autor ironiza, num tom que se parece com reminiscências sorocabanas de Rousseau, o espetáculo moderno do maquinismo.

24. W. Herzog, *Fitzcarraldo*, Porto Alegre, 1983, p. 7 e *passim*.

25. Craig, *op. cit.;* Márcio Souza, *Mad Maria*, Rio de Janeiro, 1980, Livro i: "Ocidente Express", pp. 13-6, 24-6, 38-40, 60-3 e 77-9.

26. Herzog, *op. cit.*, pp. 51-3.

27. V. Kurt Falkenburguer, *As botas do diabo*, São Paulo, 2ª ed., 1971; Barros Ferreira, *O romance da Madeira—Mamoré*, São Paulo, 1963. A melhor dessas tentativas, sem dúvida, é a de Márcio Souza, *Mad Maria, op. cit.* Mas também aí, a meu ver, a narrativa não se equilibra a contento, principalmente em função de certo esquematismo antiimperialista, que obriga a uma complicação empobrecedora do

enredo, com a ação sendo entre meada de cenas das negociatas políticas na capital federal. A despeito disso, *Mad Maria* apresenta alguns momentos de tensão dramática bem construídos.

Afora as reconstruções históricas clássicas de Craig e Ferreira, os melhores momentos literários em torno da Madeira—Mamoré ainda correm por conta do gênero memorialístico (p. ex., Benigno Cortizo Bouzas, *Del Amazonas al infinito*, Recife, 1950) ou da narrativa de viagem próxima do diário de bordo (p. ex., H. M. Tomlinson: *The sea and the jungle*, Londres, 1912).

28. Neville B. Craig, *op. cit.*, cap. XI, pp. 142-69. O presente tópico está baseado quase inteiramente na densa e envolvente narrativa de Craig. Inquérito posterior revelou que as estruturas do *Metropolis* estavam podres.

29. Ver, p. ex., o apaixonante *Os trabalhadores do mar*, de Victor Hugo (1866).

O naufrágio surge, assim, como contraponto trágico ao iluminismo dos faróis. Além de servir à ficção, o tema aparece em obras híbridas que exercitam uma espécie de engenharia romântica, cunhada, às vezes, com narrativas históricas e de viagens. Ver, p. ex., o popular e magnífico mosaico de Zurcher & Margollé, *Les naufrages célèbres*, Paris, Hachette (em 1888 exibindo já uma 5ª edição). Ver também, a propósito, Leon Renard, *Les phares*, Paris, 1867.

Edgar Allan Poe, no conto "Manuscrito encontrado numa garrafa" (1833), constrói toda uma paisagem fantasmagórica em torno das figuras do navio e do naufrágio:

"Tanto o navio como tudo o que nele existe se acham saturados pelo espírito de outras épocas. Os membros da tripulação andam de um lado para outro como fantasmas de séculos extintos; seus olhos têm uma expressão ansiosa e inquieta; quando, ao passar por mim, as luzes lívidas dos faróis iluminam suas mãos, sinto algo como jamais senti, embora tenha sido, durante toda a minha vida, um negociante de antiguidades, e haja-me embebido das sombras das colunas caídas de Balbeque, Tadmor e Persépolis, e isso durante tanto tempo, que a minha alma também se transformou numa ruína" (in: *Histórias extraordinárias*, São Paulo, 1978. p. 80). Há pontos de contato inegáveis entre essa atmosfera e a recriação de Wagner em *O navio fantasma* (1840-1) (cf. trad. bras. de Brigitte Schwinn, Rio de Janeiro, 1986).

Na tradição da literatura portuguesa, a matriz dessa vertente encontra-se no monumental repertório de narrativas populares compilado por Bernardo Gomes de Brito e publicado inicialmente em 1735-6, em Lisboa, numa edição de dois volumes: *História trágico-marítima* (*em que se descrevem cronologicamente os naufrágios que tiveram as naus de Portugal*). A obra, montada em geral a partir do ponto de vista dos marujos e viajantes, é um contraponto formidável à euforia nacional-mercantilista que acompanhou a expansão ultramarina do Estado português. As narrativas coletadas referem-se ao período áureo de 1552-1604.

Já no Brasil, elementos iluministas e românticos introduzem-se em obras marcadamente técnicas, como é o caso do interessantíssimo livro de Zósimo Bar-

284

roso, *Pharoes. Estudos sobre a illuminação da costa do Brazil* [...], Londres, 1868; cf. em especial o capítulo i: "Historico".

30. Craig, *op. cit.*, p. 74 (a matéria foi estampada pelo *New York Herald*, de 2/1/1878). A esse propósio, acrescentava o coronel Church, em entrevista ao *Philadelphia Times*, de 6/12/1877: "Depois de terminada, será a única estrada de ferro, fora dos Estados Unidos, inteiramente construída por norte-americanos, com trilhos e material rodante dos Estados Unidos". *Op. cit.*, idem, nota 1.

31. *Idem, ibidem,* pp. 72-3. É necessário acrescentar que esse clima nacionalista eufórico foi em grande parte fomentado com a realização da Exposição Universal de Filadélfia, em 1876, na comemoração do centenário da independência dos eua (cf. capítulo 2). Segundo o precioso depoimento do empresário Charles Paul Mackie, presidente da Mackie, Scott & Co. Ltd. (principal contratada do coronel Church para fazer o transporte fluvial de pessoas e cargas entre o Pará e Santo Antônio, e também do comércio boliviano do Mamoré, durante a construção da ferrovia), todo o projeto ferroviário da Madeira—Mamoré "gravitou para Filadélfia como conseqüência natural da Exposição do Centenário". Aquela cidade sobressaiu-se tanto "aos olhos do mundo econômico, a ponto de o coronel Church aí localizar a base de suas futuras operações". *Apud* Craig, *op. cit.*, p. 179. Dados biográficos sobre Church encontram-se no capítulo seguinte (cf. capítulo 5, nota 2).

32. Craig, *op. cit.*, p. 72.

33. *Philadelphia Times*, 29/1/1878, *apud* Craig, *op. cit.*, pp. 143-5.

5. FERROVIA-FANTASMA [PP. 138-80]

1. E. J. Hobsbawm, *A era do capital*, Rio de Janeiro, 1979, p. 76. É oportuna a leitura de todo o capítulo 3, "O mundo unificado", pp. 67-86. Cf. também a ótica sansimonista em Paul Bory, *Les grandes entreprises modernes*, Tours, 1890. Sobre os fundamentos positivistas da doutrina de Saint-Simon, ver Pierre Ansart, *Sociologia de Saint-Simon,* Barcelona, 1972; cf. igualmente Sébastien Charléty, *Historia del sansimonismo*, Madri, 1969.

2. Hobsbawm, *op. cit.*, p. 74. Sobre a carreira militar e empresarial de George Church, cf. Neville Craig, *Estrada de Ferro Madeira—Mamoré*, São Paulo, 1947, capítulo ii, pp. 34-9. Mesmo em se tratando de visão apologética, o autor assinala aspectos interessantes do passado da família Church, como as façanhas de colonizadores pioneiros no combate aos índios. A maior parte das propriedades rurais dos Church, na região de Rochester, foi "desbravada e expurgada de silvícolas". Já aos dezessete anos Church começou a trabalhar como engenheiro civil topógrafo numa ferrovia de Nova Jersey, depois no Mississippi e em Iowa. Por volta de 1857, viaja para Buenos Aires, a serviço da República Argentina; torna-se famoso como engenheiro ferroviário e em campanhas militares na fronteira sudoeste do país. Enfren-

285

ta índios na Patagônia, Pampas e Andes, percorrendo mais de 11 mil quilômetros. Volta aos EUA em 1860 e participa da Guerra de Secessão, em defesa da União. Segue depois para o México como correspondente do *New York Herald*, na verdade em missão secreta do general Grant, lutando nas campanhas decisivas contra o imperador Maximiliano. Retorna, então, à América do Sul, participando dos eventos finais da Guerra do Paraguai. Sua entrada na história da ferrovia Madeira—Mamoré deu-se a partir de convite oficial do governo boliviano, em missão do general Quintín Quevedo, com respaldo do presidente Juárez, do México. Em 1880, Church visita o Equador a serviço do governo norte-americano. Idem em 1895, na Costa Rica. Participou ainda de projetos ferroviários canadenses. Foi membro da Royal Historical Society e dirigente da Royal Geographic Society (Grã-Bretanha); e, entre outras, da American Society of Civil Engineers e da Ordem Militar da Royal Legion of the United States (EUA).

3. Sobre a representação da Torre de Babel como metáfora de uma "revolução industrial", ver Werner Plum, *Exposições mundiais do século XIX: espetáculos da transformação sócio-cultural*, Bonn, 1979, cf. em especial pp. 17-38. Esse motivo foi trabalhado numa linguagem expressionista pelo cineasta alemão Fritz Lang, em *Metropolis* (1926). Esse filme se estrutura igualmente na oposição entre o espaço subterrâneo (trabalho, exploração, inferno, segredo) e o espaço aéreo (capital, dominação, poder olímpico, perdição). Trata-se de uma forma de representação estética comum desde os primórdios da Revolução Industrial. Para a ocorrência de imagens pictóricas e literárias que alegorizam o mundo fabril como infernal, ver F. Klingender, *Arte y Revolución Industrial*, Madri, 1983; ver, também, Marc Le Bot, *Peinture et machinisme*, Paris, 1973. Na literatura operária francesa do século XIX, a mesma polaridade inferno-paraíso estava presente, bem como a imagem da "nova Babilônia": cf. J. Rancière, *La nuit des prolétaires*, Paris, 1981, 1ª Parte.

Para uma análise da cidade industrial clássica, ver o riquíssimo mosaico de Lewis Mumford, *A cidade na história: suas origens, transformações e perspectivas*, São Paulo, 1982, em especial o capítulo XV: "Paraíso paleotécnico: Coketown", pp. 483-520. A imagem de Coketown, símile da cidade subterrânea, baseia-se na novela *Hard times*, de Charles Dickens (1854). O tema das metrópoles no século XIX vem sendo bem trabalhado entre nós por M. Stella Bresciani. Ver, de sua autoria, "Metrópoles: as faces do monstro urbano (as cidades no século XIX)", *Revista Brasileira de História*, 5 (8/9), set. 1984/abr. 1985, pp. 35-68. Quanto à presença reiterada de reapropriações culturais em torno da figura da Torre de Babel, basta lembrar que, em 1563-9, a magistral pintura de Pieter Brueghel, o Velho, sobre esse tema já antecipava muito dos impasses entre os poderes da técnica e a condição humana na época moderna.

4. M. R. Ferreira, *A ferrovia do diabo*, 2ª ed., 1981, pp. 13-4.

5. R. J. Cornet, *La bataille du rail*, Bruxelas, 1953, capítulo I, p. 17. Todas as referências sobre a Madeira—Mamoré que seguem baseiam-se nas obras citadas de M. R. Ferreira e de N. B. Craig.

6. Cf. M. R. Ferreira, *op. cit.,* pp. 63-4. Sobre a importância dos trabalhos do engenheiro Silva Coutinho na fase inicial de expansão dos caminhos de ferro no Brasil, ver Ademar Benévolo, *Introdução à história ferroviária do Brasil,* pp. 196-7, 208, 275 e 520. Sua presença nas primeiras ferrovias nordestinas foi decisiva. Ver, a propósito, J. M. da Silva Coutinho: *Estrada de ferro do Recife ao S. Francisco: estudos definitivos de Una à Boa Vista,* Rio de Janeiro, 1874; *Estradas de ferro do norte: relatorio apresentado ao [...] ministro da Agricultura, Commercio e Obras Públicas,* Rio de Janeiro, 1888.

A missão prolongada de Silva Coutinho na Amazônia teve como saldo, entre numerosos trabalhos, a sua escolha como relator da 25ª classe do 4º grupo da Exposição Nacional de 1866, nada menos do que a seção intitulada "Etnografia". Ali, ele apresenta "distintivos naturais e artificiais das tribos", armas de caça e pesca, construções "civis e navais", produtos "extraídos e manufaturados", lamentando a ausência de objetos de "cronologia e estatística", bem como de "monumentos". Cf. A. J. de Souza Rego, *Relatorio da 2ª Exposição Nacional de 1866,* Rio de Janeiro, 1869, v. 2, pp. 126-41. Como se vê, bem cedo culturas indígenas convertiam-se em objeto da *exhibitio* promovida pelo Estado nacional. Silva Coutinho colaborou ainda na expedição de Agassiz e foi secretário da Comissão Brasileira na Exposição de Filadélfia (1876). Cf. biografia in: V. Corrêa Filho, "Grandes vultos da nossa engenharia ferroviária", *I Centenário das Ferrovias Brasileiras,* Rio de Janeiro, 1959, pp. 325-33.

7. Cf. Tavares Bastos, *O valle do Amazonas* (1ª ed.: 1866). Na verdade, em 1867, era assinado decreto imperial a partir de projeto de Tavares Bastos, declarando livre a navegação no rio Amazonas. Isso provocou ampliação imediata do movimento de vapores e mercadorias estrangeiras pela região. O interesse de penetração dos grandes países capitalistas na bacia Amazônica era, contudo, bem anterior. Em 1852, p. ex., os tenentes Herndon e Gibbon, em missão oficial da Marinha norte-americana, exploraram os rios que ligam a Bolívia ao litoral atlântico brasileiro, pelo vale do Amazonas, traçando um dos mapeamentos mais detalhados da região. Cf. W. L. Herndon & L. Gibbon, *Exploration of the valley of the Amazon,* Washington, 1854, 2 v.

8. *Apud* M. R. Ferreira, *op. cit.,* p. 73. Ver Franz Keller-Leuzinger, *The Amazon and Madeira rivers,* Londres, 1874. Essa obra contém interessantes gravuras desenhadas na expedição. Os Keller trabalharam no Brasil de 1856 a 1873. Realizaram importantes estudos dos rios do Paraná. Sobre a presença maciça de técnicos estrangeiros nas obras públicas do Segundo Império, cf. extensa relação in: A. Benévolo, *op. cit.,* pp. 588-610.

9. É o que infere M. R. Ferreira das parcas referências existentes. Não parece que tenha havido superestimação, dada a meticulosidade de engenheiro do autor. *Op. cit.,* p. 88.

10. *Idem, ibidem,* p. 80.

11. *Apud* M. R. Ferreira, *op. cit.*, pp. 77-8, grifos meus.

12. Hobsbawm, *op. cit.*, p. 74. Sobre os horrores do tráfico de *coolies* e da emigração em massa de trabalhadores chineses no século xix, ver E. Reclus: "Relação da China com o exterior", in: *Élisée Reclus*, São Paulo, 1985, pp. 130-42.

13. Para uma discussão teórica sobre as relações entre escravismo moderno e capitalismo, apóio-me em Maria Sylvia de Carvalho Franco, "Organização social do trabalho no período colonial", *Discurso*, 8, maio 1978, pp. 1-45; também publicado in: A. Barros de Castro *et alii*, *Trabalho escravo, economia e sociedade*, Rio de Janeiro, 1984, pp. 143-92.

A propósito da evolução não-linear das formas de produção em Marx, ver também E. J. Hobsbawm, "Introdução", in: K. Marx, *Formações econômicas pré-capitalistas*, Rio de Janeiro, 1977, pp. 13-64.

14. Para um panorama geral e sintético da expansão das estradas de ferro no mundo, ver O. S. Nock, *World atlas of railways*, Nova York, 1983, e *Chemins de fer d'hier et d'aujourd'hui*, Paris, 1976; Daniel Costelle, *Histoire des trains*, Paris, 1981; Hamilton Ellis, *The pictorial encyclopedia of railways*, Londres, 1983; *Historia general del trabajo*, Barcelona, 1965, v. iii. A rica iconografia em torno desse universo está a merecer uma análise mais atenta.

15. *La bataille du rail*, Bruxelas, 1953. Sobre as condições de trabalho, ver especialmente pp. 178-83 e 207-36.

16. O engajamento de trabalhadores na construção da ferrovia do Congo se assemelha ao dos chamados *indentured servants* da região das Antilhas. A estipulação de prazos prolongados de permanência no local de trabalho equivale, na prática, a uma forma de servidão. Esses aspectos de coação extra-econômica combinam-se, entretanto, com medidas típicas de uma produção capitalista, como foi o caso, muito bem-sucedido por sinal, da instituição do trabalho a prêmio, o que elevou os níveis de produtividade a partir de 1895. Cf. *op. cit.*, pp. 307-8.

17. *La bataille du rail*, *op. cit.*, p. 377 (grifos meus). O número total de trabalhadores engajados foi sempre oscilante. De acordo com os dados da companhia, por volta de 1892, havia cerca de trezentos operários brancos e 2 mil negros; já em 1897, o número de negros subira para quase 8 mil, não havendo referências ao contingente de europeus. Cf. *op. cit.*, pp. 180-2 e 336.

18. Benévolo, *op. cit.*, p. 316.

19. Craig, *op. cit.*, p. 409. João Severiano Fonseca, *Viagem ao redor do Brasil* (*1875-1878*), v. 2, p. 256. Apesar desses números, Craig acrescenta, "o total de operários jamais excedeu de mil homens em qualquer momento e, só por um período bastante curto, aproximou-se daquele limite". O que reforça ainda mais o caráter altamente predatório do empreendimento em face da mão-de-obra. Quanto aos cearenses, Craig fala em quatrocentos, e M. R. Ferreira, sempre muito preciso, em quinhentos. Cf. Ferreira, *op. cit.*, p. 125.

Nessa mesma época, a construção das estradas de ferro de Baturité e Sobral, em pleno sertão cearense, é outro capítulo trágico na esteira da grande seca nordestina: miséria quase absoluta nas frentes de trabalho, epidemia de varíola, paisagem em si mesma desoladora e arruinada. Cf. J. M. da Silva Coutinho, *Estradas de ferro do Norte* [...], 1888, *op. cit.*, pp. 23-64; E. F. de Baturité. Ceará. *Synopse historica*, Fortaleza, 1880; Octavio Memoria, *Origem da Viação Ferrea Cearense*, Fortaleza, 1923. O próprio decreto do governo imperial autorizando o início dos trabalhos de construção e prolongamento daquelas ferrovias foi uma resposta aos problemas socioeconômicos gerados pela seca; uma espécie de recurso muito semelhante ao das atuais "frentes de emergência".

20. Craig, *op. cit.*, pp. 271-2.

21. Sobre a história desse importante conglomerado industrial, ver *History of the Baldwin Locomotive Works: 1831-1920*, Filadélfia, 1920. Matthias W. Baldwin começou aprendendo o ofício de joalheiro; mais tarde montou uma manufatura metalúrgica em sociedade com um maquinista, David Mason, de início especializada no fabrico de instrumentos de encadernação e cilindros para estamparia de tecidos. A produção de locomotivas que levou ao *boom* extraordinário desse pequeno fabricante originou-se curiosamente do reino dos espetáculos, do gosto artesanal pela fantasia da *mimesis*: por volta de 1830, Franklin Peale, diretor do Philadelphia Museum, encomenda a Baldwin uma miniatura de locomotiva para exibi-la naquele local. O estrondoso sucesso de público mudou a carreira de Baldwin e, em poucos anos, o panorama de toda a indústria ferroviária mundial. *Op. cit.*, pp. 7-9.

Sobre a presença majoritária das locomotivas Baldwin (origem do nome próprio Balduíno/a) nas ferrovias brasileiras do século xix — cerca de 84% nas estradas do governo —, ver os dados coligidos por Picanço e citados por Benévolo, *op. cit.*, pp. 406 e 647.

22. São comuns os cemitérios de vagões e locomotivas ao longo das ferrovias mais antigas. No caso da Madeira—Mamoré, devido às sucessivas interrupções da construção e, posteriormente, do tráfego, desde muito cedo espalharam-se partes de trens abandonados em certos trechos da linha. Quando visitei a ferrovia, em julho de 1982, havia um desses cemitérios a poucos quilômetros de Porto Velho, e que tem sido fotografado e filmado, nos últimos anos, em função de seus impressionantes significados estético e arqueológico.

Um outro exemplo marcante é o da ferrovia abandonada em pleno deserto da Arábia Saudita, após os ataques de Lawrence d'Arábia, durante a Primeira Guerra Mundial, em combates que o tornaram conhecido como "o destruidor de locomotivas". Essa linha havia sido construída a partir de 1901 pelo Império Otomano, em aliança com capitais alemães. Ver fotos e dados in: O. S. Nock, *Les chemins de fer d'hier et d'aujourd'hui*, p. 144; Hamilton Ellis, [...] *Encyclopedia of railways*, p. 173.

Esses cemitérios do maquinismo aparecem também em outras paisagens industriais. A lendária fábrica de ferro São João de Ypanema é uma boa pista nessa direção. Humberto Bastos, em *A conquista siderúrgica no Brasil* (São Paulo, 1959), toma a economia do país e a população depauperada como fantasmas num vasto cemitério de companhias falidas (cf. capítulo "Fantasmas no cemitério").

23. Craig, *op. cit.*, p. 131.

24. *Idem, ibidem*, pp. 406-14; Ferreira, *op. cit.*, pp. 125-6.

25. Craig, *op. cit.*, p. 6.

26. *Idem, ibidem*, p. 413.

27. *Idem, ibidem*, p. 410; Ferreira, *op. cit.*, p. 126.

28. Craig, *op. cit.*, p. 210. As demais passagens relativas a esse episódio encontram-se nas pp. 199 ss.

29. Cf., entre outros: Ernesto Mattoso Maia Forte, *Do Rio de Janeiro ao Amazonas e Alto Madeira: impressões de viagem por um dos membros da Comissão de Estudos da Estrada de Ferro do Madeira e Mamoré*, Rio de Janeiro, 1885 (ref.: Comissão Morsing); Julio Pinkas *Relatório apresentado a S. Ex. o sr. Cons. João Ferreira de Moura* [...] *pelo engenheiro* [...], Rio de Janeiro, 1885.

Nessa mesma época, em estudo original, o engenheiro ferroviário Ignacio Baptista de Moura propõe a construção da ferrovia Madeira—Mamoré como obra eminentemente civilizatória, no sentido mais ideológico da expressão. "Transportar é produzir", assevera. Para tanto, defende programa de colonização da área com emigrantes, bem como a pacificação incondicional dos grupos indígenas mediante o papel conjugado do clero e do Exército: "Não seria acertado fazer seguir com o pessoal de uma estrada, como a do Madeira—Mamoré, missionários respeitáveis e alguns soldados armados para simples garantias individuais e dispostos mais a amedrontar que ao extermínio? Não poderia ser empregado o índio domado como um bom auxiliar de exploração?". Advoga, a seguir, a construção de ramais ferroviários para se instalar missões indígenas. Cf. *Memoria sobre a estrada de ferro Madeira e Mamoré, apresentada ao Congresso Geral das Estradas de Ferro do Brasil* [...], Recife, 1882, pp. 6-12.

Mais tarde, a Comissão Rondon sofisticaria bastante, sem dúvida, essa visão. Num relatório geral dos trabalhos, em torno de 1910, apresenta-se assim a questão indígena:

"Mas, antes de tudo, e acima de tudo, cumpre ao Governo Federal conjugadamente com o estado [governo estadual], proteger as nações indígenas, que aí se refugiaram [noroeste de Mato Grosso, hoje Rondônia], a fim de evitar o que tem sucedido às menos felizes de outros estados, as que vão sendo perseguidas e destruídas, não só por pioneiros das indústrias extrativas, como até por exploradores científicos das empresas de estradas de ferro, a pretexto de sua irredutibilidade à civilização, segundo a extravagante teoria, prezada por cientistas desumanos". Cf. Cândido M. S. Rondon, *Relatorio apresentado à Directoria Geral dos Telegraphos e à Divisão Geral de Engenharia (G. 5) do Departamento da Guerra*, Rio de Janeiro, vol. 1, p. 338, n. 1.

30. *Apud* Ferreira, *op. cit.*, p. 189. Ver, também, Cassiano Ricardo, *O Tratado*

de Petrópolis, Rio de Janeiro, 1954, 2 v., a obra mais completa a respeito desse acordo diplomático.

31. Cf. Márcio Souza, *op. cit.* Entre tantos artigos contrários ao projeto da ferrovia Madeira—Mamoré, podemos lembrar a série de trabalhos de Heliodoro Jaramillo (1902, 1903, 1903), que rejeita aquela perspectiva seja do ponto de vista técnico, comercial e estratégico; defende, em contrapartida, o plano de uma estrada de ferro "Central do Amazonas", que através da bacia do rio Purus e do território do Acre faria a ligação Brasil—Bolívia.

Em 1878, enquanto num artigo de *O Auxiliador da Industria Nacional* (v. 46, pp. 247-8) havia referências otimistas e genéricas ao futuro do projeto da Madeira—Mamoré, esperando-se que o fluxo de mercadorias daí resultante convertesse Belém do Pará num "grande empório", na *Revista Industrial* editada em Nova York por J. C. Rodrigues, amigo de André Rebouças, publicava-se outro artigo bem mais cético em relação àquela ferrovia, justamente por considerar fatores como o vazio demográfico incontestável e o baixo volume de exportação/importação de toda a área afetada (cf. "A estrada do Mamoré no Brazil", *Revista Industrial,* Nova York, v. iii, jul./dez. 1878, p. 60).

32. Cf. E. da Cunha, "A Transacreana", in: *Um paraíso perdido, op. cit.,* pp. 165-77. Seu projeto aproxima-se do traçado da "Central do Amazonas" idealizada por H. Jaramillo, paralelo ao Purus.

33. Cf. Clodomiro Pereira Silva, *O problema da viação no Brasil,* 1910, pp. 49-71 e 132-3. Sobre o declínio do "ciclo da borracha", ver Roberto Santos, *História econômica da Amazônia (1800-1920),* pp. 229-80. Sobre a construção das ferrovias andinas — as mais altas do mundo —, cf. O. S. Nock, *World atlas of railways, op. cit.,* Brian Fawcett, *Railways of the Andes,* Londres, 1963.

34. É o que se deduz da parte final do relato de Neville Craig, *op. cit.* Ao fazer o balanço da expedição, referindo-se à questão da malária, afirma premonitoriamente: "Seja como for, o que é certo é que quem quiser tentar a construção da Estrada de Ferro Madeira—Mamoré encontrará poderosa aliada na ciência moderna e que as medidas sanitárias, desconhecidas em 1878, muito facilitarão os trabalhos se se valerem das lições do passado e das recentes descobertas com relação à infecção malárica". *Op. cit.,* p. 449. Somente em 1897 o ciclo vital do parasito malárico foi inteiramente conhecido. Já o transmissor da febre amarela foi identificado em 1881, e levaria um bom tempo para que a vacina aparecesse. Devem-se levar em conta esses dados também na análise das tentativas fracassadas de construção do canal de Panamá, que veio a se efetivar apenas em 1904-14.

35. Ferreira, *op. cit.,* pp. 301-2.

36. Cf. Paul Singer, "O Brasil no contexto do capitalismo internacional, 1889-1930", in: *História geral da civilização brasileira,* v. 8, pp. 345-90.

Para uma visão apologética de Percival Farquhar, consultar Charles Gauld,

The last Titan: Percival Farqhuar (1864-1953), American entrepreneur in Latin America, Stanford, 1972.

37. V. p. ex., o artigo "O Syndicato Farqhuar", *Brazil-Ferro-Carril*, v (63) 15/2/1914, pp. 29-30. Essa revista sempre manteve oposição ao avanço desse grupo sobre a rede ferroviária brasileira. Defendendo um nacionalismo liberal a gosto da classe dos engenheiros, isso não impede — ao contrário, torna mais palatável — uma posição virulenta contra o movimento operário na greve de 1917, propugnando a expulsão dos "anarquistas indesejáveis". Cf. ano VIII, 1917, pp. 373-4 e 502. Sobre as relações contratuais entre o governo brasileiro e a Madeira—Mamoré, ver Madeira—Mamoré Railway Co., *Decretos, contractos e decisões do governo: 1904 a 1915*, Rio de Janeiro, 1917. Ver também Alberto Randolpho Paiva, *Actos officiaes referentes à Estrada de Ferro Madeira—Mamoré (1870-1916)*, Rio de Janeiro, 1917.

38. H. A. Bromberger, "Les chemins de fer exotiques", *Le Moniteur Economique et Financier*, 1913, vários números. O artigo é um tipo de inventário das ferrovias latino-americanas, inclusive brasileiras, com destaque para empresas de capital francês.

39. Cf. Clodomiro Pereira Silva, *Política e legislação de estradas de ferro*, 1904, v. I, pp. 751-68. Essa vasta obra, em dois volumes, constitui referência básica para um panorama geral da formação do direito e da política ferroviária em escala internacional e nacional. O autor era engenheiro civil ferroviário e colaborador assíduo de *O Estado de S. Paulo*. Apesar de basicamente antiestatista, critica os limites do liberalismo europeu clássico, afirmando que é "com essas palavras de efeito — *liberdade, igualdade e fraternidade* — que se têm firmado o monopólio e o absolutismo" (v. I, p. 768).

40. A bibliografia clássica sobre o Contestado inclui os ensaios de Maria Isaura Pereira de Queiroz, *O messianismo no Brasil e no mundo* (1965); Maurício Vinhas Queiroz, *Messianismo e conflito social* (1966); e Duglas Teixeira Monteiro, *Os errantes do novo século* (1974). Ver, também, a interessante montagem documental em Jean-Claude Bernardet, *Guerra camponesa no Contestado* (1979). Além disso, o Contestado já inspirou pelo menos um romance (*Geração do deserto*, de Guido W. Sassi, 1964) e um filme (*A Guerra dos Pelados*, de Sílvio Back).

Já o texto de Nilson Thomé, *Trem de ferro: a ferrovia no Contestado* (1980), não enfoca diretamente o movimento social camponês; mas sua perspectiva toma a construção da estrada de ferro como tema principal, o que produz elementos bem interessantes para a compreensão daquele universo.

Parece que, em relação aos trabalhos sobre a ferrovia Madeira—Mamoré, ocorre uma tendência diversa: enfatizaram mais a história econômica em torno do evento; os aspectos socioculturais e das representações simbólicas têm ficado à margem do fio condutor das narrativas. Aliás, vale frisar que está para ser feita uma análise comparativa dos desastres históricos de Canudos, Contestado e Madeira—

Mamoré — os três com rastros de morte de proporções semelhantes — à luz mortiça de conceitos como o de *res publica* e cidadania.

41. Thomé, *op. cit.*, 1983, p. 95.

42. *Apud* Thomé, *op. cit.*, p. 166.

43. H. M. Tomlinson, *The sea and the jungle*, 1912, p. 282.

44. Brazil Railway Company, *Saneamento da bacia do rio Madeira: construcção de estradas de ferro em regiões insalubres, documentos offerecidos aos medicos e engenheiros do Brazil*, Rio de Janeiro, 1913.

45. *Op. cit.*, pp. 13-5. A determinação dos custos de construção da ferrovia tinha gerado muita polêmica. A comparação com a Noroeste e a Central do Brasil não é fortuita, pois essas duas estradas contavam-se entre as linhas férreas brasileiras cujas obras haviam demandado mais esforços. O debate iniciou-se já por ocasião do orçamento da Madeira—Mamoré Railway Co., devido à existência de estimativas bem discrepantes. Cf., p. ex., Raymundo Pereira da Silva, *O custo da construcção da E. F. Madeira—Mamoré*, Rio de Janeiro, 1914. Trata-se de uma série de artigos publicados no *Jornal do Commercio* (desde 1906), em que o autor defende sua proposta contra a de Joaquim Catramby; entre outros fatores, analisa detidamente as implicações da questão salarial no custo do projeto, em especial as dificuldades de recrutamento, transporte e regularização dos estoques de mão-de-obra (cf. pp. 13-20). Aconselha que a empresa dê prioridade aos estados nordestinos como fonte de suprimento de trabalhadores.

Apesar de vitorioso o orçamento de Pereira da Silva, a situação permaneceu confusa nas relações entre o governo e a companhia. Cf. *Brazil-Ferro-Carril*, onde foi publicada uma série de artigos intitulada: "As contas impugnadas da Madeira—Mamoré" (cf. n°s 70 a 77, ano 1914).

46. H. F. Dose, "Relatório de 1911", *apud* Ferreira, *op. cit.*, p. 210.

47. Brazil Railway Co., *op. cit.*, pp. 104-14 e 72. Todos esses dados e outros sugerem que os coeficientes apresentados pela empresa baseavam-se numa média de rendimento até otimista (123 dias/ano por trabalhador, cf. pp. 13-5), quando, na verdade, não deveria ser muito superior a noventa dias/ano.

48. Brazil Railway Co., *op. cit.*, pp. 116-7. As demais referências ao relatório Belt estão nas pp. 95-115.

49. Numa conferência cívica proferida em 1917, Rui Barbosa traça a apologia de Oswaldo Cruz, tomando como um dos marcos referenciais precisamente sua presença na Madeira—Mamoré. Aproxima essa missão aos trabalhos de Hércules. Lembra, a propósito, das obras dos canais de Suez e do Panamá. Compara a medicina sanitária a uma empresa militar. Tece, enfim, contraponto dos mais sugestivos entre os micróbios "modernos" e os monstros mitológicos:

"O terror do disforme substituiu-se pelo terror do invisível. O infusório tomou o lugar do monstro, o mosquito o do dragão" (R. Barbosa, *Oswaldo Cruz — 1917*, Rio de Janeiro, 1950, pp. 70-9).

50. "1º) O chefe do serviço sanitário deverá ter a mais absoluta autonomia e exercer sua ação, relativamente à profilaxia, sobre todo o pessoal superior e subalterno, sem exceção de pessoa.

"2º) O pessoal engajado sê-lo-á de preferência nas zonas não palustres e será submetido a cuidadoso exame em Itacoatiara (Amazonas, Baixo Madeira), nos pontões, onde serão tomadas as precauções para evitar o contágio pelo impaludismo que grassa em terra.

"3º) Os infectados receberão, desde logo, tratamento intensivo pela quinina; sendo rejeitados os caquéticos, pouco capazes de produzir trabalho útil. Os sãos começarão a receber, diariamente, trinta centigramas de cloridrato de quinina. Esse regime será continuado durante a viagem.

"4º) Chegando a Porto Velho o pessoal não infectado passará a usar 75 cg de sal de quinina e o infectado sofrerá novo exame. Se este for negativo, ele irá para o trabalho sob um regime próprio. Se for positivo será recolhido ao Hospital onde continuará o tratamento se houver conveniência, senão será rejeitado.

"5º) O pessoal que seguir para os acampamentos receberá um cartão com o nome, número da chapa, etc., fornecida pelo médico. Este cartão será branco para os sãos e azul para os infectados tratados.

"6º) Para cada cinqüenta trabalhadores haverá um distribuidor de quinina. Este distribuirá diariamente a cada trabalhador são 75 cg de quinina. Os antigos infectados receberão à hora do jantar mais 75 cg.

"7º) O distribuidor de quinina entregará diariamente a cada operário, após a ingestão verificada da quinina, um bilhete com a data e assinatura. Somente à vista desses bilhetes é que será feito o pagamento ao pessoal, descontando-lhes tantos dias quantos os em que não tomou quinina.

"8º) O distribuidor de quinina, que durante o mês apresentar turmas sem doentes de impaludismo, terá uma gratificação igual à metade dos vencimentos.

"9º) O operário que passar três meses sem ter acesso febril por impaludismo terá uma gratificação correspondente a 1/5 dos vencimentos.

"10º) Se se verificar que o distribuidor de quinina fornece os vales sem ter feito com que o operário ingira a quinina, será despedido, não tendo direito à passagem de ida e volta que será concedida àqueles que cumprirem à risca o determinado.

"11º) A Companhia construirá *em todos* os acampamentos grandes galpões telados para cem homens. Estes galpões ficarão sob a fiscalização dos quinizadores das respectivas turmas. Logo após o pôr-do-sol todo o pessoal será recolhido a esses galpões e aí encerrado.

"Serão teladas todas as habitações dos operários em Porto Velho, Candelária e sobre a linha.

"12º) Para tornar efetiva essa obrigação cada quinizador disporá da necessária força.

"13º) Nas turmas de conserva estendidas provisoriamente sobre a linha e nas de exploração o pessoal será obrigado a se recolher ao crepúsculo a redes com mosquiteiros, sob pena de lhes serem descontados tantos dias quantos forem os em que se verificar não terem usado da proteção. As casas de turmas definitivas e as estações serão à prova de mosquitos.

"14º) Os quinizadores ficarão sob a fiscalização dos métodos dos acampamentos que deverão examinar três vezes por semana todo o pessoal, recolhendo sangue de todos os suspeitos. Os médicos verificarão se as instalações de proteção se conservam úteis.

"Se algum trabalhador for atacado de malária será energicamente tratado e só sairá do hospital quando estiver microscopicamente curado (ausência de gametos).

"15º) Todos os acampamentos deverão ser providos d'água fervida e, ao partir para o trabalho, cada turma deverá levar um garrafão dessa água (profilaxia da disenteria).

"16º) Providências serão tomadas para que os trabalhadores usem calçados e não defequem senão em determinados lugares, onde se tomarão medidas para destruição das larvas de ancilostomos (profilaxia da ancilostomíase).

"17º) Urgem as medidas para saneamento regional da vila de Santo Antônio, um dos maiores focos da região.

"18º) Dessecamento dos pântanos na vizinhança das habitações definitivas. Impedir a venda de bebidas alcoólicas.

"19º) O serviço sanitário fica sob a direção do atual chefe do serviço sanitário que se encarregará só da profilaxia e terá, no ponto de vista sanitário, poderes absolutos, podendo exigir da Companhia a dispensa e substituição de funcionários de qualquer categoria que se oponham, impeçam ou não se queiram sujeitar às determinações prescritas.

"20º) O governo terá um representante junto a esse serviço e cuja missão será auxiliar, fiscalizar e apoiar as medidas postas em prática pela empresa."
Brazil Railway Company, 1913, pp. 89-93. Todas as outras referências do relatório Oswaldo Cruz encontram-se nas pp. 17-89. Esse trabalho já havia sido publicado em separata: ver Madeira—Mamoré Railway Company, *Considerações geraes sobre as condições sanitarias do rio Madeira pelo dr. Oswaldo Gonçalves Cruz*, Rio de Janeiro, 1910.

51. Brazil Railway Co., *op. cit.*, p. 129. As demais referências do relatório Lovelace estão nas pp. 117-29.

O equipamento do Hospital da Candelária estava atualizado conforme os avanços da medicina norte-americana. Ainda hoje, p. ex., o Museu da E. F. Madeira—Mamoré ostenta, numa estante empoeirada, o seguinte volume, certamente indicador da internacionalização técnica do hospital construído e mantido pela companhia ferroviária: *Catalogue of Crown Surgical Instrument Co.,* Nova York, The Crown Brand Hospital Catalogue, 1911.

52. Brazil Railway Co., 1913, p. 139. O relato integral desse médico está nas

pp. 131-45. Ver, também, do mesmo Joaquim Tanajura, *Serviço sanitário — expedição de 1909*, Rio de Janeiro, Comissão Rondon. Nesse trabalho, ao referir-se a uma epidemia de malária que grassava em Belém (cf. pp. 46-8), comenta terem as autoridades sanitárias locais atribuído à presença de "indivíduos constituindo reservatório de vírus", provenientes da ferrovia Madeira—Mamoré e de Alcobaça (nome antigo de Tucuruí, ponto inicial de outra ferrovia-fantasma: a E. F. Tocantins), uma das causas principais daquele mal. Anos depois, Tanajura será nomeado superintendente de Porto Velho.

Já o capitão-médico João Florentino Meira de Faria, também membro da Comissão Rondon, numa visão do social que se aproxima daquela de Euclides da Cunha ao retratar o trabalho dos seringueiros, falando sobre esses desterrados, conclui:

"O que se sabe é que muitos deixam os seus sertões do norte e que poucos voltam a eles...!

"Foram as febres, foi o beribéri...!

" Não...!

"*Culpe-se antes a mais monstruosa e absurda organização do trabalho que se possa imaginar*".

(*Relatorio apresentado ao sr. cel. de Engenharia Candido Mariano da Silva Rondon pelo capitão médico João Florentino Meira de Faria*, Rio de Janeiro, 1916, p. 7, grifos meus).

6. QUIMERAS DE FERRO [PP. 181-215]

1. A história mais completa da revolta dos marinheiros em 1910 continua sendo a narrativa do jornalista Edmar Morel, *A Revolta da Chibata,* Rio de Janeiro, 1958. As citações a seguir são da 3ª edição, 1979, que contém ainda um excelente prefácio de Evaristo de Moraes Filho, pp. 11-35, em que se destaca a atuação solitária de parlamentares como Rui Barbosa e Barbosa Lima na denúncia das barbáries praticadas pelo governo Hermes contra os marinheiros. Sobre o navio *Satélite*, ver pp. 161-77. A carta de Belfort de Oliveira encontra-se nas pp. 172-6. Esse documento consta também dos *Anais do Senado*, pois foi transcrito na íntegra em discurso de Rui Barbosa no dia 1/8/1911. Cf. Rui Barbosa, *Obras completas*, vol. XXXVIII, t. I, pp. 152-7. Nos discursos que dedicou ao tema, Rui utilizou-se de várias imagens fantasmagóricas para descrever a viagem do *Satélite* e a barbárie ali perpetrada. Na mesma fala de 1º de agosto, refere-se às instituições republicanas como tendo sido "reduzidas a fantasma, e, no meio delas, dorme profundo sono a opinião nacional" (*op. cit.,* p. 138). Sobre esse tema, ver ainda Alexandre José Barbosa Lima, *Discursos parlamentares,* t. II, pp. 384-461; Documentos Parlamentares, *Estado de Sítio*, Bruxelas/Paris, 1913, v. IV, pp. 221-381; Joaquim Marques Batista de Leão, *Relatório apresentado ao presidente da República dos Estados Unidos do Brasil pelo ministro de Estado dos Negócios da Marinha em maio de 1911*, Rio de Janeiro, 1911.

Oswald de Andrade oferece alguns *flashes* interessantes sobre esse movimento nas suas memórias. Cf. *Um homem sem profissão: sob as ordens de mamãe,* Rio de Janeiro, 1974, pp. 50-3.

Na linha rasteira do realismo socialista, Octávio Brandão recupera o episódio do "Navio Maldito", no que pretende seja "um poema lírico, épico, moderno e revolucionário": cf. *O caminho,* Rio de Janeiro, 1950, pp. 106-11.

O jornal *Correio da Manhã* (Rio de Janeiro), entre novembro de 1910 e setembro de 1911, fez de longe a melhor cobertura crítica do evento.

2. Os dados, evidentemente passíveis de lacunas, são do relatório do comandante Carlos Storry, que chefiou a viagem do *Satélite:* cf. *Relatório, da viagem extraordinaria feita pelo paquete "Satellite", deste porto, ao de S. Antonio do Rio Madeira, principiada em 25 de dezembro de 1910 e terminada em 4 de março de 1911, apresentado ao sr. gerente da Companhia Lloyd Brazileiro, pelo comandante Carlos Brandão Storry,* Rio de Janeiro, 5/3/1911, ms. Esse relatório traz, em anexo, as listas dos presos embarcados no navio, com seu respectivo destino, inclusive o *x* da morte. O documento encontra-se depositado na Fundação Casa de Rui Barbosa, faltando-lhe duas folhas. Sua transcrição em Morel, *op. cit.,* pp. 163-7, não é fidedigna.

3. Storry, *doc. cit.,* fl. 4.

4. *Apud* Rui Barbosa, *op. cit.,* p. 153; Morel, *op. cit.,* p. 173.

5. Manoel Rodrigues Ferreira, *Nas selvas amazônicas,* 1961, p. 163. Trata-se de magistral narrativa de viagem que o autor realizou sob o impacto recente da *Ferrovia do diabo,* à procura de vestígios arqueológicos do tempo perdido que recriara.

6. Belfort de Oliveira, *apud* Rui Barbosa, *op. cit.,* p. 154; Morel, *op. cit.,* p. 174.

7. Benigno Cortizo Bouzas, *Del Amazonas al infinito,* 1950, pp. 55-6.

8. Belfort de Oliveira citando frases de Hall Caine, *apud* Rui Barbosa, *op. cit.,* p. 156; Morel, *op. cit.,* pp. 175-6, cita o mesmo trecho como "suicidas da moralidade".

9. Nilson Thomé, *Trem de ferro: a ferrovia no Contestado,* pp. 164-5. Ver também o depoimento de João de Deus Alves, trabalhador na construção da Madeira—Mamoré, in: M. R. Ferreira, *Nas selvas amazônicas,* p. 165.

10. Bouzas, *op. cit.,* pp. 56-8.

11. Morel, *op. cit.,* p. 162.

12. *Idem, ibidem,* p. 174; Rui Barbosa, *op. cit.,* p. 155.

13. Cf., entre outros, Comissão de Linhas Telegraphicas Estrategicas de Matto Grosso ao Amazonas, *Missão Rondon — Apontamentos sobre os trabalhos realizados, de 1907 a 1915,* Rio de Janeiro, 1916, pp. 208-20. Sobre os trabalhos dessa Comissão, ver também *Conferências de 1915 dadas pelo cel. Candido Mariano da Silva Rondon,* Rio de Janeiro, 1916; major Amilcar B. Magalhães, *Impressões da Comissão Rondon,* Rio de Janeiro, 1921 (?); general Lobato Filho, *Avançai para o Jamari!* (*a Comissão Rondon nas selvas do Alto Madeira*), Rio de Janeiro, 1957. Já no *Relatorio apresentado à Directoria Geral dos Telegraphos* [...], v. 2, Rondon arrola, no fi-

nal, sessenta nomes de soldados, trabalhadores e técnicos mortos em 1907-10, nas obras de construção das linhas telegráficas do Mato Grosso ao Amazonas.

O nome original do Serviço de Proteção aos Índios era "Serviço de Proteção aos Índios e Localização de Trabalhadores Nacionais", que revela, pois, projeto mais abrangente do Estado brasileiro. Sobre isso, comenta Roquette-Pinto:

"Estrangeiros em sua própria terra, continuam os trabalhadores rurais do interior do Brasil a viver nas condições desgraçadas de uma disfarçada servidão. [...]

"O programa, tão excelentemente defendido, dispunha que a proteção aos índios seria o primeiro passo; o segundo, a localização dos sertanejos. À luz dos resultados obtidos pode-se, razoavelmente, preconizar a inversão dos seus termos: *localizar os sertanejos, para proteger os índios*. Pois que, ao contrário dos vaticínios pessimistas, ficou provado que a localização dos trabalhadores é mais difícil do que a pacificação, tanto vale dizer proteção dos indígenas..." (E. Roquette-Pinto, *Rondônia*, 5ª ed., São Paulo, 1950, pp. 61-2).

14. Major A. B. Magalhães, *op. cit., p*. 26.

15. *Idem, ibidem, p*. 27 (o grifo é do autor).

16. "Muitos de nós, inclusive o autor destas linhas, por feitio moral e pela concepção da dignidade humana, ao ter notícia de que se aplicava o castigo corporal nos acampamentos do sertão, imaginávamos mil formas de o evitar na manutenção da disciplina. A maior parte de nós, porém, no regime da prática e orientados pelo desejo ardente de corresponder às responsabilidades dos serviços que nos eram confiados; depois de reconhecer inúteis e improdutivos todos os outros processos; examinando a índole de certa espécie de homens, que era impossível expulsar do serviço, porque escasso era já o pessoal preciso para os trabalhos; forçados a utilizar o elemento mau e a evitar a contaminação do elemento bom; a fazer votos íntimos para que, pelo bem, pelo exemplo e pelo sentimento, fosse possível sempre obter a obediência, a disciplina e o trabalho útil e regularizado; a pregar sermões inúteis que entravam por um ouvido e saíam pelo outro; no desespero do amor-próprio em xeque; a maior parte de nós, dizia, tomávamos do dilema a ponta que antes condenávamos e, ao contrário das teorias belas, mas inaplicáveis, com as quais nem obtínhamos o serviço e a disciplina, nem salvávamos a moralidade da nossa autoridade, enveredávamos pela aplicação do castigo corporal, contrariados, mas vencidos pela eloqüência dos fatos.

"Aliás cumpre observar que da mesma forma pensa o supercivilizado povo inglês, que aplica o castigo corporal na educação dos meninos e dos rapazes, como único meio de reduzir acentuadas rebeldias.

"Não é que o castigo corporal fosse aplicado por qualquer falta e todos os dias; mas era clara, como a luz do dia, que a disciplina modificava-se por encanto, com a certeza de que não fora ele jamais abolido de nossas cogitações.

"No meu destacamento de Parecis, durante sete meses a fio, esforcei-me por não aplicar o castigo corporal: punia com trabalho aos domingos, com repreensões e ameaças, dando trabalho mais pesado aos mais vadios e aos mais indolentes ou indisciplinados.

"Tudo fora em vão. Um dia, porém, formei o destacamento e castiguei corporalmente o cozinheiro do acampamento, que, desobedecendo sempre propositalmente, chegara à imperfeição de não preparar o almoço das praças!" (*Idem, ibidem,* pp. 35-6).

17. *Idem, ibidem,* p. 48.

18. *Idem, ibidem,* pp. 84-5.

19. Continua Ferreira, contrastando a paisagem desolada atual com fotografias antigas:

"Daqui partiam os únicos seis quilômetros de trilhos que Collins conseguiu assentar em 1878. Em 1908, quando foram fotografados, ainda podiam-se ver, ao longo deles, casas em ambos os lados, numa extensão de talvez trezentos metros.

"Hoje, à exceção de duas, de tijolos, só se vêem as paredes de uma, e os pisos de cimento de outra, além dos passeios das calçadas, que permaneceram.

"Nas duas únicas que restaram estão instalados hoje dois armazéns, onde vêm comprar os moradores das margens do rio Madeira.

"Grama verde recobre o terreno plano onde se elevam muitas palmeiras. Sob uma mangueira, em frente ao armazém, observamos o gado que descansa, as galinhas ao redor, e este quadro bucólico contrasta com a evocação dos dias dramáticos e trágicos das empresas fracassadas, quando pretenderam construir a ferrovia.

"Subitamente, ouvimos ao longe um apito de trem, e, pouco depois, surge uma locomotiva da E. F. Madeira—Mamoré puxando vagões de carga. Depois que ela passa, restabelece-se silêncio. Sob a soalheira, algumas vacas descansam deitadas na grama verde, algumas galinhas ciscam o chão à sombra da mangueira, e somente vemos, no interior do armazém, uma senhora encostada ao balcão" (M. R. Ferreira, *Nas selvas amazônicas,* pp. 117-8).

20. Barros Ferreira, *O romance da Madeira—Mamoré,* 1963, p. 143. O mesmo autor, em outro livro de crônicas, define a "breve história da Amazônia" como o "Reino da Ilusão". Cf. B. Ferreira, *Verdades e mistérios da Amazônia,* São Paulo, 1967, pp. 111-7.

21. Cf. Frank W. Kravigny, *The jungle route,* Nova York, 1940, pp. 84-5. A loja maçônica fundada por esses americanos chamava-se Sojourners. Esse livro possui bastante interesse, já que foi escrito por um funcionário de escritório que trabalhou na Madeira—Mamoré em 1909-10. Seu depoimento é bem original no tocante à visão da camada dos *white-collars* ali engajados. Fornece muitos detalhes da vida e trabalho nos acampamentos na selva, para onde se deslocou durante o serviço. Através de Kravigny, igualmente, ficamos conhecendo Dana Merrill, o incrível fotógrafo contratado pela companhia ferroviária e que realizou ali um inventário de imagens estupendo. Numa de suas fotos, o futuro autor de *The jungle route* apare-

ce sentado entre um grupo de técnicos segurando uma máquina de escrever Underwood.

22. Bouzas, *op. cit.,* pp. 44-5.

Paixões sem registro e valia, personagens sem destino; uma cadeia de fim de mundo, um louco sem pátria:

"O cárcere era um galpão sem muros; havia uns trilhos de trem. Neles umas correntes que amarravam com cadeados a uma das pernas dos detidos, como se fossem papagaios. Havia ali umas sessenta pessoas, onde o belo sexo era maioria. San Martin, o jogador que quando perdia cravava um punhal na mesa e revólver à mão obrigava aos que lhe haviam ganho a depositar o dinheiro junto ao punhal, ali estava com cara de cadáver.

"[...] A poucos momentos de minha instalação no trilho com o cadeado na perna direita, deu entrada um negro de uns vinte e cinco anos, doente mental, a quem chamavam Adan, seguramente porque tinha a mania de destruir toda roupa que tentavam colocar sobre seu corpo. Dizia que todo tecido era feito com peje do demônio e destroçava enfurecido toda prenda que se lhe oferecia. As mulheres tapavam a vista com as mãos e se punham de ombros para aquela erótica figura. O sargento Freitas mandou aplicar-lhe uma forte ducha, e à guisa de biombo mandou cravar frente a ele umas velhas tábuas" (*Idem, ibidem,* pp. 85-6).

23. M. R. Ferreira, *Nas selvas* [...], p. 157. Os depoimentos de sobreviventes estão nas pp. 150-67.

24. *Idem, ibidem,* pp. 163 e 166. Kravigny, *op. cit.,* dá outros detalhes sobre os incidentes: cf. pp. 48-9.

25. Cf. Sidney M. Greenfield, "Barbadians and Barbadian house forms in the Brazilian Amazon", *The Journal of the B. M. H. S.,* pp. 252-65. Ver, também, Hugo Ferreira, *Reminiscências da Madmamrly e outras mais,* Porto Velho, 1969. O autor trabalhou na ferrovia entre 1913 e 1954. Madmamrly era a forma abreviada com que os norte-americanos referiam-se à companhia. Daí derivaram as corruptelas Mad Mary e, com Márcio Souza, Mad Maria.

É bom lembrar que sob o adjetivo genérico de "barbadianos" abrigavam-se todos os trabalhadores negros das Antilhas (West Indies), que, apesar da grande quantidade de oriundos de Barbados, contava ainda com imigrantes de Granada, São Vicente, Santa Lúcia, Jamaica, Martinica, Trinidad e Tobago etc.

26. Júlio Nogueira, *Estrada de Ferro Madeira—Mamoré,* Rio de Janeiro, 1959, pp. 19-23. Esse estudo-reportagem apareceu inicialmente no *Jornal do Commercio,* em 1913. A primeira edição em livro saiu também em 1913 e é mais completa do que a acima citada: *A Madeira-Mamoré. A Bacia do Mamoré.*

Outro cronista traduz a aparição de Porto Velho, *ex-abrupto,* do ponto de vista do viajante que chega de navio pelo Madeira, como uma "policrômica cidade". E tece uma oposição entre a paisagem fabril visível, nesse primeiro plano, e a ocupação desordenada do espaço, ao se percorrer a urbe, de que seria símbolo a ebulição cosmopolita do Café Central. Comenta: "Uma impressão falsa assalta aí o viajante: é a de que está enxergando uma fábrica ou uma usina, tantos são os galpões de zinco, por entre o chiar das máquinas, o penacho fumarento das chaminés, o ranger ruidoso dos ferros. Desembarcado, porém, essa impressão é outra, modificada para a realidade. Surge, então, uma cidade à moda do *far-west* americano, tais os aspectos imprevistos, ao arrepio das povoações amazonenses, que vão ferindo a retina alarmada do curioso, quer na construção desigual, quer nos hábitos desenvoltos, quer, ainda, na perspectiva do conjunto" (Raymundo Moraes, *Na planicie amazonica*, Manaus, 1926, p. 190).

27. J. Nogueira, *op. cit.*, 1959, p. 22; 1913, p. 16.

28. A. Cantanhede, 1950, pp. 111-20 e 259-61. E. P. Menezes, 1980; pp. 183-5; sobre os primeiros clubes de futebol nascidos junto aos ferroviários, cf. pp. 249-51.

Sobre a importância do teatro social e do cinematógrafo na formação da classe operária urbana no Brasil, ver o ensaio de minha autoria: *Nem pátria, nem patrão: vida operária e cultura anarquista no Brasil*, São Paulo, 1983, cap. 2, pp. 59-110.

29. Ver, a propósito, Lobato Filho, *Avançai para o Jamari!*, pp. 29-34; Richard Collier, *The river that God forgot: the story of the Amazon rubber boom*, Londres, 1968. Para um panorama específico da formação histórica de Porto Velho, ver Antônio Cantanhede, *Achegas para a história de Porto Velho*, Manaus, 1950; Esron Penha de Menezes, *Retalhos para a história de Rondônia*, Manaus, 1980.

Assim o relatório da Comissão Rondon descrevia a paisagem desoladora de Santo Antônio, quando da chegada ali, em dezembro de 1909:

"Santo Antônio tem um aspecto tristonho, feio; as suas ruas estão acumuladas sobre um outeiro, a cavaleiro do porto. São tão sujas, tão sem higiene, que admira não haver maior mortandade nesse acúmulo de habitantes aventureiros e viciosos, sem regras de moral.

"Os habitantes da vila, na sua maioria, são negociantes árabes; a principal rua é ocupada por esses mercadores. Sem esgoto, sem água e sem higiene, o lixo se amontoa por toda a parte; a podridão exala em todas as direções. As poucas reses abatidas para alimentação dessa gente bastarda, o são em qualquer parte da rua, onde são esfoladas, esquartejadas, sendo as fezes, a cabeça e os restos, deixados no mesmo lugar à sanha dos cães e dos abutres.

"A coisa mais notável dessa vila é não haver criança no lugar. As poucas que para ali são levadas definham fatalmente, como planta exótica que fenece ao calor terrível da zona tropical.

"Os gêneros de primeira necessidade são vendidos por preço exorbitante: uma galinha atinge o preço fabuloso de 20$000.

"O principal gênero de negócio dessa infeliz aldeia é a bebida alcoólica" (Cândido Mariano da Silva Rondon, *Relatorio apresentado à Directoria Geral dos Telegraphos e à Divisão Geral de Engenharia (G. 5) do Departamento da Guerra*, Rio de Janeiro, Pap. L. Macedo, v. 1, p. 337).

30. H. M. Tomlinson, *The sea and the jungle*, 1912, pp. 279-80.

31. M. R. Ferreira, *Nas selvas...*, p. 150, grifos meus. Outras referências ao mesmo episódio, cf. pp. 147-9.

32. Ver, p. ex., o belíssimo poema de J. Cortázar, "Maneras de viajar", in: *Libro de Manuel*, Buenos Aires, 1973, p. 259, que começa assim: "Empoeirado *wagon-lit* da noite/ que nos leva a esta estação sem nome/ onde um dos dois descerá/ com sua valisa suja de passado".

33. Ver Conan Doyle, *O enigma do trem perdido*, Rio de Janeiro, 1981, pp. 79-93; Agatha Christie, *Assassinato no Expresso do Oriente*, Rio de Janeiro, 1982. Entre as grandes linhas ferroviárias internacionais, o Orient Express é das que têm provocado numerosas produções literárias, cinematográficas etc. Ver, a propósito, Daniel Costelle, *Histoire des trains*, pp. 45-77; O. S. Nock, *World atlas of railways*, pp. 114-5.

34. Cf. Paul Veyne, *Como se escreve a História; Foucault revoluciona a História*, Brasília, 1982, p. 185, nota 21: "Entretanto, se a singularidade, a individuação pelo espaço, o tempo e a separação das consciências não têm seu lugar na história que escreve o historiador, ela representa toda a poesia dessa profissão; o grande público que gosta de arqueologia não se engana; é ela também que decide quase sempre a escolha dessa profissão; conhece-se a emoção que causa um texto ou um objeto antigos, não porque são belos, mas porque vêm de uma época abolida e porque sua presença entre nós é tão extraordinária quanto um aerólito [...]. Conhece-se também a emoção que os estudos de geografia histórica causam, em que a poesia do tempo se sobrepõe à do espaço: à estranheza da existência de um lugar (pois um lugar não tem nenhuma razão de ser aqui ou ali) se junta a do topônimo, em que o arbitrário do signo lingüístico está em segundo grau, o que faz com que poucas leituras são tão poéticas como as de um mapa geográfico; a esse respeito vem se sobrepor a idéia de que esse mesmo lugar que está aqui foi antigamente outra coisa, sendo, ao mesmo tempo, naquele momento, o mesmo lugar que se vê agora aqui [...]. A história ocupa assim uma posição gnoseológica que é intermediária entre a universalidade científica e a singularidade inexplicável; o historiador estuda o passado por amor a uma singularidade que lhe escapa pelo mesmo fato que o estuda e que só pode ser o objeto de fantasias 'fora do trabalho'. Não é menos confuso que se pergunte que necessidade existencial podia explicar o interesse que leva à história e que não se tenha pensado que a resposta mais simples era que a história estuda o passado, esse abismo interditado a nossas sondas".

35. Roberto Bittencourt Martins, *Ibiamoré, o trem fantasma*, Porto Alegre, 1981, pp. 9 e 331. Não parece fortuita essa convergência fonética do nome desse local imaginário com Mamoré.

36. Geraldo Ferraz, *Doramundo*, São Paulo, 3ª ed. 1975. A 1ª edição é de 1967. Salta aos olhos a semelhança de atmosfera entre Cordilheira e a localidade de Paranapiacaba, no alto da serra do Mar, na ferrovia Santos—Jundiaí.

37. L. Tolstoi, *Ana Karenina*, trad. Marques Rebelo, Rio de Janeiro, 1943. Sobre a presença do trem na temática da literatura de vanguarda, cf. Jorge Schwartz, *Vanguarda e cosmopolitismo*, São Paulo, 1983. O autor faz várias referências à apropriação poética da ferrovia, dos bondes urbanos e outros elementos técnicos como signos da modernidade. Exemplos: "To a locomotive in Winter", de W. Whitman (p. 3); "Express", de V. Huidobro (pp. 38-43); "Ma muse", "L'ancienne gare de Cahors" e "Ode", de V. Larbaud (pp. 100-1); "Prose du Transsibérien", "Paris et sa banlieue" e "Bombay-Express", de B. Cendrars (pp. 105-14); "El tren expreso", de O. Girondo (pp. 204-5).

Verdadeira matriz dessa vertente, "To a locomotive in Winter", de Walt Whitman, escrito em 1876, converte a máquina do trem em nova musa sublime: "Type of the modern — emblem of motion and power — pulse of the continent,/ For once come serve the Muse and merge in verse, even as here I see thee,/ With storm and buffeting gusts of wind and falling snow,/ By day thy warning ringing bell to sound its notes,/ By night thy silent signal lamps to swing./ Fierce-throated beauty!/ Roll through my chant with all thy lawless music, thy swinging lamps at night [...]" (in: *The complete poems*, Baltimore, 1975, pp. 482-3).

38. Juan José Arreola, *Confabulario*, México, 1952, p. 89. O conto está nas pp. 85-91.

39. Tchecov, "O caso do champanha (a história de um pobre diabo)", in: *Contos de Tchecov*, Rio de Janeiro, 1975, pp. 86-93.

40. M. Proust, *No caminho de Swann*, trad. Mário Quintana, Porto Alegre, 2ª ed., 1960, p. 11.

41. J. Lins do Rêgo, *Pureza*, Rio de Janeiro, 7ª ed., 1968, pp. 27-8, 94-5 e 189. A 1ª edição é de 1937.

A. Bosi reconhece traços fatalistas na obra de J. L. do Rêgo, remetendo-os a uma visão de mundo plasmada inteiramente sob o impacto dramático da decadência social; e aproxima seu pessimismo aos de Hardy, Verga e Graciliano, numa postura comum a "todos os naturalistas ao se voltarem para o campo já abalado pelo espectro da revolução industrial, e cada vez menos capaz de inspirar mitos de paraíso perdido" (cf. Bosi, *História concisa da literatura brasileira*, São Paulo, 1974, p. 450).

42. Robert Louis Stevenson, *apud* Gilberto Freyre, *Ingleses no Brasil*, Rio de Janeiro, 2ª ed., 1977, p. 26.

43. Lima Barreto, "A estação", in: *Feiras e mafuás*, São Paulo, 2ª ed., 1961, p. 155. Em um estudo crítico, M. Cavalcanti Proença destaca essa animalização de bondes e locomotivas nos textos de Lima Barreto: cf. "Prefácio", in: *Impressões de leitura*, 1956, p. 34.

44. Manuel Lobato, *O valle do Amazonas e o problema da borracha*, Nova York, 1912, pp. 9-26. A popularíssima narrativa "Rip Van Winckle", escrita por Washington Irving, foi publicada inicialmente em 1819. Cf. *The sketch book*, Nova York/Lon-

dres, G. P. Putnam's Sons, 1848, v. 1, pp. 42-74. Na mesma direção, ver também o conto "The legend of Sleepy Hollow", v. 2, pp. 248-303.

45. Ademar Benévolo, *Introdução à história ferroviária do Brasil*, 1953, pp. 53-4.

46. Sobre a vida dos produtores de dormentes na selva, cf. Bouzas, *op. cit.*, pp. 78-84. Sobre o problema do fornecimento de dormentes na Madeira—Mamoré, cf. Hugo Ferreira, *op. cit.*, pp. 34-7.

47. Kravigny, *op. cit.*, pp. 4-5. Notar que no inglês americano a palavra *sleeper* foi preterida em favor de *tie* para designar dormentes, alternativa semântica sem dúvida mais pragmática.

Sobre a ferrovia do Congo, ver. R. J. Cornet, *La bataille du rail*, 1953, p. 378. M. R. Ferreira, *A ferrovia do diabo*, 1981, pp. 299-302 e 328-31, desmistifica essas duas lendas em relação à Madeira—Mamoré. De todo modo, seu custo era o mais alto entre as principais ferrovias brasileiras. J. M. Othon Sidou em *O sentido sócio-econômico da Madeira—Mamoré*, Recife, 1950, também desmente aqueles mitos, embora afirme que o número de mortos e desaparecidos chegou a 16 mil pessoas, bem maior do que o calculado por M. R. Ferreira. Já R. Moraes, 1926, *op. cit.*, p. 219, estima em 10 mil o número de "mortos, aleijados e perdidos".

48. Sobre a destruição e privatização do patrimônio da ferrovia Madeira—Mamoré e sua história mais recente, ver M. R. Ferreira, 1981, *op. cit.*, pp. 373-95.

49. Susan Sontag, em seu *Ensaios sobre a fotografia* (Rio de Janeiro, 1981), aproxima-se dessa idéia ao insistir na visão de que o caráter surreal da imagem fotográfica despontaria muito mais agudamente em fotos despojadas e despretensiosas do que em trabalhos artísticos dirigidos com a intenção explícita de obter um efeito "surrealista".

50. Sobre os EUA, ver Robert Goldsborough (ed.), *Great railroad paintings*, Nova York, 1976.

Hugo Ferreira, *op. cit.*, recorda o "feérico rosário de lâmpadas elétricas em arco voltaico" das luzes da cidade de Porto Velho, quando ali aportou em 1913. Relata ainda a cerimônia de inauguração da ferrovia em 1912, com a chegada de um trem todo ornamentado de bandeiras de várias nações a Guajará-Mirim, onde foi fixado um prego de ouro no último dormente, assim como havia sido feito com um prego de prata, no início da linha, em 1907. Além disso, foi elaborada uma alegoria especialmente para as solenidades, reproduzida em medalhas de ouro, prata e bronze. Cf. pp. 9, 22-5 e 55.

Sobre as visitas de dom Pedro II, ver, p. ex., Rede Ferroviária Federal, *Paranaguá—Curitiba: oitenta anos de ligação ferroviária*, Curitiba, 1965.

51. R. J. Cornet, *op. cit.*, pp. 280 e 299.

52. *Idem, ibidem*, pp. 289-90. Os relatos jornalísticos sobre a inauguração formam um discurso centrado pela ideologia do espetáculo:

"A obra tem uma força e uma graça de temeridade elegante que a dotam de uma beleza estética. O trem possui uma agilidade turbulenta de animal perseguido.

Em seu movimento, ele sobe ou desce, ronca e rodopia e valsa, detendo-se, enfuma-çante e sulfuroso, nos numerosos reservatórios de chapa avermelhada onde os negros, movendo uma bomba, fazem subir a água dos cursos vizinhos ao pé das árvores. Em seus giros volteantes à beira de abismos, o trem é comparado à montanha-russa. Enfim, retoma-se a velha oposição entre os dois mundos, o do colonizador e o do colonizado: neste hangar de madeira, estas luzes, estes cristais, estes vestuários, estes uniformes, estas iguarias da Europa, estes velhos frascos e lá fora, esta bacanal negra, desprendida na misteriosa noite africana[...]". *Idem*, pp. 363-6.

53. J. Conrad, *O coração da treva*, São Paulo, 1984, p. 109.

Sobre o horror, comentam Adorno e Horkheimer:

"Visto que a história enquanto correlato de uma teoria unitária, como algo de construtível, não é o bem, mas justamente o horror, o pensamento, na verdade, é um elemento negativo. A esperança de uma melhoria das condições, na medida em que não é uma mera ilusão, funda-se menos na asseveração de que elas seriam as condições garantidas, estáveis e definitivas, do que precisamente na falta de respeito por tudo aquilo que está tão solidamente fundado no sofrimento geral" ("Para uma crítica da filosofia da história", in: *Dialética do esclarecimento*, trad. Guido A. de Almeida, Rio de Janeiro, 1985, pp. 207-10).

Para uma abordagem histórica mais geral em torno desse tema, ver também, de Max Horkheimer, *Origens da filosofia burguesa da história*, Lisboa, 1984.

54. Adorno & Horkheimer, "Sobre a teoria dos fantasmas", in: *Dialética do esclarecimento, op. cit.*, pp. 200-2.

55. Fernando Mesquita, "Nightcomers", *Cine Olho*, São Paulo, 8/9, out.-dez. 1979.

7. OS NEGATIVOS DA HISTÓRIA [PP. 216-35]

1. Arlindo Machado, *A ilusão especular: uma introdução à fotografia*, São Paulo, 1984, p. 10.

2 . Dionysio Gonçalves Martins, *Catalogo da Exposição Bahiana no anno de 1875*, Salvador, 1875, p. 14. Cf. também nesse volume capítulo 3, nota 11.

3. Essas referências baseiam-se na obra rica e pioneira de Orlando da Costa Ferreira, *Imagem e letra*, São Paulo, 1977.

EPÍLOGO: "CATCH ME WHO CAN" [PP. 236-54]

1. Cf. M. Fabre, *História da locomoção terrestre*, Lausanne/Lisboa, 1966, pp. 45-6.

2. In: *Boletín Bibliográfico de la Secretaría de Hacienda y Crédito Público*, México, XV (423), set. 1969.

305

Podemos presenciar esses elementos, também, entre tantas outras imagens, numa litografia a bico-de-pena representando a inauguração dos caminhos de ferro na China. Era 20 de novembro de 1886: mandarins e engenheiros trocavam reverências ante as maravilhas técnicas do sistema Decauville. Cf. *Revista de Estradas de Ferro*, Rio de Janeiro, III, 1887, pp. 116-7.

3. I. M. Altamirano, "Las fiestas de septiembre en México y Puebla", *El Renascimiento*, II, set. 1869, *apud Boletín Bibliográfico* […], *op. cit.*, p.17.

4. Cf. J. Verne, *A volta ao mundo em oitenta dias*, São Paulo, Hemus, capítulos 11, 12, 13 e 14. E. J. Hobsbawm comenta que o intrépido Phileas Fogg, cujo plano de viagem possuía chances reais de triunfar em 1872, teria sido impensável poucos anos antes. Em 1848, p. ex., uma volta ao mundo, contando com grande sorte, não se completaria em menos de onze meses. Cf. *A era do capital*, Rio de Janeiro, 1979, pp. 71-2.

5. *Apud* J. Schwartz, *Vanguarda e cosmopolitismo*, São Paulo, 1983, pp. 107-8.

6. P. Ory, *Les Expositions Universelles de Paris*, Paris, 1982, pp. 114 e 122. Cf. também O. S. Nock *World atlas of railways*, Nova York, 1983, pp. 92-3; D. Costelle, *Histoire des trains*, Paris, 1981, pp. 146-73.

7. W. Benjamin, *Infanzia berlinese*, Turim, 1982, pp. 80-2.

8. *The Crystal Palace Exhibition illustrated catalogue — London (1851)*, Nova York, 1970, p. xxv: "[…] including cotton and woollen power-looms in motion".

9. W. Benjamin, *Immagini di città*, Turim, 1980, p. 27.

10. E.-M. de Vogué, *Spectacles contemporains*, Paris, 1891, p. VI.

11. *Op. cit.*, p. VIII.

12. *Idem, ibidem.*

13. *Idem*, pp. 129-30.

14. *Idem*, p. 218.

15. *Idem*, p. 186. As imagens dessa cidade enquanto aparição concentram-se nas pp. 185-214.

16. Diego A. del Pino, *Historia del Jardín Zoológico Municipal*, Buenos Aires, 1979, p. 28. Ver, a propósito, todo o capítulo IV, pp. 21-9.

17. *Op. cit.*, p. 89.

18. J. Cortázar, "Final do jogo", in: *Final do jogo*, São Paulo, 1971, p. 190. Todo o conto encontra-se entre as pp. 183-97.

19. *Idem, ibidem.*

20. *Idem*, p. 197.

Bibliografia

ARQUIVOS E BIBLIOTECAS PESQUISADOS

NOVA YORK
New York Public Library (Acervo Geral e coleção fotográfica)

SÃO PAULO
Biblioteca Pública Municipal "Mário de Andrade"
Biblioteca Seccional de Santo Amaro
Biblioteca Central da USP
Biblioteca do Instituto de Estudos Brasileiros (IEB/USP)
Biblioteca dos Departamentos de Filosofia e Ciências Sociais da USP
Biblioteca dos Departamentos de História e Geografia da USP
Biblioteca da Escola Politécnica da USP
Biblioteca da Faculdade de Arquitetura e Urbanismo da USP
Biblioteca da Faculdade de Economia e Administração da USP
Instituto Histórico e Geográfico de São Paulo
Museu da Imagem e do Som
Museu Paulista da USP (Serviço de Documentação Iconográfica e Textual)
Biblioteca Central da Unicamp
Arquivo de História Social "Edgard Leuenroth" (IFCH/ Unicamp)
Biblioteca do Instituto de Filosofia e Ciências Humanas (Unicamp)
Biblioteca do Instituto de Estudos da Linguagem (Unicamp)
Biblioteca "Sérgio Buarque de Holanda" (Unicamp)

RIO DE JANEIRO
Biblioteca Nacional (Acervo Geral, Periódicos, Documentação Iconográfica, Obras Raras)
Fundação Casa de Rui Barbosa
Biblioteca do Museu do Índio (Funai)
Museu Histórico Nacional (Arquivo)
Instituto Histórico e Geográfico Brasileiro (IHGB)
Arquivo Histórico do Museu Imperial (Petrópolis)

BRASÍLIA (DF)
Fundação Nacional Pró-Memória (SPHAN/Minc)

RONDÔNIA
Arquivo da Divisão do Patrimônio Histórico Cultural (Secretaria Estadual de Educação e Cultura — Porto Velho)
Museu da Estrada de Ferro Madeira—Mamoré (EFMM — Porto Velho)

AMAZONAS
Biblioteca Pública do Amazonas
Instituto Geográfico e Histórico do Amazonas
Biblioteca do Instituto Nacional de Pesquisas da Amazônia (Inpa)

MATO GROSSO
Arquivo Público de Mato Grosso
Biblioteca Pública Estadual

PARÁ
Biblioteca e Arquivo Público do Estado do Pará
Biblioteca do Instituto de Desenvolvimento Econômico e Social do Pará (Idesp)
Biblioteca do Banco da Amazônia S. A. (Basa)
Biblioteca do Museu Paraense Emílio Goeldi
Biblioteca Central da Universidade Federal do Pará (UFPa)

MARANHÃO
Arquivo Público do Estado
Biblioteca Pública Estadual
Fundação Instituto de Pesquisas Econômicas e Sociais (Fipes)
Biblioteca da Associação Comercial do Maranhão
Biblioteca da Associação Comercial, Industrial e Agrícola de Caxias (Caxias, MA)

PARAÍBA

Biblioteca Central da Universidade Federal da Paraíba (UFPb — Seções de Obras Raras e de Coleções Especiais-NE)
Biblioteca do IBGE

PERNAMBUCO

Arquivo Público Estadual
Museu do Trem (RFFSA)

SERGIPE

Arquivo Público do Estado

BAHIA

Biblioteca Central do Estado (Acervo Geral, Documentação Baiana, Periódicos, Obras Raras)
Instituto Geográfico e Histórico da Bahia
Biblioteca da Fundação Centro de Pesquisas e Estudos (CPE) da Secretaria de Planejamento, Ciência e Tecnologia do Estado da Bahia (Seplantec)
Biblioteca do Centro Operário da Bahia (COB)
Biblioteca Central da Universidade Federal da Bahia (UFBA)
Biblioteca da Faculdade de Filosofia e Ciências Humanas da UFBA (Acervo Geral e Mestrado em Ciências Humanas)
Museu de Ciência e Tecnologia

I) PERIÓDICOS
(*As datas indicam o início da publicação*)

O Artista. São Luís (MA), 1868-
O Auxiliador da Industria Nacional. Rio de Janeiro, 1833-
Avanti! São Paulo, 1901-
O Baluarte. Rio de Janeiro, 1907-
La Battaglia. São Paulo, 1904-
Brazil Ferro-Carril. Rio de Janeiro, 1910-
O Chapeleiro. São Paulo, 1903-
Correio da Manhã. Rio de Janeiro, 1901-
Folha do Povo. São Paulo, 1908-
A Guerra Social. Rio de Janeiro, 1911-
Jornal da Exposição. Rio de Janeiro, 1908-
A Lanterna. São Paulo, 1901-
Liberdade! Rio de Janeiro, 1909-

O Livre-Pensador. São Paulo, 1903-
La Lotta Proletaria. São Paulo, 1908-
A Lucta Proletaria. São Paulo, 1906-
A Lucta Social. Manaus, 1914-
Novo Rumo. Rio de Janeiro, 1906-
O Progresso. Recife, 1846-
A Reacção. Cuiabá, 1910-
Revista de Estradas de Ferro. Rio de Janeiro, 1885-
Revista Industrial. Nova York, 1877-
La Scure. São Paulo, 1910-
A Terra Livre. São Paulo, 1905-
O Trabalho. Rio de Janeiro, 1868-
A Vanguarda. Rio de Janeiro, 1911-
A Voz do Trabalhador. Rio de Janeiro, 1908-

II) OBRAS DE REFERÊNCIA

Atlas Mirador Internacional. Rio de Janeiro/São Paulo, Encyclopaedia Britannica do Brasil, 1975.

BRASIL, Conselho Nacional de Proteção ao Índio, *Catálogo geral das publicações da Comissão Rondon e do Conselho Nacional de Proteção aos Índios*. Rio de Janeiro, Imprensa Nacional, 1946.

BRASIL, Instituto Brasileiro de Geografia e Estatística, *Carta do Brasil ao Milionésimo*. Rio de Janeiro, IBGE, 1972.

BRUNO, Ernani Silva, *História do Brasil: geral e regional*. São Paulo, Cultrix, 1966-7, 7 v.

CARPEAUX, Otto Maria, *História da literatura ocidental*. Rio de Janeiro, Alhambra, 2ª ed. rev. e atual., 1978-84, 8 v.

————, *Pequena bibliografia crítica da literatura brasileira*. Rio de Janeiro, Edições de Ouro, 1968.

CONDE, R. Cortés & STEIN, Stanley J. (eds.), *Latin America: a guide to economic history, 1830-1930*. Berkeley, University of California Press, 1977.

DAUMAS, Maurice (dir.), *Histoire générale des techniques*. Paris, PUF, 1962, 4 v.

DERRY, T. K. & WILLIAMS, T. I., *Historia de la tecnología*. México, Siglo XXI, 1977, 3 v.

DROZ, Jacques (dir.), *Histoire générale du socialisme*. Paris, PUF, 1972, 4 v.

ELLIS, Hamilton, *The pictorial encyclopedia of railways*. Londres, Hamlyn, 2ª ed., 1983.

Enciclopédia Mirador Internacional. São Paulo/Rio de Janeiro, Encyclopaedia Britannica do Brasil, 1980, 20 v.

Encyclopaedia Britannica. Chicago/Londres/Toronto, William Benton, 1956.

FULLARD, H. (ed.), *Philips' modern school economic atlas*. Londres, G. Philip & Son Ltd., 1976.

GUIMARÃES, Ruth, *Dicionário da mitologia grega*. São Paulo, Cultrix, 1982.

Historia del arte Labor. Barcelona, Labor, 1933-7, 15 v.

História do século 20. São Paulo, Abril Cultural, 6 v.

HOLANDA, Sérgio Buarque de & FAUSTO, Bóris (dirs.), *História geral da civilização brasileira*. São Paulo, Difel, 11 v.

HUMBERT, J., *Mitología griega y romana*. Barcelona, Gustavo Gili, 1984.

International Encyclopedia of the social sciences. Nova York, Macmillan Co. & The Free Press, 1968, 17 v.

KINDER, H. & HILGEMANN, W., *Atlas histórico mundial*. Madri, Istmo, 1970, 2 v.

MARTINS, Wilson, *História da inteligência brasileira*. São Paulo, Cultrix/Edusp, 1977-8, 6 v.

The New Encyclopaedia Britannica. Chicago, 15ª ed., 1985, 29 v.

NOCK, O. S. (ed.), *World atlas of railways*. Nova York, Bonanza Books, 1983.

Nosso Século: memória fotográfica do Brasil no século 20. São Paulo, Abril Cultural, 1980, 6 v.

NUMENDJU, Curt. *Mapa etno-histórico*. Rio de Janeiro, IBGE/Fundação Nacional Pró-Memória, 1981.

PARIAS, Louis-Henri (dir.), *Historia general del trabajo*. Barcelona, Grijalbo, 1965, 4 v.

PORTO, Ângela *et al.*, *Processo de modernização do Brasil, 1850-1930: economia e sociedade, uma bibliografia*. Rio de Janeiro, Fundação Casa de Rui Barbosa, 1985.

ROCQUE, Carlos (org.), *Grande enciclopédia da Amazônia*. Belém, Amazônia Editora, 1968, v. 3.

ROMANO, Ruggiero (dir.), *Enciclopédia Einaudi* (*V. 1: Memória-História*). Lisboa, Imprensa Nacional/Casa da Moeda, 1984.

SCHMIEDER, Oscar: *Geografía de América Latina,* México, Fondo de Cultura Económica, 1965.

SOUZA E SILVA, Joaquim Norberto de, *Investigações sobre os recenseamentos da população geral do Império*; RECENSEAMENTO DO BRASIL, 1920. *Resumo histórico dos inquéritos censitários realizados no Brasil*. São Paulo, IPE-USP, 1986 (edição facsimilar).

Thesouro da Juventude. Rio de Janeiro/Nova York, W. M. Jackson, 18 v.

III) TEORIA & CRÍTICA; LINGUAGENS & POLÍTICA

ADORNO, T. W., "Progreso", in: *Consignas*. Buenos Aires, Amorrortu, 1973, pp. 27-47.

———— & HORKHEIMER, M., *Dialética do esclarecimento: fragmentos filosóficos*. Rio de Janeiro, Jorge Zahar, 1985 (trad. Guido A. de Almeida).

ALQUIÉ, Ferdinand *et al.*, *Galileu, Descartes e o mecanismo*. Lisboa, Gradiva, 1987.

ANDERSON, Perry, *Considerações sobre o marxismo ocidental*. Lisboa, Afrontamento, s. d.

———, *Linhagens do Estado absolutista*. São Paulo, Brasiliense, 1985.

———, "Modernidade e revolução", *Novos Estudos Cebrap*. São Paulo, 14, fev. 1986, pp. 2-15.

ANDRADE, Manuel Correiade(org.), *Élisée Reclus*. São Paulo, Ática, 1985.

ANÔNIMO, *Sobre lo sublime*. Barcelona, Bosch, 1977 (trad., introd. e notas José Alsina Clota).

ANSART, Pierre, *Sociología de Saint-Simon*. Barcelona, Península, 1972.

ARANTES, Paulo E., *Hegel — a ordem do tempo*. São Paulo, Polis, 1981.

———, "Idéias e ideologia — a propósito da crítica filosófica nos anos 1840", *Discurso*, v(6), 1975, pp. 25-33.

———, "O Partido da Inteligência: nota sobre a ideologia alemã". *Almanaque*, 9, 1979, pp. 89-94.

ARAÚJO, Inácio, *Alfred Hitchcock — o mestre do medo*. São Paulo, Brasiliense, 1982.

ARRIGUCCI JR., Davi, *O escorpião encalacrado*. São Paulo, Perspectiva, 1973.

BACON, Francis, "Novum organum"; "Nova Atlântica", in: *Os pensadores*. São Paulo, Abril Cultural, 2ª ed., 1979 (trad. J. Aluysio Reis de Andrade).

———, "Parasceve ad historiam naturalem et experimentalem", in: Enrico de Mas (org.), *Bacon: opere filosofiche*. Bari, Laterza, 1965, v. 1, pp. 503-29.

BAKHTIN, Mikhail, *Problemas da poética de Dostoiévski*. Rio de Janeiro, Forense-Universitária, 1981.

BARTHES, Roland, *A câmara clara: nota sobre a fotografia*. Rio de Janeiro, Nova Fronteira, 2ª ed., 1984.

———, *Mitologias*. São Paulo, Difel, 1972.

BENCHIMOL, Jaime L., *Pereira Passos: um Haussman tropical, as transformações urbanas na cidade do Rio de Janeiro no início do século XX*. Rio de Janeiro, Coppe/UFRJ, 1982 (tese mimeo.).

BENJAMIN, Walter: "Sur le concept d'Histoire". *Les Temps Moderne*, (25), out. 1947, pp. 623-34.

———, *Discursos interrumpidos I*. Madri, Taurus, 1973.

———, *Documentos de cultura/Documentos de barbárie (escritos escolhidos)*. São Paulo, Cultrix/Edusp, 1986 (sel. e apresent. W. Bolle).

———, *Immagini di città*. Turim, Einaudi, 1980.

———, *Infanzia berlinese*. Turim, Einaudi, 2ª ed., 1982.

———, *Magia e técnica, arte e política*. São Paulo, Brasiliense, 1985 (Obras escolhidas, 1).

———, *A modernidade e os modernos*. Rio de Janeiro, Tempo Brasileiro, 1975.

———, "A obra de arte na época de suas técnicas de reprodução", in: *Os pensadores*. São Paulo, Abril Cultural, 1975, v. XLVIII, pp. 9-34.

BENJAMIN, Walter. *Origem do drama barroco alemão*. São Paulo, Brasiliense, 1984 (trad. Sergio Paulo Rouanet).

————, *Parigi, capitale del XIX secolo i "Passages" de Parigi*. Turim, Einaudi, 1986 (ed. Giorgio Agamben).

————, "Pequena história da fotografia". In: *Magia e técnica, arte e política*. São Paulo, Brasiliense, 1985.

————, *Poesía y capitalismo: Iluminaciones II*. Madri, Taurus, 2ª ed., 1980.

BERMAN, Marshall. *All that is solid melts into air*. Nova York, Simon and Shuster, 1982.

————, "Sinais pela rua". *Folha de S.Paulo*, 24/1/1987, pp. A-26-7.

————, *Tudo que é sólido desmancha no ar: a aventura da modernidade*. São Paulo, Companhia das Letras, 1986.

BLOCH, Ernst, *La philosophie de la Renaissance*. Paris, Payot, 1974.

BOLLE, Willi, "Cultura, patrimônio e preservação — Texto 1", in: A. Augusto Arantes (org.), *Produzindo o passado*. São Paulo, Brasiliense, 1984, pp. 11-23.

BOSI, Alfredo, *História concisa da literatura brasileira*. São Paulo, Cultrix, 2ª ed., 1974.

BOTANA, Natalio R., *La tradición republicana: Alberdi, Sarmiento y las ideas políticas de su tiempo*. Buenos Aires, Sudamericana, 1984.

BRESCIANI, M. Stella M., "Metrópoles: as faces do monstro urbano (as cidades no século XIX)", *Revista Brasileira de História*, 5 (8/9), set. 1984/abr. 1985, pp. 35-68.

BRUCKMANN, F. (ed.), *Menzel*. Munique, Bruckmann, 1975.

BUCHKA, Peter, *Wim Wenders*. Paris, Rivages, 1986.

BURKE, Edmund, "A philosophical inquiry into the origin of our ideas of the sublime and beautiful", in: *Works*. Londres, G. Bell & Sons, 1913, v. I, pp. 49-180.

BURY, John B., *La idea del progreso*. Madri, Alianza, 1971.

CABRAL, Manuel Villaverde, *O desenvolvimento do capitalismo em Portugal no século XIX*. Lisboa, A Regra do Jogo, 2ª ed., 1977.

CAMPOS, Augusto & HAROLDO de, *ReVisão de Sousândrade*. Rio de Janeiro, Nova Fronteira, 2ª ed. rev. e aum., 1982.

CANDIDO, Antonio, *Formação da literatura brasileira*. São Paulo, Martins, 4ª ed., 1971, 2 v.

CARDOSO, Ciro Flamarion & BRIGNOLI, Héctor Pérez, *História econômica da América Latina*. Rio de Janeiro, Graal, 2ª ed., 1984.

CARNERO, Guillermo, *La cara oscura del siglo de las luces*. Madri, Cátedra, 1983.

CARVALHO, José Murilo de, *Os bestializados*. São Paulo, Companhia das Letras, 1987.

CASTRO, Antonio Barros de, "Brasil, 1610: mudanças técnicas e conflitos sociais". *Pesquisa e Planejamento Econômico*, 10(3), dez. 1980, pp. 679-712.

————, "A economia política, capitalismo e a escravidão", in: Amaral Lapa (org.), *Modos de produção e realidade brasileira*. Petrópolis, Vozes, 1980, pp. 67-107.

CASTRO, Antonio Barros de, "As mãos e os pés do senhor de engenho: dinâmica do escravismo colonial", in: A. B. Castro, *et al., Trabalho escravo, economia e sociedade.* Rio de Janeiro, Paz e Terra, 1984, pp. 41-66.

CHARLETY, Sébastien, *Historia del sansimonismo.* Madri, Alianza, 1969.

CIPOLLA, Carlo M., *Le macchine del tempo: l'orologio e la societá (1300-1700).* Bolonha, Il Mulino, 1981.

CLAUDÍN, Fernando, *Marx, Engels y la Revolución de 1848.* Madri, Siglo XXI, 1975.

CORTÉS, Juan Donoso, *Oeuvres.* Paris, Librairie D'Auguste Vaton, 1862, t. II.

DARNTON, Robert, *O grande massacre de gatos — e outros episódios da história cultural francesa.* Rio de Janeiro, Graal, 1986.

DEBRUN, Michel, *A "conciliação" e outras estratégias.* São Paulo, Brasiliense, 1983.

DIJKSTERHUIS, E. J., *Il meccanicismo e l'immagine del mondo: dai presocratici a Newton.* Milão, Feltrinelli, 1980.

DODDS, E. R., *Les grecs et l'irrationel.* Paris, Montaigne, 1965.

DONGHI, Tulio Halperín, *Una nación para el desierto argentino.* Buenos Aires, Centro Editor de América Latina, 1982.

EISNER, Lotte H., *A tela demoníaca.* Rio de Janeiro, Paz e Terra, 1985.

ENGELS, F., *Anti-Dühring.* Rio de Janeiro, Paz e Terra. 2ª ed., 1979.

EPICURO, "Antologia de textos"; Lucrécio, "Da natureza", in: *Os pensadores.* São Paulo, Abril Cultural, 2ª ed., 1980.

FABRIS, Annateresa (org.), *Fotografia: usos e funções no século XIX.* São Paulo, Edusp, 1991.

FAORO, Raymundo, *Os donos do poder.* Porto Alegre, Globo, 1958.

FOUCAULT, Michel, *El orden del discurso.* Barcelona, Tusquets, 1973.

————, *As palavras e as coisas.* Lisboa, Portugália, 1967.

———— et al., *Júlio Verne — uma literatura revolucionária.* São Paulo, Documentos, 1969.

FRANCO, Maria Sylvia de Carvalho, "Sobre o conceito de tradição", *Cadernos do Centro de Estudos Rurais e Urbanos.* FFLCH/USP, 5, 1972, pp. 9-40.

————, "Entrevista", *Trans/Form/Ação.* São Paulo, 4, 1981, pp. 5-14.

————, *Homens livres na ordem escravocrata.* São Paulo, Ática, 2ª ed., 1976.

————, "As idéias estão no lugar", *Cadernos de Debate.* São Paulo, Brasiliense, 1, 1976, pp. 61-4.

————, "Organização social do trabalho no período colonial", *Discurso,* 8, maio 1978, pp. 1-45.

————, "Teologia, adeus", *Folha de S.Paulo: Folhetim,* 487, 8/6/1986, pp. 9-11.

FREITAG, Barbara, *A teoria crítica: ontem e hoje.* São Paulo, Brasiliense, 1986.

GAMA, Ruy, *Engenho e tecnologia.* São Paulo, Duas Cidades, 1983.

————, *Glossário.* São Paulo, FAU/USP, 1982.

———— (org.), *História da técnica e da tecnologia.* São Paulo, T. A. Queiroz/ Edusp, 1985.

GAMA, Ruy. *A tecnologia e o trabalho na história*. São Paulo, Nobel/Edusp, 1987.

GARRABOU, Ramon, *Enginyers industrials, modernització econòmica i burguesia a Catalunya*. Barcelona, L'Avenç/Col. legi d'Enginyers Industrials, 1982.

GATT, Giuseppe, *Turner*. Londres, Thames and Hudson, 2ª ed., 1984.

GIANNOTTI, José Arthur, *Filosofia miúda*. São Paulo, Brasiliense, 1985.

————, *Origens da dialética do trabalho*. São Paulo, Difel, 1966.

GIEDION, Sigfried, *Espacio, tiempo y arquitectura*. Barcelona, Hoepli, 2ª ed., 1958.

GUINSBURG, J. (org.), *O romantismo*. São Paulo, Perspectiva, 1978.

HABERMAS, Jürgen, "Arquitetura moderna e pós-moderna", *Novos Estudos Cebrap*, São Paulo, 18, set. 1987, pp. 115-24.

HARDMAN, F. Foot, "Cidades errantes: representações do trabalho urbano-industrial no século XIX nordestino". *XI Encontro Anual da Anpocs*. Águas de São Pedro (SP), out. 1987, datilogr.

————, *Nem pátria, nem patrão: vida operária e cultura anarquista no Brasil*. São Paulo, Brasiliense, 1983.

————, "Palavra de ouro, cidade de palha", in: R. Schwarz (org.), *Os pobres na literatura brasileira*. São Paulo, Brasiliense, 1983, pp. 79-87.

————, "Trem de ferro: uma viagem imaginária", *Leia Livros*, VI, 66, mar.-abr. 1984, p. 4.

HOBSBAWM, E. J. *et al.*, *Industrialización y desarrollo*. Madri, Alberto Corazón,1974.

HOBSBAWM, E. J. (intr. e org.), in: *Karl Marx, Formações econômicas pré-capitalistas*. Rio de Janeiro, Paz e Terra, 1977.

HOCKE, Gustav R., *Maneirismo: o mundo como labirinto*. São Paulo, Perspectiva/ Edusp, 1974.

HOLANDA, Sérgio Buarque de, *Raízes do Brasil*. Rio de Janeiro, José Olympio, 17ª ed., 1984.

————, *Visão do Paraíso*. São Paulo, Nacional/Secret. Cultura, Ciência e Tecnologia, 3ª ed., 1977.

HORKHEIMER, M., *Apuntes 1950-1969*. Caracas, Monte Avila, 1976.

————, *Origens da filosofia burguesa da história*. Lisboa, Presença, 1984.

HUGO, Victor, *Do grotesco e do sublime* (Prefácio a "Cromwell"). São Paulo, Perspectiva s. d. (trad. e notas Celia Berretini).

IZARD, Miguel, *Manufactureros, industriales y revolucionarios*. Barcelona, Crítica, 1979.

JAY, Martin, *La imaginación dialéctica*. Madri, Taurus, 1974.

JEANNE, René & FORD, Charles, *Historia ilustrada del cine*. Madri, Alianza, 3ª ed., 1981, v. 1.

KANT, I., "Idéia de uma história universal de um ponto de vista cosmopolita", in: P. Gardiner (org.), *Teorias da história*. Lisboa, Gulbenkian, 1969, pp. 28-41 (trad. Vítor Matos e Sá).

KANT, I., *Observations sur le sentiment du beau et du sublime*. Paris, J. Vrin, 1953 (trad., introd. e notas Roger Kempf).

————, *Projet de paix perpétuelle*. Paris, J. Vrin, 1947 (trad. J. Gibelin).

————, "Resposta à pergunta: que é 'esclarecimento' (Aufklärung)?", in: *Textos seletos*. Petrópolis, Vozes, 1974.

————, "Sogni di un visionario chiariti con sogni della metafisica", in: *Scriti precritici*. Bari, Laterza & Figli, 1953, pp. 365-430.

KAYSER, Wolfgang, *O grotesco*. São Paulo, Perspectiva, 1986.

KLINGENDER, Francis D., *Arte y revolución industrial*. Madri, Cátedra, 1983.

KORSCH, Karl, *Marxisme et philosophie*. Paris, Editions de Minuit, 1964.

KOSSOY, Boris, *Fotografia e história*. São Paulo, Ática, 1989.

————, *Origens e expansão da fotografia no Brasil: século XIX*. Rio de Janeiro, Funarte, 1980.

KOTHE, Flávio R. (org.), *Walter Benjamin*. São Paulo, Ática, 1985.

KOULISCHER, Joseph, "La grande industrie aux XVIIe et XVIIIe siècles: France, Allemagne, Russie", *Annales d'Histoire Économique et Sociale*, III (9), jan. 1931, pp. 11-46.

LASKI, Harold J., *O liberalismo europeu*. São Paulo, Mestre Jou, 1973.

LE BOT, Marc, *Peinture et machinisme*. Paris, Klincksieck, 1973.

LEBRUN, Gérard, *Passeios ao léu*. São Paulo, Brasiliense, 1983.

LEMOS, Carlos A. C., *Alvenaria burguesa*. São Paulo, Nobel, 1985.

LENIN, V., *Le développement du capitalisme en Russie*. Paris/Moscou, Éditions Sociales/Éditions du Progrès, 1977.

LEONARDI, Victor & HARDMAN, F. Foot, "Tecnologia e história industrial do Nordeste: algumas questões metodológicas", *Textos de Debate*. João Pessoa, MCS/UFPb, 3, 1983, pp. 13-24.

LÉVI-STRAUSS, C., *Tristes tropiques*. Paris, Plon, 1955.

LITVAK, Lily, *Geografías mágicas*. Barcelona, Laertes, 1984.

————, *Musa libertaria*. Barcelona, Antonio Bosch, 1981.

————, *Transformación industrial y literatura en España (1895-1905)*. Madri, Taurus, 1980.

MACHADO, Arlindo, *A ilusão especular: uma introdução à fotografia*. São Paulo, Brasiliense, 1984.

MARX, Karl, *Le capital*. Paris, Éditions Sociales, 1950-60, 8 v.

————, *Conseqüências sociais do avanço tecnológico*. São Paulo, Edições Populares, 1980.

————, "A contribution to the critique of Hegel's philosophy of right. Introduction", in: *Early writings*. Londres, Penguin Books, 1975, pp. 243-57.

————, "O 18 Brumário de Luís Bonaparte", in: *Os pensadores*. São Paulo, Abril Cultural, 2ª ed., 1978, pp. 323-404.

MARX, Karl. "Manuscritos econômicos e filosóficos", in: Erich Fromm, *Conceito marxista do homem*. Rio de Janeiro, Zahar, 8ª ed., 1983, pp. 83-170.

MARX, K. & ENGELS, F., *L'idéologie allemande*. Paris, Éditions Sociales, 1976.

——, *Manifesto do Partido Comunista*. Lisboa, Avante!, 2ª ed., 1984 (introd. e notas Vasco Magalhães-Vilhena).

MATOS, Olgária C. F., "Estado e espetáculo", *Educação & Sociedade*, I (3), maio 1979, pp. 83-94,

MAYER, Arno J., *A força da tradição: a persistência do Antigo Regime*. São Paulo, Companhia das Letras, 1987.

MEHRING, Franz, *Carlos Marx, el fundador del socialismo científico: historia de su vida y de la 1ª Internacional*. Buenos Aires, Claridad, 3ª ed., 1965.

MENESES, Ulpiano T. Bezerra, "Identidade cultural e arqueologia", in: A. Bosi (org.), *Cultura brasileira: temas e siuações*. São Paulo, Ática, 1987, pp. 182-90.

MERLEAU-PONTY, M., "A dúvida de Cézanne", in: *Os pensadores*. São Paulo, Abril Cultural, 1980, pp. 113-26.

MERQUIOR, José Guilherme, *O fantasma romântico e outros ensaios*. Petrópolis, Vozes, 1980.

MISSAC, Pierre, *Passage de Walter Benjamin*. Paris, Seuil, 1987.

MORSE, Richard, "Ciudades 'periféricas' como arenas culturales (Rusia, Austria, América Latina)", in: Morse & Hardoy (orgs.), *Cultura urbana latino-americana*. Buenos Aires, Clacso, 1985, pp. 39-62.

MOTTA, Flávio, "Art Nouveau: um estilo entre a flor e a máquina", *Cadernos Brasileiros* (28.), mar./abr. 1965, pp. 54-63.

——, *Contribuição ao estudo do "Art Nouveau" no Brasil*. São Paulo, s. e., 1957 (tese de cátedra, FAU/USP).

——, "São Paulo e o Art Nouveau", in: *Vila Penteado*. São Paulo, FAU/USP, 1976, pp. 88-93.

MUMFORD, Lewis, *A cidade na história: suas origens, transformações e perspectivas*. São Paulo, Martins Fontes, 2ª ed., 1982.

PACEY, Amold, *El laberinto del ingenio: ideas e idealismos en el desarrolo de la tecnología*. Barcelona, Gustavo Gili, 1980.

PAZ, Octavio, *El laberinto de la sociedad*. México, Fondo de Cultura Económica, 7ª ed., 1969.

——, *Signos em rotação*. São Paulo, Perspectiva, 1972.

PETRIC, Vlada, "La photographie et la mort". In: *Lettre Internationale* (23), inverno de 1989-90, pp. 39-41.

PEVSNER, Nikolaus, *Origens da arquitetura moderna e do design*. São Paulo, Martins Fontes, 1981.

——, *Panorama da arquitetura ocidental*. São Paulo, Martins Fontes, 1982.

——, *Os pioneiros do desenho moderno: de William Morris a Walter Gropius*. São Paulo, Martins Fontes, 1980.

PLUM, Werner, *Ciências naturais e técnica a caminho da "Revolução Industrial".* Bonn, Friedrich-Ebert-Stiftung, 1979.

————, *Discussões sobre a pobreza das massas nos princípios da industrialização.* Bonn, Friedrich-Ebert-Stiftung, 1979.

————, *O empresário, personagem marginalizado na sociedade industrial.* Bonn, Friedrich-Ebert-Stiftung, 1979.

————, *Exposições mundiais no século XIX: espetáculos da transformação sócio-cultural.* Bonn, Friedrich-Ebert-Stiftung, 1979.

————, *Promoção da indústria na Alemanha: contribuições para a política de desenvolvimento na primeira metade do século XIX.* Bonn, Friedrich-Ebert-Stiftung, 1979.

————, *Relatos de operários sobre os primórdios do mundo moderno do trabalho.* Bonn, Friedrich-Ebert-Stiftung, 1979.

————, *Utopias inglesas, modelos de cooperação social e tecnológica.* Bonn, Friedrich-Ebert-Stiftung, 1979.

POLANYI, Karl, *A grande transformação: as origens da nossa época.* Rio de Janeiro, Campus, 1980.

PRADO JR., Bento, "Gênese e estrutura dos espetáculos (Notas sobre a *Lettre à D'Alembert* de Jean-Jacques Rousseau)", *Estudos Cebrap* (14), out.-dez. 1975, pp. 5-34.

RAMA, Angel, *A cidade das letras.* São Paulo, Brasiliense, 1985.

RAMA, Carlos M. (org.), *Utopismo socialista (1830-1893)*, Caracas, Ayacucho, 1977.

RANCIÈRE, J., "Le bon temps ou la barrière des plaisirs", *Les Revoltes Logiques.* Paris, 7, primavera 1978, pp. 25-66.

————, *La nuit des prolétaires.* Paris, Fayard, 1981.

———— & VAUDAY, P., "En allant à l'expo: l'ouvrier, sa femme et les machines", *Les Revoltes Logiques.* Paris, 1, 1975, pp. 5-22.

REICH, Wilhelm, *Materialismo dialéctico e psicanálise.* Lisboa, Presença, 3ª ed., 1977.

————, *Psicologia de massa do fascismo.* Porto, Escorpião, 1974.

REWALD, John, *Historia del impresionismo.* Barcelona, Seix Barral, 2ª ed., 1981, 2 v.

ROMANO, Roberto, *Conservadorismo romântico: origem do totalitarismo.* São Paulo, Brasiliense, 1981.

————, *Corpo e cristal: Marx romântico.* Rio de Janeiro, Guanabara, 1985.

ROSEMBERG, N., "Marx y la tecnología", *Revista Mensual/Monthly Review.* Barcelona (8), mar. 1980, pp. 49-74.

ROSSI, Paolo, *I filosofi e le macchine: 1400-1700.* Milão, Feltrinelli, 3ª ed., 1980.

————, *Francesco Bacone: dalla magia alia scienze.* Turim, Einaudi, 2ª ed. rev. e ampl., 1974.

————, *I segni del tempo: storia della terra e storia delle nazioni: da Hooke a Vico.* Milão, Feltrinelli, 1979.

ROUANET, Sergio Paulo, *Édipo e o anjo: itinerários freudianos em Walter Benjamin*. Rio de Janeiro, Tempo Brasileiro, 1981.

————, *A razão cativa — as ilusões da consciência: de Platão a Freud*. São Paulo, Brasiliense, 1985.

————, *As razões do iluminismo*. São Paulo, Companhia das Letras, 1987.

————, *Teoria crítica e psicanálise*. Rio de Janeiro/Fortaleza, Tempo Brasileiro/Eds. UFC, 1983.

ROUSSEAU, Jean-Jacques, "Discours sur les sciences et les arts", in: *Oeuvres complètes*. Paris, Gallimard, 1966, v. III.

————, "Lettre à M. D'Allembert"; "De l'Imitation Théatrale", *Oeuvres*. Paris, Lefèvre, 1820, t. XI, pp. 1-240.

SADOUL, Georges, *História do cinema mundial*. Lisboa, Livros Horizonte, 1983, v. I.

SAES, Décio A. M., *A formação do Estado burguês no Brasil (1888-1891)*. Rio de Janeiro, Paz e Terra, 1985.

SAINT-PIERRE, Abbé de, *Projet pour rendre la paix perpétuelle dans l'Europe*. Paris, Garnier Frères, 1981 (introd. Simone Goyard-Fabre).

SCHAEFFNER, C. (dir.), *L'impressionnisme*. Paris, Rencontre Lausanne, 1966.

SCHELLING, F. von, "Organismo e mecanismo"; "História da filosofia moderna: Hegel", in: *Os pensadores*. São Paulo, Abril Cultural, 1973, v. XXVI (trad. Rubens R. Torres Filho).

SCHNAIDERMAN, Boris, *Dostoiévski: prosa/poesia*. São Paulo, Perspectiva, 1982.

SCHUHL, Pierre Maxime, *Machinisme et philosophie*. Paris, PUF, 1947.

SCHWARTZ, Jorge, *Vanguarda e cosmopolitismo*. São Paulo, Perspectiva, 1983.

SCHWARZ, Roberto, *Ao vencedor as batatas*. São Paulo, Duas Cidades, 2ª ed., 1981.

SELZ, Jean, *Turner*. Paris, Flammarion, 1983.

SEVCENKO, Nicolau, *Literatura como missão: tensões sociais e criação cultural na Primeira República*. São Paulo, Brasiliense, 1983.

SILVA, Geraldo Gomes da, *Arquitetura do ferro no Brasil*. São Paulo, Nobel, 1986.

SOBOUL, Albert (introd. e org.), *Textes choisis de l'Encyclopédie ou Dictionnaire Raisonné des Sciences, des Arts et des Métiers*. Paris, Éditions Sociales, 2ª ed. rev. e amp., 1962.

SONTAG, Susan, *Ensaios sobre a fotografia*. Rio de Janeiro, Arbor, 2ª ed., 1983.

SOUZA, José Cavalcante de (org.), *Os pré-socráticos: fragmentos, doxografia e comentários*. São Paulo, Abril Cultural, 2ª ed., 1978.

STONE, Laurence & HOBSBAWM, Eric, "La historia como narrativa", *Debats*, Valência (4), 1982, pp. 91-110.

SÜSSEKIND, Flora, *Cinematógrafo de letras: literatura, técnica e modernização no Brasil*. São Paulo, Companhia das Letras, 1987.

————, *As revistas de ano e a invenção do Rio de Janeiro*. Rio de Janeiro, Nova Fronteira/FCRB, 1986.

————, *Tal Brasil, qual romance?* Rio de Janeiro, Achiamé, 1984.

TERRA, Ricardo R., "Algumas questões sobre a filosofia da história em Kant", in: Kant, I., *Idéia de uma história universal de um ponto de vista cosmopolita*. São Paulo, Brasiliense, 1986.

THOMPSON, E. P., *A miséria da teoria*. Rio de Janeiro, Zahar, 1981.

————, *Tradición, revuelta y consciencia de clase: estudios sobre la crisis de la sociedad preindustrial*. Barcelona, Crítica, 1979.

————, *William Morris: romantic to revolutionary*. Londres, Merlin Press, 2ª ed., 1977.

TORRES FILHO, Rubens R., *Ensaios de filosofia ilustrada*. São Paulo, Brasiliense, 1987.

————, *O espírito e a letra*. São Paulo, Ática, 1975.

TOULET, Emmanuelle, *Cinématographe, invention du siècle*. Paris, Gallimard/Réunion des Musées Nationaux, 1988.

TROTSKY, L., *A Revolução de 1905*. São Paulo, Global, s. d.

TUCÍDIDES, *História da Guerra do Peloponeso*. Brasília/São Paulo, UnB/Hucitec, 2ª ed., 1986.

URICOECHEA, Fernando, *O minotauro imperial*. São Paulo, Difel, 1978.

VASQUEZ, Pedro, *Dom Pedro II e a fotografia no Brasil*. Rio de Janeiro, Index, 1985.

————, *Fotografia: reflexos e reflexões*. Porto Alegre, L&PM, 1986.

————, *Fotógrafos pioneiros no Rio de Janeiro: Victor Frond, George Leuzinger, Marc Ferrez e Juan Gutierrez*. Rio de Janeiro, Dazibao, 1990.

VERNANT, Jean-Pierre, *Mythe et pensée chez les grecs*. Paris, Maspero, 1978, 2 v.

————, *As origens do pensamento grego*. São Paulo, Difel, 3ª ed., 1981.

VEYNE, Paul, *Como se escreve a história; Foucault revoluciona a história*. Brasília, UnB, 1982.

VILAR, Pierre; Nadal, Jordi *et al.*, *La industrialización europea: estadios y tipos*. Barcelona, Crítica, 1981.

VIÑAS, David, *Anarquistas en América Latina*. México, Katún, 1983.

VITA, L. Washington, *O mito de Hefestos*. São Paulo, Ciesp/Fiesp, 1959.

————, *Da técnica, como problema filosófico*. São Paulo, Revista dos Tribunais, 1950.

WALLERSTEIN, Immanuel, "Para que serve o conceito de Revolução Industrial?", *Economia & Desenvolvimento*, I (2), fev. 1982, pp. 49-60.

WILLIAMS, Raymond, *The country and the city*. Londres, Oxford University Press, 1973.

————, *Cultura e sociedade: 1780-1950*. São Paulo, Nacional, 1969.

IV) LITERATURA, NARRATIVAS DE VIAGEM, MEMÓRIAS & ENSAIOS

ALPHONSUS, João, "O guarda-freios", in: *Contos e novelas*. Rio de Janeiro/Brasília, Imago/INL, 3ª ed., 1976, pp. 103-8.

ANDRADE, Mário de, *O turista aprendiz*. São Paulo, Duas Cidades, Secretaria de Cultura, Ciência e Tecnologia, 1976.

ANDRADE, Oswald de, *Um homem sem profissão: sob as ordens de mamãe*. Rio de Janeiro, Civilização Brasileira/INL, 1974 (Obras Completas, 9).

ARANHA, Graça, *Canaã*. Rio de Janeiro, Nova Fronteira, 1981.

ARREOLA, Juan José, "El guardagujas", in: *Confabulario*. México, Fondo de Cultura Económica, 1952, pp. 85-91.

ASSIS, Machado de, *Obra completa*. Rio de Janeiro, Nova Aguilar, 4ª ed., 1979, v. III.

————, "Evolução", in: *Obra selecionada em 5 volumes*. Rio de Janeiro, Lia/INL, s. d., v. V, pp. 140-6 (apresent. O. M. Carpeaux).

BALZAC, H. de, *Ilusões perdidas*. São Paulo, Abril Cultural, 1978.

BARDI, Pietro Maria, *Lembrança do "trem de ferro"*. São Paulo, Sudameris, 1983.

BARRETO, Lima, *Feiras e mafuás*. São Paulo, Brasiliense, 2ª ed., 1961.

————, *Impressões de leitura*. São Paulo, Brasiliense, 1956.

BATINI, Tito, *E agora, que fazer?* São Paulo/Rio de Janeiro, Civilização Brasileira, 1941.

BAUDELAIRE, Charles, "Exposition Universelle 1855", in: *Oeuvres complètes*. Paris, Seuil, 1968, pp. 361-70.

————, "De l'héroisme de la vie moderne", in: *Oeuvres*. Paris, Gallimard, 1932, vol. II, pp. 133-6.

BOUZAS, Benigno Cortizo, *Del Amazonas al infinito*. Recife, Diário da Manhã, 1950.

BRANDÃO, Octávio, *O caminho*. Rio de Janeiro, s.e., 1950.

BRITO, Bernardo Gomes de (org.), *História trágico-marítima*. Porto, F. Machado, 2ª ed., 1936-7, 5 v.

CANETTI, Elias. *A língua absolvida*. São Paulo, Companhia das Letras, 1987.

CERVANTES, Miguel de, *Dom Quixote de La Mancha*. São Paulo, Tietê, 1955, 4 v. ilust. (trad. viscondes de Castilho e de Azevedo).

CHRISTIE, Agatha, *Assassinato no Expresso do Oriente*. Rio de Janeiro, Nova Fronteira, 1980.

CONRAD, Joseph, *O coração da treva*. São Paulo, Global, 1984 (trad. Hamilton Trevisan).

CORTÁZAR, Julio, *Final do jogo*. Rio de Janeiro, Expressão e Cultura, 2ª ed., 1971.

————, *Libro de Manuel*. Buenos Aires, Sudamericana, 1973.

————, *Prosa do observatório*. São Paulo, Perspectiva, 2ª ed., 1985 (trad. David Arrigucci).

COSTA, José Daniel Rodrigues da, *Camara Optica. Onde as vistas ás avéssas mostrão o mundo ás direitas*. Lisboa, Off. de J. F. M. de Campos, 1824, 12 folhetos.

CUNHA, Euclides da, *Contrastes e confrontos*. São Paulo, Lello Brasileira, 1967.

————, *À margem da história*. São Paulo, Lello Brasileira, 1967.

————, *Um paraíso perdido: ensaios, estudos e pronunciamentos sobre a Amazônia* (org., intr. e notas de L. Tocantins). Rio de Janeiro, José Olympio; Rio Branco, Governo do Estado do Acre, 1986.

CUNHA, Euclides da, *Um paraíso perdido* (*reunião dos ensaios amazônicos*). Petrópolis, Vozes/ INL, 1976.

DOSTOIÉVSKI, F. M., *Notes d'un souterrain*. Paris, Aubier, 1972 (introd. T. Todorov).

———, *Obras completas e ilustradas*. Rio de Janeiro, José Olympio, 1960-1, 10 v.

DOYLE, Conan, *O enigma do trem perdido*. Rio de Janeiro, Francisco Alves, 1981.

ECKERMANN, *Conversations with Goethe*. Londres, J. M. Dent & Sons, 1930.

FALKENBURGER, Kurt, *As botas do diabo*. São Paulo, Ibrasa, 2ª ed., 1971.

FERRAZ, Geraldo, *Doramundo*. São Paulo, Melhoramentos, 3ª ed., 1975.

FERREIRA, Barros, *O romance da Madeira—Mamoré*. São Paulo, Clube do Livro, 1963.

———, *Verdades e mistérios da Amazônia*. São Paulo, Clube do Livro, 1967.

FERREIRA, Hugo, *Reminiscências da Madmamrly e outras mais*. Porto Velho, s.e., 1969.

FLAUBERT, Gustave, *Bouvard e Pécuchet*, Rio de Janeiro, Nova Fronteira, 1981.

———, *Madame Bovary*, São Paulo, Abril Cultural, 1981.

GALVÃO, Walnice Nogueira (org.), *Euclides da Cunha*. São Paulo, Ática, 1984.

GOETHE, J. W., *Fausto*. Belo Horizonte/São Paulo, Itatiaia/Edusp, 1981 (trad. Jenny Klabin Segall).

GOGOL, N., *Almas mortas*. São Paulo, Abril Cultural, 1979.

———, *Diary of a madman; Nevski Prospect*. Londres, Lindsay Drummond, 1945.

———, "Notes sur Pétersbourg", in: *Nouvelles* (*1836-1842*). Paris, Gallimard, 11ª ed., 1951, pp. 203-8.

———, "La Perspectiva Nevski", in: *Obras completas*. Madri, Aguilar, 1951, pp. 761-803.

HARDMAN, F. Foot, "Amargo Trem-Fantasma, Amargo Obrero: uma pobre expedição a caminho do desconhecimento", *Sibila*, São Paulo (6), jan. 1974.

HARDY, Thomas, *Tess*. Belo Horizonte, Itatiaia, 1981.

HERZOG, Werner, *Fitzcarraldo*. Porto Alegre, L&PM, 1983.

HESÍODO, *Teogonia — Origem dos deuses*. São Paulo, M. Ohno/R. Kempf, 1981 (introd. e trad. Jaa Torrano).

HUGO, Victor, *Os trabalhadores do mar*. São Paulo, Círculo do Livro, s.d. (trad. Machado de Assis).

IRVING, Washington, *Narrativas da Alhambra*. São Paulo, Brasiliense, 1959.

———, *The Sketch Book*. Nova York/Londres, G. P. Putnam's Sons, 1848, 2 v.

JOYCE, James, *Dublinenses*. Rio de Janeiro, Civilização Brasileira, 2ª ed., 1970 (trad. Hamilton Trevisan).

———, *Giacomo Joyce*. São Paulo, Brasiliense, 1985 (trad. Paulo Leminski).

KAFKA, Franz, *América*. Sintra, Europa-América, 1977.

———, *A muralha da China*. São Paulo, Exposição do Livro, s.d.

LIMA, J. Calvino de Andrade, *O ferroviário*. Recife, UFPE, 1980.

LOBATO, Monteiro, *Cidades mortas*. São Paulo, Brasiliense, 8ª ed., 1957.

LONDON, Jack, *De vagões e vagabundos: memórias do submundo*. Porto Alegre, L&PM, 1985.

MALYSHKIN, Alexandr, "El trem del sur", in: *Una cosa bien simple: novelas cortas soviéticas*. Moscou, Progresso, 1975, pp. 159-79.

MÁRQUEZ, Gabriel García, *Cien años de soledad*. Buenos Aires, Sudamericana, 24ª ed., 1971.

MARTINS, Roberto Bittencourt, *Ibiamoré — o trem fantasma*. Porto Alegre, L&PM, 1981.

MEDEIROS, F. L. D'Abreu, *Curiosidades brasileiras*. Rio de Janeiro, Laemmert, 1864, 2 v.

MENDOZA, Eduardo, *A cidade dos prodígios*. São Paulo, Companhia das Letras, 1987.

MÉRIMÉE, Prosper, *Carmen y otros cuentos*. Barcelona, Bruguera, 1981.

MESQUITA, Fernando, "Nightcomers", *Cine Olho*, São Paulo, 8/9, out.-dez. 1979.

MORAES, Raymundo, *Na planicie amazonica*. Manaus, Papelaria Velho Lino, 2ª ed., 1926.

MORRIS, William, *Noticias de ninguna parte*. Barcelona, Hacer, 1981.

NIZAN, Paul, *Aden, Arábia*. São Paulo, Marco Zero, 1987.

PERET, Benjamin, "La nature dévore le progrès et le dépasse". In: *Minotaure*. 3ª série, IV (10), inverno de 1937, pp. 20-1.

POE, Edgar Allan, *Histórias extraordinárias*. São Paulo, Abril Cultural, 1978.

————, *Poesia e prosa: obras completas*. Porto Alegre, Globo, 1944, 3 v.

PRADO, A. Arnoni & HARDMAN, F. Foot (org. e introd.), *Contos anarquistas: antologia da prosa libertária no Brasil (1901-1935)*. São Paulo, Brasiliense, 1985.

PROUST, Marcel, *Em busca do tempo perdido*. Porto Alegre, Globo, 7 v. (trad. M. Quintana).

————, "Le peintre — Ombres. — Monet", in: *Contre Sainte-Beuve; Pastiches et mélanges; Essais et articles*. Paris, Gallimard, 1971, pp. 675-7.

QUEIROZ, Eça de, *A cidade e as serras*. Rio de Janeiro, Edições de Ouro, s.d.

REED, John, *México rebelde*. Rio de Janeiro, Civilização Brasileira, 1968.

RÊGO, J. Lins do, *Fogo morto*. Rio de Janeiro, José Olympio, 6ª ed., 1965.

————, *Pureza*. Rio de Janeiro, José Olympio, 7ª ed., 1968.

RIBEYROLLES, C., *Brasil pitoresco*. São Paulo, Martins, 1941, 2 v.

RIO, João do, *Cinematographo (chronicas cariocas)*. Porto, Chardron, 1909.

————, *Os dias passam...* Porto, Chardron, 1912.

————, *Vida vertiginosa*. Rio de Janeiro, Garnier, 1911.

RULFO, Juan, *Pedro Páramo*. São Paulo, Brasiliense, 1969 (trad. O. M. Carpeaux).

————, *Pedro Páramo. O planalto em Chamas*. Rio de Janeiro, Paz e Terra, 2ª ed., 1986 (trad. E. Zagury).

SARMIENTO, Domingo F., *Facundo o civilización y barbarie en las pampas argentinas*. Buenos Aires, Centro Editor de América Latina, 1979.

SASSI, Guido Wilmar, *Geração do deserto*. Rio de Janeiro, Civilização Brasileira, 1964.

SHELLEY, Mary, *Frankenstein: o moderno Prometeu*. Porto Alegre, L&PM, 1985.

SOUSANDRADE, Joaquim de. *O Guesa*. Londres, Cook & Halsted, The Moorfields Press, E. C., [1887]

SOUZA, Márcio, *Mad Maria*. Rio de Janeiro, Civilização Brasileira, 1980.

SPIX E MARTIUS, *Viagem pelo Brasil: 1817-1820*. Belo Horizonte/São Paulo, Itatiaia/Edusp, 1981, 3 v.

SUZUKI, Ana, *O jardim japonês*. Rio de Janeiro, Record, 1986.

TAUNAY, Visconde de, "Pobre Menino!", in: *Ao entardecer (contos varios)*. Rio de Janeiro, Garnier, 1901, pp. 9-29.

———, *Visões do sertão*. São Paulo, M. Lobato, 1923,

TCHÉKHOV, "O caso do champanha (a história de um pobre-diabo)", in: *Contos de Tchékhov*. Rio de Janeiro, Edibolso, 1975, pp. 86-93.

———, "Um caso clínico", in: *A dama do cachorrinho e outros contos* (trad. B. Schnaiderman). São Paulo, Max Limonad, 2ª ed. rev., 1985, pp. 263-75.

TOLSTOI, L., *Ana Karenina*. Rio de Janeiro, Pongetti, 1943 (trad. Marques Rebelo).

———, "Sonata a Kreutzer", in: *Três novelas de Leon Tolstoi*. Rio de Janeiro, Edições de Ouro, 1965 (trad. B. Schnaiderman), pp. 201-303.

TOMLINSON, H. M., *The sea and the jungle*. Londres, Duckworth & Co., 1912.

VERDE, Cesário, *Poesia completa & cartas escolhidas*. São Paulo, Cultrix/Edusp,1982.

VERÍSSIMO, José, *A pesca na Amazônia*. Rio de Janeiro, Alves & C., 1895.

VERNE, Jules, *A volta ao mundo em 80 dias*. São Paulo, Hemus, s.d.

VOGUÉ, Visconde de E.-M. de, *Spectacles contemporains*. Paris, Armand Colin, 1891.

WAGNER, R., *O navio fantasma*. Rio de Janeiro, Salamandra, 1986.

WHITMAN, Walt, *The complete poems*. Baltimore, Francis Murphy, 1975.

ZOLA, Émile. La bête humaine. Paris, Gallimard, 1977 (pref. G. Deleuze).

ZURCHER & MARGOLLÉ, *Les naufrages célèbres*. Paris, Hachette, 5ª ed., 1888.

V) HISTÓRIA, HISTORIOGRAFIA & ICONOGRAFIA

V.1) FERROVIAS & AMAZÔNIA

AGASSIZ, Luiz & AGASSIZ, Elizabeth Cary, *Viagem ao Brasil (1865-1866)*. São Paulo, Nacional, 1942.

ALTAMIRANO, Ignacio M., "Las fiestas de septiembre en México y Puebla", *Boletín Bibliográfico de la Secretaría de Hacienda y Crédito Público*. México, xv (423), set. 1969, pp. 9-23.

AMAZONAS, Associação Comercial do Amazonas. *A cidade de Manaus e o país da seringueira. Recordação da Exposição Corumbiana — Chicago, 1893*. Manaus, Associação Comercial do Amazonas, 1988.

ARGOLLO, Miguel de Teive & FRANCA, Justino da Silveira, *Memoria sobre as estradas de ferro do estado da Bahia apresentada ao Instituto Polytechnico da Bahia*. Salvador, Litho-Typ. e Encad. Reis & Comp., 1908 (Exposição Nacional de 1908).

AUDIGANNE, A., *Les chemins de fer aujourd'hui et dans cent ans chez tous les peuples. Économie financière et industrielle, politique et morale des voies ferrès*. Paris, Capelle Libr.-Ed., 1858-62, 2 v.

AZEVEDO, Fernando de, *Um trem corre para o oeste (estudo sobre a Noroeste e seu papel no sistema de viação nacional)*. São Paulo, Melhoramentos, 2ª ed., s.d.

BARÃO DE MARAJÓ, *A Amazonia: as provincias do Pará e Amazonas e o governo central do Brazil*. Lisboa, Typ. Minerva, 1883.

BARBOSA, Rui, *Obras completas*. Rio de Janeiro, MEC/Fundação Casa de Rui Barbosa, 1971-7, vols., XXXVII-XXXVIII (1910-1).

———, *Oswaldo Cruz — 1917*. Rio de Janeiro, Org. Simões, 1950.

BARRETO, Antonio Paulo de Mello, *Discurso pronunciado pelo […] presidente do Club de Engenharia por occasião da abertura solemne da Primeira Exposição dos Caminhos de Ferro no Brasil*. Rio de Janeiro, Typ. G. Leuzinger & Fⁱˢ., 1887.

BASTOS, A. C. Tavares, *O valle do Amazonas*. São Paulo, Nacional, 2ª ed., 1937.

BENÉVOLO, Ademar, *Introdução à história ferroviária do Brasil (estudo social, político e histórico)*. Recife, Edições Folha da Manhã, 1953.

BERNARDET, Jean-Claude, *Guerra camponesa no Contestado*. São Paulo, Global, 1979.

BORY, Paul, *Les grandes entreprises modernes*. Tours, Alfred Mame et Fils, 2ª ed., 1890.

BRAGA, Theodoro, *Guia do estado do Pará*. Belém, Typ. Inst. Lauro Sodré, 1916.

BRASIL, Arquivo Histórico do Museu Imperial. *Coleção de fotos da Comissão Morsing (E. F. Madeira—Mamoré)*. Petrópolis, c. 1880.

———, Biblioteca Nacional. *Coleção Percival Farquhar*. Seção de manuscritos (inclui 38 fotos de Dana Merrill, c. 1910).

———, Fotografias: "*Collecção D. Thereza Christina Maria*". Rio de Janeiro, Biblioteca Nacional, 1987.

BRASIL, Comissão de Estudos da Estrada de Ferro do Madeira e Mamoré, *Relatório apresentado a S. Excia. o sr. cons. João Ferreira de Moura […] pelo engenheiro Julio Pinkas*. Rio de Janeiro, Imp. Nacional, 1885.

———, *Do Rio de Janeiro ao Amazonas e Alto Madeira: itinerario e trabalhos. Impressões de viagem por um dos membros da mesma Comissão*. Rio de Janeiro, Typ. a Vapor de Soares & Niemeyer, 1885.

BRASIL, Comissão de Linhas Telegraphicas Estrategicas de Matto Grosso ao Amazonas, *Missão Rondon — Apontamentos sobre os trabalhos realizados, de 1907 a 1915.* Rio de Janeiro, Typ. do Jornal do Commercio, 1916.

BRASIL, Conselho Nacional de Geografia, *I Centenário das Ferrovias Brasileiras.* Rio de Janeiro, IBGE, 1954.

BRASIL, Documentos Parlamentares, *Estado de Sitio.* Bruxelas/Paris, L'Édition d'Art, 1913, vol. IV (1904-10).

BRASIL, Madeira—Mamoré Railway Co., *Decretos, contractos e decisões do governo: 1904 a 1915.* Rio de Janeiro, Papelaria Americana, 1917.

———, Ministério d'Agricultura, Commercio e Obras Publicas. *Brasil: Estrada de Ferro de D. Pedro II.* Rio de Janeiro, Imperial Instituto Artistico, s. d. (litogravura de C. Linde).

BRAZIL, Rede Ferroviária Federal, *Paranaguá—Curitiba: oitenta anos de ligação ferroviária.* Curitiba, Rede de Viação PR-SC, 1965.

BRAZIL RAILWAY COMPANY, *Saneamento da bacia do rio Madeira — Construcção de estradas de ferro em regiões insalubres — Documentos offerecidos aos medicos e engenheiros do Brazil.* Rio de Janeiro, Typ. do Jornal do Commercio, de Rodrigues & C., 1913.

BROMBERGER, H. A., "Les chemins de fer exotiques", *Le Moniteur Économique et Financier,* XXV (9), mar. 1913, pp. 4-5 (o artigo segue por vários números seguintes).

CAMPOS, Eduardo, *Estrada de ferro de Baturité: história e ação social.* Fortaleza, Secretaria de Cultura e Desporto, 1982.

CANTANHEDE, Antonio, *Achegas para a história de Porto Velho.* Manaus, s.e., 1950.

CASTRO, Hugo de, *O drama das estradas de ferro no Brasil.* São Paulo, LR Editores Ltda., 1981.

CATALOGUE OF CROWN SURGICAL INSTRUMENT CO. Nova York, The Crown Brand Hospital Catalogue, 1911.

CEARÁ, Provincia do, *E. F. de Baturité. Ceará. Synopse Historica.* Fortaleza, s.e., 1880.

COLLIER, Richard, *The river that God forgot.* Londres, Collins, 1968.

CORNET, René J., *La bataille du rail: la construction du chemin de fer de Matadi au Stanley Pool.* Bruxelas, Eds. L. Cuypers, 3ª ed., 1953.

CORRÊA FILHO, V., *Alexandre Rodrigues Ferreira.* São Paulo, Nacional, 1939.

———, *A estrada de ferro para Cuiabá.* Cuiabá, Imp. Oficial, 1946.

COSTA, Candido, *O livro do centenário.* Belém, Ed. Princeps, 1924.

COSTA, Selda Vale da & LOBO, Narciso Júlio Freire, *No rastro de Silvino Santos.* Manaus, SCA/Editoras do Governo do Estado, 1987.

COSTELLE, Daniel, *Histoire des trains.* Paris, Larousse, 1981.

COTELLE, M., *Législation française des chemins de fer et de la télégraphie electrique.* Paris, Marescq/ Ainé/Dunod, 1867, 2ª ed., 2 v.

COUTINHO, J. M. da Silva, *Estrada de Ferro do Recife ao São Francisco: estudos definitivos de Una à Boa Vista.* Rio de Janeiro, Typ. de G. Leuzinger & Filhos, 1874.

COUTINHO, J. M. da Silva, *Estradas de Ferro do Norte — Relatório apresentado ao Exm.º Snr. Conselheiro Antonio da Silva Prado, Min. e Secret. dos Negocios da Agricultura, Commercio e Obras Publicas*. Rio de Janeiro, Imprensa Nacional, 1888.

CRAIG, Neville B., *Estrada de Ferro Madeira—Mamoré: história trágica de uma expedição*. São Paulo, Nacional, 1947.

CRUZ, Ernesto, *A Estrada de Ferro de Bragança: visão social, econômica e política*. Belém, Superintendência do Plano de Valorização Econômica da Amazônia (SPVEA), 1955.

————, *História do Pará*. Belém, Governo do Estado, 2ª ed., 1973, v. 2.

CRUZ, Oswaldo Gonçalves, *Considerações geraes sobre as condições sanitarias do rio Madeira*. Rio de Janeiro, Madeira—Mamoré Railway Company/Papel. Americana, 1910.

CUCCORESE, Horacio Juan, *Historia de los ferrocarriles en la Argentina*. Buenos Aires, Macchi, 2ª ed., 1984.

CUNHA, Ernesto Antonio Lassance, *Estudo descriptivo da Viação Ferrea do Brazil*. Rio de Janeiro, Imprensa Nacional, 1909.

DAVIDSON, D. Michael, *Rivers and empire: the Madeira route and the incorporation of the Brazilian far-west, 1737-1808*. Yale, Yale University, Ph.D., 1970.

D'OLIVEIRA, José Gonçalves, *Traçado das Estradas de Ferro no Brazil*. São Paulo, Casa Vanorden, 2ª ed., 1912.

DUNCAN, Julian Smith, *Public and private operation of railways in Brazil*. Nova York, Columbia Univ. Press, 1932.

EL-KAREH, Almir Chaiban, *Filha branca de mãe preta: a Companhia da Estrada de Ferro D. Pedro II (1855-1865)*. Petrópolis, Vozes, 1982.

ELLIS, C. Hamilton, *Trenes: una historia ilustrada*. Madri, Raíces, 1983.

ESPANHA, Ministerio de Cultura, *El mundo de las estaciones*. Madri, Dirección General de Bellas Artes, Archivos y Bibliotecas, 1980-1.

ESTADOS UNIDOS, The Baldwin Locomotive Works, *History of The Baldwin Locomotive Works: 1831-1920*. Filadélfia, Martino-Pflieger Co., 1920.

FABRE, Maurice, *História da locomoção terrestre*. Lausanne/Lisboa, Moraes, 1966.

FARIA, João Florentino Meira de, *Relatorio apresentado ao sr. cel. de Engenharia Candido Mariano da Silva Rondon pelo capitão-médico [...]*. Rio de Janeiro, Commissão de Linhas Telegraphicas Estrategicas de Matto Grosso ao Amazonas, 1916.

FAWCETT, Brian, *Railways of the Andes*. Londres, Allen, 1963.

FERREIRA, Manoel Rodrigues, *A ferrovia do diabo: história de uma estrada de ferro na Amazônia*. São Paulo, Melhoramentos/Secretaria de Estado da Cultura, 2ª ed., 1981.

————, *Nas selvas amazônicas*. São Paulo, Biblos, 1961.

FERREZ, Marc, *Estrada de ferro Minas and Rio*. Rio de Janeiro, c. 1882 (álbum fotográfico).

FERREZ, Marc, *Estrada de ferro de Paranaguá a Curitiba*. Rio de Janeiro, s. d. (álbum fotográfico).

FIGUEIREDO, Heitor de (org.), *Annuario de Manaos: 1913-1914*. Lisboa, Typ. da "A Editora Limitada", 1913.

FIGUEIREDO, Lima, *A Noroeste do Brasil e a Brasil—Bolívia*. Rio de Janeiro, José Olympio, 1950.

FONSECA, J. S., *Viagem ao redor do Brasil (1875-1878)*, Rio de Janeiro, Typ. de Pinheiro & C., 1880, 2 v.

FRANÇA, Musée d'Orsay; Bibliothèque Nationale. *L'invention d'un regard (1839-1918)*. Paris, Réunion des Musées Nationaux, 1989.

FREYRE, Gilberto, *Ingleses no Brasil: aspectos da influência britânica sobre a vida, a paisagem e a cultura do Brasil*. Rio de Janeiro/Brasília, José Olympio/INL, 2ª ed., 1977.

GALVÃO, Manuel da Cunha, *Notícia sobre as estradas de ferro no Brasil*. Rio de Janeiro, Typ. do Diario do Rio de Janeiro, 1869.

GAULD, Ch. A., *The last titan: Percival Farqhuar (1864-1953), American entrepreneur in Latin America*. Stanford, Glenwood Publishers, 1972.

GOELDI, Emílio A., *Alexandre Rodrigues Ferreira*. Brasília, UNB/CNPQ, 1982.

GOLDSBOROUGH, Robert (ed.), *Great railroad paintings*. Nova York, Peacock Press/Bantam Books, 1976.

GRAHAM, R., *Grã-Bretanha e o início da modernização do Brasil*. São Paulo, Brasiliense, 1973.

GREENFIELD, Sidney M., "Barbadians and barbadian house forms in the Brazilian Amazon", *The Journal of the B.M.H.S.*, 1981(?), pp. 253-65.

HERNDON, W. L. & GIBBON, L., *Exploration of the valley of the Amazon*. Washington, A. O. P. Nicholson, 1854, 2 v.

JARAMILLO, H., *Breve noticia sobre os valles dos rios Purús e Madeira, afluentes do Amazonas — Estradas de Ferro Projectadas: "Madeira e Mamoré" no Mato Grosso; "Central do Amazonas" no rio Purús — Estudo comparativo dos dois projectos sob o ponto de vista technico, commercial e estrategico*. Manaus, Livr. Typ. M. Silva & Cia., 1902.

————, *Conferencia realizada no Club de Engenharia sobre o projecto de estrada de ferro ligando o Brasil a Bolívia via Purus-Acre*. Rio de Janeiro, 1903.

————, *Recapitulação dos estudos sobre os projetos de Estradas de Ferro Central do Amazonas no Rio Purus e Madeira e Mamoré no Mato-Grosso*. Rio de Janeiro, Typ. da Cia. Litho-Typogr., 1903.

KELLER-LEUZINGER, Franz, *The Amazon and Madeira rivers*. Londres, Chapman and Hall, 1874.

KOSSOY, Boris, "O fotógrafo Dana Merrill e a Estrada de Ferro Madeira—Mamoré". In: M. R. Ferreira, *A ferrovia do diabo*: história de uma estrada de ferro na Amazônia, São Paulo, Melhoramentos, 2ª ed. rev. e aum. 1981, p. 8.

KRAVIGNY, Frank W., *The jungle route*. Nova York, Orlin Tremaine Co., 1940.

LEÃO, Joaquim Marques Baptista de, *Relatorio apresentado ao presidente da Republica dos EEUU do Brazil pelo ministro de Estado dos Negocios da Marinha em maio de 1911*. Rio de Janeiro, Imp. Nacional, 1911.

LEOPOLDO, Pedro, *Minhas memórias da Estrada de Ferro Mossoró*. Mossoró, Ed. Comercial S.A.; Prefeitura Municipal, 1959.

LIMA, A. J. Barbosa, *Discursos parlamentares*. Brasília, Câmara dos Deputados, 1966, t. II.

LOBATO, Manuel, *O valle do Amazonas e o problema da borracha*. Nova York, s.e., 1912.

LOBATO FILHO, General, *"Avançai para o Jamarí!"* (*a Comissão Rondon nas selvas do Alto Madeira*). Rio de Janeiro, s.e., 1957.

MADEIRA—MAMORÉ: as imagens de uma estrada de ferro marcada pela tragédia. *Jornal do Brasil*, Rio de Janeiro, 16 de maio de 1982, Caderno B, pp. 4-5.

MAGALHÃES, Major Amílcar Botelho, *Impressões da Comissão Rondon*. Rio de Janeiro, s.e., 1921.

MAGALHÃES, Reis, "Estrada de ferro da Bahia ao São Francisco — Inauguração da Estação do Joazeiro", *Revista Trimestral do IGHBa*. Salvador, IGHBA, ano III, v. 3, nº 7, mar. 1896, pp. 77-96.

MANIZER, G. G., *A expedição do acadêmico G. I. Langsdorff ao Brasil*. São Paulo, Nacional, 1967.

MEEKS, Carroll L. V., *The railroad station: an architectural history*. Londres/New Haven, Yale University Press, 2ª ed., 1964.

MEMORIA, Octavio, *Origem da Viação Ferrea Cearense*. Fortaleza, Typ. Commercial, 1923.

MENEZES, Esron Penha de, *Retalhos para a história de Rondônia*. Manaus, Imprensa Oficial do Est. AM, 1980.

MERRILL, Dana, *Fotos da construção da E. F. Madeira—Mamoré*. São Paulo, MIS, 1982 (reprod. parc.).

———, *Views of the estrada de ferro Madeira e Mamoré—Amazonas & Matto Grosso, Brazil*. S. A. Porto Velho/Nova York, [1909-39] (álbum pessoal).

MESQUITA, Elpidio de, *Viação Ferrea da Bahia*. Rio de Janeiro, Typ. do Jornal do Commercio, 1910.

MIQUEL, Pierre, *No tempo das primeiras estradas de ferro, 1830-1860*. Rio de Janeiro, Lutécia, s.d.

———, *No tempo de Napoleão, 1795-1815*. Rio de Janeiro, Lutécia, s.d.

MONTEIRO, Duglas Teixeira, *Os errantes do novo século*. São Paulo, Duas Cidades, 1974.

MORAES, Eduardo José de, *A ferro-via da Côrte a Cuyabá*. Rio de Janeiro, Typ. Montenegro, 1887.

MOREL, Edmar, *A revolta da chibata*. Rio de Janeiro, Graal, 3ª ed., 1979.

MORSING, Carlos Alberto, *Álbum da Estrada de Ferro de Baturité offerecido a S. M. o Imperador pelo Engenheiro Chefe* [...]. Rio de Janeiro, c. 1880.

MOURA, Ignacio Baptista de, *Memoria sobre a Estrada de Ferro Madeira e Mamoré, apresentada ao Congresso Geral das Estradas de Ferro do Brasil* [...]. Recife, Typ. de M. Figueiroa de Faria & Filhos, 1882.

NEVES, Correia das, *História da Estrada de Ferro Noroeste do Brasil*. Bauru, Tip. e Livr. Brasil, 1958.

NOCK, O. S., *Chemins de fer d'hier et d'aujourd'hui*. Paris, Albin Michel, 1976.

NOGUEIRA, Julio, *A Madeira—Mamoré. A bacia do Mamoré*. Rio de Janeiro, Typ. do Jornal do Commercio, 1913.

OLIVEIRA, L. Augusto de, *Caminhos de ferro no Brasil: Estudos praticos e economicos*. Rio de Janeiro, Typ. da Reforma, 1878.

OLIVEIRA, Manoel Pedro de (Manuel do Ó), *100 anos de suor e sangue*. Petrópolis, Vozes, 2ª ed., 1971.

OTTONI, C. B., *Esboço historico das estradas de ferro do Brasil*. Rio de Janeiro, 1866.

PAIVA, Alberto Randolpho, *Actos officiaes referentes à Estrada de Ferro Madeira—Mamoré*. Rio de Janeiro, Imp. Nacional, 1917.

———, *Synopse da legislação da viação ferrea federal (1835-1912)*. Rio de Janeiro, Imprensa Nacional, 1913.

PALM, Ch., *Memorial sobre uma via ferrea interoceânica do Rio de Janeiro a Lima*. Rio de Janeiro, Typ. Nacional, 1876.

PAXECO, Fran, *O Maranhão: subsídios históricos e corográficos*. São Luís, Tipogravura Teixeira, 1912.

———, *O trabalho maranhense*. São Luís, Imp. Oficial, 1916.

PESSÔA JUNIOR, Cyro Dicleciano Ribeiro, *Estudo descriptivo das estradas de ferro do Brazil precedido da respectiva legislação*. Rio de Janeiro, Imprensa Nacional, 1886.

PICANÇO, Francisco, *Estradas de ferro: vários estudos*. Rio de Janeiro, Typ. Economica, 1887.

———, *Viação ferrea do Brazil*. Rio de Janeiro, Typ. e Lith. de Machado & C., 1884.

PINKAS, J., "Estrada de Ferro Madeira e Mamoré", *Revista da Sociedade de Geographia do Rio de Janeiro*, II (3), 1886, pp. 211-29.

PINTO, Estevão, *História de uma estrada de ferro do Nordeste: contribuição para o estudo da formação e desenvolvimento da empresa "The Great Western of Brazil Railway Company Limited" e das relações com a economia do Nordeste brasileiro*. Rio de Janeiro, José Olympio, 1949.

PRADO, Eduardo Barros, *Eu vi o Amazonas*. Rio de Janeiro, Cons. Nac. de Proteção aos Índios/Imp. Nacional, 1952.

RECLUS, E., *Estados Unidos do Brazil (geographia-etnografia-estatistica)*. Rio de Janeiro, H. Garnier, 1900.

REIS, Aarão Leal de Carvalho (org.), *Club de Engenharia: Primeiro Congresso das Es-*

tradas de Ferro do Brazil. Archivo dos Trabalhos. Rio de Janeiro, Club de Engenharia, 1882.

RICARDO, Cassiano, *O Tratado de Petrópolis.* Rio de Janeiro, Minist. das Rels. Exteriores, 1954, 2 v.

ROJAS, Emilio Vassalo, *Ferrocarriles de Chile: historia y organización.* Santiago, Rumbo, 1943.

RONDON, cel. Candido Mariano da S., *Conferências de 1915.* Rio de Janeiro, Typ. Leuzinger, 1916.

————, *Relatorio apresentado à Diretoria Geral dos Telegraphos e à Divisão Geral de Engenharia do Departamento de Guerra.* Rio de Janeiro, Papel. L. Macedo, 1915, 3 v.

————, *Relatorio dos trabalhos realizados de 1900-1906.* Rio de Janeiro, Imprensa Nacional, 1949.

ROQUETTE-PINTO, E., *Rondônia.* São Paulo, Nacional, 5ª ed., 1950.

SANTILLI, Marcos, *Madeira—Mamoré: imagem & memória.* São Paulo, Memória Discos e Edições/Mundo Cultural, 2ª ed., 1988.

SANTOS, Roberto, *História econômica da Amazônia (1800-1920).* São Paulo, T. A. Queiroz, 1980.

SENNA, Ernesto, *O Paraná em estrada de ferro.* Rio de Janeiro, Typ. do Jornal do Commercio, 1900.

SIDOU, J. M. Othon, *O sentido sócio-econômico da Madeira—Mamoré.* Recife, Soc. Edit. "Câmbio", 1950.

SILVA, Clodomiro Pereira, *Política e legislação de estradas de ferro.* São Paulo, Typ. do Diario Official, 1904, 2 v.

————, *O problema da viação no Brasil.* São Paulo, Typ. Levi, 1910.

SILVA, Raymundo Pereira da, *O custo da construção da E. F. Madeira—Mamoré.* Typ. do Jornal do Commercio, 1914.

STORRY, comandante Carlos Brandão, *Relatorio da viagem extraordinaria feita pelo paquete "Satellite" deste porto ao de S. Antonio do Rio Madeira, principiada em 25 de dezembro de 1910 e terminada em 4 de março de 1911, apresentado ao sr. gerente da Companhia Lloyd Brazileiro.* Rio de Janeiro, 5/11/1911, 30 fls. (doc. manusc.).

TANAJURA, dr. Joaquim Augusto, *Serviço sanitário — expedição de 1909.* Rio de Janeiro, Papel. Luiz Macedo, s.d.

TAUNAY, Visconde de, *A cidade do ouro e das ruínas.* São Paulo, Melhoramentos, 2ª ed., 1923.

TENÓRIO, Douglas Apratto, *Capitalismo e ferrovias no Brasil (as ferrovias em Alagoas).* Maceió, Edufal, 1979.

THOMÉ, Nilson, *Trem de ferro: a ferrovia no Contestado.* Florianópolis, Lunardelli, 2ª ed., 1983.

VASCONCELOS, João Carlos de, *A Liga e a greve da Central em 1920.* Natal, 1953.

VEDANI, Camillo, *Fotografias de gravuras indígenas sobre pedras. Lembrança da excursão ao Amazonas, sob os auspícios da Commissão de Estudos do Madeira ao Mamoré.* Rio de Janeiro, Comissão Morsing, 1884.

v.2) EXPOSIÇÕES NACIONAIS/INTERNACIONAIS

ABENDROTH, Wolfgang, *Historia social del movimiento obrero.* Barcelona, Laia, 1975.

AGUIAR, gal. F. M. de Souza, *Relatorio apresentado ao Exm. Sr. Dr. Lauro Severiano Muller, Min. da Industria, Viação e Obras Publicas, pelo Presidente da Commissão (do Brazil na Exposição Universal da Compra da Luisiana, EUA — 1904).* Rio de Janeiro, Imp. Nacional, 1905.

ALCAN, Becquerel *et al., Études sur l'Exposition Universelle de Londres en 1862; renseignements techniques sur les procédés nouveaux manifestés par cette exposition* [...]. Paris, E. Lacroix, 1863.

ALEGRE, Manoel de Araujo Porto, *Relatario da Commissão que representou o Imperio do Brazil na Exposição Universal de Vienna d'Austria em 1873.* Rio de Janeiro, Typ. Nacional, 1874.

ALLWOOD, John, *The great exhibitions.* Londres, Studio Vista, 1977.

AMAZONAS, Estado do, *Catalogo do Amazonas na Exposição de St. Louis — 1904.* Manaus, 1904.

———, *Catalogo do estado do Amazonas na Exposição Nacional de 1908.* Manaus, Livr. e Typ. "Palais Royal" de Lino Aguiar & Cia., 1908.

———, *Catalogo dos productos enviados pelo estado do Amazonas à Exposição Internacional e Universal de Bruxellas de 1910.* Bruxelas, L'Imprimerie Moderne de E. & H. Mertens, 1910.

AMAZONAS, Província do, *Catalogo dos productos naturaes e industriaes que a Provincia do Amazonas remete para a Exposição Internacional de 1873.* Manaus, 1872.

AYMAR-BRESSION, M. G., *Histoire générale de l'Exposition Universelle de 1878.* Paris, 1880.

BABBAGE, Charles, *The Exposition of 1851.* Londres, Frank Cass & Co., 2ª ed., 1968 (ed. fac-similar).

BAHIA, Governo do Estado da, *Estado da Bahia — notícia e informações (Publicação para a Exposição Nacional de 1908).* Salvador, Typ. Bahiana — C. Melchiades, 1908.

BARBOSA, Rui, *O desenho e arte industrial (discurso no Liceu de Artes e Ofícios em 23 de novembro de 1882).* Rio de Janeiro, Jornal do Commercio, 1949.

BARRETO, Rozendo Moniz, *Exposição Nacional. Notas e observações.* Rio de Janeiro, Typ. do Diario do Rio de Janeiro, 1876.

BASILICO, Gabriele *et al., La ciutat fantasma.* Barcelona, Fundació Joan Miró, 1985.

BÉLGICA, Governo da, *Exposition Universelle et Internationale de Bruxelles*. Bruxelas, 1910.

BELTRÃO, Antonio Carlos de Arruda, *O estado de Pernambuco na Exposição Nacional de 1908 — catálogo dos expositores*. Rio de Janeiro, Typ. e Pap. Hildebrandt, 1909.

BENALCANFOR, visconde de, *Viena e a Exposição*. Lisboa, Typ. Progresso, 1873.

BENEVOLO, Leonardo, *Historia de la arquitectura moderna*. Barcelona, Gustavo Gili, 2ª ed., 1974.

————, *História da cidade*. São Paulo, Perspectiva, 1983.

BLACK, Mary (org.), *American advertising posters of the nineteenth century (from the Bella C. Landauer Collection of The New York Historical Society)*. Nova York, Dover Publications, 1976.

BLOCH, J.-J. & Delort, M.,*Quand Paris allait "à l'Expo"*. Paris, Fayard, 1980.

BORBA FILHO, Hermilo, *História do espetáculo*. Rio de Janeiro, O Cruzeiro, 1968.

BRANCO, Catullo, *Energia elétrica e capital estrangeiro no Brasil*. São Paulo, Alfa-Ômega, 1975.

BRASIL, Biblioteca Nacional. *Catálogo da Exposição de História do Brasil*. Brasília, UnB, 1981, 3 v. (ed. fac-similar; 1ª ed.: Rio de Janeiro, 188l).

BRASIL, Comissão Brasileira na Exposição Internacional de Amsterdam, *Le Brésil à l'Exposition Internationale d'Amsterdam — 1883*. Lisboa, Typ. Castro Irmão, 1883.

BRASIL, Comissão Brasileira na Exposição Internacional de Londres, *Relatorio sobre a Exposição Internacional de 1862 apresentado a S. M. o Imperador pelo Conselheiro Carvalho Moreira*. Londres, Thomas Brettell, 1863.

BRASIL, Comissão Brasileira na Exposição Internacional dos Caminhos de Ferro em Paris, *O Brazil na Exposição Internacional dos Caminhos de Ferro em Paris em 1887; secção brazileira organizada pelo Club de Engenharia [...] no Imperial Lyceo de Artes e Officios do Rio de Janeiro*. Rio de Janeiro, Imprensa Nacional, 1887.

BRASIL, Comissão Brasileira na Exposição Internacional de Saint Louis, *Brazil at the Louisiana Purchase Exposition. St. Louis, 1904*. Saint Louis, 1904.

BRASIL, Comissão Brasileira na Exposição Internacional de São Petersburgo, *Le Brésil à l'Exposition Internationale de St-Pétersbourg. — 1884*. São Petersburgo, Imprimerie Trenké et Fusnot, 1884.

BRASIL, Comissão Brasileira na Exposição Internacional de Turim. *Relatório sobre os trabalhos da Comissão do Brazil na Exposição de Turim de 1911... apresentado pelo commisario geral, dr. Antonio de Padua Assis Rezente*. Turim, 1911.

BRASIL, Comissão Brasileira na Exposição Universal de Filadélfia, *O Imperio do Brazil na Exposição Universal de 1876 em Philadelphia*. Rio de Janeiro, Typ. Nacional, 1875.

BRASIL, Comissão Brasileira na Exposição Universal de Londres. *Catalogo dos productos naturaes e industriaes remettidos para a Exposição Universal em Londres*. Londres, Typ. de C. Whiting, Beanfort House, 1862.

BRASIL, Comissão Brasileira na Exposição Universal de Paris, *Empire du Brésil. Catalogue officiel* [...] (*1889*). Paris, Impr. Centrale des Chemins de Fer, 1889.

————, *O Imperio do Brazil na Exposição Universal de 1867 em Paris.* Rio de Janeiro, Typ. Universal de Laemmert, 1867.

BRASIL, Comissão Brasileira na Exposição Universal de Viena, *O Imperio do Brazil na Exposição Universal de 1873 em Vienna d'Austria.* Rio de Janeiro, Typ. Nacional, 1873.

BRASIL, Directoria Geral de Estatística, *Boletim commemorativo da Exposição Nacional de 1908.* Rio de Janeiro, Typ. da Estatística, 1908.

BRASIL, Exposição Nacional, *Catalogo dos nomes dos expositores da segunda Exposição Nacional, contendo em forma de tabella a numeração inserta no catálogo dos productos.* Rio de Janeiro, Typ. Perseverança, 1866.

————, *Catalogo dos productos naturaes e industriaes que figurarão na Exposição Nacional inaugurada na Corte do Rio de Janeiro no dia 2/12/1861, com exclusão dos productos remettidos directamente das provincias do Imperio* [...]. Rio de Janeiro, Typ. Nacional, 1862.

————, *Catalogos dos productos naturaes e industriaes remettidos das provincias do Imperio do Brasil que figurarão na Exposição Nacional inaugurada na Corte do Rio de Janeiro no dia 2/12/1861.* Rio de Janeiro, Typ. Nacional, 1862.

————, *Catalogo resumido ou synthese dos mostruarios da Exposição Nacional de 1908.* Rio de Janeiro, Imp. Nacional, 1908.

————, *Catalogo da Segunda Exposição Nacional, 1866.* Rio de Janeiro, Typ. Perseverança, 1866.

————, *Documentos officiaes relativos à Exposição Nacional de 1861* [...]. Rio de Janeiro, Typ. do Diario do Rio de Janeiro, 1862.

————, *Documentos officiaes da 3ª Exposição Nacional (1873)* [...] *publicados por determinação da Commissão Superior pelo Secretario Joaquim Antonio d'Azevedo.* Rio de Janeiro, Typ. Nacional, 1875.

————, *Memorial illustrado da Exposição Nacional de 1908 — propaganda industrial.* Rio de Janeiro, 1908.

————, *Recordação da Exposição Nacional de 1866.* Rio de Janeiro, Phot. Barbosa S. Lobo, 1866 (álbum fotográfico).

————, *Recordações da Exposição Nacional de 1861.* Rio de Janeiro, Typ. de L. Winter, 1862 (álbum de litogravuras).

————, *Terceira Exposição Brazileira em 1873. Relatorio do secretario geral do jury da exposição, dr. Joaquim Manoel de Macedo.* Rio de Janeiro, Typ. da Reforma, 1875.

BRASIL, Ministério da Agricultura, *A Exposição de Obras Publicas em 1875.* Rio de Janeiro, Directoria de Obras Publicas/Typ. Academica, 1876.

BRASIL, Repartição Geral dos Telégrafos, *Memoria historica.* Rio de Janeiro, Imp. Nacional, 1909.

CALMON, Pedro, *O rei filósofo: vida de d. Pedro II*. São Paulo, Nacional, 2ª ed. ampl., 1939.

CARVALHO, Benjamin de A., *Duas arquiteturas no Brasil*. Rio de Janeiro, Civilização Brasileira, 1961.

CEARÁ, Exposição Nacional, *Relatorio e catalogo. Provincia do Ceará*, 1875. Fortaleza, Typ. Imparcial de Fco. Perdigão, 1875.

CELSO JR., Affonso, "Exposições industriaes", *Conferencias Populares*. Rio de Janeiro, 1, jan. 1876, pp. 65-83.

CRAVEIRO FILHO, A., *O Pará manufactureiro*. Belém, Typ. e Encad. do Inst. Lauro Sodré, 1908.

CUNHA, Antonio L. Fernandes da, *Relatorio geral da Exposição Nacional de 1861 e relatorios dos jurys especiaes*. Rio de Janeiro, Typ. do Diario do Rio de Janeiro, 1862.

DEMY, Adolphe, *Essai historique sur les Expositions Universelles de Paris*. Paris, Alphonse Picard, 1907.

DOMMANGET, Maurice, *Historia del Primero de Mayo*. Barcelona, Laia, 1976.

FERREIRA, Manoel Jesuino, *A Provincia da Bahia — apontamentos (Exposição de Philadelphia)*. Rio de Janeiro, Typ. Nacional, 1875.

FERREZ, Gilberto, *A fotografia no Brasil (1840-1900)*. Rio de Janeiro, Funarte/Fund. Nac. Pró-Memória, 1985.

FERREZ, Marc, *Exposição Nacional — 1908*. Rio de Janeiro, M. Ferrez & Fᵒˢ Phot., 1908 (postais).

FREITAS FILHO, Almir Pita, "As Officinas e Armazém d'Óptica e Instrumentos Científicos de José Maria dos Reis e José Hermida Pazos. Negociantes, Ilustrados e Utilitários em Prol do Desenvolvimento da Ciência no Brasil", *Anais do I Seminário Nacional sobre História da Ciência e Tecnologia*. Rio de Janeiro, Museu de Astronomia, 2 a 5 set. 1986, pp. 236-44.

FRIAS, J. M. C. de, *Memória sobre a Tipografia Maranhense apresentada à Comisssão Diretora da Exposição Provincial do Maranhão de 1866 e exposta como prova tipográfica pelo tipógrafo [...]*. São Luís, Sioge/Func, 2ª ed., 1978.

GABAGLIA, Giacomo Raja, *Relatorio sobre a Exposição Universal da Industria de 1855*. Rio de Janeiro, Revista Brazileira, 1855.

GALVÃO, Benjamim Franklin Ramiz (org.), *Catalogo da Exposição Nacional de 1875*. Rio de Janeiro, Typ. e Lithogr. "Carioca", 1875.

GAMA, J. de Saldanha da, *Estudos sobre a Quarta Exposição Nacional de 1875*. Rio de Janeiro, Typ. Central de Brown & Evaristo, 1876.

———, *Relatorio sobre a Exposição Universal de Philadelphia em 1876 [...]*. Rio de Janeiro, Typ. Nacional, 1877.

———, *Relatorio sobre a Exposição Universal de Vienna D'Austria em 1873*. Rio de Janeiro, Typ. Nacional, 1874.

GLOAG, John (introd.), *The Crystal Palace Exhibition: Illustrated Catalogue* (London, 1851). Nova York, Dover Publications, 1970.

GUIMARÃES, Argeu, *D. Pedro II nos Estados Unidos.* Rio de Janeiro, Civilização Brasileira, 1961.

GUIMARÃES, Sebastião Pinto Bandeira, *Relatorio da Exposição Universal de Antuérpia.* Paris, Typ. P. Dupont, 1885.

HARDMAN, F. Foot, "Brasil na era do espetáculo: figuras de fábrica nos sertões", in: *Relações de trabalho e relações de poder: mudanças e permanências.* Fortaleza, MS-UFCE/Neps, 1986, v. 1, pp. 11-21.

ISAAC, Maurice, *Les Expositions Internationales.* Paris, Larousse, 1936.

ISAY, Raymond, *Panorama des Expositions Universelles.* Paris, Gallimard, 8ª ed., 1937.

ITALIA, Esposizione Internazionale dell'Industria e del Lavoro — Torino 1911, *Relazione della Giuria.* Turim, Of. Graf. della S.T.E.N., 1915.

JANIN, Jules, *Le mois de mai a Londres et l'Exposition de 1851.* Londres/Paris, J. Mitchell/Michel Lévy Frères, 1851.

KRIEGEL, Annie, "L' Association Internationale des Travailleurs (1864-1876)", in: J. Droz (dir.), *Histoire générale du socialisme.* Paris, PUF, 2ª ed., 1979, v. 1, pp. 603-34.

LE DELEY, E., *Exposition Universelle.* Paris, 1900 (Héliotypies).

MACEDO, Miguel Calmon Menezes de, *Relatorio da Sociedade Reunião dos Expositores da Industria Brazileira apresentado* [...] *em sessão de posse da nova Directoria aos 15 de Janeiro de 1877.* Rio de Janeiro, Typ. de J. P. Hildebrandt, 1877.

MALTA, Augusto, *Exposição Nacional de 1908 — Rio de Janeiro.* Rio de Janeiro, 1908 (álbum fotográfico),

MARANHÃO, Exposição Nacional, *Breve noticia sobre a provincia do Maranhão; Exposição Nacional.* Rio de Janeiro, Typ. da Reforma, 1875.

MARTINS, Dionysio Gonçalves, *Catalogo da Exposição Bahiana no anno de 1875.* Salvador, Imprensa Economica, 1875.

MELLO, Francisco Ignacio Marcondes Homem de, "Discurso de abertura da Exposição Provincial do Ceará — pronunciado pelo Presidente da mesma província (30/8/1866)", in: *Escriptos historicos e literarios.* Rio de Janeiro, Eduardo & Henrique Laemmert, 1868, pp. 9-10.

MELLO, José Antonio Gonsalves de (org.), *O Diário de Pernambuco e a história social do Nordeste* (1840-1889). Recife, 1975, v. I.

MELO, Mário, "Exposições Pernambucanas", *Revista do Instituto Archeologico, Historico e Geographico Pernambucano,* XXVIII (131/134), 1927, pp. 249-66.

MOREIRA, Nicoláo Joaquim, *Exposição Centenaria — Philadelphia, Estados Unidos da America, em 1876 — Relatorio da Commissão Brazileira* [...]. Rio de Janeiro, 1877.

MOURA, Ignacio, *A Exposição Artistica e Industrial do Lyceu B. Constant e os Expositores em 1895.* Belém, Typ. Diário Official, 1895.

NERY, Santa-Anna (dir.), *Le Brésil en 1889.* Paris, Charles Delagrave, 1889.

NERY, Santa-Anna (dir.), *O país das amazonas*. Belo Horizonte/São Paulo, Itatiaia/ Edusp, 1979.

NORTON, Frank (ed.), *Frank Leslie's Historical Register of the United States Centennial Exposition, 1876*. Nova York, Frank Leslie's Publ. House, 1877.

OLIVEIRA, A. Almeida *et al.*, *Relatorio acerca da Primeira Festa Popular do Trabalho ou Exposição Maranhense de 1871*. São Luís, Typ. do Frias, 1872.

ORY, Pascal, *Les Expositions Universelles de Paris*. Paris, Éditions Ramsay, 1982.

OURIQUE, Jacques, *O estado do Pará na Exposição Nacional do Rio de Janeiro em 1908*. Rio de Janeiro, Typ. Leuzinger, 1908.

PARÁ, Estado do, *Apontamentos para a Exposição Universal de Chicago*. Belém, Typ. Diario Official, 1892.

————, *Lo Stato del Pará (Brasile) a Torino, 1911* [...]. Turim, Exposizione Internazionale, 1911.

PARÁ, Exposição Agrícola e Industrial, *Relatorio da Commissão da Exposição Agricola e Industrial da Provincia do Gram-Pará no anno de 1861*. Belém, Typ. do Diario do Gram-Pará, 1861.

PARIS, Syndicato Franco-Brasileiro, *Exposição Universal de Paris — 1889. Exposição Brazileira*. Paris, 1889, 3 v. (álbuns fotográficos).

PENEDO, Barão de, *Exposição Internacional de Hygiene e Educação en Londres — Trabalhos da Commissão Brazileira*. Rio de Janeiro, Imp. Nacional, 1885.

PERDIGÃO, Domingos C., *O Maranhão na Exposição Nacional de 1908*. São Luís, 1908.

PERES, Apollonio, *Pernambuco: agricultura, industrias, artes e commercio*. Recife, Imprensa Industrial, 1918.

PERNAMBUCO, Estado de, *Catálogo do estado de Pernambuco (Brasil) na Exposição Internacional de Turim em 1911*. Recife, Imp. Oficial, 1911.

————, *Exposição Agrícola e Industrial dos Municípios (1917) — Annaes — II Parte (Catálogo)*. Recife, Imp. Imperial, 1918.

PERNAMBUCO, Exposição Provincial, *Relatorio apresentado ao Governo pela Commissão Directora da Exposição de Pernambuco em 1866*. Recife, Typ. de M. F. de Faria, 1866.

————, *Relatorio da Commissão Directora da Exposição Provincial de Pernambuco em 1872*. Recife, Typ. do Jornal do Recife, 1873.

PINO, Diego A. del, *Historia del Jardín Zoológico Municipal*, Buenos Aires, Municipalidad de la Ciudad de Buenos Aires, 1979.

RAMOS, F. Ferreira, *Da Exposição de S. Luiz à California, ao Colorado e ao Canadá sob o ponto de vista brazileiro: agricultura-immigração e colonisação*. Antuérpia, Typ. Cl. Thibaut, 1907.

REBOUÇAS, André, *Diário e notas autobiográficas*. Rio de Janeiro, José Olympio, 1938.

REGO, Antonio José de Souza, *Relatorio da 2ª Exposição Nacional de 1866*. Rio de Janeiro, Typ. Nacional, 1869, 2 v.

REGO FILHO, J. Pereira, *Conferencia no Edificio da Exposição Industrial*. Rio de Janeiro, Typ. a vapor do "Cruzeiro", 1882.

RENAULT, Delso, *Indústria, escravidão, sociedade: uma pesquisa historiográfica do Rio de Janeiro no século XIX*. Rio de Janeiro/Brasília, Civilização Brasileira/INL, 1976.

RICARDO, J., "A Exposição Nacional", *O Mosquito*. Rio de Janeiro, VII (325), 4/12/1875, p. 4.

RIMMEL, Eugène, *Souvenirs de l'Exposition Universelle. Paris, 1867*. Paris/Londres, E. Dentu/Chapman & Hall, 1868.

RIO DE JANEIRO, Associação Industrial, *Archivos da Exposição da Industria Nacional*. Rio de Janeiro, Typ. Nacional, 1882.

————, *Catalogo da Exposição da Industria Nacional promovida e levada a effeito pela Associação Industrial em 1881 com os auxilios do Governo Imperial*. Rio de Janeiro, Typ. Nacional, 1882.

RIO DE JANEIRO. Exposição Industrial, *Exposição Industrial de 1895*. Rio de Janeiro, Typ. do Jornal do Commercio, 1895.

RIO DE JANEIRO, Museu Escolar Nacional, *Parecer sobre os objectos exhibidos na Exposição Escolar*, Rio de Janeiro, Imprensa Nacional, 1888.

ROSAL, Amaro del, *Los Congresos Obreros Internacionales en el siglo XIX*. Barcelona, Grijalbo, 1975.

ROUILLE, André, "La photographie française à l'Exposition Universelle de 1855". In: *Le Mouvement Social* (131), abr.-jun. 1985, pp. 87-103.

SANTA CATARINA, Exposição Provincial, *Relatorio da Exposição Provincial de Santa Catharina em 1866 seguido do catalogo dos objetos expostos*. Desterro (Florianópolis), Typ. do Mercantil, 1866.

SERRANO, D. José de Castro y, *España en Londres. Correspondencias sobre la Exposición Universal de 1862*. Madri, T. Fortanet, 2ª ed., 1863.

SILVEIRA, Joaquim Henriques F. da, *Noticia da Exposição Universal de Vienna d'Austria em 1873*. Bruxelas, Typ. e Lith. de E. Guyot, 1873.

SOUTO, L. R. Vieira (org.), *Noticia sobre o desenvolvimento da industria fabril no Districto Federal, e sua situação actual*. Milão/Rio de Janeiro, Tip. Fratelli Treves/Prefeitura do Districto Federal, 1908.

TAMIR, M., *Les Expositions Internationales à travers les âges*. Paris, J. Bucher, 1939.

Treasures of art, industry and manufacture represented in the Centennial Exhibition at Philadelphia — 1876. Buffalo, Cosack & Co., 1876 (álbum de litogravuras).

VAILLANT, A., *El Imperio del Brasil en la Exposicion Universal de 1873. Resumen y estudios comparativos*. Montevidéu, El Telégrafo Marítimo, 1874.

VILLENEUVE, Julio Constancio, *Relatorio sobre a Exposição Universal de 1867*. Paris, Typ. de Julio Claye, 1868, 2 v.

WRIGHT, Marie Robinson, *The Brazilian Exposition of 1908*. Filadélfia, George Barrie & Sons, 1908.

ZALUAR, Augusto Emilio, *Exposição Nacional Brasileira de 1875*. Rio de Janeiro, Typ. do Globo, 1875.

V.3) TÉCNICA & SOCIEDADE; MANUFATURAS & REGIÕES

ALMEIDA, José Américo de, *A Paraíba e seus problemas*. João Pessoa, A União Cia. Edit./Secret. da Educ. Cult., 3ª ed., 1980.

AULER, Guilherme, *A Companhia de Operários: 1839-1843*. Recife, APE/Imp. Oficial, 1959.

AZEVEDO, Joaquim Antonio de, *Exposição sobre a Escola Nocturna Gratuita de Instrucção Primaria para Adultos apresentada à Sociedade Auxiliadora da Industria Nacional*. Rio de Janeiro, Typ. Universal de E. & H. Laemmert, 1870.

BAHIA, Governo do Estado, *Diario Official do Estado da Bahia (edição especial do Centenario)*. Salvador, 2/7/1923.

BAHIA, Secretaria do Planejamento, Ciência e Tecnologia, *105 anos de economia baiana: estatísticas básicas (1872-1976)*. Salvador, Fundação de Pesquisas — CPE, 1978, 2 v.

————, *A inserção da Bahia na evolução nacional (1ª Etapa: 1850-1889)*. Salvador, Fundação de Pesquisas — CPE, 1978, 5 v.

BARATA, Mário, *Escola Politécnica do largo de São Francisco — berço da engenharia brasileira*. Rio de Janeiro, Clube de Engenharia/ Assoc. Ant. Alunos Politécnica, 1973.

BARDI, Pietro Maria, *Mestres, artífices, oficiais e aprendizes no Brasil*. São Paulo, Sudameris, 1981.

BARROSO, Zosimo, *Pharoes. Estudos sobre a illuminação da costa do Brazil* [...] Londres, T. Brettell, 1868.

BASTOS, Humberto, *A conquista siderúrgica no Brasil*. São Paulo, Martins, 1959.

————, *A marcha do capitalismo no Brasil (ensaio de interpretação, 1500-1940)*. São Paulo, Martins, 1944.

————, *O pensamento industrial no Brasil (introdução à história do capitalismo industrial brasileiro)*. São Paulo, Martins, 2ª ed., 1952.

BONILLA, Luis, *Breve historia de la técnica y del trabajo*. Madri, Istmo, 1975.

BRASIL, Ministério da Fazenda, *Relatorio apresentado a S. Excia. o Sr. Ministro da Fazenda pela Commissão de Inquerito Industrial*. Rio de Janeiro, Typ. Nacional, 1882, v. I.

BRASIL, Thomaz Pompeo de Sousa, *Ensaio estatistico da provincia do Ceará*. Ceará, Typ. de B. de Mattos, t. I, 1863.

BRAUDEL, Fernand, *Civilisation matérielle, économie et capitalisme, XVᵉ-XVIIIᵉ siècle*. Paris, Armand Colin, 1979, 3 v.

BRUNO, Ernani Silva, *História e tradições da cidade de São Paulo*. São Paulo, Hucitec/Secret. Municipal de Cultura, 3ª ed., 1984, v. III.

CALMON, Francisco Marques de Góes, *Vida econômico-financeira da Bahia; elementos para a história de 1808-1899*. Salvador, Fundação de Pesquisas — CPE, 1978 (reimp. fac-similar).

CANABRAVA, Alice P., *O desenvolvimento da cultura do algodão na província de São Paulo (1861-1875)*. São Paulo, Siqueira, 1951.

CARONE, Edgard, *O Centro Industrial do Rio de Janeiro e sua importante participação na economia nacional (1827-1917)*. Rio de Janeiro, CIRJ/Cátedra, 1978.

CARVALHO, José Murilo de, *A Escola de Minas de Ouro Preto: o peso da glória*. São Paulo/Rio de Janeiro, Nacional/Finep, 1978.

CASCUDO, Luis da Câmara, *História do Rio Grande do Norte*. Rio de Janeiro, MEC — Serviço de Documentação; Imprensa Nacional, 1955.

CASTRO, Antonio Barros de, *Escravos e senhores nos engenhos do Brasil*. Campinas, IFCH/Unicamp, 1976, tese mimeo.

CELSO, Affonso, *Marcas industriaes e nome commercial*. Rio de Janeiro, Imp. Nacional, 1888.

COELHO, José (org.), *Estado da Bahia — Centenário da Independência da Bahia — 2 de julho: 1823-1923*. Salvador, Emp. Brasil Edit., 1923 (álbum comemorativo).

CONSIDERANT, Victor, *Exposition abrégée du système phalanstérien de Fourier suivie de études sur quelques problèmes fondamentaux de la destinée sociale*. Paris, À la Librairie Sociétaire, 3ª ed., 1846.

COSTA, F. A. Pereira da, *O algodão em Pernambuco*. Recife, Imp. Official, 1916.

———, *Anais Pernambucanos*. Recife, Arquivo Público Estadual, 1949-66, vols. VII, VIII, IX e X.

CUNHA, Luiz Antônio, "Aspectos sociais da aprendizagem de ofícios manufatureiros no Brasil colônia", *Fórum Educacional*, 2 (4), out.-dez. 1978, pp. 31-65.

———, "O ensino de ofícios manufatureiros em arsenais, asilos e liceus", *Fórum Educacional*, Rio de Janeiro, FGV, 3 (3), jul./set. 1979, pp. 3-47.

———, "As raízes da escola de ofícios manufatureiros no Brasil — 1808/1820", *Fórum Educacional*, 3 (2), abr.-jun. 1979, pp. 5-27.

DEAN, W., "A Fábrica de São Luís de Itu: um estudo de arqueologia industrial", *Anais de História*. Assis, ano VIII, 1976, pp. 9-25.

DUCASSÉ, Pierre, *História das técnicas*. Lisboa, Europa-América, 2ª ed., 1962.

DUNLOP, C. J., *Apontamentos para a história da iluminação da cidade do Rio de Janeiro*. Rio de Janeiro, 1949.

EISENBERG, Peter L., *Modernização sem mudança: a indústria açucareira em Pernambuco (1840-1910)*. Rio de Janeiro/Campinas, Paz e Terra/Unicamp, 1977.

ELIADE, Mircea, *Ferreiros e alquimistas*. Rio de Janeiro, Zahar, 1979.

ELLIS, Myriam, *A baleia no Brasil Colonial*. São Paulo, Melhoramentos/Edusp, 1969.

FALANGOLA, Ugo (apresent.), *Gli stati del Nord-Est brasiliano e loro ricchezze naturali*. Recife, s.e., 1922 (álbum ilust.; ed. bilíngüe).

FERREIRA, Orlando da Costa, *Imagem e letra: introdução à bibliografia brasileira: a imagem gravada*. São Paulo, Melhoramentos/Edusp/Secretaria da Cultura, Ciência e Tecnologia, 1977.

FLEXOR, Maria Helena, *Oficiais mecânicos na cidade do Salvador*. Salvador, Museu da Cidade, 1974.

FOLGUEIRA, Manuel Rodriguez, *Album artistico, commercial e industrial do estado da Bahia*. Salvador, edição do autor, 1930.

FONSECA, Celso Suckow da, *História do ensino industrial no Brasil*. Rio de Janeiro, Escola Técnica Nacional, 1961-2, 2 v.

FOSSATI, Antonio, *Lavoro e produzione in Italia*. Turim, G. Giappichelli, 1951.

FRANÇA, Secrétariat Général du Gouvernement; Ministère de l'Éducation Nationale: "La Première Révolution Industrielle". *La Documentation Photographique*, Paris, nº 5-296/5-297, jun.-jul. 1969.

FREYRE, Gilberto, *Um engenheiro francês no Brasil*. Rio de Janeiro, José Olympio, 2ª ed., 1960, 2 v.

————, *Ordem e progresso*. Rio de Janeiro/Brasília, José Olympio/INL, 3ª ed., 1974, 2 v.

————, *Sobrados e mucambos*. Rio de Janeiro, José Olympio/INL/Fund. Nac. Pró-Memória, 7ª ed., 1985, 2 v.

————, *Vida social no Brasil nos meados do século XIX*. Recife, IJNPS, 1964.

———— et al., *Livro do Nordeste*. Recife, Arquivo Público Estadual, 2ª ed., 1979.

GENTILE, Nora Siegrist de & MARTÍN, María Haydée, *Geopolítica, ciencia y técnica a traves de la campana del desierto*. Buenos Aires, Ed. Universitaria, 1981.

GILLISPIE, Ch. Coulston (ed.), *A Diderot pictorial encyclopedia of trades and industry*. Nova York, Dover Publications, 1959, 2 v.

GIRÃO, Raimundo, *História econômica do Ceará*. Fortaleza, Edit. Instituto do Ceará, 1947.

GITAHY, M. L. Caira. "Qualificação e urbanização em São Paulo: a experiência do Liceu de Artes e Ofícios (1873-1934)", in: *Trabalhadores urbanos e ensino profissional*. Campinas, Unicamp, 2ª ed., 1986, pp. 19-118.

GOES, Raul de, *Um sueco emigra para o Nordeste: vida, obra e descendência de Lundgren*. Rio de Janeiro, 2ª ed., José Olympio, 1984.

GORCEIX, Henrique, *O ferro e os mestres de forja na Provincia de Minas Gerais*. Rio de Janeiro, Typ. Nacional, 1880.

GUEREÑA, J. L., "Associations culturelles pour ouvriers et artisans à Madrid (1847-1872)", in Dumas, C. (org.), *Culture et société en Espagne au XIXᵉ siècle*. Lille, Univ. Lille III, 1980, pp. 77-91.

HARDMAN, F. Foot & LEONARDI, Victor, *História da indústria e do trabalho no Brasil: das origens aos anos vinte*. São Paulo, Global, 1982.

HOBSBAWM, E. J., *A era do capital (1848-1875)*. Rio de Janeiro, Paz e Terra, 2ª ed., 1979.

————, *A era das revoluções (1789-1848)*. Rio de Janeiro, Paz e Terra, 2ª ed., 1979.

————, *Mundos do trabalho*. Rio de Janeiro, Paz e Terra, 1987.

HOBSBAWM, E. J., *As origens da revolução industrial*. São Paulo, Global, 1979.

————, *Da revolução industrial inglesa ao imperialismo*. Rio de Janeiro, Forense-Universitária, 3ª ed., 1983.

HOLANDA, Sérgio Buarque de, *Caminhos e fronteiras*. Rio de Janeiro, José Olympio, 2ª ed., 1975.

HUDSON, Kenneth, *A guide to the industrial archaeology of Europe*. Cranbury (NJ), Associated University Presses, 1971.

JOFFILY, Irinêo, *Notas sobre a Parahyba*. Brasília, Thesaurus, reimpressão, 1977 (1ª ed., Rio de Janeiro, 1892).

KATINSKY, Júlio R., *Um guia para a história da técnica no Brasil colônia*. São Paulo, FAU/USP, 2ª ed., 1980.

———— *et al.*, *A invenção da máquina a vapor*. São Paulo, FAU/USP, 1976.

KLINCKOWSTROEM, Carl von, *Historia de la técnica*. Barcelona, Labor, 1980.

KUCZYNSKI, J., *Evolución de la clase obrera*. Madri, Guadarrama, 1967.

LAGE, Mariano Procópio Ferreira, *Exposição que faz o director presidente da Cia. União e Industria*. Rio de Janeiro, Emp. Nacional do Diario, 1857.

LAPA, J. Roberto do Amaral, *A Bahia e a carreira da Índia*. São Paulo, Nacional/ Edusp, 1968.

————, *Economia colonial*. São Paulo, Perspectiva, 1973.

LIMA, Heitor Ferreira; *História político-econômica e industrial do Brasil*, São Paulo, Nacional, 2ª ed., 1976.

————, *História do pensamento econômico no Brasil*. São Paulo, Nacional, 2ª ed., 1978.

LINHARES, Temístocles, *História econômica do mate*. Rio de Janeiro, José Olympio, 1969.

MACEDO, Jorge Borges de, *Problemas de história da indústria portuguesa no século XVIII*. Lisboa, Querco, 2ª ed., 1982.

MANNING, E. & LUSO, J. (orgs.), *Os Estados Unidos do Brasil — sua história, seu povo, comércio, indústrias e recursos*. São Paulo/Rio de Janeiro/Buenos Aires/Londres, The South American Intelligence Co., 1919.

MARIZ, Celso, *Evolução econômica da Paraíba*. João Pessoa, A União Cia. Edit., 1978.

MARROQUIM, Ad., *Terra das Alagôas*. Roma, Maglione & Stini, 1922.

MARSON, Izabel A., *O Império do Progresso*. São Paulo, Brasiliense, 1987.

MARX, Murillo, *Cidade brasileira*. São Paulo, Melhoramentos/Edusp, 1980.

MATTOSO, Kátia M. de Queirós, *Bahia: a cidade do Salvador e seu mercado no século XIX*. São Paulo, Hucitec; Salvador, Secretaria Municipal de Educação e Cultura, 1978.

MAURO, Frédéric, *La vie quotidienne au Brésil au temps de Pedro Segundo (1831-1889)*. Paris, Hachette, 1980.

MELLO, Othon L. Bezerra de, "A evolução da industria de tecidos de algodão em Pernambuco", *Rev. do Inst. Arch. Hist. e Geog. Pern.*, XIXX(135/142), 1928-9, pp. 51-8.

MELO, Evaldo Cabral de, *O norte agrário e o Império: 1871-1889*. Rio de Janeiro/Brasília, Nova Fronteira/INL, 1984.

MINAS GERAIS, Cia. de Fiação e Tecidos Cedro e Cachoeira, *Centenário da Fábrica do Cedro: histórico (1872-1972)*. Belo Horizonte, 1972.

MOTA, Mauro, *História em rótulos de cigarros: a litogravura no antigo Recife*. Recife, IJNPS/MEC, 1965.

MULLER, Marechal D. P., *Ensaio d'um quadro estatístico da província de São Paulo*. São Paulo, Typ. de Costa Silveira, 1838.

NABUCO, Joaquim, *O abolicionismo*. São Paulo/Rio de Janeiro, Nacional/Civilização Brasileira, 1938.

NADAL I OLLER, Jordi *et al.*, *Catalunya, la fàbrica d'Espanya: un segle d'industrialització catalana (1833-1936)*. Barcelona, Ajuntament de Barcelona/Generalitat de Catalunya, 1985.

NARDY FILHO, F., *A fábrica de tecidos São Luiz de Itu*. São Paulo, Emp. Graf. Revista dos Tribunais, 1949.

OTTONI, C. B., *Theoria das maquinas de vapor [...]*. Rio de Janeiro, Typ. Nacional, 1844.

PIAZZA, M. Fátima Fontes *et al.*, *A fábrica de Pontas "Rita Maria" — um estudo de arqueologia industrial*. Florianópolis, UFSC/DH, 1981.

QUERINO, Manoel R., *As artes na Bahia (escorço de uma contribuição historica)*. Salvador, Of. do Diario da Bahia, 2ª ed., 1913.

————, *Artistas bahianos: indicações biographicas*. Salvador, Of. da Empr. "A Bahia", 2ª ed., 1911.

RAISTRICK, Arthur, *Industrial archaeology*. St. Albans (Inglat.), Paladin, 1973.

RENARD, Leon, *Les phares*. Paris, Hachette, 1867.

RODRIGUES, Clóvis da Costa, *A inventiva brasileira*. Brasília, MEC/INL, 1973, 2 v.

SANT'ANA, Moacir Medeiros, *Contribuição à história do açúcar em Alagoas*. Recife, IAA — Museu do Açúcar, 1970.

SANTOS, Joaquim Felicio dos, *Memórias do Distrito Diamantino*. Rio de Janeiro, Edições O Cruzeiro, 3ª ed., 1956.

SANTOS, Sydney M. G. dos, *André Rebouças e seu tempo*. Rio de Janeiro, s.e., 1985.

SÃO PAULO, Museu de Arte de, *História da tipografia no Brasil*. São Paulo, Masp/Secretaria de Cultura, Ciência e Tecnologia, 1979.

SILVA, José Luis Werneck da, *Isto é o que me parece: a Sociedade Auxiliadora da Indústria Nacional (1871 até 1877)*. Niterói, UFF, 1979, 2 v., mimeo.

STEIN, Stanley J., *Origens e evolução da indústria têxtil no Brasil — 1850-1950*. Rio de Janeiro, Campus, 1979.

SUZIGAN, Wilson, *Indústria brasileira: origem e desenvolvimento*. São Paulo, Brasiliense, 1986.

TAVARES, Luís Henrique Dias, *O problema da involução industrial da Bahia*. Salvador, UFBA, 1966.

TELLES, Pedro C. da Silva, *História da engenharia no Brasil: séculos XVI a XIX*. Rio de Janeiro, Livros Técnicos e Científicos, 1984.

THERIER, L., *Estabelecimento da illuminação a gaz no Rio de Janeiro* (*Fundado pelo Exmo. Snr. Barão de Mauá*). Rio de Janeiro, Empr. Dois de Dezembro, c. 1850-60 (litogravura sobre daguerreótipos: Biranyi e Kornis).

TICKNER, F. W., *Historia social e industrial de Inglaterra*. Madri, Pegaso, 1945.

VIVEIROS, Jerônimo de, *História do comércio do Maranhão* (*1612-1934*). São Luís, Associação Comercial do Maranhão, 1954-64, 3 v.

WEID, Elisabeth von der *et al.*, *Apontamentos para a história do Centro Industrial do Rio de Janeiro*. Rio de Janeiro, Cirj, 1977.

ZALUAR, Augusto Emílio, *Peregrinação pela província de São Paulo* (*1860-1861*). Belo Horizonte/São Paulo, Itatiaia/Edusp, 1975.

Créditos das ilustrações

Mapa da p. 20-21. A partir de foto de Dana Merrill, *c.* 1910. Acervo do Museu Paulista da Universidade de São Paulo.

1. Acervo do Museu Paulista da Universidade de São Paulo.

2. Litogravura, *Frank Leslie's Illustrated Newspaper*, 1878.

3. Foto da Comissão Morsing, 1883. Museu Imperial/ Iphan/ Minc.

4. Foto de Marc Ferrez, 1882. Coleção Gilberto Ferrez, Acervo Instituto Moreira Salles.

6. Litogravura, *The Crystal Palace Exhibition Illustrated Catalogue*, 1851.

7. Xilogravura anônima. In: José Daniel Rodrigues da Costa, 1824.

8. Litogravura por Benoist sobre fotografia de Victor Frond, *c.* 1860.

9 e 10. Fotos anônimas, *c.* 1910.

11. Foto anônima, *c.* 1912. Acervo particular de Ana Cecilia Kesselring.

12 a 25. Acervo do Museu Paulista da Universidade de São Paulo.

ESTA OBRA FOI COMPOSTA PELO GRUPO DE CRIAÇÃO EM MINION E IMPRESSA
PELA GEOGRÁFICA EM OFSETE SOBRE PAPEL PÓLEN SOFT DA SUZANO BAHIA
SUL PARA A EDITORA SCHWARCZ EM JANEIRO DE 2005